SUSTAINABLE DEVELOPMENT REPORT
OF ZAOZHUANG (2023)

枣庄市可持续发展报告

（2023）

邵超峰　主编

社会科学文献出版社
SOCIAL SCIENCES ACADEMIC PRESS (CHINA)

枣庄市可持续发展报告（2023）
编写工作组

顾　问

周海林　李连文　祝世峰　周　慧

组　长/主　编

邵超峰

副组长/副主编

刘　扬　贺　瑜　战雪松　曹瑞民　李奇泽　谢　康

成　员/编写组（按姓氏拼音排序）：

陈思含　崔楚源　丁　莉　丁为桐　董锐煜　公莉娜　李　婷

李大正　李建春　刘呈庆　刘忠民　马　欣　沈新忠　苏　红

王　玢　王　芳　王盈青　王真英　辛姝琪　严新宇　杨清玮

余志林　张　丽　张　琦　张　阳　张　宇　张汇泽　张琳琳

赵　岩　赵宇飞

主编简介

　　邵超峰，博士，南开大学环境科学与工程学院教授、博士生导师，南开大学环境规划与评价所所长，兼任中国可持续发展研究会理事、天津市可持续发展研究会秘书长，科技部国家可持续发展议程创新示范区工作组专家，联合国开发计划署可持续发展伞形项目专家，湖南省、内蒙古自治区及山东枣庄市、河北承德市、青海海南藏族自治州等省份或城市可持续发展专家顾问。主要研究领域：全球可持续发展目标本地化理论与技术、生态环境规划及环境影响评价、生态环境政策及地方可持续发展规划与行动。

　　主持开展国家重点研发计划专项课题、国家自然科学基金课题、天津市科技支撑重点项目、天津市科技发展战略研究计划、天津市哲学社会科学规划基金重大委托项目等国家级和省部级科研课题 20 余项，完成广西、天津、新疆、河南、河北、山西等省份地方咨询项目或委托课题 100 余项。主编出版《郴州市可持续发展报告（2023）》《全球可持续发展目标本地化实践及进展评估》《中国落实 2030 年可持续发展议程目标 11 评估报告：中国城市人居蓝皮书》《大柳树生态经济区农牧业路径及生态效益》《环境学基础（第三版）》《港口环境保护与绿色港口建设》等著作 10 余部；参与完成国家标准 7 项、行业标准 2 项，主持完成团体标准 9 项，以第一作者或通讯作者发表科研论文 100 余篇，撰写的决策咨询报告获省部级人民政府批复或省部级领导批示、采纳应用 10 余项，相关成果获省部级奖励 10 余项。

序　言

　　2015 年 9 月，在联合国可持续发展峰会上，联合国 193 个会员国领导人正式通过了《变革我们的世界：2030 年可持续发展议程》（以下简称《2030 年议程》），这是联合国继制定《21 世纪议程》《千年发展目标》之后，又一具有里程碑意义的重要行动。《2030 年议程》以《联合国宪章》的宗旨和原则为指导，以《世界人权宣言》为基础，面向所有国家，以全球环境安全、经济持续繁荣、社会公正和谐及提升伙伴关系为宗旨，以人为中心，明确了由 17 项目标和 169 项具体目标组成的全球可持续发展目标体系（以下简称 SDGs），这是到 2030 年实现全球可持续发展的路线图，也是世界各国领导人与各国人民之间达成的社会契约，《2030 年议程》于 2016 年 1 月 1 日正式实施。落实《2030 年议程》是多极化世界中构建形成的普遍共识，开启了国际发展合作新航程。

　　"无法测量则无法管理"，科学地监测和评估 SDGs 的进展是确保实现 SDGs 的关键，也是精准策划可持续发展行动面临的重要保障。为保障《2030 年议程》的推进与落实，联合国实施了一系列后续行动并搭建了审查机制，设计了相对全面的评估指标和统计数据框架。自 2016 年 1 月 1 日实施以来，联合国秘书处及各大国际组织都致力于 SDGs 进展评估工作，推动全球范围内可持续发展目标的实现，探索促进包容性的全球化及可持续的解决方案。联合国可持续发展高级别政治论坛每年 7 月在纽约联合国总部举行，是联合国在全球范围内落实和审查《2030 年议程》和可持续发展目标的核心平台。联合国经济及社会理事会作为联合国系统关于可持续发展工作的核心部门，自 2016 年以来在联合国可持续发展高级别政治论坛上发布当年的《可持续发展目标报告》。该报告主要对《2030 年议程》涵盖的 17 项可持续发展目标的落实进展情况进行评估，同时提供可持续发展目标及选定指标的最新数据、分析结果和全球现状。目前，联合国已经在 2016~2023 年连续 8 年发布《可持续发展目标报告》。

中国高度重视《2030年议程》的落实，2016年4月发布《落实2030年可持续发展议程中方立场文件》，2016年9月在全球率先以国家名义发布《中国落实2030年可持续发展议程国别方案》，明确了中国推进落实工作的指导思想、总体原则和实施路径，并详细阐述了中国未来一段时间落实《2030年议程》中17项可持续发展目标和169项具体目标的工作方案，推动可持续发展目标纳入国家"十三五"和"十四五"规划，先后发布《中国落实2030年可持续发展议程进展报告（2017年）》《中国落实2030年可持续发展议程进展报告（2019年）》《中国落实2030年可持续发展议程进展报告（2021年）》《中国落实2030年可持续发展议程进展报告（2023年）》，并在2021年7月向联合国提交《中国落实2030年可持续发展议程国别自愿陈述报告》，全面阐述中国落实《2030年议程》的行动和成效。2016年12月，国务院印发《中国落实2030年可持续发展议程创新示范区建设方案》，正式启动国家可持续发展议程创新示范区（以下简称"创新示范区"）建设工作，以地方试点示范推进《2030年议程》的落实。在国内发展进入新时代、国际发展面临百年未有之大变局的新形势下，建设创新示范区是党中央、国务院统筹国内国际两个大局作出的重大部署，是落实"五位一体"总体布局、"四个全面"战略布局和新发展理念的重要举措，在社会经济新形势下承担为探索世界经济复苏和增长增添动力的重要责任，为全球更好地落实《2030年议程》提供中国经验和中国智慧。

乡村是具有自然、社会、经济特征的地域综合体，兼具生产、生活、生态、文化等多重功能，与城镇互促互进、共生共存，共同构成人类活动的主要空间。乡村发展是世界各国发展中不可回避的重要内容，伴随着工业化、城市化进程，世界各国包括欧美国家在乡村发展中曾经出现各种问题，呈现城乡不平衡、乡村衰落等共性特征。在全面建成小康社会的基础上，全面建成社会主义现代化强国，最艰巨最繁重的任务在乡村，最广泛最深厚的基础在乡村，最大的潜力和后劲也在乡村。实施乡村振兴战略，是解决新时代我国社会主要矛盾、实现第二个百年奋斗目标和中华民族伟大复兴中国梦的必然要求，具有重大现实意义和深远历史意义。枣庄市地处鲁中南，属低山丘陵地区，是"工匠祖师"鲁班、"科圣"墨子、"造车鼻祖"奚仲等古代科技名人的故里。近年来，枣庄市大力弘扬"班墨奚"匠心文化，埋头苦干求发展，扎实践行"绿水青山就是金山银山"的发展理念，大力推动乡村生态振兴，努力建设宜居宜业和美乡村；现代农业发展水平不断提升，农业产学研合作亮点纷呈，乡村综合治理能力稳步提高，农民收入水平稳步提升；成功创建国家可持续发展实验区、国家农业可持续发展试验示范区、国家农村改革试验区和国家现代农业示范区，成为山东农业创新发展的典范。经过多年努力，2022年7月10日，国务院批复同意枣庄市以"创新引领乡村可持续发展"为主题，建设国家可持续发展议程创新示范区，重点针对农业资源价值实现不充分、乡村发展要素集聚能力不足等问题，聚焦城乡融合发展、民生改善、新动能培育、高水平生态环境保护、创新驱动经济发展等核心领域，集成应用智慧农业、生态循环、大数据、物联网等技术，实施农业基础能力提升、城乡经济新动能培育、城乡融合发展推进、乡村生态建设提速和科技创新支撑等行动，统筹各类创新资源，深化体制机制改革，加快实现高水平科技自立自强，探索适用技术路线和系统解决方案，以更有力的举措汇聚更强大的力量，建设绿色转型先行区、城乡融合示范区、和美乡村样板区，形成可操作、可复制、可推广的有效模式，对同类地区乡村可持续发展形成示范效应，为落实《2030年议程》提供实践经验。

山东省委、省政府高度重视创新示范区建设工作，主要领导多次批示部署，成立了山东省创建国家可持续发展议程创新示范区领导小组，多次召开会议研究相关的支持政策、安排创新示范区建设推进工作。2022年12月8日，山东省人民政府办公厅印发《关于支持枣庄市建设国家可持续发展议程创新示范区的若干政策》（鲁政办字〔2022〕157号），汇聚全省资源协力推动创新示范区建设。枣庄市全面对标《2030年议程》，编制可持续发展规划、建设方案和实施方案，分别明确了近期（2022~2024年）、中期（2025~2027年）和远期（2028~2030年）三个阶段建设目标和任务，在市级层面上，枣庄市委、市政府成立枣庄市国家可持续发展议程创新示范区建设工作领导小组和国家可持续发展议程创新示范区建设指挥部，构建了面向可持续发展的枣庄市全面发展行动和规划体系。为探索乡村可持续发展的机制和路径，山东省科学技术厅和枣庄市人民政府高效组织推动了相关科研工作，2021年度山东省重点研发计划（科技示范工程）项目"乡村可持续发展动力机制与实现路径研究及模式凝练"（编号：2021SFGC0904）和枣庄市科技计划项目"山东省可持续发展实现路径的机理研究"（编号：2021GH20）、"乡村可持续发展评级技术规范研究及应用"（编号：2021GH21）、"枣庄市乡村可持续发展模式凝练与调控优化研究"（编号：

2021GH22）等一批科技项目相继启动，枣庄市可持续发展基线调查、社会经济发展新旧动能转化、乡村生态产品价值实现路径探索、乡村振兴典型案例及新形势下的典型问题研究等工作全面展开。

为梳理总结近年来枣庄市的可持续发展行动及成效，并为下一阶段更好地推进枣庄市创新示范区建设工作提供依据，更好地向国内和国际社会分享枣庄经验，为全球更好地落实《2030年议程》、最终实现可持续发展目标探索有效途径提供中国经验和中国智慧，依托前期研究和工作基础，在国家重点研发计划课题"城镇可持续发展问题诊断与提升路径研究"（编号：2022YFC3802902）和2021年度山东省重点研发计划（科技示范工程）项目"乡村可持续发展动力机制与实现路径研究及模式凝练"（编号：2021SFGC0904）的支持下，中国可持续发展研究会学术工作委员会发起并组织南开大学、中国科学院科技战略咨询研究院、枣庄市科技信息研究所等单位的有关专家成立《枣庄市可持续发展报告（2023）》编写工作组。围绕枣庄市"创新引领乡村可持续发展"的创新示范区建设主题，编写工作组开展了十余次实地调研，先后前往枣庄市滕州市、薛城区、山亭区、峄城区、台儿庄区、市中区与枣庄国家高新技术产业开发区等，深入枣庄市政府部门、城镇街道、乡村地区、企业，走访村干部、村民代表、下乡创业示范带头人等200余人次，与枣庄市科技局、发展改革委、生态环境局、统计局、交通运输局等40余个政府部门开展了多轮对接或研讨，广泛征求各类利益相关方对报告编写的意见和建议，全面获取了枣庄市经济社会发展现状、自然资源禀赋与环境污染现状、乡村振兴工作和农业产业发展情况，系统梳理了枣庄市在推进全球可持续发展目标和建设创新示范区方面的具体行动和工作成效。

《枣庄市可持续发展报告（2023）》依据国家统计局网站、《中国统计年鉴》、《中国城乡建设统计年鉴》、《中国农村统计年鉴》、《山东统计年鉴》、枣庄市相关统计年鉴及枣庄市各区（市）统计手册等权威数据，其中枣庄市情数据又经40余个政府部门多轮审查修正，以确保原始数据的准确性，同时对接了枣庄市政府工作报告、创新示范区年度报告及相关工作总结报告，系统梳理了全球和中国可持续发展历程，总结了枣庄市近年来开展的可持续发展典型行动及其主要成效；对接联合国《2030年议程》确定的全球可持续发展目标，探索了枣庄市全市层面推进SDGs本地化的行动和评估经验，构建了由96项指标组成的枣庄市 SDGs 进展评估本地化指标体系和评价技术体系，评估了 2015~2022 年枣庄市 SDGs 目标和指标得分变化情况；对接枣庄市可持续发展战略定位重点，从乡村领域分析了可持续发展典型案例，在当前国内发展进入新时代、国际发展面临百年未有之大变局的新形势下，向国内和国际社会分享枣庄乡村可持续发展经验。《枣庄市可持续发展报告（2023）》的撰写得到了山东省科学技术厅、枣庄市人民政府及各职能部门和各区（市）人民政府的大力支持，山东省科学技术厅社会发展科技处、枣庄市科学技术局、枣庄市科技信息研究所和枣庄市可持续发展议程创新示范区服务中心等相关部门为编写工作组的现场调研、座谈交流提供了充分的条件和翔实的资料，尤其是为报告的出版提供了大量清晰的图片和照片，在此向为报告提供帮助的可持续发展一线工作者和专家致以诚挚的谢意。报告撰写过程中也得到了社会科学文献出版社的大力支持，高效的编辑工作为报告的顺利出版提供了有力保障。为更好地推进枣庄国家可持续发展议程创新示范区建设和后续报告的撰写，我们诚挚欢迎社会各界对报告编写工作和枣庄市可持续发展行动提出意见和建议。

前　言

　　枣庄市位于山东省南部，是山东的"南大门"，地处鲁中南低山丘陵南部地区，为京沪交通大动脉的中间节点，兼有南方温湿气候和北方干冷气候的特点，东与临沂市接壤，南与江苏省徐州市为邻，西濒微山湖，北与邹城市毗连，总面积为 4563.55 平方千米。枣庄市历史悠久、人文璀璨，在唐宋时形成村落，因多枣树形成村庄而得名，是中国古都城分布最密集的城市之一，是千年大运河造就的经济文化繁盛之地，是传承红色基因的革命热土，境内的北辛文化是中国最早的农耕文明之一。枣庄市有着 140 多年近代工业文明，"工业基因"一度深深融入城市发展之中，枣庄市是淮河生态经济带的重点城市、国家老工业基地，早期是著名的煤矿城市，2009 年被国务院确定为东部地区唯一的资源枯竭型城市。近年来，枣庄市大力弘扬"班墨奚"匠心文化，扎实践行"绿水青山就是金山银山"的发展理念，以培育乡村经济新动能、促进乡村可持续发展为突破口，大力推动乡村振兴，努力建设宜居宜业和美乡村，农村综合治理能力稳步提高，农民收入水平稳步提升，成为山东乡村创新发展的典范。在国家可持续发展实验区、国家农业可持续发展试验示范区、国家农村改革试验区和国家现代农业示范区基础上，2022 年 7 月，国务院批复同意枣庄市以"创新引领乡村可持续发展"为主题，建设国家可持续发展议程创新示范区。获批以来，枣庄市坚持把可持续发展理念贯穿于经济社会发展各个方面，通过实施"五大行动"高质量推进创新示范区建设，打造了一批"绿色转型先行区""城乡融合示范区""和美乡村样板区"的典型案例。可持续发展目标（SDGs）整体被评定为"适度改善"，但仍需要通过创新改革的方式加速 SDGs的进展。建议瞄准可持续发展目标、上下协同全面推进，加强内引外联、持续扩大国际国内影响力，用好用足上级支持政策、推动落地见效，补齐可持续发展短板、筑牢创新示范区建设基础。

一 全球及中国可持续发展目标进展

可持续发展是各方的最大利益契合点和最佳合作切入点，是破解当前全球性问题的"金钥匙"。《2030 年议程》是联合国 193 个会员国在 2015 年 9 月举行的联合国可持续发展峰会上通过、2016 年 1 月 1 日正式启动的议程，是世界各国领导人与各国人民之间达成的社会契约，反映了多极化世界构建形成的普遍共识，标志着可持续发展成为全球最大共识，开启了人类迈向可持续发展的新征程。《2030 年议程》以《联合国宪章》的宗旨和原则为指导，以《世界人权宣言》为基础，确定了由 17 项目标和 169 项具体目标组成的可持续发展目标体系（SDGs）。"无法测量则无法管理"，科学地监测和评估进展是确保实现 SDGs 的关键，也是各国共同面临的困难和挑战之一。自 2016 年以来，联合国秘书处及各大国际组织都致力于 SDGs 进展评估工作，推动全球范围内可持续发展目标的实现，探索促进包容性的全球化及可持续的解决方案。联合国经济及社会理事会作为联合国系统关于可持续发展工作的核心部门，自 2016 年以来在联合国可持续发展高级别政治论坛上发布当年的《可持续发展目标报告》，主要对《2030 年议程》涵盖的 17 项可持续发展目标的落实进展情况进行评估，同时提供可持续发展目标及选定指标的最新数据、分析结果和全球现状。2023 年 7 月，联合国经济及社会理事会发布《2023 年可持续发展目标报告：特别版》。在联合国统计司的支持下，联合国可持续发展解决方案网络（UNSDSN）和贝塔斯曼基金会发布《2023 年可持续发展报告》，进一步从国家层面上分析了 17 项 SDGs 的具体进展，并进行了国家间的比较分析。从已有的评估结果来看，自《2030 年议程》通过以来，世界发生了重大变化，地缘政治紧张局势加剧，金融、能源、粮食和人道主义等各个方面面临危机，世界"严重偏离"了在 2030 年的最后期限前实现可持续发展目标的轨道，迫切需要各国承诺和采取干预措施促进变革，推动可持续发展目标的重大转变。

自 2015 年以来，世界在多项可持续发展目标上取得了显著进展，然而，与最初几年相比，全球面临的环境更具挑战性，地缘政治冲突加剧，金融、能源、粮食和人道主义等方面危机重重，实现可持续发展目标的进展正在大幅落后。2023 年 7 月，联合国经济及社会理事会发布的《2023 年可持续发展目标报告：特别版》显示，气候危机、俄乌冲突、全球经济疲软以及新冠疫情阻碍了实现目标的进展，世界"严重偏离"了在 2030 年的最后期限前实现可持续发展目标的轨道。在可评估的 140 个具体目标中，有半数出现中度或严重偏离预期。其中超过 30% 的具体目标与 2015 年的基准相比毫无进展，甚至出现倒退。如果按目前的趋势持续下去，预计 17 项 SDGs 中没有一项能够在 2030 年的全球层面实现，高收入国家和低收入国家在可持续发展目标成果方面的差距也将进一步扩大。2023 年 9 月，联合国秘书长任命的独立科学家小组发布的《2023 年全球可持续发展报告》显示：2019 年以来挑战成倍增加，持续的新冠疫情、不断加剧的通货膨胀和生活成本危机、全球环境和经济困境，以及区域和国家动荡、冲突和自然灾害等一系列危机交织在一起，造成许多领域的可持续发展目标进展停滞不前，地球、人类、环境和生态系统的复原力和福祉正在退化。

2022 年全球落实 SDGs 平均得分为 67.0 分，进展停滞，国家内部和国家之间的进展极不平衡，高收入国家产生明显的负面溢出效应。UNSDSN 和贝塔斯曼基金会已连续发布 8 年可持续发展报告。《2023 年可持续发展报告》对 180 个国家分别计算了 2000 年以来的可持续发展目标指数，全球可持续发展目标的实现率仅略有上升。按照已有趋势核算，到 2030 年全球平均只有 18% 左右的可持续发展目标有望实现，且高收入国家和低收入国家在可持续发展目标成果方面的差距在 2030 年（29 分）将比 2015 年（28 分）更大。截至 2022 年，全球 SDG 指数低于 67%，全球平均 SDG 指数得分从 2020 年起一直停滞不前，这在很大程度上是由多重交织的卫生及地缘政治危机导致的贫困率和失业率上升驱动的。部分发展中国家由于全民社会保障、医疗服务和教育等措施实施不力，疫情以及地缘政治紧张局势所造成的可持续发展损失存在转变成为长期能力削弱的风险，但整体上对排名在前 30 位的国家影响较小，经济的衰退并未影响其 SDG 指数得分的增加，却进一步扩大了高收入国家和低收入国家在可持续发展目标成果方面的差距，这意味着有可能失去十年来在全球范围内实现趋同的进展。由于不可持续的消费、金融保密和避税政策的存在，高收入国家产生的负面溢出效应普遍高于发展中国家，这进一步影响其他国家实现 SDGs 的努力，国际不可持续的供应链、资源性产品贸易等是产生这种溢出效应的主要原因。SDG12（负责任的消费和生产）、SDG8（体面工作和经济增长）要求发达国家带头应对此类跨界影响。

必须从危机中吸取教训，扭转局面，为实现可持续发展目标的关键转变而采取有效的执行机制和国家举措，尽快将可持续发展目标拉回正轨。2021年7月13日，联合国秘书长古特雷斯在可持续发展高级别政治论坛开幕式上表示，"我们必须从危机中吸取教训，投资更加平等和包容的社会。这要求每一个国家为每一个人提供获得发展机遇的基础，扩大全民健康覆盖、社会保障、优质教育和网络服务"。他呼吁各方重新致力于实现强有力、可持续和包容的复苏，共同采取决定性的行动，战胜气候危机，并实现《2030年议程》的承诺。实施《2030年议程》需要积极调动政治领导和雄心，实现以科学为基础的变革。《2023年全球可持续发展报告》综合了不同切入点（人类福祉和能力、可持续和公正的经济、粮食系统和健康营养、普遍可及的能源脱碳、城市和城乡发展以及全球环境）所需的关键转型，并为理解这些转型如何随着时间的推移而展开提供了框架。

中国是全球评分和排名增长最快的国家之一，受发展不平衡、基础设施建设滞后、生态环境改善进展缓慢等因素影响，仅无贫穷（SDG1）、优质教育（SDG4）两项目标表现为绿色，与SDGs进展要求差距仍较大。中国参与了《2023年可持续发展报告》17项目标、85项指标的评价。从连续评估结果来看，中国是全球评分和排名增长最快的国家之一，得分由2000年的62.21分增长至2022年的72.01分，排名相应地由第85名上升为第65名，除2008年分数稍微下滑外，每年得分均高于前一年。报告还指出，中国的"一带一路"倡议不仅与SDGs目标一致，还促进了发展中国家生产系统和国家间互联互通的现代化。与2000年相比，SDG1（无贫穷）、SDG4（优质教育）一直走在实现2030年目标和指标的轨道上，在2022年指示板中表现为"绿色"，其中SDG1进步明显，充分验证了人类减贫的中国实践成效。SDG3（良好健康与福祉）、SDG6（清洁饮水和卫生设施）、SDG7（经济适用的清洁能源）、SDG9（产业、创新和基础设施）、SDG11（可持续城市和社区）、SDG17（促进目标实现的伙伴关系）等目标进步较为显著，但由于发展不平衡、基础薄弱等因素，在2022年指示板中表现为"黄色"或"橙色"。SDG2（零饥饿）、SDG5（性别平等）、SDG8（体面工作和经济增长）、SDG10（减少不平等）、SDG16（和平、正义与强大机构）等目标进步较小。SDG12（负责任消费和生产）、SDG13（气候行动）、SDG14（水下生物）、SDG15（陆地生物）等目标得分下降，特别是

SDG13 下降 13.82 分，主要是由于经济快速增长背景下，资源消耗和主要污染物排放相较于 2000 年不断增加，生态环境保护结构性、根源性、趋势性压力尚未根本缓解，生物多样性和生态系统服务功能有待进一步提升。[①]

二 枣庄市可持续发展行动及成效

枣庄市地处鲁中南，属低山丘陵地区，是"工匠祖师"鲁班、"科圣"墨子、"造车鼻祖"奚仲等古代科技名人的故里。近年来，枣庄市协调推进乡村振兴战略和新型城镇化战略，以工促农、以城带乡，高水平建设以"创新引领乡村可持续发展"为主题的创新示范区，打造绿色转型先行区、城乡融合示范区、和美乡村样板区，为乡村可持续发展探索新路径、积累新经验、创造新模式，为全球乡村可持续发展贡献枣庄智慧和方案，是新发展阶段枣庄市探索乡村可持续发展"金钥匙"的历史使命。由于经济发展体量较小、经济发展水平相对滞后（2023 年人均 GDP 为 55974 元，仅为全国平均水平的 61.9%、山东省平均水平的 61.7%；人均可支配收入为 31477 元，约为全国平均水平的 85.3%、山东省平均水平的 83.8%），且人口较为密集、人均资源相对短缺（人口密度为839 人 / 平方千米，远高于全国平均水平的 147 人 / 平方千米、山东省平均水平的 643 人 / 平方千米；人均水资源、人均耕地等主要自然资源均远低于全国和山东省平均水平），枣庄市实现可持续发展的难度系数相对较高。2023 年，枣庄市实现地区生产总值 2156.74 亿元，常住人口为 385.31 万人、常住人口城镇化率为 60.04%，为鲁南经济圈面积最小、人均 GDP 最少的城市，较小的地域范围和人口规模为其提供了更多的机会进行精细化的城市管理、新旧动能转换、社区建设和文化传承。在社会经济发展实力不足、传统动能减弱、人均资源水平偏低、远离主要城市群、创新资源集聚能力偏弱的我国中部低山丘陵地区探索可持续发展之路，进一步彰显了枣庄市的决心和意志。

（一）枣庄市可持续发展基础条件

枣庄市是全国唯一的国家可持续发展实验区、国家农业可持续发展试验示

[①] 数据来源：Sustainable Development Report 2023，http://www.sustainabledevelopment.report/reports/sustainable-development-report-2023/。

范区、国家农村改革试验区和国家现代农业示范区"四区"同建城市，且农耕文化悠久厚重、物产资源丰富多样、经济发展势头良好、产业转型颇具成效，具有较好的可持续发展实践探索基础，国务院关于同意枣庄市建设国家可持续发展议程创新示范区的批复为处于转型发展新阶段的枣庄找到了新的航向。

农耕文明历史悠久。枣庄市拥有 7300 年的始祖文化、4300 年的城邦文化、2700 年的运河文化、140 年的近代工业文化。其中，始祖文化指境内的北辛文化，其是中国最早的农耕文明之一，为实现乡村振兴提供文化资源和文明观念。枣庄市是中国工匠精神诞生地，为"工匠祖师"鲁班、"科圣"墨子、"造车鼻祖"奚仲等古代科技名人的故里，作为中华民族工业文明的发源地，诞生了中国第一家股份制企业——中兴煤矿公司，发行了中国最早的工业股票，是淮河生态经济带的重点城市、国家老工业基地。同时枣庄市也是中国古都城分布最密集的城市之一，千年大运河造就的经济文化繁盛之地，传承红色文化基因的革命热土。

农工文旅资源丰富。农业资源丰富，枣庄市素有"鲁南粮仓、林海果园"之誉，农业生产适宜区面积达 4074.42 平方千米，占市域面积的 89.3%，马铃薯、石榴、樱桃、长红枣、食用菌、设施蔬菜等果蔬作物种植面积达 600 万亩。矿产资源丰富，截至 2022 年底，境内已发现矿种 57 种，其中铁矿石保有量超过 4100 万吨。文旅资源丰富，拥有台儿庄古城和墨子纪念馆等知名文化景区，以及冠世榴园、红荷湿地、抱犊崮国家森林公园、熊耳山国家地质公园等独特景观，是国家森林城市、国家园林城市。

经济发展蹄疾步稳。2010~2023 年，枣庄市 GDP 年均增速达到 7.42%，高于全国 6.83% 的水平，与山东省 7.47% 的水平基本持平。2023 年全市地区生产总值增长 6%，一般公共预算收入增长 7.2%，固定资产投资增长 7%，规模以上工业增加值增长 12%，社会消费品零售总额增长 9%，获评国家资源枯竭城市转型绩效考核优秀等次。

资源型城市转型加力提速。枣庄市早期是著名的煤矿城市，针对传统能源产业占比较高的状况，枣庄市近年来大力推动产业结构向"新"突破，质量效益向"优"进阶，坚持存量膨胀和增量崛起并重，加力提速资源型城市绿色低碳高质量发展。较列入国家资源枯竭城市转型试点市之前的 2008 年，枣庄市 2022 年生产总值翻了近一番，第三产业占比提高 22.7 个百分点，高新技术产业产值占规模以上工业总产值比重提高 29.77 个百分点。"6+3"现代产业体系加快构建，"中国北方锂电之都"雏形初现，精密部件、医药健康等 4 个产业入选省"十强"产业"雁阵形"集群。

社会发展平稳健康。枣庄市常住人口数量整体呈上升趋势，老龄化情况相对山东省较轻，与全国水平基本持平，按照国际通用划分标准，2022 年枣庄市人口处于轻度老龄化阶段，枣庄市未来的老龄化程度可能比山东省其他地级市略低。城镇化仍有发展空间，枣庄市城镇化率 2022 年为 60.17%，略低于山东省 64.54% 与全国 65.22% 的城镇化水平。脱贫攻坚取得决定性胜利，贫困县、贫困村全部脱贫摘帽。民生保障扎实有力，城乡居民持续增收，2022 年枣庄市全体居民人均可支配收入为 31477 元，增长率为 5.7%，增速高于全省平均增速 0.5 个百分点，位居全省第五。

（二）枣庄市可持续发展蓝图

枣庄市积极组织开展国家可持续发展议程创新示范区创建工作，2020 年 6 月，组织编制了《山东省枣庄市可持续发展规划（2020—2030 年）》和《山东省枣庄市国家可持续发展议程创新示范区建设方案（2020—2022 年）》。2022 年 7 月，国务院批准枣庄市以"创新引领乡村可持续发展"为主题建设国家可持续发展议程创新示范区（国函〔2022〕71 号），要求重点针对农业资源价值实现不充分、乡村发展要素集聚能力不足等问题，集成应用智慧农业、生态循环、大数据、物联网等技术，实施农业基础能力提升、城乡经济新动能培育、城乡融合发展推进、乡村生态建设提速和科技创新支撑等行动，统筹各类创新资源，深化体制机制改革，加快实现高水平科技自立自强，探索适用技术路线和系统解决方案，形成可操作、可复制、可推广的有效模式，对同类地区乡村可持续发展形成示范效应，为落实《2030 年议程》提供实践经验。

枣庄市为切实有效地解决制约其可持续发展的瓶颈问题，扎实推进以"创新引领乡村可持续发展"为主题的国家可持续发展议程创新示范区建设，2022 年 6 月，组织编制了《山东省枣庄市可持续发展规划（2022—2030 年）》，以三年为一个周期确立"三步走"发展目标和任务，并根据该规划制定《山东省枣庄市国家可持续发展议程创新示范区建设方案（2022—2024 年）》。枣庄市创新示范区建设的第一阶段，重点围绕枣庄市农业资源价值实现不充分、乡村发展要素集聚能力不足两大瓶颈问题，以转变发展观念、创新发展模式、提高发展质量为主线，以城乡融合发展体制机制创新为保障，推动工农互促、城乡互补、协调发展、共同繁荣的新型工农城乡关系加快形成，促进城乡要素双向流动和平等交换机制逐步健全，为推进农业农村现代化注入新的活力。以满足人民日益增长的美好生活需要为目标，坚持创新驱动、科技支撑、机制保障，一体化推进城乡发展要素，多功能开发农业资源，多元化发展乡村经济，推动科技创新与社会发展、生态文明与区域经济的深度融合，集成"互联网＋"现代信息技术、农业绿色发展技术、乡村人居环境综合整治技术等关键技术，着力实施农业基础能力提升、城乡经济新动能培育、城乡融合发展推进、乡村生态建设提速和科技创新支撑"五大重点行动"，统筹各类创新资源，深化科技创新和体制机制创新改革，探索适用技术路线和系统解决方案，推进乡村可持续发展，打造绿色转型先行区、城乡融合示范区、和美乡村样板区，为世界乡村可持续发展提供枣庄经验。

（三）实施枣庄市可持续发展重点行动

自批复以来，枣庄市聚焦"创新引领乡村可持续发展"建设主题，聚力破解农业资源价值实现不充分、乡村发展要素集聚能力不足两大瓶颈问题，深入推进农业基础能力提升、城乡经济新动能培育、城乡融合发展推进、乡村生态建设提速和科技创新支撑"五大重点行动"，取得显著成效。

实施农业基础能力提升行动。 实施"田、水、路、林、电、技、管"等综合整治，建成集中连片、旱涝保收、节水高效、稳产高产、生态友好的高标准农田42万亩。狠抓农业强基工程，建立种业研发新机制，推动主要农作物、畜禽、水产良种覆盖率分别达到99%、98%和70%以上。加大农机购置补贴力度，农作物耕种收综合机械化率达91.8%。推动农业数字化转型，建设智能化数字大棚、数字果园、数字牧场31家，率先被评为全国农业农村信息化示范基地。

实施城乡经济新动能培育行动。 围绕培育壮大"6+3"现代产业体系，培育高质高效农业、新型商贸物流业、特色文旅康养业，筑牢乡村经济发展的产业根基。在稳步推动传统产业技改提升、链条延伸的基础上，及时抢占新兴产业赛道，大力发展以锂电为代表的新能源产业，全市锂电企业发展到120家，锂电新能源产业营业收入增长80%以上、入选首批山东省十大先进制造业集群，

4个镇28个村庄被认定为首批省级绿色能源发展标杆乡镇、标杆村。坚持把发展镇域经济摆在首要位置，集中打造主导产业，10个示范镇共培育优势特色产业集群18个，产业集群实现营收926.48亿元，2个镇跻身全国百强镇，5个镇入选全国千强镇。实施村级集体经济发展三年强村计划，探索设立村级集体经济发展帮扶基金总规模1.5亿元；2022年度全市集体收入50万元以上村508个，其中过百万元村206个。成功举办2023石榴产业发展大会、中国国际薯业博览会，高质高效农业产业链企业发展到343家、规模以上农产品加工企业达到275家，被认定为"中国生态石榴之都"。

实施城乡融合发展推进行动。着力于提高基础设施、服务均等和双向城镇化水平，推动以县城为重要载体的新型城镇化建设，济枣高铁、翼云机场本场工程等加快推进，城市建设日新月异，农村人居环境不断优化，实施了总投资44亿元的城乡供水一体化工程。坚持农业农村优先发展，实施"双十百千"工程，以省、市、区（市）三级示范联动方式开展乡村示范片区建设。促进城乡人口自由流动，深化户籍制度改革，全面放开户籍限制，实行经常居住地落户政策，有效推动进城务工、投资经商、购房居住的农村人口就近有序转移，2022年共落户城镇1.78万人。推进城乡基本公共服务均等化、乡村治理现代化，推动优质教育、医疗、养老、托幼资源向农村延伸拓展，促进城乡要素顺畅流动、资源充分共享。

实施乡村生态建设提速行动。以"生态优先、绿色发展"为导向，提升国家森林城市、国家园林城市建设成果，深入开展"山水林田大会战"，构筑生态屏障。2023年改善提升"四好农村路"735千米，建设旅游公路11条、101千米，完成农村清洁取暖改造8.3万户，创建省级乡村振兴齐鲁样板示范区4个、宜居宜业和美乡村64个、美丽幸福示范河湖10条。积极推进生态产品价值实现机制试点，探索排污权交易、绿色生态资源价值转化路径，建设山东生态产品交易中心、鲁南生态银行，打造中国北方生态产品交易平台，推进绿色资源增值。

实施科技创新支撑行动。加速"人、财、物、地"要素资源向示范区集聚，深入实施柔性引才"百人计划"、枣庄英才集聚工程。壮大科技创新主体，全市新增国家高新技术企业150家，入库国家科技型中小企业1103家，被列为全省工业母机"1131"突破工程"三核"之一，锂电集群入选首批山东省先进制造业集群名单，全市高新技术产业产值占规模以上工业总产值比重达到48%。积极推动省级"技术攻关＋产业化应用"科技示范工程实施，重点建设一批技术研发平台和全产业链标准化示范基地，创建滕州马铃薯、峄城石榴、山亭甘薯等 10 个全产业链标准化示范基地，全市研发机构总数达到 891 个，规模以上工业企业研发机构覆盖率达到 53.07%，较 2022 年提高 8.07 个百分点。

（四）推动枣庄市可持续发展政策及体制机制改革

在强化组织领导、省市联动、创新支撑上持续发力，完善组织领导机制，研究制定国家可持续发展议程创新示范区领导小组工作规则。

1. 积极推进体制机制创新

枣庄市在创新体制机制方面大胆探索、发挥示范效应，充分发挥市场配置资源的决定性作用，健全促进城乡要素双向流动和平等交换机制，加速"人、财、物、地"要素资源向创新示范区集聚。及时调整创新示范区建设工作领导小组，统筹领导创新示范区建设工作；成立国家可持续发展议程创新示范区建设指挥部，先后两次召开指挥部会议，研究部署创新示范区相关工作；设立枣庄市可持续发展议程创新示范区服务中心，专职开展创新示范区建设工作。加快推进省政府政策的落地落实，调动全市有关部门积极对上沟通、争取支持。

（1）领导机制建设。成立山东省创建国家可持续发展议程创新示范区领导小组，召开专题工作会议，研究落实国务院批复意见的政策措施；成立枣庄国家可持续发展议程创新示范区建设工作领导小组、国家可持续发展议程创新示范区建设指挥部，分别由市委、市政府主要领导任组长、指挥长，统筹推进创新示范区建设各项工作。

（2）运行机制建设。研究制定《枣庄国家可持续发展议程创新示范区建设指挥部工作规则》《2023 年度枣庄国家可持续发展议程创新示范区建设对上争取政策清单》《枣庄市建设国家可持续发展议程创新示范区建设考核办法》，推动创新示范区建设有章可循、有序推进。

（3）工作机构建设。经市委编办研究，设立枣庄市可持续发展议程创新示范区服务中心，为市科技局所属副处级公益一类事业单位。核定事业编制 16 名，设置内设机构 4 个：综合服务科、创新发展科、战略规划科、国际与区域合作科。

（4）智库机制建设。枣庄市政府与国际欧亚科学院中国科学中心签订战略合作协议，聚焦"创新引领乡村可持续发展"主题，发挥国际欧亚科学院中国科学中心创新资源集聚优势，共建科研机构、高端咨询智库，联合推进重大科研成果转化、高层次人才团队引进，为枣庄国家可持续发展议程创新示范区建设提供强有力的科技支撑。

（5）考核机制建设。将创新示范区建设作为专项考核项目，纳入区（市）高质量发展综合绩效考核评价体系和市直机关服务高质量发展绩效考核体系，制定考核办法，强化可持续发展任务目标落实。

2. 优化政策保障

2022 年 12 月 8 日，《山东省人民政府办公厅印发关于支持枣庄市建设国家可持续发展议程创新示范区的若干政策的通知》（鲁政办字〔2022〕157 号），从科技创新发展、乡村振兴发展、城乡融合发展、绿色低碳发展、可持续发展投入和体制机制创新等六个方面制定十五条专项支持政策。作为对口支持单位，山东省科技厅率先发布省重大科技创新工程"国家可持续发展议程创新示范区——创新引领乡村可持续发展科技示范工程"，以定向项目支持创新示范区建设，安排部署每年不低于 1 亿元的科技资金。在市级层面上，枣庄国家可持续发展议程创新示范区建设工作领导小组办公室牵头制定了落实政策责任分工明细，将省政府支持政策细化分解成 80 条，推进省政府支持政策落实落地。

全方位优化政策措施，稳步推进保障机制。枣庄市围绕改革攻坚激活力，纵深推进农村产权、集体经营性建设用地入市、新型经济组织等重点改革任务，立足组团型城市特点，统筹提升"县镇村"规划建设管理水平，持续深化涉农领域改革，推动优质教育、医疗、养老、托幼资源向农村延伸拓展，加快构建空间布局更加合理的城乡形态。

三 枣庄市可持续发展目标进展

对标联合国《2030 年议程》涵盖的 17 项可持续发展目标（SDGs）以及 169 项具体目标，构建由 16 项目标［枣庄市不涉及 SDG14（水下生物）］和 96 项指标组成的枣庄市 SDGs 进展评估本地化指标体系，采用国际通用的 SDG 指数和指示板评估方法开展枣庄市 2015~2022 年 SDGs 进展评估。

评估结果显示，枣庄市 SDG 指数得分近七年连续增加，呈现明显改善的态势，由 2015 年的 57.54 分逐步提升至 2022 年的 74.10 分，高于同期全国和山东省平均水平（按照相同的评价方法进行计算，2022年全国、山东省SDG指数分别为70.12、72.51）。从当前经济发展水平来看，枣庄市的人均GDP、人均可支配收入都明显低于全国和山东省平均水平，这正说明枣庄市在社会发展和生态建设方面的成效在一定程度上抵消了经济发展不足的问题。同时由于当前枣庄市保持了快速稳定的经济发展态势，经济的增速和转型的效率明显较高，而生态环境质量和生态系统服务功能仍在不断改善，不断缩小的城乡居民人均收入差距也印证了当前枣庄市经济发展的共同富裕特征（2022年枣庄市的城乡人均收入比为1.91，同期山东省为2.22、全国为2.45），经过持续努力，枣庄市的SDG指数得分将会有进一步提升。根据现有数据分析的变化趋势来看，其向好发展的增速暂未达到2030年实现可持续发展目标所需增速，整体被评定为"适度改善"，仍需要通过创新改革的方式加速SDGs的进展。

从目标得分来看，在参评的16项SDGs中，SDG1、SDG2、SDG3、SDG4、SDG6、SDG10、SDG12、SDG13、SDG16九项目标表现较好，评级为绿色，其中SDG16表现尤为突出（得分为100），说明该目标已经基本实现了《2030年议程》目标要求；SDG7、SDG9、SDG15、SDG17四项目标表现欠佳，评级为橙色，仍存在提升空间，SDG15是得分最低的目标，亟须进一步推动生态环境质量改善和生态系统服务功能提升，协同推进高水平保护与绿色转型高质量发展；剩余三项目标全部为黄色，说明基本符合《2030年议程》目标改善要求，但仍存在一定差距。从发展趋势来看，SDG1、SDG2、SDG9和SDG10四项目标进步显著，实现2030年目标面临的挑战较少；SDG7、SDG15两项目标则呈现波动式下降趋势，实现2030年目标面临严峻挑战，生态改善和绿色低碳发展方面仍需要向国内外先进城市看齐。总体上看，可持续发展行动对枣庄市可持续发展水平带动提升效果明显，但创新驱动社会经济发展和智慧化数字化基础设施建设方面仍需进一步改善，协同推进SDGs与绿色转型高质量发展。

在参评的96项指标中，评级为绿色的指标有54个，占参评指标的56.25%；评级为黄色的指标有11个，占参评指标的11.46%；评级为橙色的指标有18个，占参评指标的18.75%；评级为红色的指标有13个，占参评指标的13.54%。其中，评级为红色的指标主要为：农业劳动生产率、文化产业增加值占GDP比重、非化石能源占一次能源消费比重、节能环保支出占财政支出比例、人均GDP、城镇非私营单位就业人员月平均工资、每万人研究与试验发展（R&D）

人员全时当量、每万人口发明专利拥有量、PM$_{10}$ 年均浓度、臭氧日最大 8 小时平均浓度值、自然保护地与重点生态功能区面积比值、森林覆盖率、国际友好城市数量。这 13 项指标距离《2030 年议程》指标要求还有明显差距，是未来应重点关注的指标。在这 13 项指标中，受制于产业结构偏重、能源结构偏煤、自然地理条件、结构性污染问题突出等现实问题，PM$_{10}$ 年均浓度、臭氧日最大 8 小时平均浓度值、自然保护地与重点生态功能区面积比值、森林覆盖率 4 项指标成为枣庄市在环境治理中的短板，枣庄市应当持续优化产业结构，以更高标准深入打好污染防治攻坚战，处理处置整个生命周期过程中的环境污染和生态破坏问题，改善和保护生态环境，努力弥补先天短板。在这 13 项指标中，森林覆盖率、节能环保支出占财政支出比例 2 项指标得分呈现下降趋势，农业劳动生产率、城镇非私营单位就业人员月平均工资、每万人研究与试验发展（R&D）人员全时当量、PM$_{10}$ 年均浓度、臭氧日最大 8 小时平均浓度值、自然保护地与重点生态功能区面积比值、国际友好城市数量 7 项指标呈现停滞状态，尚未走上持续改善的正轨，是制约未来枣庄市可持续发展的关键指标。

基于参与评估的 16 项目标和 96 项指标，报告针对枣庄市绿色转型先行、城乡融合示范、和美乡村样板三大可持续发展愿景的内涵，分别建立绿色转型综合指数、城乡融合综合指数、和美乡村综合指数。枣庄市"绿色转型"的评估值在 2015~2017 年高于山东省平均水平，到 2018 年被山东省平均水平反超，并且与山东省平均水平之间的差距逐渐拉大。从案例分析的情况来看，枣庄市的绿色转型表现为三个方面。一是功能的"转变"，即传统农业经济由凸显农业资源的生产功能向消费功能的发展模式根本转变。二是生态价值向经济价值的转变。枣庄市山亭区通过全域旅游发展，特别是乡村旅游的推广和生态资源的开发，营造出"山亭大公园"概念，既提高了地区的旅游吸引力，又带动了经济增长和消费提振。三是传统工业经济向高新技术经济的转变。枣庄市通过政策制定、资金投入和人才引进，积极推动传统煤电产业向高端化、绿色化、智能化的锂电产业转型。枣庄市的城乡融合成绩显著，优于山东省平均水平，主要体现在经济发展均等化、民生福祉改善和基础设施建设等方面取得的成效。需要指出的是，经济发展均等化指数的显著增长，显示了枣庄城乡之间经济差距的快速缩小。案例分析方面，通过完善基础设施、平衡城乡服务水平、激活地方特色工艺等多项措施，台儿庄区成功地将旅游产业与城乡发展紧密结合在一起，既提升了居民的生活质量和收入水平，又为城乡融合提供了新的动力和模式。枣庄市在城乡融合发展中的另一个关键做法是发展特色农业产业，特别是石榴产业的推广，有效提升了农业的附加值，丰富了农业产业链，增加了农民的收入，为城乡融合开辟了新的途径。特色小镇建设则是枣庄市在城乡融合中的另一重要方面。通过打造具有地域特色和文化底蕴的小镇，如乡村旅游、生态旅游、文化体验等，枣庄市成功地将传统与现代、农业与旅游、生态与发展相结合，为城乡一体化发展提供了鲜活案例。枣庄市在和美乡村建设方面取得了显著的成就，并且保持着对山东省平均水平的领先优势，但同时也暴露出一些不足之处。具体而言，枣庄市有限的耕地和相对较为局促的自然条件，制约枣庄市传统农业生产活动的拓展空间；尽管枣庄市的资源效率和生产效率很高，但在其农业生产潜力已被充分挖掘出来的情况下，枣庄市需要进一步探索新的乡村经济增长点。此外，从案例分析的情况来看，枣庄市乡村中生态要素、文化要素的价值逐渐显露出来，例如，洪门村通过葡萄产业的发展带动整个村落的休闲、观光发展，李庄借助老屋唤醒启动村庄的游憩、栖居，以及杨楼村发挥治理作用聚集发展合力等，开启枣庄乡村新的经济增长模式。

四 枣庄市可持续发展面临形势及对策建议

当前，枣庄市可持续发展建设面临前所未有的历史机遇。从国际看，世界处于百年未有之大变局。国际经济、科技、文化、安全、政治等格局发生深刻调整，中美关系成为影响我国发展的不确定性因素，新冠疫情带来的经济低迷可能持续较长时间，贸易保护主义抬头，供应链出现区域化、本地化和碎片化趋势。和平与发展仍是时代主题，《区域全面经济伙伴关系协定》（RCEP）有力推动东亚区域贸易投资自由化、便利化进程。新一轮科技革命和产业变革蓬勃兴起，5G、人工智能、先进制造、量子科技等加速发展，产业数字化、网络化、智能化加速推进，新生产要素及组合应用引发生产方式重大变革，对经济发展、科技创新、社会治理产生重大影响，这为枣庄市培育壮大新经济、加快以智能制造带动传统产业转型升级，提升产业核心竞争力、推动产业迈向中高端，实现跨越发展提供了新机遇。从国内看，我国进入高质量发展新阶段。当前和今后一个时期，我国发展仍然处于重要战略机遇期，但机遇和挑战都有新的发展变化。"十四五"时期，我国开启全面建设社会主义现代化国家新征程，进入高质量发展新阶段，经济社会发展的目标要求、重点任务和主要动力等发生重要变化，更加注重科技创新驱动，更加注重实体经济，更加注重人的全面发展。社会结构、社会关系、社会行为方式、社会心理等发生深刻变化，社会主要矛盾转化为人民日益增长的美好生活需要和不平衡不充分的发展之间的矛盾。为保持经济行稳致远和高质量发展，国家出台一系列重大战略，着力挖掘国内超大规模市场优势，努力加强产业链、供应链安全体系建设，构建以国内大循环为主体、国内国际双循环相互促进的新发展格局。黄河流域生态保护和高质量发展、大运河文化带、淮河生态经济带等国家重大战略的实施，为枣庄推动资源型城市转型、拓展开放发展新空间提供了有效支撑。从全省看，山东省开启现代化强省建设新征程。"十四五"时期，山东省聚焦"走在前列、全面开创"核心目标，推进黄河流域生态保护和高质量发展，实施八大发展战略，加快山东自贸试验区、上合示范区"两区"建设，全面开创新时代现代化强省建设新局面。围绕打造具有全球影响力的山东半岛城市群，构建"一群两心三圈"的区域发展格局，推进省会、胶东、鲁南三大经济圈区域一体化发展，着力加强制度创新、优化制度供给，深入推进开发区、营商环境、国有企业、"亩产效益"等综合改革，努力激发经济和社会发展新活力，拓展改革开放新空间。2020年5月，山东省人民政府出台《关于加快鲁南经济圈一体化发展的指导意见》，培育全省高质量发展新引擎，为枣庄市融入全省区域产业分工协作体系，加快高质量发展提供了新动力。从枣庄看，作为全国资源型城市转型试点市，又被赋予了建设国家可持续发展议程创新示范区重大任务，同步集成黄河流域生态保护和高质量发展、淮河生态经济带建设、新一轮鲁西崛起行动等战略机遇，随着山东省绿色低碳高质量发展先行区建设加力提速，必将为加快老工业基地转型崛起注入强劲动能。2023年9月24日，习近平总书记到枣庄视察指导，就培育壮大石榴产业、促进农业增效和农民增收作出重要指示，为枣庄市深入挖掘石榴资源禀赋、加快推动乡村振兴指明了方向。

枣庄市今后既需要面对复杂多变的国际形势，抓住全球可持续发展和国家实施乡村振兴战略、全面推进美丽中国的机遇，也需要解决城乡融合发展程度低、新动能培育任务重、民生改善任务艰巨、生态环境保护压力大、创新对经济发展贡献不足等自身存在的可持续发展瓶颈问题，聚焦"创新引领乡村可持续发展"主题，加快推动创新示范区建设。

一是完善评估考核机制，瞄准可持续发展目标，上下协同全面推进。聚焦"三个定位"，围绕《山东省枣庄市可持续发展规划（2022—2030年）》确定的目标任务和《山东省枣庄市国家可持续发展议程创新示范区建设方案（2022—2024年）》确定的"五大重点行动"，尽快启动《山东省枣庄市国家可持续发展议程创新示范区建设方案（2022—2024年）》评估考核工作，超前谋划《山东省枣庄市国家可持续发展议程创新示范区建设方案（2025—2027年）》，优化重大行动和重点工程，建立目标清单、指标清单和项目清单，统筹推动省、市、区（市）纵向协同，政府、科研单位、企业横向联动，以评促建，凝聚全社会参与的强大合力，构建协同推进长效机制。

二是补齐可持续发展短板，筑牢示范区建设基础。聚焦农业资源丰富与价值实现不充分之间的矛盾突出、乡村发展要素投入不足与城乡融合需求矛盾明显等瓶颈问题，全面排查体面工作和经济增长（目标8）、产业创新和基础设施（目标9）等可持续发展目标指标短板的原因及形成机制，精准策划政策与机制体制创新，进一步汇聚全国和全省创新资源，形成创新示范区高标准高质量建设合力，完善创新要素市场化配置机制、夯实高质量发展支撑，高位推进创新示范区建设，引领我国乡村可持续发展行动，高水平打造可复制、可推广的枣庄可持续发展现实样板。

三是用好用足上级支持政策，推动落地见效。争取国家政策支持，推动省级政策见效，充分运用和发挥支持政策的红利，打造我国乡村可持续发展的高地。研究制定先行先试、精准导向的配套举措，促进创新示范区政策与绿色低碳高质量发展先行区政策等形成集成效应，推动政策简化、细化、项目化，推动各类改革创新试点集中落实、率先突破、系统集成，让创新示范区的"金字招牌"变成枣庄发展的实效、看得见摸得着的民生福祉。

四是加强内引外联、持续扩大国际国内影响力。加强内部梳理与引导，用可持续发展理念指导全市空间格局、产业结构、生产生活方式的转变，促进各行业、各领域与创新示范区建设的有机结合；深化对外开放与联动，探索优势目标指标的示范推广路径，主动融入"一带一路"、淮河生态经济带等建设，以全球视野讲好枣庄故事，展示枣庄高水平的可持续发展示范场景范例，共建、共享枣庄经验模式。

目录
CONTENTS

CHAPTER 1

第一章
全球及中国可持续发展行动

当今世界正经历百年未有之大变局，中国发展面临的国内外环境发生深刻复杂变化。全球已经进入了一个多危机的时代。冲突、气候变化、新冠疫情的持续影响以及其他全球挑战，正在产生持久的灾难性影响，使得未来的不确定性逐渐增强，国际社会迫切需要一个系统解决方案，谋划人类共同的未来。落实《2030年议程》是多极化世界中已经构建形成的普遍共识，G20大阪峰会重申共同落实《2030年议程》充分体现了这一点。2019年6月，习近平主席发表题为《坚持可持续发展 共创繁荣美好世界》的致辞，深刻阐释可持续发展的重要意义，指出"可持续发展是破解当前全球性问题的'金钥匙'，同构建人类命运共同体目标相近、理念相通，都将造福全人类、惠及全世界"，明确"可持续发展是各方的最大利益契合点和最佳合作切入点"。①

一 全球可持续发展历程

世界200多年的工业化历程，仅使不到10亿人口的发达国家实现了现代化，资源和生态环境却为此付出了沉重的代价。整个20世纪的100年，全球的"发展观"经历了重大变革。从"增长理论"到"发展理论"，再到20世纪末期"可持续发展理论"取得了全球性共识，人类的认识在逐渐深化（见图1-1）。可持续发展成为近代人类经历工业化、经济高速增长、人口膨胀、资源危机、生态环境恶化等严重影响社会发展的问题之后，人们经过反复思考和探索逐渐形成的一种新思想，其理论的产生为人类世界的发展指出了一条环境与发展相结合的道路，为环境与人类社会的协调发展提供了一个全新的模式。

（一）可持续发展理念产生阶段（17世纪至1991年）

可持续发展最早可追溯至17~18世纪欧洲兴起的可持续森林管理思想。1662年，约翰·伊夫林认为，英国对森林的破坏性过度开发已经导致出现木材资源枯竭的趋势，而阻止这一切的方法就是让土地所有者承担种植树木的强制性责任。此后，来自英国、法国、美国的数位学者和政客先后进行了有关森林管理和持续产量的研究，可持续森林管理思想因此逐渐建立，这也是可持续发展理

---

① 《习近平在第二十三届圣彼得堡国际经济论坛全会上的致辞（全文）》，http://www.gov.cn/xinwen/2019-06/08/content_5398347.htm，最后访问日期：2023年4月11日。

1662年2月16日，英国伦敦可持续发展理念的雏形：英国对森林性过度开发已经导致森林的破坏性资源出现枯竭的趋势，让土地所有者租种植树木的强制性责任将会减缓这一趋势

1972年3月13日，罗马俱乐部出版《增长的极限》，描绘了一种理想中的全球平衡状态——"一个不存在突然和不受控的崩溃，并且能够满足所有人基本物质需求的可持续世界体系"

1980年《世界自然保护大纲》引入了可持续发展的理念，并首次将可持续发展确定为全球优先事项之一

1992年6月3~14日，巴西里约热内卢联合国环境与发展大会可持续发展的概念已经超载了其最初的代际际框架，更加注重"社会包容性和环境可持续的经济增长"的目标

2019年9月，联合国秘书长呼吁社会各界在"行动十年"层面上开展"行动十年"呼吁加速采取可持续解决方案来应对世界上所有重大挑战，包括贫困、性别问题、气候变化、不平等以及弥合资金缺口

2023年9月19~20日，纽约联合国总部问开了可持续发展《2030年议程》审查了其17个可持续发展目标的落实情况，对2030年目标年之前为实现可持续发展目标所采取的变革性行动加速行动提供了高级别政治指导

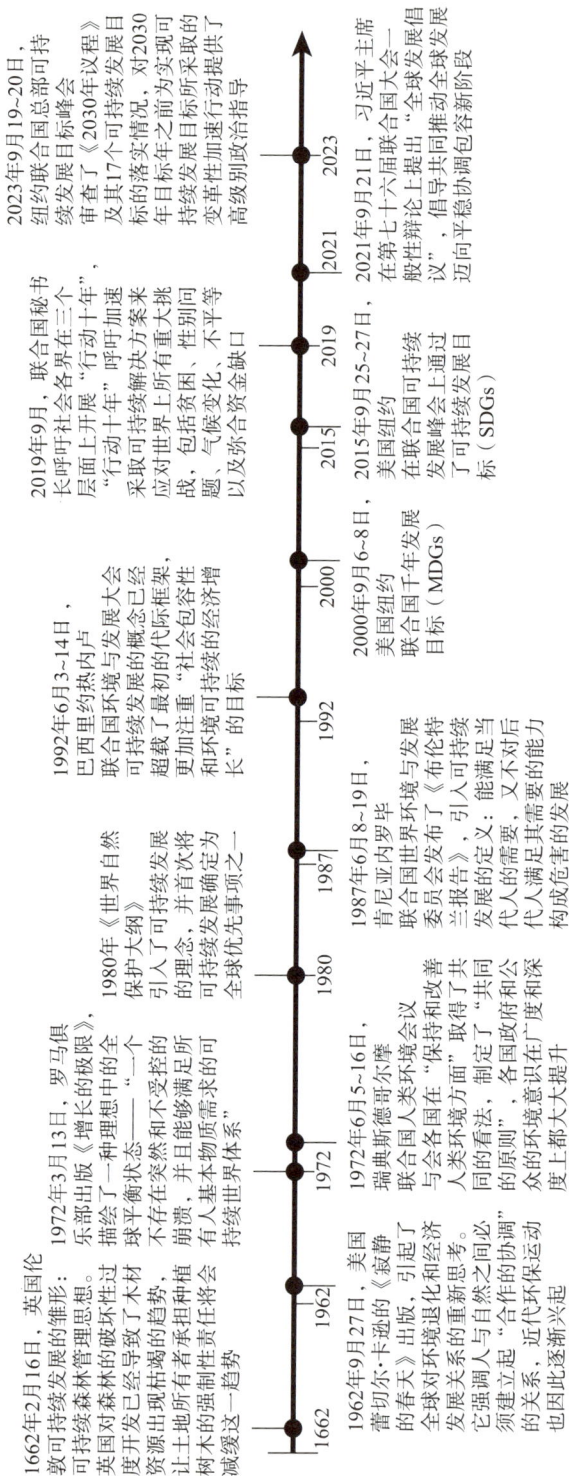

1962年9月27日，美国蕾切尔·卡逊的《寂静的春天》出版，引起了全球对环境退化和经济发展关系的重新思考。它强调人与自然之间必须建立起"合作的协调"的关系，近代环保运动也因此逐渐兴起

1972年6月5~16日，瑞典斯德哥尔摩联合国人类环境会议与各国在"保持和改善人类环境方面"取得了共同的看法，制定了"各国政府和公众的环境意识在广度和深度上都大大提升

1987年6月8~19日，肯尼亚内罗毕联合国世界环境与发展委员会发布了《布伦特兰报告》，引入可持续发展的定义：能满足当代人的需要，又不对后代人满足其需要的能力构成危害的发展

2000年9月6~8日，美国纽约联合国千年发展目标（MDGs）

2015年9月25~27日，美国纽约在联合国可持续发展峰会上通过了可持续发展目标（SDGs）

2021年9月21日，习近平主席在第七十六届联合国大会一般性辩论上提出"全球发展倡议"，倡导共同推动全球发展迈向平稳协调包容新阶段

图 1-1 可持续发展理念的产生演变

资料来源：作者整理。

念的雏形。1962年，蕾切尔·卡逊的《寂静的春天》一经出版，便引起了全球对于环境退化和经济发展关系的重新思考。它通过总结污染物在自然界中的迁移转化规律，揭示了环境污染对地球生态的深远影响，强调人与自然之间必须建立起"合作的协调"的关系，近代环保运动也因此逐渐兴起。

1972年，罗马俱乐部出版报告《增长的极限》，警告人类地球潜伏着危机、发展面临着困境，并描绘了一种理想中的全球平衡状态——"一个不存在突然和不受控的崩溃，并且能够满足所有人基本物质需求的可持续世界体系"，这是现代意义上的可持续发展观念首次在学术文献中出现。同年6月，在联合国人类环境会议上通过了《联合国人类环境会议宣言》，该宣言阐明了参会国家和国际组织所取得的7点共同看法和26项原则，标志着与会各国已经在"保持和改善人类环境方面"达成共识，并制定了"共同的原则"，使各国政府和公众的环境意识在广度和深度上都有了较大的提升。1980年，世界自然保护联盟、联合国环境规划署、世界野生生物基金会（现在更名为世界自然基金会）联合发布了《世界自然保护大纲》，引入了可持续发展的理念，并首次将可持续发展确定为全球优先事项之一。

1987年，联合国世界环境与发展委员会发布了《我们共同的未来》（《布伦特兰报告》），正式引入了可持续发展的定义，并作出了系统性的说明和阐述。在该报告中，可持续发展被定义为"能满足当代人的需要，又不对后代人满足其需要的能力构成危害的发展"，这一定义目前得到最广泛的认可，并对全球的可持续发展进程产生深远影响。随着《我们共同的未来》的发布和可持续发展概念的提出，一条新的发展道路开始出现在人类面前，引起了世界各国和国际社会的重视和关注。

（二）可持续发展共识形成与探索阶段（1992~2015年）

1992年，联合国环境与发展大会发表了《里约环境与发展宣言》《21世纪议程》等文件。《里约环境与发展宣言》概述了在21世纪建立公正、可持续、和平的全球社会的观点。《21世纪议程》则是联合国关于可持续发展的一项不具约束力的行动计划，强调了信息化、跨部门一体化和公众广泛参与在可持续发展中的关键作用。

进入21世纪以来，尽管全球化为世界发展带来了新的机遇，但各方的付出和收益并未做到公平和均等，世界范围内的社会贫富差距进一步扩大。因此，消除贫困成为人类面临的极为迫切的任务。2000年9月，在联合国首脑会议上，189个国家签署了《联合国千年宣言》，承诺要让每个人享有发展的权利，不再受基本需求的困扰。世界各国领导人就消除贫穷、饥饿、文盲、疾病、环境恶化和对妇女的歧视达成一致意见，这一广泛的愿景随后转化成为联合国千年发展目标（MDGs）。MDGs共包括8项目标和21项具体目标，每一项目标都以2015年为完成时限。

在2000~2015年的15年间，MDGs不仅是衡量全球发展进程的首要标准和进行国际发展合作的重要框架，还为各国可持续发展行动提供了有力指导。2002年在南非约翰内斯堡召开的第一届可持续发展世界首脑会议，成为继1992年联合国环境与发展大会之后，全面审查和评价《21世纪议程》执行情况、重振全球可持续发展伙伴关系的重要会议。会议正式将消除贫困列为可持续发展的基本原则，就形成面向行动的战略与措施、积极推进全球的可持续发展进行了深入的讨论。2015年7月，在千年发展目标的完成期限前夕，联合国经济和社会事务部发布了《千年发展目标2015年报告》，对千年发展目标进展情况进行了全面评估。通过全球各国的努力和协作，千年发展目标使更多人的生活水平得到提高，促成了新型的创新性伙伴关系，改变了发达国家和发展中国家的决策制定。但千年发展目标取得的成绩是不均衡的，最贫穷和最弱势的群体发展仍然落后。

为解决MDGs执行期满后全球可持续发展目标和议程的制定问题，在执行期的尾期已经展开对2015年后发展议程的讨论。2012年6月，在巴西里约热内卢举办了联合国可持续发展大会（又称"里约+20"峰会），讨论了"在可持续发展和消除贫困的背景下发展绿色经济"和"关于可持续政治治理与制度框架"两大主题。2013年，联合国授权成立可持续发展目标开放工作组，拟定新的全球可持续发展目标。联合国秘书长潘基文先后向第68届、第69届联合国大会（2013年、2014年）提交《人人过上有尊严的生活：加快实现千年发展目标并推进2015年后联合国发展议程》和《2030年享有尊严之路：消除贫穷，改变所有人的生活，保护地球》两份报告，呼吁各国加速实施MDGs，共同推动2015年后发展议程的国际进程。2015年9月，联合国193个成员国的领导人齐聚纽约可持续发展峰会，审议通过了《2030年议程》，针对各个地区和国家千年发展目标进展不均衡的问题，确定了"不让任何一个人掉队"的核心转型承诺。可持续发展目标（SDGs）是《2030年议程》的核心内容，包括17项目标和169项具体目标。

《21世纪议程》、MDGs和SDGs都是国际社会致力于解决全球问题、实现可持续发展的重要工具，在一定程度上相互衔接并逐步演进发展。《21世纪议程》设定的所有目标均在SDGs中有所体现，是SDGs坚实的基础。而MDGs与SDGs是前后承接的关系（见图1-2），SDGs通常被视为对MDGs的深化和扩展，进一步强调了可持续性的概念，加强了对经济、社会和环境可持续性的关注。与MDGs相比，SDGs在目标设定、适用范围、制定过程以及执行手段等具体方面又有明显不同（见表1-1）。

表1-1　SDGs和MDGs的联系与区别

项目	千年发展目标（MDGs）	可持续发展目标（SDGs）
目标设定	8项目标和21项具体目标，主要围绕社会问题，简洁清晰	17项目标和169项具体目标，涵盖经济、社会、环境3个维度，全面综合，相互关联
适用范围	主要发展中国家	全球所有国家
制定过程	由联合国秘书处协调专家确定	由联合国成员国谈判达成
执行手段	仅部分目标涉及执行手段	提出筹资、技术、能力建设、贸易和伙伴关系等手段，强调政府、私营部门等利益攸关方协作

可持续发展目标的制定，标志着国际社会对于世界发展转型已经达成两点共识。第一，传统工业化发展模式必须向新的可持续发展模式转变。在日趋严峻的地球资源和环境约束条件下，人类社会必须采取新的方案以实现人类共同发展。当前，世界已经进入实质性推进可持续发展的进程。第二，现有的国际话语体系与世界秩序正在发生重大转变，全球治理的议程设置也随之发生变革，需要构建与之相适应的新全球治理体系。新兴国家和发展中国家所关注的经济、社会、环境协调发展成为新的国际社会共识。因此，SDGs的制定对于全球发展和治理具有里程碑式的意义。

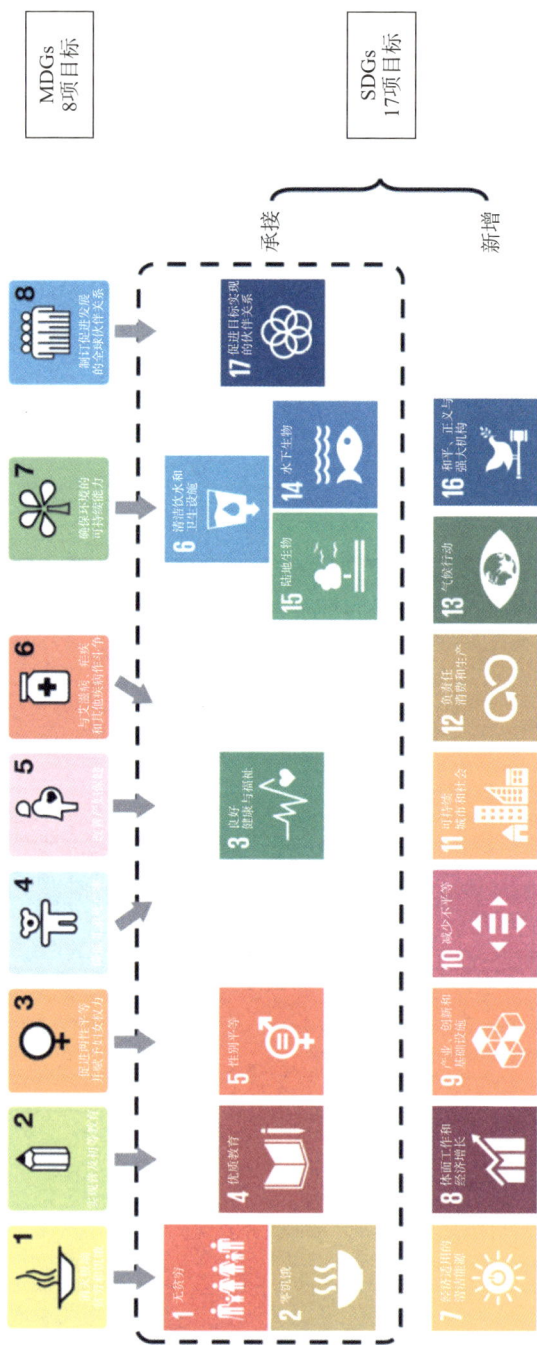

图 1-2　SDGs 与 MDGs 承接对应

（三）可持续发展目标实施阶段（2016 年至今）

自 2016 年 1 月 1 日正式实施以来，在联合国、各国政府等各方共同努力下，联合国系统实施了一系列相关行动，搭建了审查机制，保障《2030 年议程》的推进与落实，各成员国也都积极将《2030 年议程》与国家战略和计划相整合，并逐步开始将 SDGs 纳入国家发展计划和监测评估体系，推动全球可持续发展目标取得积极进展。2016 年 9 月，中国 G20 杭州峰会上达成《二十国集团落实 2030 年可持续发展议程行动计划》，G20 承诺将自身工作与《2030 年议程》进一步衔接，确定了落实《2030 年议程》的高级别原则，各国积极探索落实《2030 年议程》的途径和模式。2017 年 1 月，在南非开普敦举办的首届联合国世界数据论坛上发布《开普敦可持续发展数据全球行动计划》，以推动实现 SDGs，加强统计能力建设，推动建立有韧性的国家数据生态系统为目标。2019 年 2 月通过的《塞维利亚承诺》（Seville Commitment）强调了可持续发展目标本地化在很大程度上依赖于与当地社区的合作，为应对全球挑战寻求真正本地化的解决方案。2019 年 9 月，联合国秘书长安东尼奥·古特雷斯呼吁全社会共同努力，在三个方面开展"行动十年"计划。联合国秘书长于 2021 年发布的报告《我们的共同议程》进一步加强了这方面的努力，该报告为履行《联合国宪章》（Charter of the United Nations）并实现更绿色、更安全和更美好未来的下一步行动，制定了共同路线图。2021 年 9 月，在第 76 届联合国大会可持续发展目标期间，"地方 2030"联盟（Local 2030 Coalition）正式成立。"地方 2030"联盟是地方和区域政府以及地方和区域政府协会网络与各国政府、企业、社区组织和其他地方行动者以及联合国系统相融合的平台。在联合国系统内，"地方 2030"联盟加强联合国机构间的协调，并扩大和深化与地方行动者的伙伴关系，以有效推进可持续发展目标。在第 76 届联合国大会一般性辩论上，习近平主席提出全球发展倡议，呼吁国际社会推动实现更加强劲、绿色、健康的全球发展，共同推动全球发展迈向平衡协调包容新阶段，加快落实《2030 年议程》，全球发展倡议的八大重点领域全面覆盖《2030 年议程》所有 17 项可持续发展目标。[①] 自 2021 年 9 月中方提出全球发展倡议以来，目前已有 100 多个国家和国际组织

---

① 罗照辉：《践行全球发展倡议　谱写中国援外和国际发展合作新华章》，《求是》2024 年第 12 期。

支持倡议，近 70 个国家加入"全球发展倡议之友小组"。2023 年 6 月 20 日，《全球发展倡议落实进展报告》正式发布，该报告全面梳理了近两年来中国与各方合作伙伴一道，推动全球发展倡议落实落地、促进实现联合国可持续发展目标的举措和进展。

为了更好地推动 SDGs 的监测评估工作，2015 年 3 月 6 日，联合国统计委员会第 46 届会议设立了可持续发展目标各项指标机构间专家组（IAEG-SDGs），为《2030 年议程》的目标和具体目标制定和实施全球指标框架，并在 2017 年 3 月举行的联合国统计委员会第 48 届会议上达成一致，包括对若干指标的完善。随后，大会于 2017 年 7 月 6 日通过了全球指标框架，该框架载于大会通过的《关于统计委员会与 2030 年可持续发展议程有关的工作的决议》（A/RES/71/313）中。根据决议要求，全球指标框架每年进行完善，并将由 2020 年 3 月举行的联合国统计委员会第 51 届会议和 2025 年举行的第 56 届会议进行全面审查。IAEG-SDGs 于 2018 年提出 4 项年度改进，2019 年提出 6 项年度改进，2020 年以替换、修订、增加和删除的形式对框架提出了 36 项重大修改（全面审查）、20 项小幅修改（年度改进），2021 年提出了 9 项年度改进，2022 年提出了 2 项年度改进，2023 年提出了 4 项年度改进，如图 1-3 所示。目前涵盖所有全面审查和年度改进的最新全球指标框架共包含了 231 项独立指标，取消了第三级指标（尚无国际公认方法或尚无已有标准）。

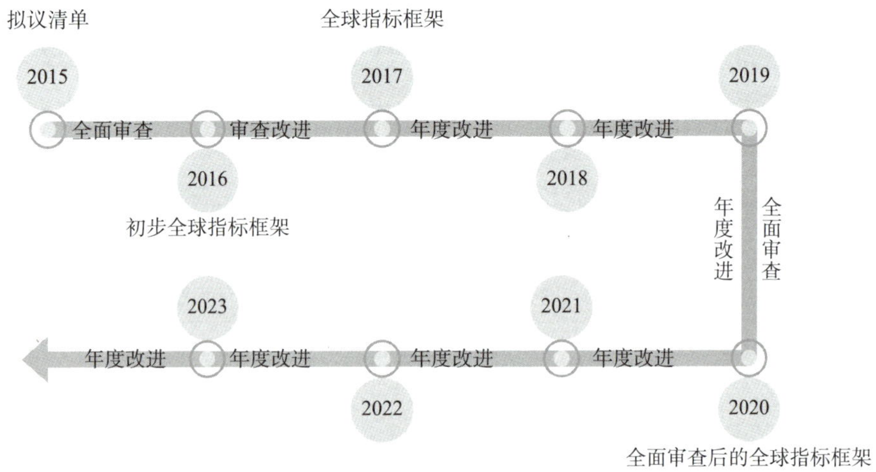

图 1-3　全球指标框架修订历程

在审查 SDGs 进展情况方面，高级别政治论坛（HLPF）是联合国在全球层面跟进和审查《2030 年议程》和可持续发展目标的核心平台。它是《2030 年议程》和联合国大会第 70/299 号决议所确立的《2030 年议程》后续行动和审查架构的顶峰。该论坛旨在促进分享经验，包括成功、挑战和吸取的教训，并为后续行动提供政治领导、指导和建议。2019 年 9 月 24~25 日，由联合国大会主持的 HLPF——第一届可持续发展目标峰会在纽约举行，跟进并全面审查《2030 年议程》和 17 项可持续发展目标的实施进展。此次可持续发展目标峰会通过了一份名为"为可持续发展行动与成就的十年做好准备"的政治宣言，世界各国领导人呼吁开展十年行动，到 2030 年实现可持续发展目标，并宣布了他们为推进议程正在采取的行动。联合国大会于 2019 年 10 月 15 日批准了该项政治宣言。2023 年 9 月 18~19 日召开第二次可持续发展目标峰会，此次会议同样审查了《2030 年议程》及其 17 项可持续发展目标的落实情况，讨论了世界面临的多重和相互关联的危机的影响，包括关键社会、经济和环境指标的恶化。首先关注通过实施《2030 年议程》满足其基本需求的人和方法，最终一致通过了《可持续发展问题高级别政治论坛的政治宣言》。2023 年可持续发展目标峰会应对了世界面临的多重环环相扣的危机的影响，标志着加速实现可持续发展目标的新阶段的开始，并就 2030 年前的变革和加速行动提供了高级别政治指导。

二 全球可持续发展目标实施进展

《2030 年议程》是当前全球在发展问题上最为重要的共识，为了实现联合国 2030 年可持续发展目标，联合国及相关国际组织积极开展可持续发展目标的相关评估、推动全球范围内可持续发展目标的实现，全球层面可持续发展目标研究相关组织机构及主要报告名录如表 1–2 所示。

表 1–2　全球层面可持续发展目标研究相关组织机构及主要报告名录

机构名称	主要报告名录
联合国经济及社会理事会（ECOSOC）	《可持续发展目标报告》

机构名称	主要报告名录
联合国可持续发展独立科学家小组（IGS）	《全球可持续发展报告》（GSDR）
联合国可持续发展解决方案网络（UNSDSN）	《可持续发展报告》（前身为《可持续发展目标指数和指示板报告》，自 2019 年以来改为《可持续发展报告》）
	《2022 年阿拉伯地区可持续发展目标和指示板报告》
联合国开发计划署（UNDP）	《东盟 SDGs 本土化：制定政策和落实路径的经验》
	《二十国集团对 2030 年议程的贡献》
	《如何构建国家多维贫困指数（MPI）：利用多维贫困指数为可持续发展目标提供信息》
全球环境战略研究所（IGES）	《实现可持续发展目标：从议程到行动》
OECD	《衡量实现可持续发展目标的距离系列报告》
	《2030 年更好的政策：经合组织可持续发展目标行动计划》
	《理事会关于可持续发展政策一致性的建议》
	《作为可持续发展目标加速器的治理：国家经验和工具》
世界自然基金会（WWF）	《中国 SDG 指标构建及进展评估》
	《地球生命力报告》
	《迈向可持续的欧洲未来》
	《森林与可持续发展：SDG15 在实现 2030 议程中的作用》
世界银行（WB）	《可持续发展目标地图册：源自〈世界发展指标〉》
	《世界发展指标》
	《跟踪可持续发展目标 7：能源进展报告》
	《跟踪全球健康覆盖：全球监测报告》
英国海外发展研究所（ODI）	《2030 可持续发展目标议程的国际要求和国家现有目标间差距》
	《可持续发展目标的进展：脆弱，危机，不让任何一个人掉队》
	《项目进展：到 2030 年，城市是否有望实现可持续发展目标？》
	《"不让任何一个人掉队"指数》

（一）联合国可持续发展系列报告的基本情况

2023 年是 SDGs 的中期评估年，联合国相继发布《2023 年全球可持续发展报告》（每四年发布一次，本次为第二次）和《2023 年可持续发展目标报告：特别版》，以 IAEG-SDGs 形成的 SDGs 框架及指标体系为基础，从全球层面评估了 SDGs 进展情况。在联合国统计司的支持下，UNSDSN 和贝塔斯曼基金会发布《2023 年可持续发展报告》，进一步从国家层面上分析了 17 项 SDGs 的具体进展，并进行了国家间的比较分析。这些报告揭示：自《2030 年议程》通过以来，世界发生了重大变化，地缘政治紧张局势加剧，金融、能源、粮食和人道主义等各个方面面临危机，世界"严重偏离"了在 2030 年的最后期限前实现 SDGs 的轨道，迫切需要雄心勃勃的国家承诺和采取干预措施促进变革，推动 SDGs 的重大转变。

自 2016 年 1 月 1 日实施以来，联合国秘书处及各大国际组织都致力于 SDGs 进展评估工作，推动全球范围内可持续发展目标的实现，探索促进包容性的全球化及可持续的解决方案。联合国可持续发展高级别政治论坛每年 7 月在纽约联合国总部举行，是联合国在全球范围内落实和审查《2030 年议程》和可持续发展目标的核心平台。联合国经济及社会理事会作为联合国系统关于可持续发展工作的核心部门，自 2016 年以来在联合国可持续发展高级别政治论坛上发布当年的《可持续发展目标报告》。该报告主要对《2030 年议程》涵盖的 17 项可持续发展目标的落实进展情况进行评估，同时提供可持续发展目标及选定指标的最新数据、分析结果和全球现状。目前，联合国已经在 2016~2023 年连续 8 年发布《可持续发展目标报告》。2023 年 7 月，联合国经济及社会理事会发布《2023 年可持续发展目标报告：特别版》。

2016 年 7 月，在联合国可持续发展高级别政治论坛的部长级宣言中，联合国会员国同意《全球可持续发展报告》（GSDR）成为由一个独立科学家小组（IGS）起草的四年期报告，定期评估审查《2030 年议程》及其 17 项可持续发展目标的全球进展，加强可持续发展领域的科学与政策对接。该小组由六个联合国机构（经济和社会事务部、贸发会议、开发计划署、环境规划署、教科文组织和世界银行）组成的工作组提供支持，成员由联合国秘书长任命。GSDR 覆盖全球情况，同时考虑到联合国五个区域的差异性，记录和描述可持续发展领域与政策相关的具体问题，在广泛征求联合国系统（包括各区域委员会、科学家、政府官员和各级利益攸关方）的意见基础上，从最新的科学文献出发提出未来促进结构转变、加速可持续发展目标实现的重要干预措施。2019 年 9 月 11 日，在纽约总部发布了首份《2019 年全球可持续发展报告》；2023 年 7 月 10 日，在联合国可持续发展高级别政治论坛上发布了《2023 年全球可持续发展报告》的预发版本；2023 年 9 月 11 日，在第 78 届联合国大会可持续发展峰会前，独立科学家小组向联合国秘书长呈交《2023 年全球可持续发展报告》并正式发布。

UNSDSN 由联合国秘书长潘基文于 2012 年发起，旨在调动全球科学与技术专业资源，促进 SDGs 的实施，解决实际问题。可持续发展解决方案网络正式通过后，致力于在国家及国际层面支持可持续发展目标的实施。在联合国统计司的支持下，UNSDSN 等自 2016 年以来每年联合发布《可持续发展报告》（前身为《可持续发展目标指数和指示板报告》，自 2019 年起改为《可持续发展报告》），进一步从国家层面上分析了 17 项 SDGs 的具体进展及趋势，并进行了国家间的比较分析。针对 SDGs 指标体系比较复杂、度量数据难以获得的情况，UNSDSN 和贝塔斯曼基金会开创性地制定了一套用于国家层面上 SDGs 的测量标准，其由 SDG 指数和 SDG 指示板组成，以全球指标框架为基础，并根据 IAEG-SDGs 对于指标的动态调整结果进行调整，这套 SDG 指数和 SDG 指示板为帮助各个国家了解现状，看到实现 2030 年可持续发展目标需要解决的当务之急提供了依据，并为各国家、地区之间进行横向比较提供了可能性。

（二）《2023 年可持续发展目标报告：特别版》主要结论

作为联合国唯一一份监测《2030 年议程》进展的官方报告，《2023 年可持续发展目标报告：特别版》由联合国经济及社会理事会与整个联合国统计系统合作编写，跟踪全球和区域在实现 17 项目标和 169 项具体目标方面取得的进展，数据来源于 200 多个国家和地区，并对每个目标及选定指标进行深入分析。在《2023 年可持续发展目标报告：特别版》中，138 个具体目标可以根据现有的全球趋势数据和托管机构的分析进行评估，而剩下的 31 个具体目标缺乏足够的数据点或额外的分析来进行评估。此外，托管机构还提供进度评估，提供专家见解和分析来补充数据。使用的数据点要么是全球汇总，要么是衡量全球目标的最合适的数据点。

1.《2030 年议程》这一共同承诺进展缓慢

SDGs 通过后的早期努力产生了一些有利趋势。极端贫困人数和儿童死亡率持续下降。在防治艾滋病和肝炎等疾病方面取得了进展。一些性别平等目标取得了积极进展。最贫穷国家的电力供应增加，可再生能源在能源组合中的占比也有所增长。在全球范围内，失业率恢复到 2008 年金融危机前的水平。海洋保护区覆盖的国家管辖水域比例在五年内增加了一倍以上。但在这些进展中，大部分是脆弱的，而且大多数进展过于缓慢。在迈向 2030 年的中点，SDGs 进展的现状存在重大挑战。在可评估的大约 140 个具体目标中，有一半显示与预期进展轨迹存在中度或严重偏差。此外，超过 30% 的具体目标没有取得进展，甚至更糟糕的是倒退到 2015 年的基线以下的水平。尽管在实现 SDGs 方面缺乏进展是普遍现象，但对发展中国家以及世界最贫穷和最弱势人民的冲击最大。这是数百年全球不公正的直接结果，而且这种不公正今天仍在上演。面对气候、新冠疫情和经济不公正的叠加影响，许多发展中国家几乎没有什么选择，可用于实现 SDGs 的资源也很少。SDGs 是普遍议定的路线图，旨在弥合经济和地缘政治鸿沟、恢复信任和重建团结。如果不能取得进展，不平等现象就会继续加剧，世界将更加四分五裂，发展速度两极分化。任何国家都无法坐视《2030 年议程》遭到失败。

2. 各国政府需要作出前所未有的努力，制定一项人类与地球拯救计划

发展中国家应当在全球决策机构和进程中拥有相称的发言权和代表权。经济和金融决策应优先考虑人类和地球的福祉。各国政府和私营部门应当引导经济转向低碳、有复原力的增长模式。报告要求各国在消除贫困和减少不平等方面设定更高的国家基准，在五个关键领域采取一系列紧急行动，加速实现SDGs：①各国元首和政府首脑应当再次承诺在国家和国际两级采取为期 7 年的加速、持续和变革性行动，以兑现可持续发展目标的承诺；②各国政府应当推进具体、综合和有针对性的政策和行动，以消除贫困，减少不平等，结束"对自然的战争"，注重增进妇女和女孩的权利，增强最弱势群体的权能；③各国政府应当加强国家和国家以下各级的能力、问责制和公共机构建设，加快实现SDGs 的进展步伐；④为确保发展中国家能够在这些领域兑现承诺，国际社会应当在可持续发展峰会上再次承诺落实《亚的斯亚贝巴行动议程》，为发展中国家，特别是为处境特殊和面临严重脆弱性的发展中国家调动实现 SDGs 所需的

资源和投资；⑤会员国应当推动持续强化联合国发展系统，提高多边系统的能力，以应对新出现的挑战，解决 2015 年以来国际架构中出现的与 SDGs 有关的差距和弱点。

3. 数据投资对加速可持续发展目标进展具有重要作用

可持续发展目标指标对应的现有的全球、地区和国家数据以及元数据的数据库由联合国统计司负责维护。当前，国际可比数据的丰富程度取得了相当大的进展：全球可持续发展目标数据库中纳入的指标数量已从 2016 年的 115 个增加到 2023 年的 225 个，全球可持续发展目标数据库得到了显著扩充。可持续发展目标指标的收集方法也取得了重大进展。2016 年，39% 的可持续发展目标有关指标缺乏国际公认的方法或标准。到 2020 年 3 月底，所有指标都有了成熟的国际认可的方法，这些方法确保了测量的可比性、准确性、可靠性和有用性。方法的不断完善和统一使指标框架更加坚实可靠。方法上诸多进步为监测可持续发展目标的执行情况奠定了坚实的基础。此外，概念清晰且具有良好国家覆盖率的指标所占比例已从 2016 年的 36% 大幅增加到 2022 年的 66%。

然而，长期存在的差距不能被忽视。地理覆盖范围、及时性和分类性仍然是令人关切的领域。对于气候行动（SDG13）、性别平等（SDG5）以及和平、正义与强大机构（SDG16）等几个交叉目标，自 2015 年以来，193 个国家或地区中只有不到一半拥有国际可比数据。这一严峻的现实提醒我们，必须优先收集这些深刻影响我们未来和地球的关键问题的基本信息。此外，一个重大挑战在于数据的及时性，2022 年和 2023 年最新的可用数据不到 30%，而超过一半的最新数据是 2020 年和 2021 年收集的。国家统计系统内各国统计机构的协调能力仍然存在挑战，统计部门正面临巨大的资金缺口。

数据在制定政策和推动积极的变革方面发挥着举足轻重的作用。数据开放性、更易获取和更有效使用，对实现更好的数据影响发挥了至关重要的作用。应进一步努力，加强数据的开放性。提升现有数据收集价值的一个关键步骤就是微观数据传播，这会使研究人员进行更深入的分析，提升透明度，强化问责制，并加强合作。

（三）《2023 年全球可持续发展报告》主要结论

2023 年 9 月，《危机时代，变革时代：科学加速向可持续发展的转型》

作为第二份四年期《2023年全球可持续发展报告》发布。报告突出介绍向可持续发展转型的先进知识，查明有可能快速转型变革的具体领域，从最新的科学文献出发提出未来促进结构转变、加速可持续发展目标实现的重要干预措施。

1. 当前可持续发展目标进展

自《2019年全球可持续发展报告》发布至今已有4年，但世界仍未走上实现可持续发展目标的轨道。尽管世界在某些方面取得了进展，但在许多领域的进展停滞不前，部分原因是一系列危机交织在一起——新冠疫情、不断加剧的通货膨胀和生活费用危机、全球环境和经济困境，以及区域和国家动荡、冲突和自然灾害。因此，在过去三年中，实现《2030年议程》和SDGs总体进展受到干扰，但每一分进展都至关重要。

评估结果表明，在《2030年议程》的中点上，世界偏离了轨道，如果不紧急纠正和加速前进，人类将面临长期的危机和不确定性——由贫困、不平等、饥饿、疾病、冲突和灾难引发并加剧。在全球范围内，"不让任何一个人掉队"原则面临重大风险。《2019年全球可持续发展报告》显示，对于一些可持续发展目标落实工作，国际社会已步入正轨，但对于许多其他目标的落实工作，世界仍需加快步伐。2023年，由于进展缓慢和危机交织，情况不容乐观。对于在2019年时进展太慢的目标，各国的发展速度不够快，而对于包括粮食安全、气候行动和保护生物多样性在内的其他目标，世界仍在朝着错误的方向前进。此外，新冠疫情、生活成本增加、武装冲突和自然灾害等，使多年来在包括消除极端贫困在内的一些方面取得的进展消失。这些危机并不是独立的事件，它们通过多种环境、经济和社会因素交织在一起，相互强化。解决相互联系问题是制定《2030年议程》的出发点。因此报告提出了如何通过这些相互联系提供机会，采取行动，发挥积极的协同作用，实现可持续发展目标。

2. 为可持续发展目标的综合和变革行动提供信息

《2023年全球可持续发展报告》审查了对实现可持续发展目标的各种途径所取得进展的现有情景预测。数据表明，如果一切照旧，到2030年甚至2050年，这些目标都将无法实现。但在一个雄心勃勃的全球"推动可持续发展目标"情景设想中，在2030年之前实现可持续发展目标仍是可行的。尽管差距仍然存在，但需要采取真正的变革举措和改变游戏规则的干预措施仍能有效地加快实现可持续发展目标的进程。鉴于目标和具体目标的多样性，需要采取综合一致的执行办法。情景预测表明，通过新的政策、技术、投资和行为，在加速实现可持续发展目标方面可以做很多实际工作。然而，一系列常见的障碍可能阻碍这些行动。治理、机构能力、融资和基础设施方面的不足阻碍了许多国家的进步。锁定可能是由高昂的前期资本成本、技术和市场的不成熟、融资缺口以及对变革产生阻力的大量沉没投资造成的。有影响力的行为者和既得利益者以及对就业和利益的潜在权衡的担忧会破坏政治可行性。根深蒂固的习惯和行为难以改变。面对这些障碍，至关重要的是不仅要了解需要做什么，还要了解如何进行系统性变革。转换通常需要时间来展开，并通过面临不同障碍的不同阶段，改变来自不同参与者的需求。每个国家都有自己的挑战、优先事项、需求和能力。然而，许多国家在实现可持续发展目标方面采取了类似的策略，面临共同的障碍。

3. 程式化模型加速向可持续发展目标转变

针对多数国家在实现 SDGs 时采取类似策略而面临共同的障碍（如高昂的前期资本成本、技术和市场的不成熟、融资缺口以及对变革产生阻力的大量沉没投资等），《2023 年全球可持续发展报告》提供了一个程式化模型，通过系统和结构化的方法帮助理解转型过程。成功的转型可以分为三个阶段——出现、加速和稳定——追踪 S 曲线。在第一阶段，即出现，创新的想法（包括技术创新、组织创新、制度创新、行为创新和社会创新）催生了新技术和实践——通常通过实验和学习在利基市场中运作，在这一阶段，构建共同叙述、愿景和使命的审议过程非常重要。如果成功，在第二阶段，积极主动和果断的政府可以通过刺激研究和创新、投资公共基础设施、设定目标、标准化和监管企业来塑造市场，即加速，创新将扩大并达到临界点，超过该临界点后，创新将被广泛共享和采用，从而导致快速的非线性增长。最后，在第三阶段，即稳定阶段，这些技术和实践在日常生活中普遍存在，成为新常态，然而，要稳定扎根，新的机构和基础设施必须具有弹性维持势头，需要强大的税收和收入基础、持续投入人力和财政资源、维持政治支持以及建设实施的机构能力。

4. 呼吁制定转型框架和国家加速计划，采取行动进行转型

报告建议会员国商定加速行动的转型框架，将地方行动与国际合作结合起来，并反映当地情况、需求、愿望和能力，该转型框架需要六个基本步骤和要

素：①在当地和土著知识以及有意义的公众参与的背景下，制定以强有力的科学证据为基础的加速变革行动的国家计划；②鼓励地方政府、工商协会、机构投资者制定类似规划，并纳入国家规划；③利用国家和国际经济和金融杠杆，加速向公正和可持续的经济和基础设施转型，包括激励个人和企业决策的行为改变；④投资于数据、科学工具和政策学习，以改进政策规划和实施；⑤建立新的伙伴关系，加强科学－政策－社会的互动，以增加科学和科学证据的使用，并加强对科学和公共信息的信任；⑥投资于加强政府和其他利益攸关方在国际、区域、国家和国家以下各级实施目标的问责制。

（四）《2023年可持续发展报告》主要结论

UNSDSN和贝塔斯曼基金会联合发布的《2023年可持续发展报告》定量评价各国SDGs进展情况。SDG指数和SDG指示板跟踪193个联合国会员国在17项可持续发展目标上的总体表现，对每个目标赋予同等的权重。分数表示一个国家在最坏结果（0）和最好或目标结果（100）之间的位置。2023年的SDG指数和SDG指示板评估更新/修改/引入了9项指标，使应用于所有国家的指标总数达到98个（高于上年的95个），经合组织国家的评估指标达到122个。

1. 全球可持续发展目标进展严重偏离轨道

报告显示，根据2015年以来的进展速度，到2030年，全球没有一个目标有望实现。图1-4概述了按目标划分的人口加权的世界平均表现。与饥饿、可持续饮食和健康成果有关的目标，以及与陆地和海洋生物多样性、城市污染、住房、强有力的机构和和平社会有关的目标，尤其偏离了轨道。尽管整体而言，世界在增强关键基础设施的可及性方面取得了一些进展，特别是在SDG6（清洁饮水和卫生设施）、SDG7（经济适用的清洁能源）和SDG9（产业、创新和基础设施）方面，但各国之间的进展差异很大，世界平均水平仍然太低，无法在2030年之前在全球实现这些可持续发展目标。SDG4（优质教育）的指示板侧重于展示获得学前教育和小学教育的机会，以及初中毕业率。由于全球数据有限，报告没有追踪教育质量、学习成果公平或终身学习的情况。SDG12（负责任消费和生产）的指示板侧重于展示基于生产的氮排放、进口氮排放和塑料废物出口等情况，但缺乏与该目标相关的其他几个指标的时间序列。报告估计，到2030年，全球平均只有18%左右的可持续发展目标有望实现。这些指标与基

图 1-4　SDG 指示板世界平均表现（人口加权）

资料来源：《2023 年可持续发展报告》。

本健康结果（如新生儿死亡率和 5 岁以下儿童死亡率）以及获得基本基础设施和服务（如移动设备使用目标、互联网使用目标和拥有银行账户的成年人比例）明显相关。

2. 不同地区和收入群体的进展有很大差异

欧洲国家在 SDG 指数中名列前茅，而且有望实现的目标也比其他任何地区都多。丹麦、捷克、爱沙尼亚、拉脱维亚和斯洛伐克共和国是实现或有望实现可持续发展目标具体目标数量最多的五个国家。相比之下，黎巴嫩、也门、巴布亚新几内亚、委内瑞拉和缅甸在实现可持续发展目标方面出现逆转的具体目标数量最多。所有 SDG 指数排名前 20 位的国家都在欧洲，其中大多数是欧盟成员国。然而，这些国家仍没有得到满分。即使是 SDG 指数表现最好的国家，在实现若干可持续发展目标方面仍面临重大挑战，特别是与气候、生物多样性、可持续饮食和粮食系统有关的目标。

在低收入国家，初步估计的 2022 年 SDG 指数平均得分低于 2021 年，这一转变的部分原因是生活满意度和安全感的估计下降。低收入国家的极端贫困率仍高于新冠疫情前的水平，在高收入国家和低收入国家，新冠疫情和其他危机导致主观幸福感大幅下降，低于新冠疫情前的水平。高收入国家和低收入国家的失业率都高于新冠疫情前的水平，而低收入国家的失业率上升得更多。从对过去增长率的简单线性预测来看，预计 2030 年高收入国家和低收入国家在可持续发展目标成果方面的差距将大于 2015 年。这与新冠疫情前的趋势形成对比，当时两者的可持续发展目标成果有一些接近的趋势。最重要的是，可持续发展目标代表了一项投资议程：发展有形基础设施（包括可再生能源、电气化、宽带接入、公共交通）和人力资本（卫生、教育、社会保护）。然而，许多低收入国家和中低收入国家面临严重的财政空间限制，这对投资于可持续发展目标构成了重大障碍，新冠疫情和其他国际危机加剧了这种限制。SDG 指示板凸显了低收入国家、中低收入国家和高收入国家在获得物质基础设施和人力资本方面存在的差距。

3. 国际溢出效应和政策一致性

气候和生物多样性危机是由国家内部行动推动的，但它们也通过贸易和其他跨境活动受到影响。除了由国际贸易和国内政策驱动的环境溢出效应外，各国还会产生经济、金融、社会和安全溢出效应。SDG 指数反映了这些溢出效应。SDG17（促进目标实现的伙伴关系）呼吁实现可持续发展的"政策一致性"，SDG12（负责任消费和生产）强调需要更可持续的生产和消费，SDG8（体面工作和经济增长）要求消除童工和保护劳工权利。UNSDSN 从一开始就与伙伴机构合作，将国际溢出效应纳入对各国实现可持续发展目标进展的评估，这解释了 SDG 指数结果与其他 SDGs 监测工具结果的一定差异。总体而言，由于不可持续的消费、金融保密政策和避税天堂的存在，高收入国家往往会产生更大的负面溢出效应。

（五）全球可持续发展目标实施的重要结论

从已有的评估结果来看，自《2030 年议程》通过以来，世界发生了重大变化，地缘政治紧张局势加剧，金融、能源、粮食和人道主义等各个方面面临危机，世界"严重偏离"了在 2030 年的最后期限前实现可持续发展目标的轨道，迫切需要各国承诺和采取干预措施促进变革，推动可持续发展目标的重大转变。

第一，全球可持续发展目标进展严重偏离轨道，在有数据的 140 个具体目标中，只有约 12% 的目标正在实现，超过一半的目标虽取得了一些进展，但偏离轨道，约 30% 的目标要么没有变化，要么倒退到 2015 年基线以下水平。

第二，必须从危机中吸取教训，扭转局面，为实现可持续发展目标的关键转变而采取有效的执行机制和国家举措，尽快将可持续发展目标拉回正轨。

第三，2022 年全球落实 SDGs 平均得分为 67.0 分，进展停滞，国家内部和国家之间的进展极不平衡，高收入国家产生明显的负面溢出效应。

三　全球可持续发展目标本地化进展

构建本地化的 SDGs 指标体系既非常必要，也是一项具有挑战性的研究工作。SDGs 本地化可被定义为通过增强国家和地方政策的连贯性、凝聚力、协调性和合作性，将 SDGs 整合入国家、地方发展计划，赋能多元共治的创新性可持续发展治理机制与实践。受制于发展的不充分、不平衡性，主要困难在于各地区的发展阶段不同，实施 SDGs 面临的主要问题和关注的重点也不同。特别是各国数据监测和统计支撑能力存在较大差异，建立指标体系过程中也面临理想和现实的平衡，需要根据可持续发展的进展情况来调整指标优先关注项。

从 SDGs 落实及实践来看，各国是否有效落实可持续发展目标将在很大程度上取决于地方这一级的行动，应当探索 SDGs 本地化相关方法，使《2030 年议程》与地方资源环境禀赋条件和社会经济发展基础相结合，并支持地方政府利用全球指标框架设定其发展愿景，推动政府、社会团体、企业、科学家、公众等利益相关方合作交流，支持发展伙伴关系，推动公共和私有资金互相补充，形成全社会共同参与可持续发展的氛围，共同落实可持续发展理念和行动。

（一）国别层面

2016 年以来，大部分国家逐步将《2030 年议程》与国家发展战略和计划进行整合，将 SDGs 纳入其国家发展计划和监测评估体系。联合国可持续发展高级别政治论坛作为《2030 年议程》唯一的全球后续落实和评估机制，每年举行自愿性质的定期审议，即国别自愿陈述，国别自愿陈述旨在促进经验分享，包括成功、挑战和教训，以期加速落实《2030 年议程》。截至 2022 年，全球已编制 291 份自愿性地方审查报告（见图 1–5）。在通向 2030 年的路上，各国在将 SDGs 纳入政策、法规、预算、监测系统及其他政府政策和程序等方面的差异仍然很大。在 G20 成员中，美国、巴西和俄罗斯对《2030 年议程》和 SDGs 的支持度最低。相比之下，部分发达国家由于起步较早，已形成了相对较为完善的 SDGs 本地化方案，北欧国家、阿根廷、德国、日本和墨西哥对 SDGs 的支持度相对较高；部分发展中国家积极推动将 SDGs 纳入其国家发展规划，并尝试建立监测评估体系，部分国家可持续发展目标相关主要报告如表 1–3 所示。

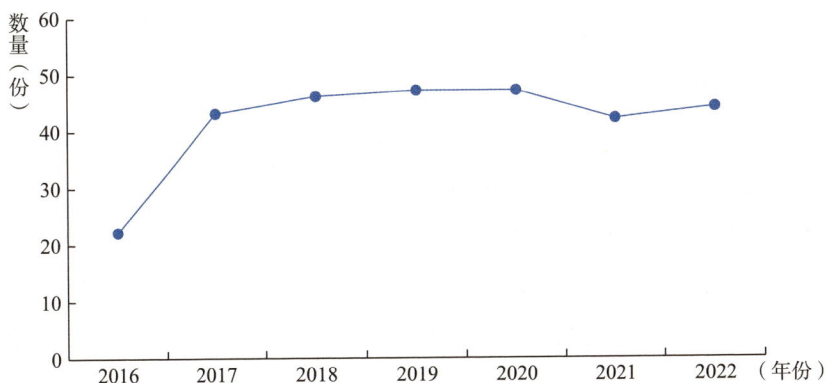

图 1–5　2016~2022 年自愿性地方审查报告编制频次

表 1-3　部分国家可持续发展目标相关主要报告

序号	国家	主要报告
1	英国	《英国政府在国内和世界各地实现可持续发展全球目标的方法》
		《英国的可持续发展目标，进展最新情况：2018 年 11 月》
		《使用创新的方法报告可持续发展目标》
2	德国	《国家可持续发展战略（2021 新版）》
3	加拿大	《联邦可持续发展战略（2016—2019 年）》
		《联邦可持续发展战略（2019—2022 年）》
		《迈向加拿大的 2030 年议程国家战略》
4	日本	《日本关于可持续发展目标执行情况的自愿国家审查报告》
		《日本可持续发展目标实施指导原则》
5	韩国	《实施的第一年：大韩民国的可持续发展指标，从一个发展的成功典范到可持续发展愿景》
6	美国	《美国可持续发展报告》
7	马耳他	《2050 年愿景》（制定中）
8	荷兰	《荷兰可持续发展：实施 SDGs 的方法计划》
		《衡量 SDGs，荷兰的第一幅图》
		《监督广泛的繁荣与可持续发展目标》

（二）城市层面

2019 年 2 月通过的《塞维利亚承诺》强调了 SDGs 本地化在很大程度上依赖于与当地社区的合作，为应对全球挑战寻求真正本地化的解决方案。2019 年 9 月，联合国秘书长安东尼奥·古特雷斯呼吁全社会共同努力，在三个方面开展 "行动十年" 计划，地方行动为其中重要一环，联合国秘书长于 2021 年发布的报告《我们的共同议程》进一步加强了这方面的努力。UN-Habitat 作为推动城市落实 SDGs 的关键机构，开发了一套综合方法和工具，支持国家和地方政府实现 SDGs 本地化。2021 年 9 月，"地方 2030" 联盟在第 76 届联合国大会会议期间正式成立，成为地方和区域政府以及地方和区域政府协会网络与各国政府、企业、社区组织和其他地方行动者以及联合国系统相融合的平台。在联合国系统内，"地方 2030" 联盟加强联合国机构间的协调，并扩大和深化与地方行动者的伙伴关系，以有效推进 SDGs。实践证明，审查地方计划和方案是制定地方政策的关键，有助于确定 SDGs 进展中的差距和不足，从而确定主要需求、城市间的跨部门联系、它们与 SDGs 及国家优先事项三者的一致性。

自愿性地方审查（VLR）报告是 SDGs 城市本地化监测的核心工具。各地通过自愿审查，向联合国报告其在 SDGs 成就方面的进展。VLR 报告使城市能够全面、连贯地展示其在实现《2030 年议程》方面的进展，并提供一个强有力的叙事工具，将其地方战略与全球议程联系起来。鉴于 SDGs 侧重于衡量具体成果，VLR 报告也可以成为加强循证决策的工具，利用数据作为确定差距和调动新政策、伙伴关系和资源的手段。作为 SDGs 的共同参考框架，VLR 报告还使世界各地的类似城市能够互相学习和交流关于 SDGs 本地化的思路，使其成为 SDGs 本地化的有力推动者。通过 VLR 报告进行 SDGs 监测和报告的地方和区域政府数量迅速增加，截至 2022 年，全球已编制 175 份自愿性地方审查报告（见图 1-6），中国一共提交了 9 份 VLR 报告，向世界讲述了落实联合国 2030 年可持续发展目标的"中国故事"，分享中国 9 个城市在践行可持续发展过程中的成果和经验。全球参与 VLR 的部分城市及相关报告如表 1-4 所示。

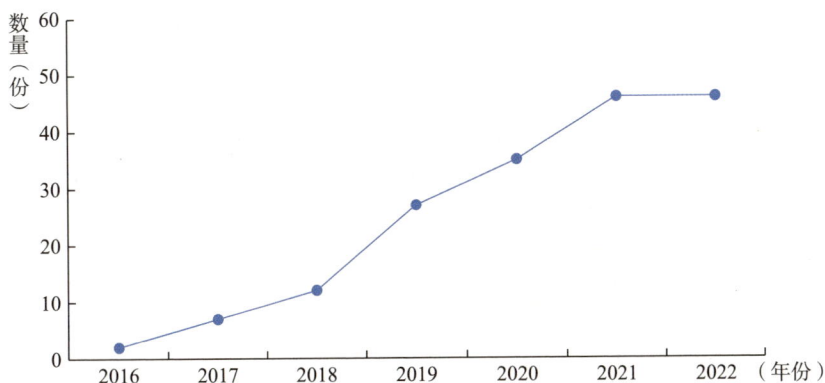

图 1-6　2016~2022 年自愿性地方审查报告编制频次

表 1-4　全球参与 VLR 的部分城市及相关报告

序号	城市	主要报告
1	奥兰多	《奥兰多和可持续发展目标——对进展情况的地方自愿审查》
2	洛杉矶	《洛杉矶可持续发展目标进展情况的自愿审查报告 2021》

序号	城市	主要报告
3	赫尔辛基	《赫尔辛基地方自愿审查报告：从议程到行动——2021 年赫尔辛基联合国可持续发展目标的实施情况》
4	根特	《地方自愿审查报告：根特可持续发展报告 2021——聚焦于人》
5	东京	《东京可持续发展行动》
6	墨西哥城	《地方自愿审查报告：墨西哥城，创新和权利之城》
7	马尔默	《马尔默地方自愿审查报告 2021》
8	利马	《利马地方自愿审查报告 2021》
9	斯图加特	《2030 年斯图加特全球议程》
10	巴塞罗那	《巴塞罗那：可持续的未来》
11	布宜诺斯艾利斯	《自愿地方审查：2030 年议程的布宜诺斯艾利斯适应化（2020 年）》
12	基尔	《基尔地方自愿审查报告 2022》
13	阿姆斯特丹	《阿姆斯特丹地方自愿审查报告 2022》
14	德清	《德清践行 2030 年可持续发展议程进展报告》
15	义乌	《和谐创新开放中小型城市可持续发展之路——联合国可持续发展目标义乌地方自愿陈述报告》
16	广州	《活力包容开放特大城市的绿色发展之路——联合国可持续发展目标广州地方自愿陈述报告》
17	扬州	《运河城市实施联合国 2030 可持续发展议程——扬州可持续发展报告（2021）》

（三）专题层面

当前，世界百年未有之大变局加速演进，新一轮科技革命和产业变革深入发展，国际力量对比深刻调整，世界动荡变革呈现新的特点与趋势，多国政治社会矛盾持续积累、多极化体系呈现集团化趋势等暗藏不利因素，进一步强调了 SDGs 作为《2030 年议程》的核心组成部分，明确了 2030 年全球对于可持续发展的愿景和优先事项。与千年发展目标不同，各国政府都为可持续发展目标的设计作出了贡献，并致力于实现这些目标。根据国家自主权原则，数据收集主要由各国负责，但国际机构可以通过强化国家能力，确保数据在分区域、区域和全球各层面具有可比性，并提供援助。联合国粮食及农业组织、联合国经济和社会事务部、世界卫生组织、联合国水机制、联合国妇女署等国际组织针对不同的可持续发展目标与专题，在农业、企业、水环境、多方利益攸关伙伴关系等专题发布有关的报告，可持续发展主要相关报告如表1-5所示。

表1-5 可持续发展主要相关报告

机构	主要相关报告
农业	
联合国粮食及农业组织、联合国经济和社会事务部等	《粮食及农业相关可持续发展目标指标进展报告》《世界粮食安全与营养状况》《粮食和农业》《粮农组织和17项可持续发展目标》《气候智能型农业和可持续发展目标》《农村能源获取与电气化国际活动概况》《以再生农业助力多重目标下的中国农业可持续转型》《2023中国与全球食物政策报告》
企业	
全球报告倡议组织、联合国开发计划署驻华代表处、普华永道中国、中国国际商会等	《衡量影响：企业如何加速实现可持续发展目标》《将可持续发展目标纳入公司报告：实用指南》《小企业，大影响：中小企业可持续发展：从愿景到行动报告》《SDGs企业行动指南》《中国企业可持续发展目标实践调研报告——中国企业与可持续发展基线调研》《中国企业可持续发展指数报告》
水环境	
联合国水机制、世界卫生组织、联合国儿童基金会、联合国经济和社会事务部、联合国教科文组织等	《水和卫生设施》《关于执行手段的各个方面汇编：水和卫生》《联合国机构关于水和卫生相关指标的综合技术投入》《投资于水和卫生设施：增加可及性，减少不平等》《供水和卫生联合监测规划》《小岛屿发展中国家伙伴关系简报——水和卫生、粮食安全和废物管理》《世界水资源开发报告》
大气	
世界气象组织、世界卫生组织、联合国经济和社会事务部、联合国训练研究所、联合国妇女署等	《地球系统的无缝预测：从几分钟到几个月》《评估天气和气候：气象和水文服务的经济学评估》《室内空气质量指南：家用燃料燃烧》《性别、气候与安全：在气候变化前线维持包容性和平》《气候危机、气候变化对撒哈拉以南非洲儿童的影响、趋势和脆弱性》《粮农组织在气候变化方面的工作》

机构	主要相关报告
生物多样性和生态系统	
联合国环境规划署、联合国经济和社会事务部、世界卫生组织、《生物多样性公约》秘书处、联合国粮食及农业组织等	《与自然和平相处：应对气候、生物多样性和污染紧急情况的科学蓝图》《未来就在眼前：科学促进可持续发展（GSDR 2019）》《连接全球优先事项：生物多样性与人类健康》《自然资源论坛：森林特刊》《绿色经济中的林业部门》《现有海洋数据库测绘报告》《促进和加强可持续的海洋经济》《2020 年全球海洋科学报告：海洋可持续性规划能力》《全球海洋科学报告——全球海洋科学现状》《实现海洋可持续发展目标》
可持续城市和社区	
联合国人居署、联合国环境规划署、联合国欧洲经济委员会等	《促进城市与机场的协同发展》《气候与城市国际会议》《小岛屿发展中国家的城市化和气候变化》《联合国人居署 2015 年全球活动报告》《可持续、资源节约型城市——实现》《绿色家园》《动员可持续交通促进发展》《多边开发银行可持续交通工作组进展报告（2013~2014）》《贫困与可持续交通》
贸易与金融	
联合国贸易和发展会议、联合国、联合国环境规划署、国际劳工组织、联合国经济和社会事务部等	《贸易进入可持续发展：贸易、市场准入和可持续发展目标》《绿色经济：贸易和可持续发展的影响》《绿色经济与贸易机遇》《体面工作、绿色工作和可持续经济》《可持续发展的多种途径：来自全球南方的初步发现》《绿色经济指南》《为最不发达国家的可持续城市发展提供资金》《第三届发展筹资问题国际会议》《可持续金融体系路线图》
可持续消费和生产	
联合国环境规划署、联合国经济和社会事务部、联合国工业发展组织	《以不同的方式消费，可持续消费：政策制定的行为洞察》《未来可持续发展目标的可持续消费和生产指标》《可持续消费和生产全球版——政策制定者手册》《可持续消费和生产模式十年方案框架》《2018 年工业发展报告》《联合国工业发展组织年度报告》《21 世纪的工业发展：可持续发展的视角》
教育	
联合国教科文组织、联合国经济和社会事务部	《简介小册子——可持续发展教育全球行动计划的主要合作伙伴》《可持续发展从教育开始》《塑造我们想要的未来——联合国可持续发展教育十年（最终报告）》《国家可持续发展教育之旅》《联合国旗舰报告在多大程度上涵盖了教育与其他可持续发展目标之间的联系？对联合国系统教育科学政策相互作用研究的贡献》

机构	主要相关报告
性别平等和妇女赋权	
联合国妇女署、国际劳工组织、联合国人居署、联合国环境规划署、联合国经济和社会事务部	《聚焦可持续发展目标 8：婚姻和童子对劳动力市场参与的影响》《聚焦可持续发展目标 11：严酷的现实：发展中国家城市中的边缘化妇女》《性别、气候与安全：在气候变化前线维持包容性和平》《可持续发展目标的进展：2019 年性别快照》《妇女与可持续发展目标》《利用性别平等与气候行动之间的共同利益促进可持续发展》
消除贫穷、健康与人口	
联合国儿童基金会、联合国人权高专办、国际复兴开发银行、世界银行、世界卫生组织等	《一个摆脱儿童贫困的自由世界》《人权与减贫》《消除贫困和促进共享繁荣的审慎方法》《连接全球优先事项：生物多样性与人类健康》《2015 年人口、消费和环境》《性健康和生殖健康与艾滋病毒的联系纲要》《艾滋病毒与性健康和生殖健康规划：提供综合服务的创新方法》
多方利益攸关伙伴关系	
联合国经济和社会事务部、英国纽卡斯尔大学、联合国训练研究所	《加强国家发展规划和可持续发展目标主流化的多利益攸关方层面》《可持续发展目标伙伴关系指南》《应对 COVID-19 的伙伴关系——共同重建更好》《可持续发展目标的伙伴关系平台：从实践中学习》《2018 年合作伙伴交流报告》《非洲快照：COVID-19 大流行期间利益相关者围绕可持续发展目标的参与》《利益相关方参与和 2030 年议程：实用指南》

四 中国可持续发展行动及进展

中国政府高度重视落实《2030 年议程》，坚持以人民为中心的发展思想，完整、准确、全面贯彻创新、协调、绿色、开放、共享的新发展理念，积极构建新发展格局，不断推动经济社会发展，为推动全球实现可持续发展目标贡献出宝贵的智慧。2016 年 4 月，发布《落实 2030 年可持续发展议程中方立场文件》；9 月，发布《中国落实 2030 年可持续发展议程国别方案》。七年多来，中国将落实《2030 年议程》同执行"十三五"规划、"十四五"规划和 2035 年远景目标纲要等中长期发展战略有机结合，成立由 45 家政府机构组成的跨部门协调机制，推动多个可持续发展目标取得积极进展。中方发布了四期《中国落实 2030 年可持续发展议程进展报告》，两次参加落实 2030 年议程国别自愿陈述，同各国分享落实经验，为其他发展中国家落实议程提供力所能及的帮助，助力全球早日实现可持续发展目标。

（一）可持续发展中国本地化进展

中国一贯高度重视可持续发展。中国与西方国家相比，接触可持续发展理念相对较晚。但自从可持续发展理念传入中国后，可持续发展理念受到中国政府的高度重视，迅速在政策层面体现，中国始终做可持续发展理念的积极践行者、重要推动者，在全球第一个以国家名义发布《21世纪议程》、落实《2030年议程》的国家方案，在实现MDGs方面取得了令人瞩目的成就，为实现SDGs奠定了基础，这些国家方案逐步发展成为面向国际、具有中国特色的可持续发展战略。《2030年议程》实施前，中国的可持续发展可分为探索与实践阶段、战略确立和实施阶段;《2030年议程》实施后，中国进入SDGs全面推进阶段，主要从战略部署、发展规划融合、落实进展分享和地方实践探索等方面开展推动落实工作。

1.《2030年议程》实施前

在可持续发展探索与实践阶段（1972~1995年），中国确立了环境保护的基本国策地位，该阶段的重要文件和主要理念如表1-6所示。该阶段不仅确立了环境保护是中国的基本国策，还在第二次全国环境保护会议上提出经济建设、城乡建设、环境建设同步规划、同步实施、同步发展，实现经济效益、社会效益和环境效益相统一。此时的中国已经初步形成可持续发展理念，中国的环境保护不是对生态环境资源进行"隔绝式"的保护，而是追求同时实现经济效益、社会效益和环境效益相统一的发展方式。该阶段认识到中国发展历程中环境污染问题的严峻性，中国的发展要在环境保护的前提下进行，初步提出可持续发展战略以应对环境治理与经济发展问题。

表1-6　可持续发展探索与实践阶段重要文件和主要理念

年份	重要文件或重大事件	主要理念
1973年	第一次全国环境保护会议	全社会普及环境保护意识
1983年	第二次全国环境保护会议	环境保护成为中国的基本国策
1992年	"中国环境与发展十大对策"	提出实施可持续发展战略

年份	重要文件或重大事件	主要理念
1994 年	《中国 21 世纪议程——中国 21 世纪人口、环境与发展白皮书》	提出中国可持续发展的总体战略和政策，从社会、经济、资源和环境层面推动可持续发展
1995 年	《中共中央关于制定国民经济和社会发展"九五"计划和 2010 年远景目标的建议》	必须把社会全面发展放在重要战略地位，实现经济与社会相互协调和可持续发展

中国在可持续发展战略确立和实施阶段（1996~2015 年），确立了可持续发展战略的重要地位，实现可持续发展理念的中国化，正式实施可持续发展战略。该阶段的重要文件和主要理念如表 1-7 所示。该阶段确立了中国的可持续发展战略和政策。进入 21 世纪以来，中国积极落实 MDGs，并表达了中国全力落实新时期可持续发展目标的决心。在可持续发展思想指导下提出生态文明建设，中国的可持续发展理念不断丰富。

表 1-7　可持续发展战略确立和实施阶段重要文件和主要理念

年份	重要文件或重大事件	主要理念
1996 年	《中华人民共和国国民经济和社会发展"九五"计划和 2010 年远景目标纲要》	明确将科教兴国战略和可持续发展战略确立为国家战略
1997 年	党的十五大报告	把可持续发展战略确定为中国"现代化建设中必须实施"的战略
2002 年	党的十六大报告	把"可持续发展能力不断增强，……生态良好的文明发展道路"作为"全面建成小康社会"的目标之一
2003 年	《中国 21 世纪初可持续发展行动纲要》	可持续发展能力不断增强，……生态良好的文明发展道路
2007 年	党的十七大报告	必须坚持全面协调可持续发展，……实现经济社会永续发展
2012 年	党的十八大报告	建设生态文明，……实现中华民族永续发展
2015 年	《中国实施千年发展目标报告（2000—2015 年）》	在推动实现千年发展目标的进程中，走出一条具有中国特色的发展道路
2015 年	《生态文明体制改革总体方案》	建成系统完整的生态文明制度体系
2015 年	党的十八届五中全会	提出创新、协调、绿色、开放、共享的新发展理念

2.《2030 年议程》实施后

2016 年至今，中国进入可持续发展目标全面推进阶段。本阶段，中国将可持续发展战略的定位提升为重大战略，与科教兴国战略、人才强国战略等并列为"七大战略"，可持续发展成为中国式现代化的内涵之一。该阶段中国积极落实 SDGs，将 SDGs 作为约束性指标融入国家发展规划中。在该阶段，中国可持续发展迈进新时代，可持续发展议程和中国国家发展中长期规划进行了有机结合，坚持走"生态文明建设"特色的可持续发展道路，注重探索破解中国可持续发展关键瓶颈问题的模式和路径。

（1）推动《2030 年议程》落实的战略部署

2016 年是《2030 年议程》正式实施的第一年，中国围绕《2030 年议程》的推进落实开展一系列战略部署。在机制方面，为保障落实，中国建立了由 43 个政府部门组成的国内协调机制。2016 年 4 月，中国发布了《落实 2030 年可持续发展议程中方立场文件》，文件强调中国将秉持和平发展、合作共赢、全面协调、包容开放、自主自愿、"共同但有区别的责任"等 6 项原则，推进《2030 年议程》的落实工作，初步将 SDGs 本地化，确定了消除贫困和饥饿、保持经济增长、推动工业化进程、完善社会保障和服务、维护公平正义、加强环境保护、积极应对气候变化、有效利用能源资源、改进国家治理等重点领域和优先方向，并明确落实途径。2016 年 7 月，中国参加了联合国首轮国别自愿陈述，建议在落实《2030 年议程》中优先关注 9 个重点领域。2016 年 9 月，利用主办 2016 年 G20 杭州峰会的契机，中国将包容和联动式发展列为峰会的 4 个重点议题之一，重点讨论落实《2030 年议程》等问题，首次将发展问题全面纳入领导人级别的全球宏观经济政策协调框架，并摆在突出位置；推动二十国集团制定《二十国集团落实 2030 年可持续发展议程行动计划》，得到国际社会高度评价。同月发布《中国落实 2030 年可持续发展议程国别方案》，作为指导中国开展落实工作的行动指南，在回顾中国落实 MDGs 所取得成果和经验的基础上，分析了中国落实《2030 年议程》的机遇和挑战，介绍中国落实《2030 年议程》的指导思想及总体原则、落实工作总体路径、17 项可持续发展目标落实方案等部分，为其他国家尤其是发展中国家推进落实工作提供借鉴和参考。

（2）将 SDGs 与国家中长期发展规划相融合

2016 年 3 月发布的国家中长期发展规划——《中华人民共和国国民经济和

社会发展第十三个五年规划纲要》（以下简称"十三五"规划）实现了《2030年议程》与国家中长期发展规划的有机结合。图1-7反映了SDG1（无贫穷）、SDG4（优质教育）、SDG8（体面工作和经济增长）、SDG9（产业、创新和基础设施）、SDG10（减少不平等）、SDG12（负责任消费和生产）、SDG13（气候行动）、SDG16（和平、正义与强大机构）与中国主要发展目标的一致性，而规划中反映的其余目标如表1-8所示。

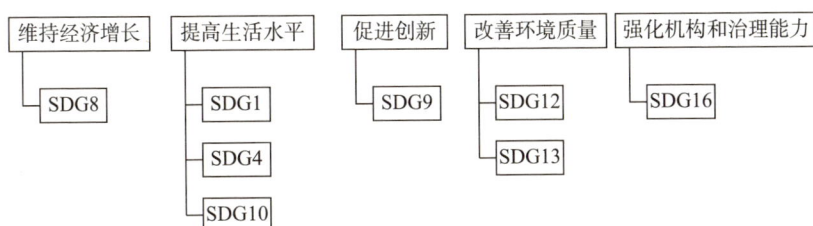

图 1-7 可持续发展目标与中国主要发展目标保持一致
资料来源：依据《推动可持续发展的目标：中国的进步与"十三五"规划》（Sustainable Development Goals in Motion: China's Progress and the 13th Five-Year Plan）翻译、改绘。

表1-8 其他SDGs与"十三五"规划的一致性

SDGs	"十三五"规划
SDG2	第18~21条 优化农业结构，构建高效、可持续、环境友好的现代农业产业体系。加强农产品质量安全监测
SDG3	第60条 建立健全医疗卫生体系，实现全民享有基本医疗服务
SDG5	第66条 保障妇女平等获得教育、就业、婚姻等人权。增加妇女参与决策过程。严厉打击拐卖妇女儿童、暴力侵害妇女等犯罪行为。消除对妇女的歧视和偏见
SDG6	第31条 完善水利基础设施体系，促进水资源科学配置和高效利用
SDG7	第30条 推进能源革命，优化能源供给结构，提高能源利用效率。构建低碳、安全、高效的现代能源体系
SDG11	第32~36条 推动城乡融合发展。以制度创新为依托加快新型城镇化发展
SDG14	第41条 陆海融合发展。促进海洋经济可持续发展和海洋环境保护
SDG15	第45条 推进生态系统保护和修复。构建生物多样性保护网络，增强生态安全稳定

2021年，十三届全国人大四次会议表决通过了《中华人民共和国国民经济和社会发展第十四个五年规划和2035年远景目标纲要》（以下简称"十四五"规划），"十四五"时期经济社会发展主要目标有：经济发展取得新成效；改革

开放迈出新步伐；社会文明程度得到新提高；生态文明建设实现新进步；民生福祉达到新水平；国家治理效能得到新提升。"十四五"规划紧紧抓住中国社会主要矛盾，贯彻新发展理念，科学、系统、全面地将可持续发展议程与中国短期和中期的发展目标进行了有机结合，明晰地勾勒出落实《2030 年议程》的实现路径，每项可持续发展目标都在纲要中有章可循。中国"十四五"规划与SDGs 对应关系如图 1-8 所示。将"十四五"规划 19 篇纲要中的主要发展目标分为经济、社会和环境三类，再根据目标的具体建设方向和要求，与 SDGs 的17 项目标进行一一对应，发现"十四五"规划对中国建设目标在社会和经济建设方面尤为偏重。根据图 1-8 可以看出每项可持续发展目标均在"十四五"规划中有所体现，例如，SDG7 对应"建设现代化基础设施体系"、"优化国土空间开发保护格局"和"强化国家经济安全保障"，将从推进能源革命，建设清洁低碳、安全高效的能源体系，优化能源开发布局和运输格局，提升国内能源供给保障水平，实施能源资源安全战略等措施方面，实现建设经济适用的清洁能源。中国为落实每项 SDGs 提供了明确的实现路径，"十四五"规划的实施将为中国落实联合国 2030 年可持续发展目标提供强大动力。

（3）定期分享 SDGs 落实进展

参与国别自愿陈述。中国在 2016 年 HLPF 期间做了首次国别自愿陈述，报告中建议在落实《2030 年议程》中优先关注 9 个重点领域。一是消除贫困和饥饿，积极开展精准扶贫、精准脱贫，提高农业生产水平和粮食安全保障水平。二是实施创新驱动发展战略，加强科技创新和技术升级，推动经济持续、健康、稳定增长。三是统筹推进包容和可持续工业化、信息化、城镇化、农业现代化建设，为城乡区域协调发展、经济社会协调发展注入动力。四是完善社会保障和服务，稳步提高基本公共服务均等化水平。五是维护公平正义，坚持以人为本，增进民众福祉，促进人的全面发展。六是加强环境保护，筑牢生态安全屏障。七是积极应对气候变化，把应对气候变化纳入国家经济社会发展战略。八是有效利用能源资源，提高资源利用率，促进可持续能源发展。九是改进国家治理，全面推进依法治国，把经济社会发展纳入法治轨道。报告还介绍了中国在《2030 年议程》落实后积极开展的推动行动以及后续即将开展的工作。2021年 7 月 14 日，《中国落实 2030 年可持续发展议程国别自愿陈述报告》在 HLPF发布，作为 5 年后的第二次国别自愿陈述，2021 年发布的《中国落实 2030 年可

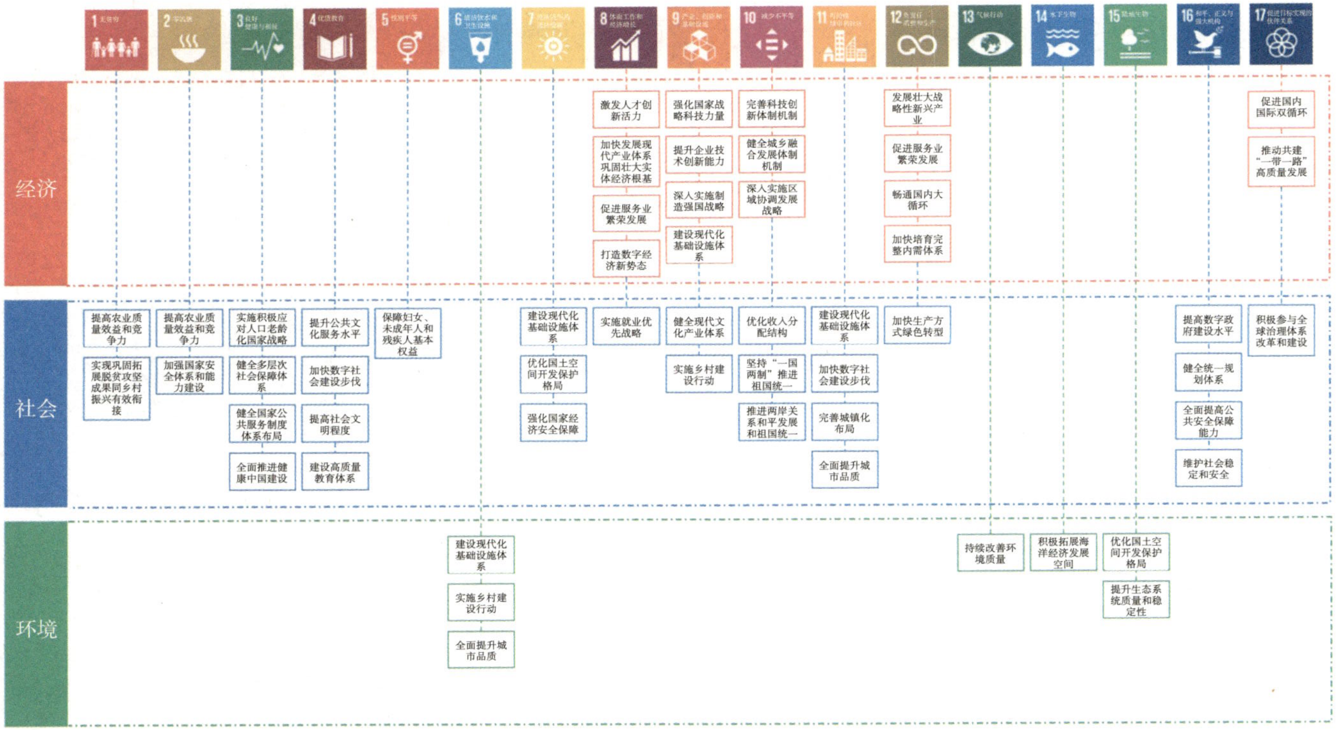

图 1-8　中国"十四五"规划与 SDGs 对应关系

资料来源：图片由编者绘制。

经济

社会

环境

持续发展议程国别自愿陈述报告》对中国过去5年落实SDGs的成就进行了系统回顾，重点介绍了中国在消除绝对贫困、应对气候变化、提高公共卫生水平、实现韧性增长等重点领域的主要进展和经验，对于增强国际社会落实SDGs的信心、促进发展经验交流具有特殊意义。

发布《中国落实2030年可持续发展议程进展报告》。中国自2017年起，每隔两年发布《中国落实2030年可持续发展议程进展报告》，通过丰富的实例和数据，回顾中国落实17个SDGs的进展情况和面临的挑战，以及对落实各个目标的下一步工作设想。在距离2030年行程过半的2023年，中国国际发展知识中心编纂发布《中国落实2030年可持续发展议程进展报告（2023）》，全面地回顾总结了7年多来中国落实《2030年议程》的实践进展、基本经验、典型案例，推动国际社会增强共识、互学互鉴，为推动全球落实《2030年议程》凝聚力量。报告显示，中国落实《2030年议程》取得显著成就，关键在于中国政府具有坚强的政治意愿，建立了有效的落实机制，凝聚了广泛的社会共识，并持续加深国际合作。未来，中国将持续推进中国式现代化，推动构建人类命运共同体，与其他各国在"一带一路"倡议、全球发展倡议等框架下加深合作，携手建设持久和平、普遍安全、共同繁荣、开放包容、清洁美丽的世界。

发布《地球大数据支撑可持续发展目标报告》。中国科学院积极利用地球大数据服务《2030年议程》落实，于2019年9月正式发布了《地球大数据支撑可持续发展目标报告》，并持续开展SDGs研究工作，每年更新出版。2023年9月，由中国科学院和可持续发展大数据国际研究中心撰写的《地球大数据支撑可持续发展目标报告（2023）》发布，借助地球大数据聚焦中国和全球可持续发展的中期评估，扩展SDGs指标数据产品，探讨延伸指标内涵，完成中国所有环境类指标的进展评估；提出了对未来科学决策、加速可持续发展进程、大数据获取能力建设以及指标调整与优化的建议，为落实《2030年议程》提供了科学支撑。同时，积极为全球提供公共数据产品，服务各国尤其是发展中国家的《2030年议程》落实评估。报告指出，中国在逐步实现营养需求满足目标的基础上，粮食生产向可持续方向迈进，高标准农田建设面积占比提升至50%以上。2015~2020年，中国主要城市棚户区的常住人口下降了30.8%，可便利使用公共交通的人口比例显著增加，$PM_{2.5}$暴露风险降低了44.2%，城市建设用地生态绿化成效显著。报告中还指出，中国清洁能源转型取得显著进展，与 2015 年相比，2022 年中国风电、光伏发电装机容量分别增长了 2.8 倍和 9.2 倍，中国新能源汽车销量增加了 78 倍，特高压输送的可再生能源电量增加了 1.69 倍。另外，研究发现全球温室气体排放量在 2020 年短暂下降后，在 2021 年重回上升轨道。中国"双碳"目标的提出对公众认知气候变化问题有明显提升作用。

（4）积极探索地方实践

2016 年 12 月，国务院印发《中国落实 2030 年可持续发展议程创新示范区建设方案》，启动国家可持续发展议程创新示范区建设工作，以地方试点示范推进《2030 年议程》的落实。建设创新示范区是党中央、国务院统筹国内国际两个大局作出的重大部署，是落实联合国《2030 年议程》、参与全球治理的务实行动，是中国贯彻落实国家"五位一体"总体布局、"四个全面"战略布局和新发展理念的重要举措，在社会经济新形势下承担为探索世界经济复苏和增长增添动力的重要责任，为全球更好地落实《2030 年议程》提供中国经验和中国智慧。

按照国务院要求，科学技术部会同国家可持续发展实验区部际联席会议成员单位以习近平新时代中国特色社会主义思想为指导，对标《2030 年议程》，按照《中国落实 2030 年可持续发展议程国别方案》的要求，坚持"创新理念、问题导向、多元参与、开放共享"的原则，制定了《国家可持续发展议程创新示范区申报指引》，依程序严格遴选，扎实推进创新示范区建设工作。2018 年 2 月、2019 年 5 月和 2022 年 7 月，国务院分三批分别批复了太原、桂林、深圳以及郴州、临沧、承德和鄂尔多斯、徐州、湖州、枣庄、海南藏族自治州 11 个城市围绕各自建设主题开展创新示范区建设，既体现了中国东、中、西部不同地域布局的代表性，也体现了可持续发展不同阶段和面临的不同类型问题的代表性。

科学技术部作为创新示范区建设牵头部门，在推动这项工作中，以可持续发展为工作核心，以创新驱动为根本手段，以推动区域协调发展为根本方向，各项工作打开了新局面。目前，创新示范区各项行动和工程初见成效。

（二）中国可持续发展目标总体进展

UNSDSN 与贝塔斯曼基金会联合发布的《2023 年可持续发展报告》评估

了 166 个国家实施 17 项 SDGs 的具体进展及趋势，并对 180 个国家分别计算了 2000 年以来的可持续发展目标指数。中国参与了《2023 年可持续发展报告》17 项目标、85 项指标的评价。从连续评估结果来看，中国是全球评分和排名增长最快的国家之一，得分由 2000 年的 62.21 分增长为 2022 年的 72.01 分，排名相应地由第 85 名上升为第 65 名，除 2008 年分数稍微下滑外，每年得分均高于前一年（见表 1-9）。与 2000 年相比，在 17 项可持续发展目标中，SDG1（无贫穷）、SDG4（优质教育）一直走在实现 2030 年目标和指标的轨道上，在 2022 年指示板中表现为绿色，其中 SDG1（无贫穷）进步明显，充分验证了人类减贫的中国实践成效。SDG9（产业、创新和基础设施）、SDG3（良好健康与福祉）、SDG7（经济适用的清洁能源）、SDG11（可持续城市和社区）、SDG6（清洁饮水和卫生设施）、SDG17(促进目标实现的伙伴关系) 等目标进步较为显著，但由于发展不平衡、基础薄弱等因素，在 2022 年评级为黄色或橙色。SDG2(零饥饿）、SDG16（和平、正义与强大机构）、SDG5（性别平等）、SDG10（减少不平等）、SDG8(体面工作和经济增长）等目标进步较小。SDG13（气候行动）、SDG12（负责任消费和生产）、SDG14（水下生物）、SDG15（陆地生物）等目标得分下降，特别是 SDG13（气候行动），分数下降 13.82，主要是由于经济超快速增长背景下，资源消耗和主要污染物排放相较于 2000 年不断增加，生态环境保护结构性、根源性、趋势性压力尚未根本缓解，生物多样性和生态系统服务功能有待进一步提升。中国 2022 年 SDG 指示板及趋势如图 1-9 所示。

（三）中国乡村领域可持续发展重要行动及关键目标进展

长期以来，在城市化与工业化不断推进的格局下，现有政策与研究更多地关注城市可持续发展，却忽略了乡村可持续发展的重要性，乡村已经成为全球实现 SDGs 的瓶颈。我国乡村正面临城乡差距加大、环境资源受损、人口流失、产业凋敝等不可持续性问题，是我国实现高质量发展的短板。为了促进乡村发展，改革开放以来，特别是党的十八大以来，中国发布了一系列指导乡村发展的政策文件及行动方案，推动中国乡村发展取得了举世瞩目的成就。粮食等重要农产品供给充足、乡村产业繁荣兴旺、农村社会事业蓬勃发展、农民生活水平持续提高，为全面建成小康社会提供了坚实支撑，为改革开放和社会主义现代化建设作出了重大贡献。

表 1-9 中国 2000~2022 年 SDG 指数得分及排名变化情况

年份	SDG 1	SDG 2	SDG 3	SDG 4	SDG 5	SDG 6	SDG 7	SDG 8	SDG 9	SDG 10	SDG 11	SDG 12	SDG 13	SDG 14	SDG 15	SDG 16	SDG 17	SDG 指数	排名	全球平均
2000	61.16	74.98	63.43	98.02	71.23	57.25	48.90	75.10	41.89	29.58	64.18	89.34	91.46	57.94	50.02	53.37	29.76	62.21	85	60.31
2001	61.16	75.51	64.13	98.02	71.54	57.51	50.04	74.79	42.25	29.58	64.25	89.32	91.35	57.84	49.89	53.37	29.73	62.37	88	60.51
2002	61.16	75.54	64.54	98.02	71.84	58.30	50.38	74.55	43.02	29.58	64.31	89.08	90.64	57.87	50.11	53.37	29.96	62.49	87	60.76
2003	61.16	75.64	65.31	98.02	71.34	59.07	50.13	74.35	43.61	29.58	64.38	88.94	89.30	58.10	50.35	53.42	30.19	62.52	86	60.94
2004	61.16	76.91	66.07	98.02	71.63	59.83	50.71	74.40	44.45	29.58	64.45	88.60	88.59	57.92	50.40	53.41	30.28	62.73	88	61.23
2005	61.16	77.44	67.88	98.02	71.93	60.57	51.22	74.39	45.46	31.13	62.21	88.48	87.40	57.89	50.25	53.52	31.23	62.95	89	61.54
2006	61.16	77.97	69.68	98.02	72.21	61.07	52.04	74.44	46.24	31.13	62.28	88.24	86.30	57.64	50.88	53.59	31.45	63.20	90	61.83
2007	61.16	78.35	71.06	98.02	72.67	61.76	53.27	74.48	47.23	31.13	62.34	88.18	85.44	57.45	50.75	53.64	37.46	63.79	87	62.07
2008	61.16	79.57	72.07	98.96	73.30	62.33	53.95	74.34	48.80	28.17	62.41	88.23	84.55	57.35	50.57	53.68	34.81	63.78	88	62.35
2009	61.16	79.64	72.14	98.96	73.56	62.89	54.99	74.27	50.95	28.17	60.85	88.11	83.92	57.12	50.44	53.68	36.18	63.94	90	62.71
2010	61.16	80.23	75.01	99.12	73.82	63.49	56.05	74.37	52.49	27.18	63.26	88.01	82.66	57.61	50.30	54.59	35.90	64.43	89	63.08
2011	69.72	80.84	75.80	99.38	74.26	63.99	56.83	74.35	54.61	29.01	62.91	87.82	80.83	58.09	50.43	55.07	35.75	65.28	89	63.39
2012	73.78	81.02	76.46	99.38	74.69	64.54	58.24	74.33	57.46	29.30	65.88	87.75	80.51	59.17	50.23	55.53	36.94	66.19	81	63.84
2013	83.98	81.53	77.17	99.38	75.26	65.07	59.74	74.32	59.26	32.82	65.16	87.65	80.11	59.46	50.25	53.67	36.66	67.15	77	64.20

续表

年份	SDG 1	SDG 2	SDG 3	SDG 4	SDG 5	SDG 6	SDG 7	SDG 8	SDG 9	SDG 10	SDG 11	SDG 12	SDG 13	SDG 14	SDG 15	SDG 16	SDG 17	SDG 指数	排名	全球平均
2014	87.06	81.83	77.79	99.38	75.75	65.81	61.14	76.64	63.24	33.52	67.63	87.75	79.97	54.49	50.05	53.38	40.67	68.01	77	64.73
2015	90.30	82.16	79.93	99.38	76.36	66.41	62.22	76.58	65.49	34.37	68.00	87.68	80.37	56.10	50.02	54.89	41.32	68.92	74	65.11
2016	92.38	82.15	80.27	99.38	76.64	66.96	63.60	76.64	68.10	34.51	70.87	87.50	80.70	54.31	49.89	55.40	40.79	69.42	72	65.41
2017	93.52	82.58	80.61	99.38	77.23	67.49	64.96	76.69	71.43	33.66	71.85	87.32	80.16	53.68	49.74	57.02	41.27	69.92	72	66.03
2018	95.15	82.77	80.90	99.51	77.85	68.01	66.17	77.20	74.33	34.51	76.54	87.19	79.46	53.65	49.79	59.59	41.81	70.85	69	66.35
2019	96.81	83.10	81.61	99.51	78.14	68.51	67.26	76.98	76.62	34.93	79.07	86.97	78.84	55.19	49.59	59.90	42.47	71.50	66	66.74
2020	96.53	83.26	83.11	99.95	78.03	69.00	67.72	76.60	78.36	34.93	79.46	86.97	78.52	55.52	49.44	59.77	40.81	71.62	66	66.96
2021	97.59	83.33	83.40	99.53	78.23	69.00	67.72	78.95	80.27	34.93	79.46	87.00	77.64	55.71	49.24	60.58	41.31	71.99	66	67.29
2022	98.05	83.40	83.40	99.53	78.19	69.00	67.72	78.90	80.27	34.93	79.46	87.00	77.64	55.73	48.94	60.58	41.40	72.01	65	67.38

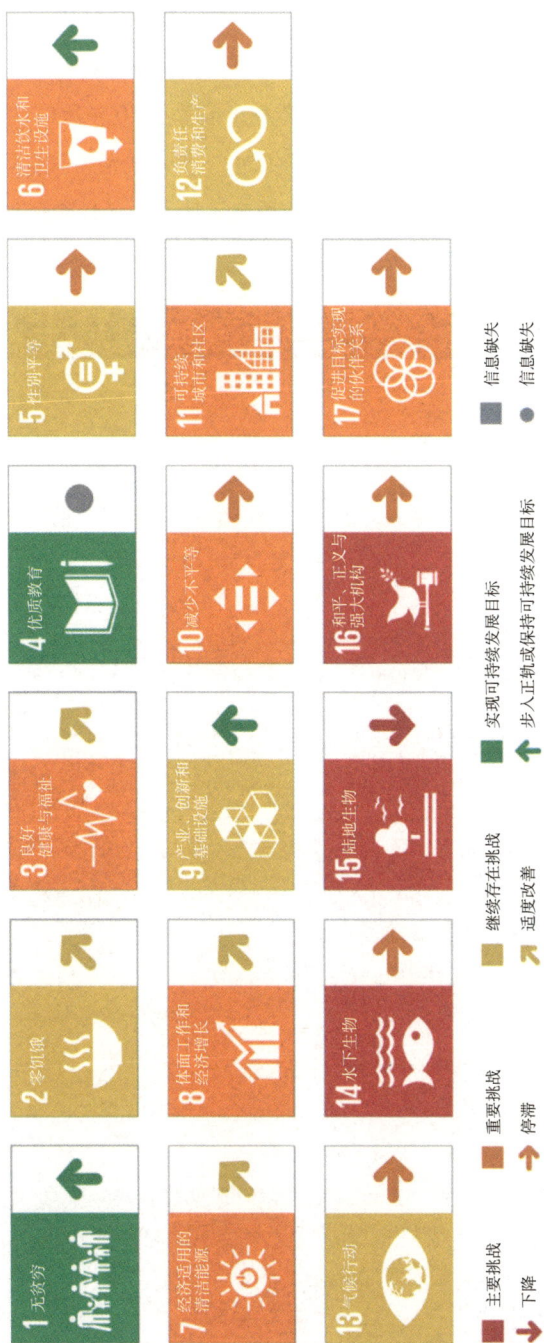

图1-9 中国2022年SDG指示板及趋势

1 无贫穷
2 零饥饿
3 良好健康与福祉
4 优质教育
5 性别平等
6 清洁饮水和卫生设施
7 经济适用的清洁能源
8 体面工作和经济增长
9 产业、创新和基础设施
10 减少不平等
11 可持续城市和社区
12 负责任消费和生产
13 气候行动
14 水下生物
15 陆地生物
16 和平、正义与强大机构
17 促进目标实现的伙伴关系

主要挑战
重要挑战
继续存在挑战
适度改善
实现可持续发展目标
步入正轨或保持可持续发展目标

下降
停滞
适度改善
实现可持续发展目标

信息缺失
信息缺失

1. 中国乡村可持续发展行动

（1）乡村发展政策梳理

为了破解中国乡村发展所面临的一系列困境，中国探索形成了一整套符合国情农情，且实践证明行之有效的乡村政策体系，成就了 40 多年的"三农"辉煌。经过多年实践探索，中国乡村政策体系构建取得了丰硕成果，这与可持续发展的目标内涵一致，现阶段重要文件和可持续发展目标的对应关系如表 1-10 所示。

表 1-10　中国乡村发展政策汇总

目标	政策名称	颁布部门	颁布时间
SDG1	《中共中央　国务院关于打赢脱贫攻坚战三年行动的指导意见》	中共中央、国务院	2018 年 6 月 15 日
	《中共中央　国务院关于实现巩固拓展脱贫攻坚成果同乡村振兴有效衔接的意见》		2020 年 12 月 16 日
	《中共中央　国务院关于做好 2023 年全面推进乡村振兴重点工作的意见》		2023 年 1 月 2 日
SDG2	《2018 年农产品质量安全工作要点》	农业部办公厅	2018 年 2 月 2 日
	《粮食质量安全监管办法》	国家发展改革委	2023 年 7 月 28 日
	《"十四五"全国农业绿色发展规划》	农业农村部、国家发展改革委等六部门	2021 年 8 月 23 日
	《全国农业可持续发展规划（2015—2030 年）》	农业部、国家发展改革委、科技部等八部门	2015 年 5 月 20 日
SDG3	《农村人居环境整治三年行动方案》	中共中央办公厅、国务院办公厅	2018 年 2 月 5 日
	《农村人居环境整治提升五年行动方案（2021—2025 年）》		2021 年 12 月 5 日
	《农村人居环境整治激励措施实施办法》	农业农村部、财政部	2019 年 3 月 20 日
	《关于推动城乡建设绿色发展的意见》	中共中央办公厅、国务院办公厅	2021 年 10 月 21 日
SDG4	《"十四五"时期教育强国推进工程实施方案》	国家发展改革委、教育部、人力资源和社会保障部	2021 年 5 月 10 日
	《关于深化现代职业教育体系建设改革的意见》	中共中央办公厅、国务院办公厅	2022 年 12 月 21 日
	《基础教育课程教学改革深化行动方案》	教育部办公厅	2023 年 5 月 9 日

目标	政策名称	颁布部门	颁布时间
SDG5	《中国妇女发展纲要（2021—2030年）》	国务院	2021年9月8日
	《中国儿童发展纲要（2021—2030年）》		2021年9月8日
SDG6	《农村人居环境整治村庄清洁行动方案》	中央农办、农业农村部等18个部门	2018年12月29日
SDG7	《"十四五"现代能源体系规划》	国家发展改革委、国家能源局	2022年1月29日
	《关于促进新时代新能源高质量发展的实施方案》	国务院办公厅	2022年5月14日
	《人力资源社会保障部办公厅 财政部办公厅关于进一步加强就业政策落实有关工作的通知》	人力资源和社会保障部办公厅、财政部办公厅	2023年8月28日
SDG8	《国务院关于加快建立健全绿色低碳循环发展经济体系的指导意见》	国务院	2021年2月2日
	《"十四五"就业促进规划》		2021年8月23日
SDG9	《农业综合开发扶持农业优势特色产业规划（2019—2021年）》	国家农业综合开发办公室	2018年1月9日
	《国务院关于促进乡村产业振兴的指导意见》	国务院办公厅	2019年6月28日
	《乡村振兴科技支撑行动实施方案》	农业农村部办公厅	2018年9月30日
SDG10	《2022年新型城镇化和城乡融合发展重点任务》	国家发展改革委	2022年3月10日
	《关于推动城乡建设绿色发展的意见》	中共中央办公厅、国务院办公厅	2021年10月21日
SDG11	《国务院办公厅关于加快发展保障性租赁住房的意见》	国务院办公厅	2021年7月2日
	《国务院办公厅关于全面推进城镇老旧小区改造工作的指导意见》		2021年7月10日
	《"十四五"新型城镇化实施方案》	国家发展改革委	2022年6月21日
SDG12	《全国农业可持续发展规划（2015—2030年）》	农业部、国家发展改革委、科技部等八部门	2015年5月20日

目标	政策名称	颁布部门	颁布时间
SDG13	《中国应对气候变化的政策与行动》白皮书	国务院新闻办公室	2021年10月27日
SDG14	《"十四五"海洋生态环境保护规划》	生态环境部、发展改革委等六部门	2022年1月7日
	《重点海域综合治理攻坚战行动方案》	生态环境部、国家发展改革委、自然资源部等七部门	2022年1月29日
SDG15	《关于进一步加强生物多样性保护的意见》	中共中央办公厅、国务院办公厅	2021年10月19日
	《农业农村部关于深入推进生态环境保护工作的意见》	农业农村部	2018年7月13日
SDG16	《中央农村工作领导小组办公室 农业农村部关于做好2019年农业农村工作的实施意见》	中央农村工作领导小组办公室、农业农村部	2019年1月21日
	《关于加强和改进乡村治理的指导意见》	中共中央办公厅、国务院办公厅	2019年6月23日
	《中国共产党农村基层组织工作条例》	中共中央	2019年1月10日
SDG17	《国务院办公厅关于促进农业对外合作的若干意见》	国务院办公厅	2016年4月6日
	《农业对外合作"两区"建设方案》	农业部	2016年11月13日
	《共同推进"一带一路"建设农业合作远景与行动》	农业部、国家发展改革委等四部委	2017年5月

当前，中国发展不平衡不充分问题依然突出，粮食安全根基不牢固，城乡区域发展不均衡，收入差距较大，民生保障存在短板，全面建设社会主义现代化国家最艰巨最繁重的任务依然在农村。要继续加强党对"三农"工作的全面领导，深入贯彻落实党的二十大精神，全面贯彻习近平新时代中国特色社会主义思想，锚定建设农业强国目标，不断深化农村改革，全面推进乡村振兴，加快农业农村现代化，建设宜居宜业和美乡村，坚持在发展中保障和改善民生，坚持人与自然和谐共生，统筹发展和安全，促进农业高质高效、农村宜居宜业、农民富裕富足。

（2）从中央一号文件看中国乡村发展行动

1982~1986 年，20 世纪 80 年代涉"三农"政策的 5 个中央一号文件，其主题和基本政策内容可以分为两个方面。一是家庭联产承包制度从确立到完善再到稳定。1982 年中央一号文件主题是确立家庭联产承包制度，1983 年中央一号文件以完善家庭联产承包制度为主题，1984 年中央一号文件则以稳定联产承包制为主题。二是放开搞活流通和发展商品生产。主要内容是鼓励多种经营、改革粮食购销体制、促进农村商品生产。1982 年中央一号文件提出要改善农村商品流通。1983 年中央一号文件提出要搞活商品流通，从自给半自给经济向着较大规模的商品经济转化。1984 年中央一号文件提出要大力发展农村商品生产。1985 年中央一号文件提出扩大市场调节范围，对农产品统购派购制度进行改革。20 世纪 80 年代涉"三农"政策的 5 个中央一号文件中，前三个以"稳定和完善家庭联产承包责任制"为主题，后两个以"活跃农村经济和深入改革"为主题。5 个中央一号文件是相互贯通和层层递进的关系，"放开搞活"是基本精神，且每个文件都有创新和特色。

2004~2012 年，农民增收、统筹城乡、发展现代农业、新农村建设成为中央一号文件主题，且在农民、农业、农村三者之间不断转换，内容也更加丰富、全面。这一时期的中央一号文件内容可以概括为三个方面。一是农民增收和统筹城乡发展。为了解决农民收入增长缓慢的问题，2004 年中央一号文件把"农民增收"作为主题。其基本精神就是统筹城乡经济社会发展；"多予、少取、放活"，实现农民收入较快增长。农民增收成为之后中央一号文件总体要求的基本内容。二是发展现代农业。2004~2012 年，有 6 年的中央一号文件主题涉及农业问题，但每年工作重点不同，如"提高农业综合生产能力"（2015年），"发展现代农业"（2017年），"加强农业基础设施建设"（2008年），"水利改革和科技创新"（2011年、2012年）。虽然水利改革和科技创新是农业发展的单项工作，但二者既是农业发展的关键环节，又是薄弱环节，因此被作为中央一号文件主题。三是推进新农村建设。2006 年中央一号文件以推进新农村建设为主题，要求按照新农村建设五项要求协调推进农村经济、政治、文化、社会和党的建设。

党的十八大后，我国经济社会发展进入新时代。2013~2023 年连续 11 个中央一号文件主题涉及"三农"工作。这一时期中央一号文件主题可以归纳为三个方面。一是深化农村改革、增强农村发展活力。2013年中央一号文件以"改革创新推进农业现代化、增强农村发展活力"为主题，提出了要创新农业经营体系。2014年中央一号文件提出全面深化农村改革，主要目标是破除体制机制上的弊端。2015年中央一号文件主题仍是改革创新，把"靠改革添动力、靠法治作保障"作为农业现代化建设的两翼。2017年中央一号文件的主题是深入推进农业供给侧结构性改革，培育农业农村发展新动能。2019~2021年中央一号文件在总体要求中一直强调农业供给侧结构性改革。二是推动农业现代化。为了落实创新驱动发展战略，转变经济增长方式，2013年中央一号文件以"改革创新推进农业现代化、增强农村发展活力"为主题。2014年、2015年、2016年、2021年中央一号文件均涉及推进或加快农业现代化主题。三是实施乡村振兴战略。2018年中央一号文件首次以实施乡村振兴战略为主题，提出"产业兴旺、生态宜居、乡风文明、治理有效、生活富裕"的总体要求。2021年中央一号文件提出全面推进乡村产业、人才、文化、生态、组织等五大振兴任务。2022年、2023年中央一号文件强调抓好全面推进乡村振兴的重点工作。

2. 乡村可持续发展关键目标进展

（1）脱贫攻坚战取得全面胜利（SDG1）

以习近平同志为核心的党中央把脱贫攻坚作为全面建成小康社会的底线任务和标志性指标，作出一系列重大决策部署，采取了许多具有原创性、独特性的重大举措，组织实施了人类历史上规模最大、力度最大的脱贫攻坚战。

农村贫困人口如期全部脱贫。2013~2020年，全国农村贫困人口累计减少9899万人，年均减贫1237万人，贫困发生率年均下降1.3个百分点。2020年，面对突如其来的新冠疫情，各地区各部门按照党中央、国务院决策部署，开展消费扶贫行动，落实基本生活兜底保障，年初剩余的551万农村贫困人口全部脱贫，如期完成了消除绝对贫困的艰巨任务。贫困人口收入水平显著提高，"两不愁三保障"全面实现。国家脱贫攻坚普查结果显示，中西部22个省（自治区、直辖市）建档立卡户全面实现不愁吃、不愁穿，义务教育、基本医疗、住房安全有保障，饮水安全也有保障，脱贫攻坚战取得了全面胜利。

区域性整体贫困得到解决。一半以上农村减贫人口来自西部地区。分地区看，2013~2020年，西部地区农村贫困人口累计减少5086万人，减贫人口占全国减贫人口的51.4%，年均减少636万人；中部地区农村贫困人口累计减少

3446 万人，减贫人口占全国减贫人口的 34.8%，年均减少 431 万人；东部地区农村贫困人口累计减少 1367 万人，减贫人口占全国减贫人口的 13.8%，年均减少 171 万人。区域性整体减贫成效显著。从不同贫困区域来看，贫困人口相对集中、贫困程度相对较深的集中连片特困地区、国家扶贫开发工作重点县等地区同全国一起如期完成脱贫攻坚任务。2013~2020 年，贫困地区农村贫困人口累计减少 6039 万人，年均减贫 755 万人，减贫规模占全国农村减贫总规模的 61.0%。集中连片特困地区农村贫困人口累计减少 5067 万人，年均减贫 633 万人。国家扶贫开发工作重点县农村贫困人口累计减少 5105 万人，年均减贫 638 万人。

我国脱贫事业为世界减贫作出突出贡献。中国对全球减贫贡献率超过七成。改革开放以来，按照世界银行每人每天 1.9 美元的国际贫困标准，我国减贫人口占同期全球减贫人口的 70% 以上；据世界银行公开数据，我国贫困发生率从 1981 年末的 88.3% 下降至 2016 年末的 0.5%，累计下降了 87.8 个百分点，年均下降 2.5 个百分点，同期全球贫困发生率从 42.7% 下降到 9.7%，累计下降 33.0 个百分点，年均下降 0.9 个百分点，我国减贫速度明显快于全球，贫困发生率也远远低于全球平均水平。中国助力提高全球减贫治理成效。党的十八大以来，我国实施精准扶贫精准脱贫基本方略，脱贫攻坚成效显著，为全球减贫提供了中国方案和中国经验。世界银行 2018 年发布的《中国系统性国别诊断》报告提出，中国在减少贫困方面取得了史无前例的成就。联合国秘书长古特雷斯在 2021 年祝贺中国脱贫攻坚取得重大历史性成就的致函中指出"中国取得的非凡成就为整个国际社会带来了希望，提供了激励。这一成就证明，政府的政治承诺和政策稳定性对改善最贫困和最脆弱人群的境况至关重要"。中国不仅以自身的减贫成就直接贡献于世界减贫事业，同时也积极支持广大发展中国家减贫事业发展，实施惠及民生的国际减贫合作项目，开展多种形式的减贫经验分享交流，积极助力其他国家加快减贫步伐。

（2）全方位夯实粮食安全根基（SDG2）

据国家统计局数据，2022 年，我国粮食总产量为 1.3731 万亿斤，在政策的大力支持下，我国粮食生产在前期高位的基础上继续增长。自 2015 年起，我国粮食产量连续八年超过 1.3 万亿斤。2022 年，全国粮食产量达 13731 亿斤，为历史最高水平，比 2012 年增加 1486 亿斤，2013~2022 年年均增长 1.2%。分品种看，我国主要粮食品种产量均有不同程度的增长，其中稻谷4169.9亿斤，比2012年增长38.9亿斤，2013~2021年年均增长0.09%；小麦2754.46亿斤，增加304.46亿斤，年均增长1.24%；玉米5544.06亿斤，增加953.06亿斤，年均增长2.07%；大豆470.2亿斤，增加201.2亿斤，年均增长7.48%。

人均粮食占有量是衡量一国或地区粮食供给状况的重要指标，国际上通常认为人均粮食占有量达到400公斤以上就代表该国或地区粮食安全。随着我国粮食产量持续攀升新台阶，人均粮食产量不断提高，自2012年起，我国人均粮食产量持续保持在450公斤以上，2022年人均粮食产量达到了486.1公斤，比2012年增加34公斤，2013~2022年年均增长0.75%。即使不考虑进口和充裕的库存，仅人均粮食产量就已远远超过国际上公认的粮食安全线（400公斤），中国饭碗不仅牢牢端在自己手中，而且饭碗里主要装的是中国粮。

（3）毫不动摇严守耕地红线（SDG2、SDG12）

保障国家粮食安全，严防死守耕地红线是根本。党的十八大以来，习近平总书记多次对耕地保护工作作出重要指示批示，强调要实行最严格的耕地保护制度，要像保护大熊猫一样保护耕地。[①] 对此，我国修订实施土地管理法，颁布实施黑土地保护法，中共中央、国务院还印发了《关于加强耕地保护和改进占补平衡的意见》，就坚决制止耕地"非农化"、防止耕地"非粮化"作出专门部署。十年来，在党中央、国务院坚强领导下，在社会各界的支持和监督下，各级党委、政府和相关部门通力合作，耕地保护工作取得了明显成效，实现了国务院确定的2020年耕地保有量18.65亿亩的目标，守住了耕地红线。特别是近两年来，耕地减少的势头得到初步遏制，2022年全国耕地总量实现净增加。

（4）人居环境整治提升（SDG6、SDG13）

农村人居环境整治是乡村振兴战略的重要基础内容之一。自2018年以来，中共中央、国务院连续部署实施《农村人居环境整治三年行动方案》和《农村人居环境整治提升五年行动方案（2021—2025年）》，农村人居环境明显改善。

国家统计局数据显示，2021年末，96.3%的村生活垃圾集中处理或部分集中处理。农村厕所革命扎实推进，农村改厕工作质量持续提升，农村卫生户厕普及率达77.5%。国家统筹推进农村生活垃圾污水治理等任务，农村生活

---

① 习近平：《像保护大熊猫一样保护耕地》，《人民日报》2015年5月27日，第1版。

污水治理水平不断提高。2021年末，47.6%的村生活污水集中处理或部分集中处理。

2021年末，全国87.3%的村开通公共交通；99.1%的村进村主要道路路面为水泥或柏油；97.4%的村村内主要道路路面为水泥或柏油。农村信息化建设持续推进，2021年末，99.0%的村通宽带互联网，94.2%的村安装了有线电视。农村基础设施的不断完善，有力推动了农业生产发展。2021年末，有电子商务配送站点的村超过33万个，开展休闲农业和乡村旅游接待的村落近5万个，农村生产生活条件显著改善。

（5）农业现代化建设迈上新台阶（SDG8、SDG9）

党的十八大以来，国家深入实施藏粮于地、藏粮于技战略，坚持走内涵式现代农业发展道路，推动农业发展由依赖资源要素投入向创新驱动转变。

2022年，我国农田有效灌溉面积占比超过54%，累计建成9亿亩高标准农田，配套建设一批现代化灌区，农业靠天吃饭的局面正在加快改变。农作物耕种收综合机械化率超过72%，特别是小麦的综合机械化率超过97%，基本实现了全程机械化，畜牧水产、设施农业等机械化水平也有了较大提升。此外，农业科技进步贡献率达到61%。组建了50个国家现代农业产业技术体系，建成了47个国家重点实验室、100个农业科学观测试验站，取得了节水抗旱小麦、超级稻、白羽肉鸡等一批重大标志性成果，农作物种源自给率超过95%，科技成为农业农村经济增长最重要的驱动力。

（6）新产业新业态持续快速发展（SDG7、SDG8、SDG9）

随着农业产业化水平不断提高，一、二、三产业融合程度不断加深，设施农业、无土栽培、观光农业、精准农业等新型农业生产模式在全国快速发展。国家统计局数据显示，截至2022年，全国温室、大棚、中小棚等农业设施数量达2800多万个，设施农业占地面积达4270多万亩。设施农业、无土栽培等新型农业生产模式突破了资源自然条件限制，改变了农业生产的季节性，拓宽了农业生产的时空分布，为城乡居民提供丰富的新鲜瓜果蔬菜。

与此同时，订单农业、农村电商、视频直播、冷链物流等农业新业态方兴未艾。2022年，互联网普及率达到近十年来新高（61.9%），接近110万农户通过网络销售农产品，直播商品超9500万个，全国农产品网络零售额达5313.8亿元，同比增长9.2%，增速较2021年提升6.4个百分点。50多万农户开展了休闲农业和乡村旅游，为农业提质增效、农民增收创收、农村发展创新等提供了澎湃动力。

过去小农经济追求自给自足，未来农村经济将进入产业兴旺阶段，国家鼓励地方通过"一村一品、一镇一业"形成主导产业，推动形成主导产业突出、区域特色优势明显的村镇，让优质农产品向优势产业带集中。目前东部地区农业产业发展相对较为完善，中西部地区也正在发展的过程中。

（7）全面推动城乡融合发展（SDG3、SDG4、SDG10、SDG11）

建立健全城乡融合发展体制机制和政策体系，是党的十九大作出的重大决策部署。2019年4月15日，中共中央、国务院发了《关于建立健全城乡融合发展体制机制和政策体系的意见》，要求以协调推进乡村振兴战略和新型城镇化战略为抓手，以缩小城乡发展差距和居民生活水平差距为目标，以完善产权制度和要素市场化配置为重点，坚决破除体制机制弊端，促进城乡要素自由流动、平等交换和公共资源合理配置，加快形成工农互促、城乡互补、全面融合、共同繁荣的新型工农城乡关系，加快推进农业农村现代化。

2022年2月16日，国家发展改革委组织召开城镇化工作暨城乡融合发展工作部际联席会议第四次会议。会议指出，2021年，新型城镇化和城乡融合发展工作取得新成效，年末常住人口城镇化率达到64.72%，农业转移人口市民化加快推进，城市群和都市圈承载能力得到增强，城市建设品质逐渐提高，城乡融合发展迈出新步伐，成渝地区建设实现良好开局，为推动高质量发展提供了有力支撑。

2022年5月，中共中央办公厅、国务院办公厅印发了《关于推进以县城为重要载体的城镇化建设的意见》。郑风田介绍，目前，我国把县域作为城乡融合发展的重要切入点。一方面，县城潜力巨大，国家发展改革委数据显示，2021年底，县城及县级市城区人口占全国城镇常住人口的近30%，县及县级市数量占县级行政区划数量的约65%；另一方面，县域与农村差距相对较小，对农民亲和力较强，通过促进县城基础设施和公共服务向乡村延伸覆盖，可增进农村民生福祉，实现城乡共同富裕。

（8）乡村生态环境逐年改善（SDG6、SDG7、SDG13、SDG15）

推进农业绿色发展是农业发展观的一场深刻革命。农业农村部总农艺师、发展规划司长曾衍德在2022年6月27日新闻发布会上介绍，近年来，全国化肥农药减量增效持续推进，通过实施果菜茶有机肥替代化肥，集成推广农药减量增效模式，化肥农药利用率均超过40%，使用量连续多年负增长。

此外，我国统筹推进山水林田湖草沙系统治理，保护修复田园生态系统，优化农田林网布局建设，推广稻渔种养生态模式，增强生态系统稳定性。保护修复林草生态系统，开展大规模国土绿化行动，全面实施禁牧、休牧和草畜平衡制度，森林覆盖率超过23%，草原综合植被盖度达到58%，为全球贡献了最多的新增绿化面积。保护修复重点流域生态系统，黄河流域地下水超采综合治理稳步开展，长江十年禁渔成效初显、水生生物多样性逐步恢复。

（9）深化农村改革赋能增收（SDG9、SDG16）

党的十八大以来，农村土地制度改革扎实推进。我国初步确立了承包地"三权分置"制度体系，实行所有权、承包权和经营权分置并行。基本完成承包地确权登记颁证工作，2亿多农户领到了证书，吃上了定心丸。第二轮土地承包到期后再延长30年试点稳慎推进。土地流转管理服务机制逐步健全，农业适度规模经营健康发展。

此外，农村集体资产清产核资全面完成，集体经济组织成员身份全面确认，经营性资产股份合作制改革稳步推进。清查核实集体土地等资源65.5亿亩，农村集体资产7.7万亿元，其中经营性资产3.5万亿元；确认集体经济组织成员约9亿人，建立农村集体经济组织约96万个，集体产权归属更明了，农民财产权利更多。农村产权流转交易有序开展，交易品种逐步丰富，服务功能逐步健全。

同时，农垦垦区集团化、农场企业化改革成效明显，国有农场办社会职能改革实现既定目标，农垦土地确权发证率超过了96%，50%以上国有农场完成公司制改制。集体林权制度、国有林场林区、水利管理体制、农业综合行政执法等各项改革任务取得了积极成效。

（10）激发乡村治理高效能（SDG5、SDG12、SDG16）

实现乡村有效治理是乡村振兴和乡村可持续发展的重要内容。2019年6月，中共中央办公厅、国务院办公厅印发了《关于加强和改进乡村治理的指导意见》，部署了新发展阶段我国推进乡村治理体系和治理能力现代化的总体安排，确立了"乡村社会治理有效、充满活力、和谐有序，乡村治理体系和治理能力基本实现现代化"的总体目标和任务。2019年9月，《中国共产党农村工作条例》

全文发布，为进一步健全现代乡村社会治理体制指明了方向。此后，中央农办、农业农村部、中央组织部、民政部等开展乡村治理体系建设试点，在全国选择100个县（市、区），作为首批乡村治理体系建设的试点单位。2022年3月6日，习近平总书记在看望参加全国政协十三届五次会议的农业界、社会福利和社会保障界委员并参加联组会时强调："乡村振兴不能只盯着经济发展，还必须强化农村基层党组织建设，重视农民思想道德教育，重视法治建设，健全乡村治理体系，深化村民自治实践，有效发挥村规民约、家教家风作用，培育文明乡风、良好家风、淳朴民风。"[1] 2023年2月，《中共中央 国务院关于做好2023年全面推进乡村振兴重点工作的意见》指出，全面建设社会主义现代化国家，最艰巨最繁重的任务仍然在农村；要求以提升乡村治理效能为着力点，强化县乡村三级治理体系功能、深化乡村治理体系建设试点、推进县域城乡融合发展，调动全社会力量参与乡村振兴的积极性、主动性、创造性。

---

[1] 习近平：《论"三农"工作》，北京：中央文献出版社，2022。

CHAPTER 2

第二章
枣庄市情

枣庄市位于山东省南部，地处京沪交通大动脉的中间节点，东与临沂市接壤，南与江苏省徐州市为邻，西濒微山湖，北与邹城市毗连。枣庄市历史悠久，人文璀璨。枣庄市是中国古都城分布最密集的城市之一，是千年大运河造就的经济文化繁盛之地，是传承红色基因的革命热土，境内的北辛文化是中国最早的农耕文明之一，为实现乡村振兴奠定基础；枣庄市农业资源丰富，土地资源广阔，水、光、热等气候条件优越，产业基础扎实，农业发展前景广阔；枣庄市有着140多年近代工业文明，"工业基因"一度深深融入城市发展之中，是淮河生态经济带的重点城市、国家老工业基地，早期是著名的煤矿城市；枣庄市生态环境优美，自然资源丰富，是国家园林城市、国家森林城市和国家卫生城市。近年来，枣庄市纵深推进"工业强市、产业兴市"战略，扎实践行"绿水青山就是金山银山"的发展理念，全面推进乡村振兴战略，经济社会发展取得长足进步。2022年，枣庄市15项主要经济指标中14项增幅居全省前十位，有6项居全省前三位，4项位居全省第一。枣庄市成功创建国家可持续发展实验区、国家农业可持续发展试验示范区、国家农村改革试验区和国家现代农业示范区，作为全国唯一"四区"同建城市，成为山东省农业创新发展的典范。枣庄市在以"创新引领乡村可持续发展"为主题的国家可持续发展议程创新示范区建设中有基础、有条件，更是责无旁贷。立足枣庄市历史文化底蕴与资源禀赋，扎实推进国家可持续发展议程创新示范区建设，以更有力的举措汇聚更强大的力量，建设绿色转型先行区、城乡融合示范区、和美乡村样板区，这对于枣庄市是十分必要和完全可行的。

一 历史沿革

枣庄历史悠久，千百年来，文脉绵延，生生不息。早在7300年前的新石器时期，先民们就在这块土地上创造了灿烂的北辛文化，其是中国最早的农耕文明之一，也是东夷文化的源头；枣庄拥有2700年的运河文化，境内最早的运河开凿于春秋时期，拥有京杭运河畔南北文化交融、中西文化合璧特征最鲜明的台儿庄古城；枣庄有着140多年近代工业文明，是近代民族工业文明的发源地，我国历史上第一家股份制企业——中兴公司在这里诞生，并发行了我国第一张股票；枣庄不仅历史悠久，人文更是繁盛，涌现出墨子、奚仲、滕文公、孟尝君、毛遂、匡衡等一大批历史文化名人。这些人创造了令人瞩目的辉煌成就，也留下了宝贵的精神财富，构筑了这座城市的文化品格。枣庄市凭借底蕴丰厚的历史沿革，吸纳农耕文化、煤城史记、运河文化、名人思想的精髓，铸造城市之魂，奠定可持续发展之基。枣庄历史沿革如图2-1所示。

（一）农耕文化

枣庄农业生产历史悠久，在境内北辛遗址发掘出先进的原始农具和窖藏谷物，考古证据表明，7500年前枣庄地区的原始农业已经兴起并初具规模，北辛遗址的先民已开始定居并进行原始农业生活。此外，北辛遗址中发现有猪的遗骨，经确认为"家猪型"成年猪，且遗址窖藏底部存在动物粪便，这表明早在7000多年前的北辛时期，圈养家猪可能已经作为食物出现。由于自然环境、土壤结构和水浇条件的差异，枣庄南部及西部地区的农耕地具备较好的灌溉条件，而东部及北部地区主要为山区，常用来种植耐干旱且适应性强的旱播作物。北辛遗址的发现引起了广泛的重视，北辛遗址于1991年被山东省人民政府确定为重点文物保护单位。

依赖于底蕴深厚的农耕文明，枣庄市峄城石榴种植系统已有2000多年的历史，覆盖区域达18万亩，种植品种60余个，地径超过20厘米的石榴树1.8万株以上，100年以上的石榴古树3万余株，保存国内外石榴种质资源370余个。枣庄市高度重视农业文化遗产的保护与利用，让沉睡的石榴种植系统"活"起来，让它在建设农业强国和文化强国的新征程上，焕发独特的时代价值。2021年，枣庄"峄城石榴种植系统"入选农业农村部公布的第六批中国重要农业文化遗产名单。

（二）运河文化

枣庄的历史和运河紧密相连，运河文化仍有遗存。据考古发现，境内最早的运河——偪阳运河，开凿于春秋时期，距今约2700年。京杭运河枣庄段（泇运河），开凿于明万历三十二年（1604年），现流经市境内台儿庄、峄城、薛城、滕州，全长93.9千米。这段运河由夏镇李家港至邳州直河口入黄河，因为泇河为主要补充水源，史称泇运河。它的开通，改变了因黄河泛滥致使京杭运道不通的局面，几百年来，为南粮北运、物资流通、文化交流发挥了重要作用。

江北水乡 运河古城

历史沿革

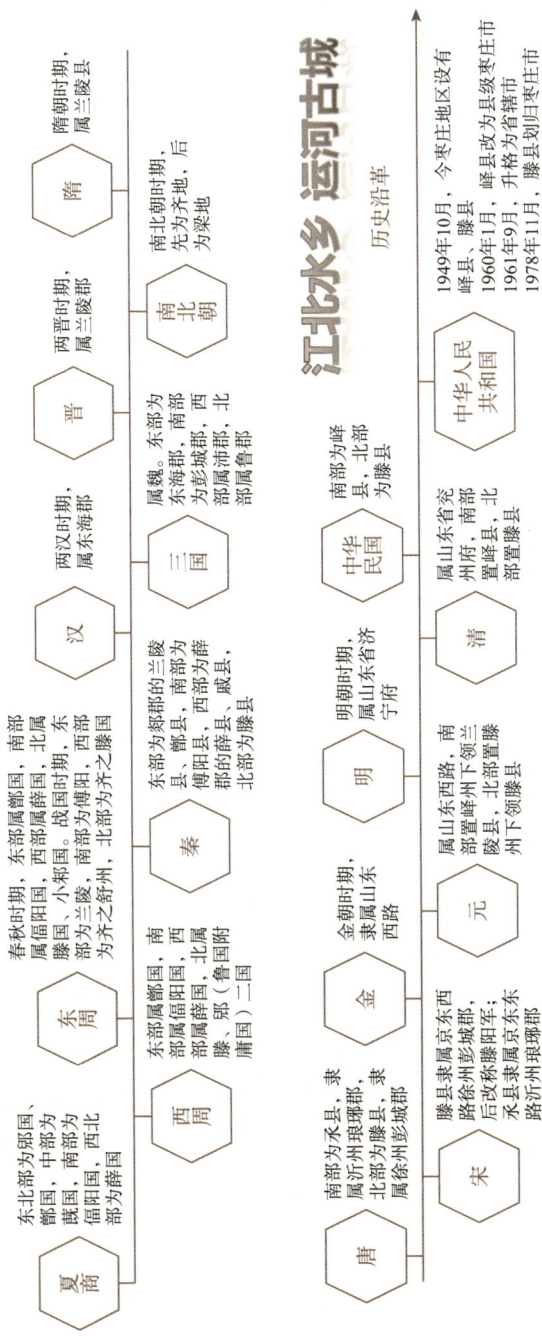

夏商	东北部为郯国，中部为缯国，南部为偪阳国，西北部为薛国
东周	春秋时期，东部属郯国，南部属偪阳国，西部属薛国，北属滕国。战国时期，东部为兰陵，南部为齐之舒州，北部为齐之滕国
	东部属郯国，南西部属偪阳国，北属薛国（鲁国附庸）、邾二国
西周	
秦	东部为郯郡的兰陵县、郯县，南部为傅阳县、西部为薛郡的薛县、戚县，北部为滕县
汉	两汉时期，属东海郡
	属魏。东部为东海郡，南部为彭城郡，西北部属沛郡，北部属鲁郡
三国	
晋	两晋时期，属兰陵郡
南北朝	南北朝时期，先为齐地，后为梁地
隋	隋朝时期，属兰陵县

唐	南部为丞县，隶属沂州琅琊郡，北部为滕县，隶属徐州彭城郡
宋	滕县隶属京东西路属徐州彭城郡，后改称滕州；丞县隶京东东路沂州琅琊郡
金	金朝时期，隶属山东西路
元	属山东西路，南部置峄州下领兰陵县，北部置滕州下领滕县
明	明朝时期，属山东省济宁府
清	属山东省兖州府，南部置峄县，北部置滕县
中华民国	属山东省，南部为峄县、北部为滕县
中华人民共和国	1949年10月，峄县、滕县；1960年1月，峄县改为县级枣庄市；1961年9月，升格为省辖市，1978年11月，滕县划归枣庄市

图 2-1 枣庄历史沿革

京杭运河的贯通，也推动着沿运河地区的经济繁荣。沿岸的台儿庄迅速发展成为"鲁南重镇"，商贾云集、屋宇猛增、集市爆棚。《峄县志》记载："台儿庄濒运河，商贾辐辏，田庐栉比，亦徐兖间一都会也。"①商贾的云集带来了文化的交融，台儿庄古城也成为运河文化的代表，具有京杭运河畔南北文化交融、中西文化合璧最鲜明的特征。一波清流南去，千帆道尽繁华。新中国成立以后，政府先后对泇运河进行过几次大规模的治理。此后，在2004年实施的南水北调东线工程中，枣庄运河仍是重要组成部分，并承担着南水北调向北输水和省际供水的任务。2015年7月，京杭运河枣庄段万年闸船闸大修完成，京杭运河枣庄段全线恢复通航。2019年6月，京杭运河万年闸复线船闸实现通航，彻底解决了京杭运河枣庄段通航"瓶颈"问题。2020年6月，京杭运河船闸智能通航系统启动。

台儿庄这座傍水而筑、因河而兴的"水旱码头"，拥有着大运河上最完整的运河文化遗产体系。2005年，运河故道被国务院批准为国家级重点文物保护单位。台儿庄古城集"运河文化"和"大战文化"于一城，融"齐鲁豪情"和"江南韵致"于一域，拥有百庙、百馆、百业、百艺和四百个特色休闲大院。自2010年开放以来，荣膺"齐鲁文化新地标"榜首、中国旅游创新奖等称号，成为全国首个海峡两岸交流基地、首个国家文化遗产公园、首个国家非物质文化遗产博览园、国家级文化产业试验园区、国家版权贸易基地，2012年11月被评为国家5A级旅游景区，2014年获评"首批创造未来文化遗产"。台儿庄同时也是南水北调东线工程进入山东的第一站，京杭运河流经境内39千米。近年来，台儿庄区对沿运滩地实施退耕还湿工程，构筑京杭运河水生态屏障，大力发展湿地生态旅游，走出了生态保护和旅游融合发展的路子。目前，沿运湿地面积达到7.6万亩，湿地水生植物达到30多种，鸟类20多种，成为国内首家运河主题国家湿地公园，营造了河畅水清、岸绿景美、自然和谐的生态空间。

（三）煤城史记

枣庄素称鲁南煤城，采煤历史悠久、煤质优良。李鸿章曾称枣庄煤"较

---

① 李彦辰、赵雁:《鲁南招幌艺术研究——以台儿庄为例》,《设计》2017年第5期。

日本上等煤尤佳，与英国松白煤相仿"。清光绪三十年《峄县志》载："矿务之见于三代前者也……讫唐五代不废。"又有记载："枣庄矿区内有唐宋时旧井甚多，土人所开浅井遍地皆是。"①清代已大量开采煤炭并外运。清光绪四年（1878年），直隶总督兼北洋大臣李鸿章奏准清廷，派直隶知县戴华藻筹资 5 万元，在枣庄开办峄县中兴矿局。光绪二十五年（1899 年），兖沂曹济兵备道张莲芬经清政府批准来枣合办枣庄煤矿，创办"商办山东峄县中兴煤矿股份有限公司"（以下简称"中兴公司"），其为中国第一家民族资本的股份制企业，并发行了中国第一张股票。两任民国总统黎元洪、徐世昌都曾担任过董事长，张学良也是最大的股东之一。20 世纪 30 年代，中兴公司就采用机械化采煤，成为仅次于日资抚顺、中英合资开滦的全国第三大煤矿企业。凭借其业绩和规模，中兴公司对中国历史产生着深远影响，它是中国的第一条铁路京浦线最大的股东；修建了陇海线；参与建造了青岛港、连云港、汉口港、江阴港和上海港；复旦大学和山东大学第一任校董会校长由中兴公司派遣。中兴公司在中华民族工业史上，成为一个标志性的企业，枣庄也因此成为近代民族工业文明的发源地。新中国成立之后，它又成为新中国的老工业基地。

近年来，枣庄市提出"工业强市、产业兴市"的双引擎战略，培育"6+3"现代产业体系，以"大抓工业、抓大产业"为导向，把产业作为主战场，聚焦工业率先突破，推动工业做强做优，带动经济大提速，实现枣庄大跨越。作为我国工业文明重要发源地之一，枣庄市有着 140 多年的工业文化，如今在国家可持续发展的背景下，这座"因工业而立、因工业而兴"的工业城市已经走上工业强市转型发展之路：踏上枣庄，绿意盎然的城市环境、规划整齐的工业园区，述说着这里早已不是过去"一个岗楼两盏灯，一把花生逛全城"的矿区小镇，而是"一城山水满城绿，满城园林一城景"的鲁南门户、山水之城。

（四）名人思想

枣庄历代名人辈出，豪俊迭兴，孕育了"造车鼻祖"奚仲，他所设计的机械设备为后来的汽车制造提供了重要的技术支持，所开展的实验也为后来的汽车制造提供了重要的启示和借鉴；春秋时期的墨家代表人物、被后世尊崇为

---

① 孙厚诚：《城市线性工业遗产开发研究》，硕士学位论文，山东建筑大学，2021。

"科圣"的墨子，他"兼相爱、交相利"的思想至今仍闪耀着璀璨的光芒，他主张崇尚贤能人才，重视科学技术，是当时先进科技和先进生产力的代表；春秋时期的著名工匠家、被后世尊为"工匠祖师"的鲁班，他设计的工具及提出的建造法则一直沿用至今，他的名字已经成为中国古代劳动人民智慧的象征；"好客养士"的孟尝君，身为一国之相，招贤纳士、从谏如流、胸怀天下、仁义爱民，有国士之风，被后人尊为"战国四公子"之首；足智多谋、能言善辩、勇于自荐的毛遂，他的故事昭示"扬己所长能建功立业，不自量力则功败垂成"；"凿壁偷光"的西汉名相匡衡，反对官僚主义和专制统治，主张风雅，强调文学应该为政治和社会服务，反映人民的愿望和抱负，其文学思想对后世文学和思想有深远的影响；此外，这里还是当代著名诗人、文学艺术大师贺敬之，著名书法家王学仲的故乡。

枣庄古代先民在灵山秀水中，形成了冷静睿智、坚韧不拔、以柔克刚的大德人格。战争的洗礼，铸就了侠义之心，名震华夏。深厚的底蕴，孕育了经世致用的学风，代代相传。在枣庄这方热土上，先民们谱写了自己独特的历史，与各族人民共同铸造了中华民族的辉煌。根植于中华千年的优秀文化土壤之中，枣庄人民形成了包容开放、勤劳坚毅的品质精神，为政府推行可持续发展政策奠定了良好的群众基础。

二 城市概况

枣庄市位于山东省南部，地处京沪交通大动脉的中间节点，东与临沂市平邑县、费县、兰陵县接壤，南与江苏省徐州市的铜山区、贾汪区、邳州市为邻，西濒微山湖，北与济宁市的邹城市毗连。枣庄市位于齐鲁大地之南，四季分明，天朗气清，被称为"南方的北方，北方的南方"。

（一）行政区划

枣庄市下辖 5 个市辖区、1 个县级市：市中区、薛城区、峄城区、台儿庄区、山亭区和滕州市。[①] 枣庄市是一个典型的资源型城市和创新转型示范市，其

---

① 资料来源于枣庄市人民政府官网 – 枣庄概况，http://www.zaozhuang.gov.cn/zjzz/zzgk/zzgs/。

立足山东南大门、鲁苏豫皖交界特殊区位，发挥着重要的立体交通优势，是建设内通外联的鲁南综合交通枢纽，打造全省开放发展的重要门户。枣庄拥有历史悠久的运河文化，厚重的红色基因，山林、河、湖景观等众多资源优势，能够高水平建设以"创新引领乡村可持续发展"为主题的国家可持续发展议程创新示范区，是创建国家生态园林城市，打造天蓝、地绿、山青、水净的生态宜居的重要城市。枣庄市提出京泊廊道智能制造高地，对积极融入长三角、京津冀一体化发展，大力实施智能制造发展战略，强化创新平台支撑，推动产业技术变革和优化升级，加快塑成产业发展新优势具有重要作用。在城镇空间格局上，枣庄立足全市组团城市发展现状，优化资源要素配置，构建"一主、一强、两极、多点"的市域发展格局，提高区域整体竞争力。枣庄是典型的组团式城市，由薛城区、市中区、峄城区、高新区共同组成中心城区，按照"西城扩容、东城提质、一体化发展"思路，促进东西城区相向融合发展，提升中心城区综合承载力；持续建设县域经济发展强市，打造先进制造业基地、商贸物流集散地、城乡一体化发展先行区，走在全省县域经济高质量发展第一方阵；山亭区打造生态建设先行区、绿色农产品供应基地，台儿庄区打造运河文化传承核心区、国际旅游度假目的地；培育一批示范镇、特色镇及优势产业集聚区，聚力构建生产要素有序流动、基本公共服务协同均等的城乡融合发展新局面，推动新型城镇多点耦合发展。

（二）城乡建设

枣庄市协调推进乡村振兴战略和新型城镇化战略，突出以工促农、以城带乡，高水平建设以"创新引领乡村可持续发展"为主题的国家可持续发展议程创新示范区，枣庄市委、市政府大力支持乡村振兴示范镇、特色镇高质量发展，通过给予政策、资金、资源支持，形成龙头带动、全域提升、高质量发展的良好势头，为全市实施乡村振兴战略探索路径、积累经验、树立样板。

支持镇街差异定位，全力推进打造特色城镇。马兰屯镇放大临城临园临港优势，打造乡村振兴示范镇、工贸强镇；张山子镇依托区位和铸造产业优势，打造省际融合发展区；涧头集镇做大做强高端装备和物流产业，打造产业新区、边界商贸重镇；庄镇彰显七彩水乡特质，打造生态涵养发展区；泥沟镇深挖潜力优势，打造智慧农业示范区；运河街道融城发展、为城服务，打造产城融合高地、首善街区。

持续改善环境，加快建设美丽宜居乡村。枣庄以推动新型小城镇和新型农村社区"两新"融合发展为抓手，不断优化乡镇宜居条件，打好"山水林田大会战"，铸就美丽乡村。积极开展生态治理提质行动，完成造林 1.6 万亩，水岸林木绿化率和湿地保护率分别超过 90%、70%。实施破损山体修复，新建省级绿色矿山 1 个。深入实施农村人居环境整治提升五年行动，推进厕所革命、清洁取暖等重点工作，完成 72 个行政村污水治理新建和改造任务。

巩固拓展脱贫攻坚成果同乡村振兴有效衔接。自 2022 年以来，按照市委、市政府《关于实现巩固拓展脱贫攻坚成果同乡村振兴有效衔接的实施意见》要求，严格落实"四个不摘"，坚持"四个不减"，不断巩固拓展全市脱贫攻坚成果。在产业扶贫方面，枣庄市市中区因地制宜培育农业特色主导产业，着力打造蔬菜、花卉的红、黄、绿、白、黑产业发展之路，采取"合作社＋基地＋农户＋市场"的运作模式，助民脱贫增收致富；在行业扶贫方面，按照"做精一产、完善二产、做美三产"的思路，将项目带动、产业救助、产业提升与脱贫攻坚工作有机结合，融入特色产业的三产链条中，打造由政府搭台、合作社运营、百姓受益的农业全产业链扶贫；在社会扶贫方面，有效引导社会力量全力参与脱贫攻坚，积极为社会组织扶贫搭建平台，充分利用社会力量人才优势和资源优势，倡导从困难群众需求出发，在脱贫攻坚中发挥示范引领作用，助力精准扶贫、精准脱贫工作；在就业扶贫方面，鼓励当地一些劳动密集型企业在农村设置扶贫车间，将就业岗位送到贫困群众家门口，带动贫困群众实现就业增收。

（三）区位交通

枣庄牢牢把握交通"先行官"定位，为"工业强市、产业兴市"战略和全市经济社会高质量发展提供有力交通支撑。全市公路通车里程达到 9417.2 千米，公路密度达到 209.63 千米／百平方千米，全市农村公路通车里程达到 8299.4 千米，是 1985 年的 15 倍，公路密度达到 181.8 千米／百平方千米。目前，枣庄市中心城区形成"一环三横七纵"城市道路干网，境内有 6 条高速公路，共 274.9 千米；普通国道 3 条，共 197 千米；普通省道 12 条，共 585.4 千米。新建 35.8 千米世纪大道全线贯通，新台高速全线采用双向四车道高速公路标准建设，设计速度为 120 千米/小时，路基宽度为 27 米，京台、枣临、枣菏等高速建成通车，枣庄成为全省第二个高速绕城的城市。全市铁路总长为 344.3 千米，有铁路专用线 27 条 144 千米，在建铁路专用线 2 条 16.4 千米，其中济南高铁项目正线长约 269.7 千米，枣庄段全长约 103.5 千米，途经滕州市、薛城区、高新区、市中区、峄城区、台儿庄区，惠民铁路专用线项目，线路全长 14.8 千米；枣庄构建形成了 "一港、四港区、六作业区" 的水运系统发展格局，京杭运河主航道、各作业区进港航道及旅游客运航道共 11 条 134.1 千米，已建成港口工程项目 5 个共 34 个泊位，年吞吐能力达 6750 万吨。枣庄市水陆交通纵横交错，交通极为便利，能充分保障枣庄市创建和发展的交通要求。

（四）自然地理

枣庄市位于山东省南部，地理位置在东经 116°48′30″ ～ 117°49′24″，北纬 34°27′48″ ～ 35°19′12″，属于黄淮海冲积平原的一部分，地势北高南低、东高西低，呈东北向西南倾伏状。全市总面积为 4563.55 平方千米，北部山亭区境内的高山海拔 620 米，为全市最高点，北部有莲青山、抱犊崮等海拔 500 米以上群山连绵起伏，抱犊崮海拔 580 米，谓 "沂蒙七十二崮之首"，西濒微山湖，南部京杭运河横穿台儿庄区，西部滨湖及沿运地带地势最低。境内地形地貌比较复杂，形成低山、丘陵、山前平原、河漫滩、沿湖洼地等多类型地貌特征，低山丘陵、山前平原、沿湖洼地比例约 5∶3∶2。枣庄市具有典型的暖温带季风气候特征，四季分明，夏季高温多雨，冬季寒冷干燥。全市自然地理格局呈现 "群山为屏、水脉相连、山水对望" 的特征。境域图轮廓自西北向东南，北宽南窄近似长方形。枣庄市持续建设 "民生园林"，积极腾退、盘活居民集聚区和公共场所附近的边角、闲置土地，境内拥有东湖公园、龙潭公园、凤鸣公园、南方植物园、荆河公园、太清湖公园、环城森林绿道等公园绿地。截至 2022 年已建成 "口袋公园" 240 个、绿化节点 200 个，2022 年新增城市绿地 117.13 公顷，公园绿地面积 57.13 公顷，枣庄建成区绿地率达到 40.12%，绿化覆盖率达到 43.13%，人均公园绿地面积达到 15.2 平方米。枣庄因水而美，因水而富，成功创建 13 条 "省级美丽幸福示范河湖"，里程约 181.5 千米，居全省第二位，成功打造 92 条 "市级美丽幸福示范河湖"，河湖生态环境持续向好，国控断面优良水体比例稳定达到 100%，为全省 6 个达标市之一。

（五）生态环境

枣庄市生态环境持续改善。在蓝天保卫战方面，枣庄市建立健全大气污染防治快速联动机制，处置各类大气污染问题 1500 余个，空气质量不断提升。在碧水保卫战方面，强化流域联防联控，与济宁市、部分区（市）与微山县、市内各区（市）之间签订联防联控协议 16 份，实现市、县两级联防联控协议"全覆盖"。对全市 4433 个入河湖排污（水）口完成溯源，实现了河道排污可监测可追溯，2022 年，枣庄市水环境质量指数居全省第 3 位，较上年同期上升 1 个位次。在净土保卫战方面，枣庄市坚持因地制宜、严格管控，农用地和建设用地安全平稳，受污染耕地和污染地块安全利用率达到 100%，全市危险废物处置能力达到 18.6 万吨。截至 2023 年 11 月，枣庄市共成功创建国家级生态文明建设示范区 1 个（薛城区），省级生态文明建设示范区 1 个（高新区兴仁街道），省级"绿水青山就是金山银山"实践创新基地 1 个（山亭区）。另外，滕州市和台儿庄区已完成了省级生态文明建设示范区创建规划的编制工作，正在积极推动创建工作，枣庄市已经初步形成了国家、省级约束性指标为引领、地方因地制宜建设的工作模式，建立了点面结合、多层次推进、有序布局的建设体系和格局。

三　资源禀赋概况

·　枣庄市地处京沪交通大动脉的中间节点，南北文化、南北气候交融，鲁班、墨子创新基因深厚，孕育着厚重的农耕文化、工业文化、红色文化、运河文化以及丰富多彩的民俗文化。农业资源丰富，农业基础扎实，工业发展历史悠久，生态资源丰饶，是国家园林城市和国家卫生城市，拥有深厚的文化积淀和风景名胜，枣庄市作为国家资源枯竭城市转型试点，经过多年的创新驱动发展和体制机制创新，闯出了老工业基地浴火重生的"枣庄路径"。

（一）农业资源——"鲁南沃野，科技兴农"

枣庄市土地资源广阔，水、光、热等气候条件优越，拥有丰富的农业资源，农业基础扎实，农业基础设施不断完善，农业生产适宜性强。枣庄市农业生产适宜区面积为 4074.42 平方千米，占枣庄市域面积的 89.3%，主要分布在滕州市西部、薛城区、市中区中南部、峄城区南部以及台儿庄区。枣庄市农业物产资源丰富，马铃薯、石榴、樱桃、长红枣、食用菌、设施蔬菜等果蔬作物种植面积发展到 600 万亩，市级及以上畜禽标准化示范场发展到 96 家。新型经营主体蓬勃发展，有市级以上农民合作社示范社 790 家、市级家庭农场示范场 390 家。农业科技装备不断完善，实施了一批粮食高产创建、现代农业示范园区、高标准农田建设、农业机械化推广、千亿斤粮食产能工程等项目。

1. 农业自然资源

（1）土地资源

根据 2020 年国土变更调查，枣庄总面积为 4563.55 平方千米，占全省的 2.9%，是山东省面积最小的地级市。土壤分为棕壤、褐土、潮土、砂姜黑土和水稻土 5 个土类 80 个土种，占枣庄市总面积的 79.59%。其中农林用地、建设用地、其他类型土地分别为 3272.92 平方千米、975.75 平方千米、314.88 平方千米，占比分别为 71.7%、21.4%、6.9%。农林用地中耕地为 2034.06 平方千米，园地为 500.15 平方千米，林地为 593.84 平方千米，草地为 55.30 平方千米，农业设施建设用地为 89.57 平方千米。建设用地中城镇用地为 310.32 平方千米，村庄用地为 519.01 平方千米，区域基础设施用地为 97.15 平方千米，其他建设用地为 49.27 平方千米。其他类型土地中湿地为 1.50 平方千米，陆地水域为 228.43 平方千米，其他土地为 84.95 平方千米。

（2）气候资源

枣庄市属中纬度暖温带季风型大陆性气候区，兼有南方温湿气候和北方干冷气候的特点，具有光照好、积温高、热量丰富、雨量充沛、雨热同期的气候特点，光、热、水、气等条件优越。气候四季变化明显，春季气候多变，西南风较多，降水较少，常干旱。夏季炎热，空气湿润，降水集中。秋季云雨较少，以秋高气爽为主要特征。冬季寒冷而干旱，多西北风。年平均气温一般在 13.2℃ ~ 14.2℃，年际变化较小，无霜期在 190 ~ 215 天，因受气候和地形影响，枣庄市降水比较充沛，但年际变化大，年内分配不均匀，地区分布也有很大差异。

（3）水资源

全市境内河流有 285 条，流域面积 50 平方千米以上河流 44 条，属淮河流域沂沭泗水系，河网比较发达，另分布有大中型水库 6 座、小型水库 122 座、闸坝 68 座以及南四湖湖东滞洪区，其中，京杭运河枣庄段为大型河流，横穿市南部，境内全长 93.9 千米。除京杭运河枣庄段为南四湖泄洪河道外，其他主要河流均发源于东北部山区，分别流入南四湖和运河。2020 年全市水资源总量为 19.12 亿立方米，其中地表水资源量为 12.07 亿立方米，地下水资源与地表水资源不重复量为 7.05 亿立方米。2020 年全市总供水量为 5.81 亿立方米，其中，当地地表水供水量占 24.3%，跨流域调水量占 6.0%，地下水供水量占 62.0%，其他水源供水量占 7.6%。河川年径流量为 10.7 亿立方米，地表水资源量滕州市最大，径流量为 3.253 亿立方米，最小的为台儿庄区，径流量为 1.028 亿立方米。地下水资源中等丰富，主要补给来源于大气降水，其次是水库、塘坝等蓄水工程和河川径流。已探明水源地有十里泉、丁庄、东王庄、羊庄、荆泉、清凉泉、渴口、峄城等 8 处，均以岩溶水和孔隙水为主。全市地下水资源量为年均 6.6 亿立方米。

（4）农业生物资源

枣庄市农业生物资源丰富。枣庄市盛产小麦、棉花，积极推广大豆玉米复合种植，2022 年，粮食总产量达 183.93 万吨，棉花总产量达 1075.21 吨；马铃薯、石榴、樱桃、长红枣、食用菌、设施蔬菜等农作物种植面积发展到 600 万亩，省级现代农业产业园核心区变更至薛城区的十里湾片区，带动发展白楼湾果蔬示范园、盈亮生态园等园区 5 家，九龙泉片区大力培育"一村一品"，形成了店子葡萄、大山石榴、埠岭樱桃、东辛山楂等特色林果村庄品牌，石榴园片区依托果蔬、畜禽等产业，着力建设农牧生态循环产业园。"滕州马铃薯"被评为全国百强农产品区域公用品牌、首届中国农民丰收节 100 个品牌农产品，"刘村酥梨"获得国家地理标志认证；中药材主要有丹参、益母草、柏子仁、五加皮、半夏、银花、酸枣仁等 160 多种；水产品有鲤鱼、鲫鱼、鲢鱼、草鱼。

2. 农业经济资源

（1）农业基础设施

截至 2022 年，枣庄市共有拖拉机（混合台）39569 台，节水灌溉类机械 15862 台，联合收获机 13470 台，机动脱粒机 17458 台，排灌动力机械 57593 台。全市农机合作社超过 300 个，农机社会化服务组织承担规模化农机作业量占到 40%；共培（复）训各类农机人员 3.1 万人（次）；建成及在建农机 4S 店和区域性农机维修中心 10 处，农机保养、保管服务范围进一步扩大。由枣庄市第三次农业普查数据可知，全市调查村中能够正常使用的机电井有 19242 眼，排灌站有 506 个，能够使用的灌溉用水塘和水库有 1650 个；灌溉耕地面积为 139.39 千公顷，其中有喷灌、滴灌、渗灌设施的耕地面积为 2988.87 公顷；灌溉用水主要水源中，使用地下水的住户和农业生产单位占 66.6%，使用地表水的住户和农业生产单位占 33.4%；全市温室占地面积为 550.49 公顷，大棚占地面积为 12690.25 公顷，渔业养殖用房面积为 7.14 万平方米。

（2）农业劳动力

农业劳动力一般是指能参加农业劳动的劳动力的数量和质量。在数量上，近十年来，枣庄市农业劳动力出现较大幅度的波动，但整体呈现上升趋势，2019 年农村劳动力达到最小值 156.56 万人，2020 年达到最大值 172.54 万人，其中市中区 12.32 万人，薛城区 19.23 万人，峄城区 20.82 万人，台儿庄区 16.06 万人，山亭区 29.05 万人，滕州市 75.05 万人。在质量上，枣庄市坚持把乡村人力资本开发放在首要位置，在引、育、留、用上出实招下真功，大力培养乡土人才。创新开展乡土特色品牌技能人才培养评价工作。牵头全市乡村人才振兴专班，出台《关于开展枣庄乡土特色品牌技能人才培养评价的实施意见》；大力实施本土人才振兴计划，对有技术特长的种植养殖能手、致富能人、能工巧匠、民间艺人等进行"拉网式"摸底登记，分层分类建立区级乡土人才信息库，支持优秀乡土人才申报重点人才项目，重点培育一批"土专家""田秀才"。

（3）农业技术

近年来，枣庄市实施基层农技推广体系改革与建设任务，通过建设高标准农业科技示范基地，做给农民看，带着农民干，起到了良好的示范带动作用，进一步完善农技推广有效运行机制，推动农业科技社会化服务发展，加快农业科技成果转化落地。全市共建设 24 处农业科技示范展示基地，其中申报建设省级农业科技示范展示基地 2 处。

枣庄市聚焦主要农作物和规模养殖全程机械化，加强农业科技示范主体培育。全市遴选示范作用好、辐射带动强的新型经营主体带头人、种养大户、乡土专家等示范主体 780 个，选派技术指导员对其开展指导服务、技术培训，把配套集成、简单易学的农业技术、防灾减灾和标准化生产技术传授给示范主体。同时，枣庄市聚焦种植业、畜牧业、水产养殖业、农机化、生态环境等领域，遴选发布年度主推技术 66 项，根据优势特色产业需求，依托农业科技示范展示基地，科技示范主体推广良种、良法、良机。为加快先进技术进村入户到田，市县两级完善服务机制，成立专家工作指导组和技术指导团队，开展农技人员包村联户服务，构建"专家＋农技人员＋示范基地＋示范主体＋辐射带动户"链式推广服务模式，保障农业主推技术落地见效，促进粮油作物提高单产，特色产业提质增效。

（4）农业产业

枣庄全面实施农业产业强链行动，围绕本市农业资源禀赋和优势特色，按照"一村一品、一县域一特色"的发展思路，重点打造了滕州马铃薯、峄城石榴、城头豆制品加工、中国兽药谷等优势突出、特色鲜明、上中下游相互承接的产业集群。以石榴为例，枣庄石榴产业逐步实现了一、二、三产业的创新融合发展，一产方面，拥有全国连片种植面积最大的石榴园——"冠世榴园"。二产方面，全市石榴加工企业发展到 30 余家，产品主要有石榴汁、石榴醋、石榴酒、石榴蜂蜜、石榴茶、石榴复合肥等。三产方面，依托丰富的石榴资源和人文资源，创建了国家 4A 级景区"冠世榴园风景名胜区"；建设了大理峪石榴融创园、水起云墅民宿群、云深处飞行小镇、水木石田园综合体等一批休闲度假项目。

打造"草—废—肥"绿色种植产业园。在阴平镇开展"草—废—肥"循环生产试点，辐射带动周边村庄发展蔬菜种植，利用秸秆、菜叶等废弃物进行生态养殖，投资建设枣庄正红生物科技有限公司有机肥生产线，蔬菜不可销售部分作为有机肥厂的生产原料和生态养殖的饲料，实现"变废为宝"，形成"以草养畜，以废造肥，以肥还田"的绿色种植产业园发展模式。

打造"虫—粪—菜"有机健康产业园。积极发展蚯蚓养殖产业，将难处理的农业固体废弃物通过蚯蚓过滤转化为蚯蚓生物菌肥，探索出一条"化害为利、变粪为宝、以地生金"的循环养殖产业发展新路径。阴平镇燕庄村与蚯蚓养殖企业签订养殖回购合同，引进"大平 2 号"蚯蚓，蚯蚓出栏后，余下的蚯蚓粪成为改良土壤、提高农产品质量的极好肥料，用于周边有机水果和有机蔬菜种植。

打造"枣—加—游"休闲农业观光园。枣庄市扶持山东久信等大枣深加工企业开发枣干、枣茶、枣点心等新产品，延伸产业链条。依托美丽乡村建设，精心打造阴平揽秀、马刨泉涌、阴铀生辉、斜屋印象、文峰足迹、百麻古韵、步道晓风、补天遗石"枣园八景"。

（二）工业资源——"强工兴产、转型突围"

2023年以来，枣庄深入贯彻党的二十大精神，认真落实全省加力提速工业经济高质量发展大会精神，锚定"强工兴产、转型突围"目标，大力实施工业倍增计划，形成以锂电为龙头，光电、医疗健康、智能制造、大数据为重点的"1+4"特色主导产业集群，全市经济运行呈现稳中向好、质效双优的良好态势。

2022年，枣庄的精密部件、医药健康等8个产业入选省"十强"产业"雁阵形"集群，精工电子、康力医疗等4家企业获评省"十强"产业集群领军企业，辛化硅胶荣膺国家级制造业单项冠军。2023年上半年，全市63家企业产值同比增长100%以上，占全市规模以上工业企业的5.9%，4家企业提前实现年度"产值倍增"目标；333家企业产值同比增长14%以上，实现4年左右产值倍增速度，占全市规模以上工业企业的31.1%；全市规模以上工业增加值同比增长13.8%，排名全省第1位，有力支撑了"工业倍增"计划成功实现。

1. 矿产资源

全市已发现矿产57种，查明资源储量的主要有煤炭、铁矿、铜矿、铝土矿、冶金用白云岩、耐火黏土、磷矿、石膏、水泥用灰岩、玻璃用石英岩、水泥配料用黏土、饰面用花岗岩、建筑石料用灰岩等13种矿产，其中煤炭、铁矿、磷矿、石膏、石灰岩成矿地质条件较好，查明资源储量较丰富；全市查明矿区（床）98处、矿产地172处。目前枣庄市煤炭和石灰岩资源潜力较大，优势明显。枣庄市合理规划全市勘查开发与保护布局，规划滕州煤炭石灰岩地热、中心城区周边石灰岩铁矿、台儿庄南部石灰岩3个矿产资源产业重点发展区；落实国家规划矿区1个、省重点勘查区1个、省重点开采区6个，规划市重点勘查区1个。同时坚持矿产资源开发与资源环境承载力相适应，围绕服务鲁南经济圈一体化发展战略和构建全市"一主、一强、两极、多点"发展布局，结合矿产资源分布特点及勘查开发利用现状，划定3个矿产资源产业重点发展区。枣庄市计划实行矿产资源开发总量管控，落实省煤炭去产能政策，压减煤矿落后产能；促进铁矿资源开发；结合水泥行业压减低效落后产能政策，控制水泥用灰岩矿扩大开采规模；加强砂石资源总量管控，合理设置采矿权，根据市场需求有序投放，保障供需平衡；规范矿泉水开发，推进采矿权投放；大力推进地热资源勘查，尽快实现找矿突破，规范实施地热资源开发利用，探索实施资源梯级循环利用。此外，枣庄市引导矿山企业实施兼并重组、联合经营，推动矿产资源向优势企业集聚，推进大型矿业集团建设，新建矿山原则上仅投放大型规模。

2. 锂电资源

枣庄是一座因煤而建、因煤而兴的城市，随着煤炭资源的日益枯竭，枣庄发展也陷入了动能不足的困境。为走出发展困境，枣庄把锂电作为产业转型重点来培育，推动新能源代替传统能源，地上能源代替地下能源，绿色能源代替"黑色"能源，持续擦亮枣庄能源基地的牌子。枣庄如今已成长为中国锂电产业的重要基地之一，并着力打造"中国北方锂电之都"。目前，枣庄已经形成从锂矿开采加工，到正极、负极、拆解回收等较为完整的全产业链条，逐步成长为中国锂电产业的重要基地之一。

枣庄坚持育龙头、强骨干，以锂电产业园为载体，以固态锂电池研发为方向，以精工电子、航天新能源、天瀚新能源为龙头，精准布局锂电配套和锂电池终端应用产业，形成龙头带动成链引进、集群发展的新态势，以新技术新产品抢占锂电发展制高点。枣庄市坚持以项目促投资，以产业促发展。截至 2023 年 9 月，枣庄高新区拥有锂电产品 160 余种，其中山东省名牌产品 8 项，打造了一支拥有锂电企业 48 家、骨干企业 26 家的"锂电铁军"。2022 年枣庄高新区 GDP 增长 6.3%，其中锂电企业实现营收 41.9 亿元，同比增长 46%。作为枣庄锂电新能源产业的"核心基地"，高新区正在引领全市产业加速"奔跑"。2023 年，枣庄市全市锂电企业发展到 120 家，较 2020 年增长了近 5 倍，锂电产业营业收入增长 80% 以上，入选省首批十大先进制造业集群。

3. 绿色产业资源

当前，枣庄针对传统能源产业占比较高的状况，致力于推动产业结构向新突破，质量效益向优进阶。枣庄电网是"外电入鲁"通道的重要枢纽，依托十里泉电厂、新源电厂、八一电厂为外部主电源，基本形成以 1000 千伏特高压微山湖站为支撑，500 千伏枣庄站、匡衡站南北互供，220 千伏"三纵三横"，110（35）千伏一主一备，10 千伏联络互供的智能、高效、可靠、绿色坚强智能电网。可再生能源发电装机占比为 24.60%，能源输配能力、装备及网络支撑水平稳步提高。新能源实现跨越式发展，多个集中式竞价光伏项目列入国家竞价目录，数量位居全省第一。工业是枣庄的优势产业，也是绿色转型的重要支柱。

2022 年 3 月，78 家企业发起成立枣庄市高端装备产业发展联盟，设数控机床、器械装备、精密铸件 3 条子联盟，加快内循环提高内配率。

（三）生态资源——"润泽齐鲁，生态赋能"

枣庄市生态资源丰饶，气候宜人，拥有丰富的森林、河湖湿地及野生动植物资源，享有"江北水乡，运河古城"的美誉，为国家森林城市、国家园林城市。薛城区入选第七批国家生态文明建设示范区名单，山亭区、薛城区分别入选第一批省级"绿水青山就是金山银山"实践创新基地、省级生态文明建设示范区名单。枣庄市生态保护极重要区面积为 92.49 平方千米，占市域面积的 2.0%，主要分布在山亭区东南部和峄城区北部。枣庄市生态保护重要区面积为 309.79 平方千米，占市域面积的 6.8%，主要分布在低山丘陵地区。

1. 森林资源

枣庄市森林资源总面积为 180.67 万亩，全市森林覆盖率为 11.29%，有国家级森林公园 3 处，面积 7240.4 公顷，国家级湿地公园 5 处，面积 4763.75 公顷，国有林场 6 处，省级以上森林公园 15 处。

枣庄市位于我国东部暖温带落叶阔叶林区，林业资源较为丰富，根据 2020 年国土变更调查，林地面积为 593.84 平方千米，主要分布在东北部低山丘陵区，平原地区森林分布较为分散。经调查，在全量监测中：乔木林覆盖 73583.85 公顷，占全市总面积的 16.12%；疏林覆盖 4936.32 公顷，占全市总面积的 1.08%；竹林覆盖 1.06 公顷，占全市总面积的 0.01%；灌木林覆盖 26157.56 公顷，占全市总面积的 5.73%；未成林覆盖 4055.29 公顷，占全市总面积的 0.89%；苗圃地 2103.11 公顷，占全市总面积的 0.46%；迹地 607.54 公顷，占全市总面积的 0.13%；其他林地 2527.28 公顷，占全市总面积的 0.55%；草本覆盖 5600.47 公顷，占全市总面积的 1.23%；其他湿地 148.16 公顷，占全市总面积的 0.03%；其他土地 1834.79 公顷，占全市总面积的 0.4%。枣庄市重点公益林面积为 24300.93 公顷，占比为 21.13%；一般公益林面积为 10294.08 公顷，占比为 8.95%；重点商品林面积为 17138.09 公顷，占比为 14.90%；一般商品林面积为 63300.01 公顷，占比为 55.03%。

2. 河湖湿地资源

截至 2023 年，枣庄市投资 1.18 亿元，成功创建 13 条"省级美丽幸福示范河湖"，里程约 181.5 千米，居全省第二位。枣庄市完善"河湖长 + 河长办 + 部门 + 基层"责任体系，将"生态河湖"纳入对各区（市）高质量发展综合绩效考核。对全市 2110 个河湖长进行动态调整，相继印发 6 项配套考核制度，共计排查清理妨碍河道行洪问题 140 个，阻水树木 6 万余株，拆除违建 40 余处，清运垃圾 3.9 万立方米。

退耕还湿、退养还湿、矿坑修复，枣庄全市先后建立国家级湿地公园 5 处，省级以上湿地公园 17 个，按省下发测算方法计算，枣庄市全口径湿地资源面积为 227.41 平方千米，湿地保护面积为 51.69 平方千米。湿地公园建设进入了快速发展时期。枣庄作为南水北调东线工程进入山东的第一站、京杭运河由苏入鲁的南大门，充分发挥湿地生态修复功能，通过生物治理不断提升水质，确保南水北调及京杭运河水质安全，枣庄市相继实施了"清河行动""清河行动回头看""清四乱""清违清障"等一系列水域岸线专项整治行动，累计完成全市区级以上 22 条河道 1120 项任务的清理整治，河道管理范围内违法建筑、涉水违法行为基本得到全部清理整治。

3. 野生动植物资源

目前枣庄市的野生动物大多为鸟类，陆生野生动物中的狼等兽类已基本绝迹。枣庄市共有各种陆生野生动物 281 种，分属 26 个目 64 个科。其中，鸟类 234 种，留鸟 50 种、旅鸟 106 种、夏候鸟 53 种、冬候鸟 25 种，分属 17 个目 49 个科。枣庄市现有国家和省级重点保护的野生动物 85 种，其中鸟类 71 种，最常见的为麻雀，71 种鸟类中有白鹳、白鹤、大鸨 3 种国家一级保护鸟类。

（四）文化旅游资源——"与古为新，文旅交融"

枣庄拥有深厚的文化积淀和风景名胜。枣庄文化源远流长，大运河文化、红色文化、"班墨奚"文化等丰厚的文化资源，为枣庄的文化建设和城市发展打下了坚实的基础，成为推动经济社会发展的重要软实力。京杭运河的自然风光和百里港湾的奇特景致融为一体，形成运河观光线。截至 2019 年，全市共有各级文物保护单位 1447 处，其中世界文化遗产 1 处、国家级非物质文化遗产代表性项目 2 项、省级非物质文化遗产代表性项目 41 项，枣庄境内拥有国家 5A 级旅游景区 1 家（台儿庄古城）、4A 级旅游景区 12 家、3A 级旅游景区 18 家，中心城区有凤鸣湖公园、黑峪水库、临山公园、奚仲湖公园等 15 处主要城市公园。枣庄境内著名旅游景点有台儿庄古城、抱犊崮国家森林公园、微山湖红荷湿地风景区、冠世榴园、铁道游击队影视城等。① 枣庄也是中国首个"海峡两岸交流基地"。

1. 红色枣庄

枣庄是革命老区、红色热土，蕴含丰富的红色文化，铁道游击队是枣庄最红的资源、最美的传奇、最亮的名片。抗日战争时期，枣庄是山东省内建立中国共产党地方组织较早的地区之一，是八路军115师进入山东的第一个根据地所在地，台儿庄大战彪炳史册，铁道游击队故事广为流传，鲁南第一个红色政权峄县抗日民主政府在这里成立。台儿庄古城、铁道游击队纪念园、八路军抱犊崮抗日纪念园、王家湾抗日纪念园、台儿庄大战纪念馆、鲁南人民抗日武装起义纪念馆、北沙河惨案纪念馆等一批红色教育、爱国主义教育、革命传统教育基地，翔实记载了诸多可歌可泣的革命故事和人物事迹，是中华民族宝贵的红色记忆。

截至2021年5月，枣庄市已建立红色A级旅游景区景点10个，中国"一百个红色旅游景区景点"2个，全国爱国主义教育示范基地2个，拥有"中国红色经典城市"的美称。枣庄市红色文化浓厚，以红色旅游为带动，积极培育文化旅游融合发展新业态。文化和旅游部资源开发司组织的全国乡村旅游重点村培训班、全国红色旅游创新发展交流暨红色旅游工作研讨会等国家级重要文旅活动，先后在枣庄市成功举办。枣庄市广泛开展红色旅游宣传推广活动，全市文旅系统通过官方微信平台、政务网等持续开展红色文化景区宣传，鼓励景区挖掘自身潜力，开展红色主题教育、红色教育研学游等活动，充分把握重大历史事件和中华历史名人纪念活动、国家公祭仪式、烈士纪念日等各种契机。目前枣庄市红色旅游发展态势良好，2005年，铁道游击队纪念公园、台儿庄大战纪念馆被列入全国100个重点红色旅游景区，枣庄市与井冈山、西柏坡、延安等地一同被国家旅游局确定为全国重点调度的20个红色旅游城市。2016~2020年全市红色旅游景区接待游客达2000余万人次，景区投资4亿余元，吸纳就业5000余人。

2. 乡村旅游

枣庄市以旅游强镇和旅游特色村为重点，持续推进乡村旅游连片开发和标准化建设，鼓励发展共享农庄、民宿经济、田园综合体，提升乡村旅游的综合效益。枣庄市积极发展休闲农业和乡村旅游业，一批休闲农业示范点、示范园

---

① 资料来源于枣庄党史史志网，http://zzdsw.com/zzsz/msfq/。

区获省级认证，先后提升打造了蟠龙河旅游片区、葫芦套乡村旅游集群片区、岩马湖乡村旅游片区、冠世榴园片区等 14 个乡村旅游集群片区，全力推进乡村旅游园区和鲁南乡村民宿发展。截至 2022 年 11 月，枣庄市共有 2 个村入选全国乡村旅游重点村名单，分别是徐庄镇葫芦套村、冯卯镇李庄村。有 106 个村开展休闲观光农业和乡村旅游业，农家乐、休闲农业园区发展到 500 余家。境内的薛城区立足区域性中心城市核心区定位，发挥绿色生态的环境优势、山水河湖相伴的资源优势，精心打造乡村游精品线路 4 条，周营镇白楼湾，以及沙沟镇张庄村、小营村成为活力四射的网红打卡地；峄城区围绕中国石榴城建设，主打"榴园人家"乡村旅游品牌，全区现已建成国家级农业旅游示范点 1 处，省级乡村旅游示范镇 1 处，省级旅游强乡镇 4 处，省级旅游特色村 7 处，省级农业旅游示范点 11 处，好客人家星级农家乐 66 家。

枣庄市把发展乡村旅游与乡村振兴相结合，在滕州市洪绪镇郝洼村，村里整合 3 户连片闲置的民居，坚持修旧如旧的原则，建起占地 918 平方米的孔子学堂、家风堂，最大限度地保留老屋、老树等原貌。家风堂充分发挥村内张、王两姓"勤学慎思""笃存忠厚"的传统家风家训，以良好家风带淳朴民风促文明乡风，发挥村内五老乡贤的作用，践行"写好字、读好书、做好人"的学堂宗旨。郝洼村的改造既丰富了村民的精神文化生活，使村内崇德向善蔚然成风，又提供了新的乡村旅游点。

3. 传统村落

传统村落拥有宝贵的文化与自然资源，具有一定历史、文化、科学、艺术、经济和社会价值，蕴藏着丰富的历史信息和文化景观，是中国农耕文明留下的最大遗产。近年来，枣庄市高度重视传统村落的保护、传承和利用工作，建立了传统村落保护名录和"挂牌赋码"制度，将 14 个国家级传统村落、34 个省级传统村落纳入有效保护范围内，守护了一批物质形态和非物质形态的文化遗产。枣庄市山亭区成功入选 2023 年国家传统村落集中连片保护利用示范区，将为探索传统村落集中连片保护、利用路径，以及挖掘传统村落独特风貌、丰富资源和深厚的历史文化积淀提供山亭思路。

4. 民俗文化

枣庄文化根深叶茂，源远流长。枣庄非物质文化遗产资源丰饶，不仅数量众多、形式多样，而且内容覆盖面广，涉及百姓生产生活的方方面面。现已建立国家、省、市、县四级非物质文化遗产保护名录体系，拥有非物质文化遗产代表性项目国家级 2 项、省级 41 项、市级 307 项；国家级代表性传承人 1 人、省级代表性传承人 20 人、市级代表性传承人 80 人；省级文化生态保护实验区 1 处；省级非遗传承示范基地 3 个。

在枣庄民俗文化中，柳琴戏、伏里土陶、滕县松枝鸟、鲁南花鼓、皮影戏等先后入选省级非物质文化遗产代表性项目名录。其中，柳琴戏也叫拉魂腔、拉后腔、拉花腔等，主要流行于鲁南地区，距今已有 200 多年的历史。柳琴戏是融合了当地流传的肘鼓子、花鼓、四句腔等说唱艺术形式，并借鉴柳子戏、溜山腔、拉纤号子等民间小调，逐渐发展演变而成的一种地方曲艺形式。鲁南花鼓是一种独具鲁南地方特色的鼓舞形式舞蹈，它将山东大汉特有的粗犷、威严以及山东妇女的泼辣、柔美融合，形成一种刚柔相济、细腻奔放的艺术风格。

5. 智慧文旅

近年来，枣庄市深入推动中华优秀传统文化"两创"，充分发挥文化特色优势，以文旅融合高质量发展为抓手，提升文化旅游竞争力。积极推动非物质文化遗产的文化活态传承，建立鲁笔非物质文化遗产传承基地，多措并举，打造文化"两创"新标杆，全面促进文化繁荣兴盛。枣庄持续构建红色文化、运河文化、历史文化和鲁南民俗保护传承体系，持续推进文旅融合、城旅融合，探索了一条以文化旅游融合助推高质量发展的新路径。

从 2008 年起，枣庄市开始重建台儿庄古城。为重现古城风韵，枣庄市在重建上遵循"留古、复古、扬古、用古"的原则，将台儿庄特有的运河文化、红色文化、鲁南民俗文化等文化基因融入有形建筑之中，实现文化的活态传承。同时，结合非物质文化遗产的文化活态传承、IP 资源数字开发、"山东手造"产业化、文旅项目支撑等方面工作，枣庄市将台儿庄古城打造成了世人眼中的"国际旅游目的地"，10 多年来累计接待游客近 6500 万人次。此外台儿庄积极探索开展数字藏品开发运营，2020 年发布的大运河 IP《运河护航队·欢聚古城》数字藏品，通过 3D 动态、形象二创、720° 旋转等呈现形式，全方位展示了大运河文化，2022 年推出的首套数字藏品《台儿庄古城夜景》，则展现了台儿庄古城的绚丽夜景。

四　经济社会发展概况

近年来，枣庄市锚定"走在前、开新局"，聚力五个振兴，全力打造乡村振兴"枣庄样板"，锚定"强工兴产、转型突围"目标，纵深推进"工业强市、产业兴市"三年攻坚突破行动，深入实施"六大提升工程"，培优育强"四大支撑"，努力实现"增速进位、总量前移、跨越赶超、重塑辉煌"的目标。

（一）经济发展概况

1. 地区生产总值

枣庄市经济总体呈现"稳中有进、质效双升"的良好发展态势，枣庄市2022年GDP为2039.04亿元，按可比价格计算，同比增长4.5%。其中，第一产业增加值194.32亿元，同比增长4.7%；第二产业增加值804.05亿元，同比增长4.4%；第三产业增加值1040.67亿元，同比增长4.4%。三次产业结构调整为9.5：39.4：51.1；进出口总额完成430.96亿元，年均增长42.8%；实际利用外资6037万美元，年均增长35%。近年来，枣庄市GDP年均增长幅度存在波动，2021年增幅为近年来最高（8%），且普遍高于全国平均水平。2022年枣庄市GDP较2010年上升136.07%，高于同期全国和山东省整体水平（见图2-2、图2-3）。

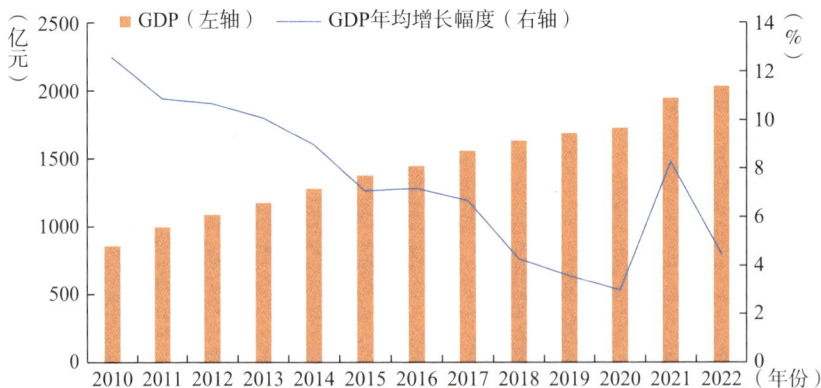

图 2-2　2010~2022 年枣庄市 GDP 和 GDP 年均增长幅度

居民收入水平稳步增加。2022年，居民人均可支配收入为31477元，同比增长5.7%。其中，城镇居民人均可支配收入为39727元，同比增长5.0%；农村居民人均可支配收入为20858元，同比增长6.7%。居民人均消费支出为17795

元，同比下降 0.6%。其中，城镇居民人均消费支出为 21490 元，同比下降 2.5%；农村居民人均消费支出为 13038 元，同比增长 2.7%。2010~2022 年，枣庄市人均 GDP 整体呈上升趋势，由 2010 年的 6971 元增长至 2022 年的 53242.81 元，与山东省人均 GDP 变动趋势保持一致，但仍与山东省及全国平均水平存在差距（见图 2-4）。

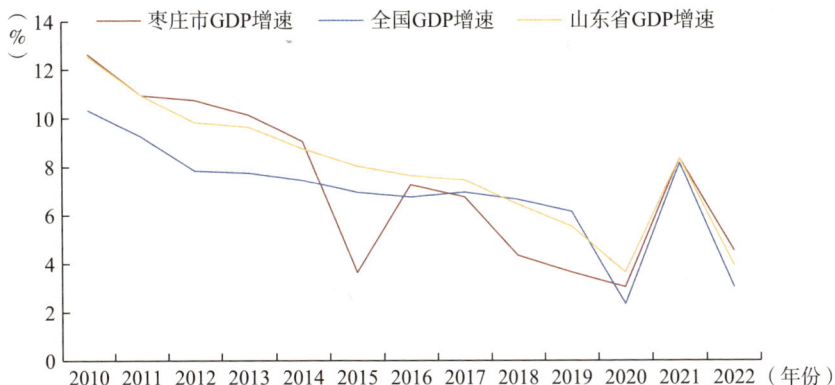

图 2-3　2010~2022 年枣庄市、山东省与全国 GDP 增速

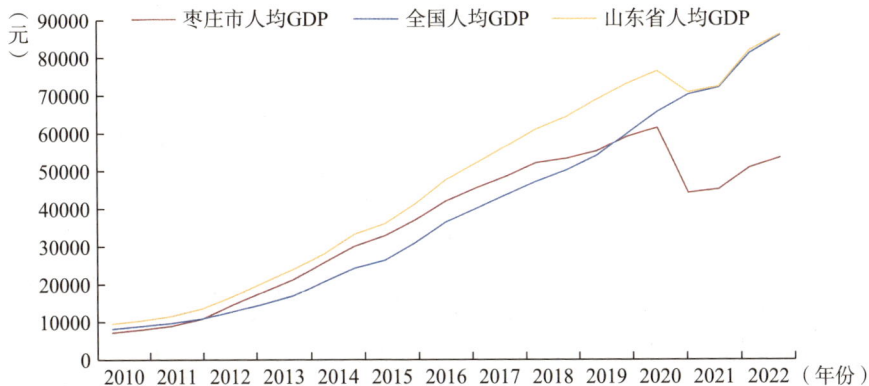

图 2-4　2010~2022 年枣庄市、山东省与全国人均 GDP

2. 产业结构

产业结构迭代升级，转型步伐持续加快。枣庄市逐步形成了以第三产业为主导的产业结构，第二产业比重不断下降，第一产业比重稳定在 10% 左右。2022 年，枣庄市第一、二、三产业比重分别为 9.5%、39.4%、51.1%，山东省三产比重分别为 7.2%、40.0%、52.8%，全国分别为 7.3%、39.9%、52.8%。枣庄市二产和三产比重略低于山东省和全国平均水平，一产比重稍高（见图 2-5、

图 2-6）。此外，工业增加值占 GDP 的比重为 31.6%，全市高新技术产业产值占规模以上工业总产值比重达到 42.6%，较 2016 年提高 20 个百分点，制造业增加值占 GDP 的比重为 24.3%，比上年提高 0.2 个百分点，万元 GDP 能耗累计下降 21.3 个百分点。工业投资增长 18.0%，工业技改投资增长 27.8%，高新技术产业投资增长 42.3%；农林牧渔业产值为 381.37 亿元，按可比价格计算，比上年增长 5.2%；服务业对经济增长的贡献率达到 51.9%，拉动经济增长 2.3 个百分点，规模以上服务业中互联网和相关服务营业收入增长 122.2%；居民服务、修理和其他服务业营业收入增长 41.7%，装卸、搬运和仓储业营业收入增长 37.8%；多式联运和运输代理业营业收入增长 18.3%。

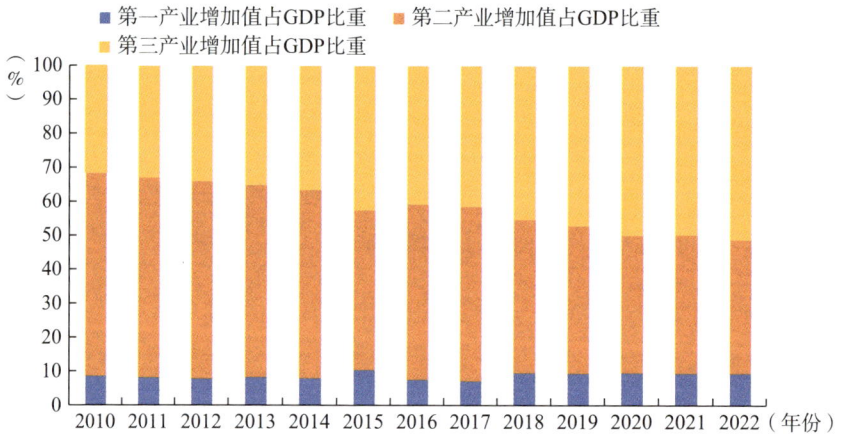

图 2-5　2010~2022 年枣庄市产业结构

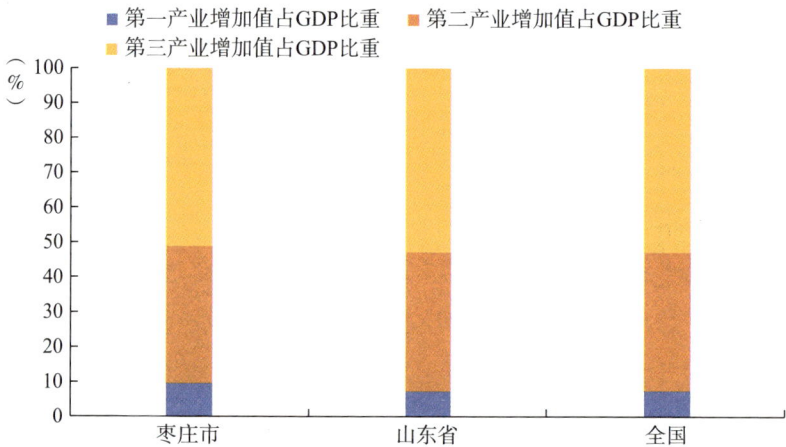

图 2-6　2022 年枣庄市、山东省与全国产业结构对比

3.财政状况

枣庄市财政收支增速基本与山东省变化节奏一致。2010~2022 年，枣庄市财政收支同比增速波动较大。其中，2010 年与 2011 年增速较快，财政收入分别增长 26.15%、30.52%；财政支出分别增长 27.62%、24.34%。2016 年、2017 年与 2020 年财政收入同比转负，分别为 -1.28%、-1.49% 和 -4.42%；2017 年财政支出 2469788 万元，同比下降 0.69%。2022 年，枣庄市财政收入为 1688828 万元，同比增长 11.4%，山东省财政收入同比下降 2.48%；枣庄市财政支出为 3255090 万元，同比增长 18.85%，山东省财政支出同比增长 3.57%。因此，2022 年枣庄市财政收支增速均低于全国水平。枣庄市财政自给率较低。以地方财政收入覆盖其财政支出的比例来衡量财政自给率，2010~2022 年，枣庄市财政自给率基本稳定在 59% 左右（见图 2-7），且波动幅度较小。枣庄市仅 2010 年财政自给率高于山东省水平。2022 年，枣庄市财政自给率为 51.88%，在山东省 16 个地级市中排名第 11 位。

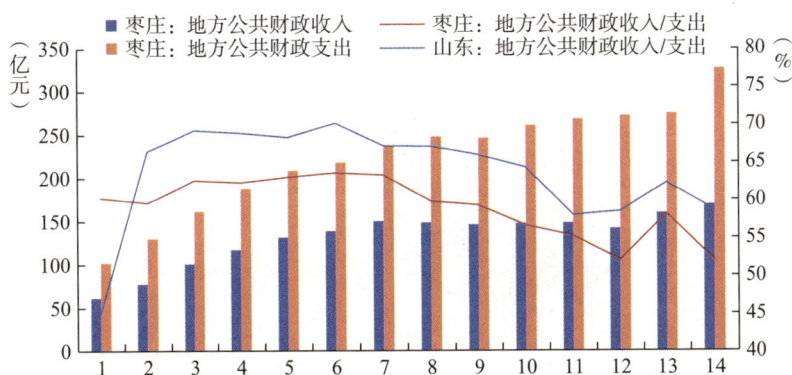

图 2-7　枣庄市和山东省财政收入 / 支出比重

（二）社会发展概况

1.人口

2010~2022 年，枣庄市常住人口数出现小幅度波动，整体呈上升趋势，由 2010 年的 372.93 万人增加至 2022 年的 382.97 万人（见图 2-8）。当前，枣庄市 4.1 万户 9.2 万名享受政策建档立卡贫困人口实现稳定脱贫，196 个省定扶贫工作重点村实现"五通十有"摘帽退出。枣庄市老龄化情况相对山东省较轻，与全国水平基本持平。根据 2020 年第七次全国人口普查数据，枣庄市 60 岁及以上人口占比为 18.55%（见图 2-9），比山东省水平（20.90%）低 2.35 个百分点，比全国水平（18.7%）低 0.15 个百分点；65 岁及以上人口占比为 13.70%，比山东省水平（15.13%）低 1.43 个百分点，比全国水平（13.5%）高 0.2 个百分点。按照国际通用划分标准，枣庄市人口处于轻度老龄化阶段，枣庄市未来的老龄化程度可能比山东省其他地级市略低（见图 2-10）。

图 2-8　2010~2022 年枣庄市人口变化情况

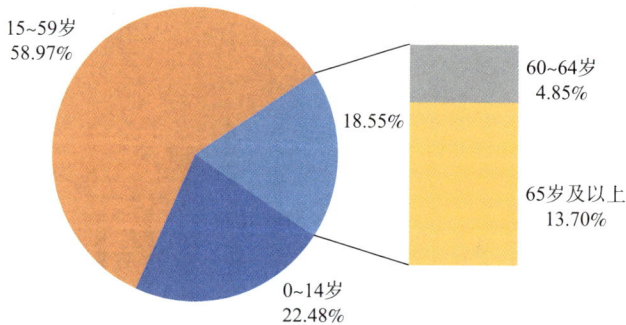

图 2-9　2020 年第七次全国人口普查枣庄市人口结构

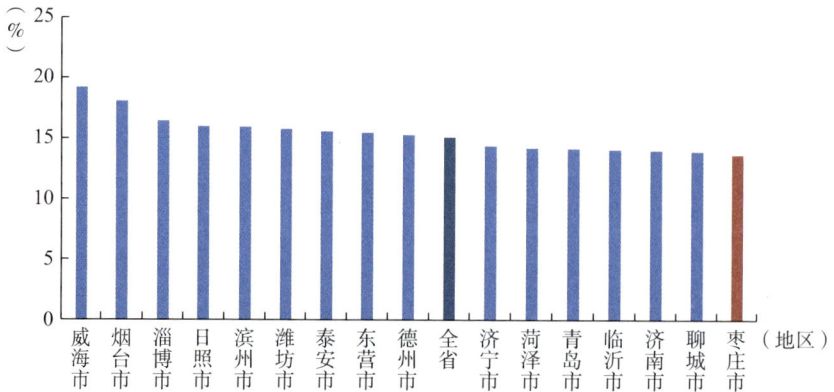

图 2-10　2020 年第七次全国人口普查山东省及各市 65 岁及以上人口比例

枣庄市城镇化率仍有提升空间。2021年枣庄市城镇化率在全省排第12名，枣庄市城镇化率从2006年的46.6%上升至2013年的50.36%，再到2022年的60.17%，虽然稳步上升，但与山东省和全国城镇化率仍有差距。2022年，枣庄市城镇化率落后山东省3.83个百分点，落后全国4.51个百分点，未来仍有进一步城镇化的空间。

2. 乡村振兴

枣庄市聚焦破解"农业资源价值实现不充分、乡村发展要素集聚能力不足"的两大瓶颈问题，扎实开展"农业基础能力提升、城乡经济新动能培育、城乡融合发展推进、乡村生态建设提速、科技创新支撑"五大重点行动，先后被列为国家农村改革试验区、国家现代农业示范区、国家农业可持续发展试验示范区以及国家可持续发展议程创新示范区，共创建乡村振兴齐鲁样板示范区24个，其中山亭区被评为全国休闲农业与乡村旅游示范区。

枣庄市农村居民人均可支配收入持续上升，2022年达20858元，高于全省和全国同期水平。枣庄市以产业振兴引领乡村振兴，将现代高效农业纳入全市"6+3"产业培育体系，确定了马铃薯、石榴、大枣、设施果菜、花椒、畜禽六大特色优势产业，实行市级领导任产业链"链长"的推进政策，创建市级以上农业产业园9个、产业强镇18个、市级以上农业龙头企业444个、农民合作社示范社684个、家庭农场示范场240家。枣庄同时实施乡土人才培育示范计划和农村实用人才培育工程，2021年，培训新型经营主体1619人，高素质农民5000余人。此外枣庄启动传统工艺振兴计划，传承红色文化、农耕文化和传统文化，并深入推进农村人居环境整治，加快推进美丽乡村建设，实行省、市、县三级联创，累计建成省级、市级美丽乡村示范村618个，基本完成涉农街道农村改厕，农村黑臭水体实现动态清零，农村生活垃圾无害化处理率达到100%。

3. 对外贸易

枣庄市牢固树立"枣庄以外就是外"的发展理念，积极融入和主动服务"双循环"新发展格局，大力实施外资、外贸、外经"三外"联动工程，推动全市开放步伐，经济外向度持续提升，对外经贸增长加快。2022年，枣庄市全年货物进出口总额为430.96亿元，比上年增长42.8%。其中，出口397.46亿元，增长42.9%；进口33.49亿元，增长42.3%。实际使用外资6.73亿美元，增长 48.7%。其中，制造业实际使用外资 4.78 亿美元，增长 59.1%。新签约亿元及以上项目 573 个，其中，50 亿元及以上 34 个，100 亿元及以上 16 个。新开工亿元及以上项目 490 个，其中，50 亿元及以上 25 个，100 亿元及以上 9 个。

4. 社会保障

枣庄市脱贫攻坚取得决定性胜利，贫困县、贫困村全部脱贫摘帽，贫困人口基本实现基本医保、就业稳定、大病保险、医疗救助、增收帮扶等多重保障。城乡居民人均可支配收入持续上升，2022 年分别达到 39727 元和 20858 元，农村居民人均可支配收入高于全省和全国同期水平，城镇略低于全省和全国平均水平（见图 2-11、图 2-12）。城镇登记失业率呈现小幅度波动，2018 年城镇登记失业率最高（3.01%），但仍低于全国平均水平（3.96%），2015~2022 年枣庄市义务教育巩固率稳定在 100%。

图 2-11　2010~2022 年枣庄市、山东省与全国城镇居民可支配收入对比

图 2-12　2010~2022 年枣庄市、山东省与全国农村居民可支配收入对比

枣庄市医疗保障水平不断提高，逐步建成"互联网＋医疗健康"服务体系，高效清除卫生室空白村，每千人口执业（助理）医师人数由 2015 年的 2.11 人增至 2022 年的 3.11 人，每千人口医疗卫生机构床位数由 2015 年的 4.94 张增至 2022 年的 6.87 张。另外，枣庄市就业渠道日益拓宽，居民收入持续提升，生活品质逐日提高，生态环境日趋向好，医疗健康不断完善，社会治理能力不断提升，人民幸福感、获得感进一步提升。

（三）创新驱动概况

1. 创新能力

枣庄市围绕创新链、产业链、金融链、人才链、政策链深度融合，推动创新要素顺畅对接、高效配置。2022 年，枣庄市发明专利授权量为 685 件，同比增长 5.5%；国际专利申请 18 件，同比增长 63.6%；有效发明专利 3252 件，同比增长 16.3%；每万人口有效发明专利拥有量 8.43 件，居全省第十位。枣庄市智能制造和高端装备产业发展取得突破性新成果，2022 年，枣庄市 159 项高端装备产业创新成果、科技项目、企业和产品等产业链标志性成果进入省级、国家级榜单。枣庄先后承担国家重点人才项目等重大科研专项 23 个，获批科研专利 700 余个，攻坚解决机床精度监测、生产自动化等 5 个"卡脖子"难题，机床精度提升至 3 微米。枣庄规模以上企业生产设备数字化率、数字化研发设计工具普及率分别达到 55.9%、86.6%。2022 年全市高端装备产业新增营收超过 500 万元的企业有 126 家，实现营收 254.6 亿元。

2. 创新载体

2022 年，枣庄市围绕打造"十大创新平台"，扎实推进山东产业技术研究院枣庄分院、济南大学枣庄产业技术研究院等科创平台建设，重点支持国家锂电池产品质量检验检测中心、中建材科创新技术研究院（山东）有限公司等平台提能升级，新增省级科技创新平台 3 家，规模以上工业企业研发机构覆盖率达到 40% 以上。枣庄市在加强高能级平台建设的同时，坚持向经济建设主战场布局、向战略性新兴产业集聚，优化整合创新平台布局，围绕"6+3"现代产业体系，聚焦产业链强链、补链、延链，布局建设技术创新中心、企业技术中心、重点实验室、"一企一技术"研发中心等高层次科技创新平台，实施绿色发展工程，将绿色低碳领域纳入市自主创新及成果转化计划项目支持重点。

截至 2023 年 1 月，全市拥有各级各类创新平台 860 余家，其中省级以上创新平台 269 家；高新技术企业总数为 335 家，是 2017 年的 2.7 倍；科技型中小企业达到 661 家，是 2017 年的 2.53 倍。枣庄境内共设立了山亭经济开发区、滕州经济开发区（2021 年升级为国家级滕州经济技术开发区）、枣庄国家高新技术产业开发区、薛城经济开发区、枣庄经济开发区、峄城经济开发区以及台儿庄经济开发区 7 个经济开发区，均被纳入山东新旧动能转换综合试验区。2020 年，枣庄开发区综合发展水平指标在全省考核中位居第二，滕州经济开发区、枣庄国家高新技术产业开发区在全省排名前 20%，峄城经济开发区、台儿庄经济开发区进位幅度超过 30 位，成为省、市实施新旧动能转换重大工程的重要载体。

3. 创新主体

高质量推动创新主体培育。先后出台《枣庄市"一企一技术"研发中心培育认定工作指南（试行）》《枣庄市"十大创新"2022 年行动计划》等文件，实施科技型中小企业和"专精特新"企业等培育行动，着力打造鲁南化工、交大智邦、泰和科技等一批创新型领军企业。形成一批"专精特新"和创新型中小企业群。枣庄市 8 个产业集群入选省"十强"产业"雁阵形"集群，4 家企业营收突破百亿元，2 个镇跻身全国百强镇行列。

战略性新兴产业快速发展。枣庄市通过培育和招引"链主型"企业、创新平台及关联配套企业，积极构建以高端装备、高端化工、新材料、新能源、新医药、新一代信息技术的"两高四新"六大先进制造业和高质高效农业、新型商贸物流业、特色文旅康养业为主体的"6+3"现代产业体系，以大数据、医药和医疗器械、新能源、新材料、节能环保等产业快速膨胀，掌握了一批核心技术，行业产值连创新高。加快培育壮大"6+3"现代产业体系，改造提升传统制造业，做优存量，做大增量，塑造枣庄产业发展新优势。

4. 产学研融合

产学研融合高质量发展。近年来，枣庄坚持把创新摆在全局发展的核心位置。以产学研融合创新为突破口，与 20 余所知名高等院校和科研院所建立全面合作关系，建设技术创新联盟、重点实验室、院士工作站、工程技术研究中心等产学研平台 268 个。深化产学研合作，积极对接长三角、珠三角、京津冀经济圈，发挥鲁南科创联盟作用，持续加大与大院大所、名校名企的战略合作力度，鼓励更多科研成果来枣庄市转移转化。设立产学研联合基金，鼓励创新主体与高校、科研机构协同攻关，促进科技成果转化落地。

　　加快构建创新联合体。枣庄市规划建设 15 平方千米鲁南产学研协同创新示范区，鲁南大数据中心、中国科学院化工新材料技术创新与产业化基地、鲁南国家级高科技化工园、浙江大学山东工业技术研究院、枣庄北航机床创新研究院有限公司等一批创新创业平台落地运营。链主企业威达重工与清华大学联手，成功揭榜国家机床"补短板"专项，获批资金 4 亿元；山森数控与天津大学研发的智能电盘属全国首创，国内市场占有率超过 80%。

CHAPTER 3

第三章
枣庄市可持续发展实践

枣庄市地处鲁中南，属低山丘陵地区，是"工匠祖师"鲁班、"科圣"墨子、"造车鼻祖"奚仲等古代科技名人的故里。近年来，枣庄市大力弘扬"班墨奚"匠心文化，扎实践行"绿水青山就是金山银山"的发展理念，以培育乡村经济新动能、促进乡村可持续发展为突破口，大力推动乡村振兴，努力建设宜居宜业和美乡村，成功创建国家可持续发展实验区、国家农业可持续发展试验示范区、国家农村改革试验区和国家现代农业示范区，成为山东乡村建设的典范。2022年，枣庄市获批建设国家可持续发展议程创新示范区后，以"创新引领乡村可持续发展"为主题，扎实推进国家可持续发展议程创新示范区建设，在城乡融合发展、新动能培育、农业农村现代化、美丽乡村建设、共同富裕等方面进行了创新试验，为全球乡村可持续发展提供了"枣庄方案"。

一 枣庄市可持续发展背景

以国家可持续发展实验区和省级可持续发展实验区建设为抓手，山东省通过体制机制创新，依靠科技支撑，开展可持续发展实验示范，积极探索不同类型地区可持续发展的机制和模式，形成了全省推动可持续发展的良好氛围，为枣庄市创建国家可持续发展议程创新示范区奠定了坚实的工作基础。

（一）山东省可持续发展政策及行动

自1986年我国启动国家可持续发展实验区（原为国家社会发展综合实验区，1997年更名为国家可持续发展实验区）建设以来，山东省依靠科技进步、机制创新和制度建设，积极响应国家行动、启动国家可持续发展实验区建设相关工作。山东省委、省政府高度重视区域可持续发展工作，以可持续发展实验区为重要载体，不断提高政府科学决策与管理能力，强化科技成果转化及集成应用，突出发展模式与机制创新，先后批准实施了《山东省可持续发展十大科技示范工程总体实施方案》（鲁政发〔1998〕28号）、《山东生态省建设规划纲要》（鲁政发〔2003〕119号）、《山东省人民政府办公厅转发省科技厅关于加快资源节约型社会科技支撑体系建设的意见的通知》（鲁政办发〔2005〕79号）、《山东省区域可持续发展科技促进行动（2006—2010年）》等可持续发展纲领性文件，抓住环境保护、生态建设、循环经济三大重点和结构调整、水资源优化配置、国土绿化、污染防治四个关键环节，加快经济增长方式转变，实现资源的可持续利用，推进生态文化建设，促进人与自然和谐，走经济发展、生活富裕、生态良好、社会文明的道路，有力推动了可持续发展工作。2008年7月，山东省科学技术厅印发《山东省可持续发展实验区管理办法（试行）》（鲁科农社字〔2008〕105号），进一步规范可持续发展实验区的建设与管理工作。

1992年，为全面落实协调可持续发展，山东省开始设立可持续发展实验区。1994年7月，牟平区获准建设国家可持续发展实验区，成为山东省第一个国家级可持续发展实验区。随后，长岛县、日照市、城阳区、东营市、山亭区、德城区、龙口市等县（市、区）相继获批建设国家可持续发展实验区。目前，山东省共建有国家级可持续发展实验区14个（包括3个国家可持续发展先进示范区），与浙江省并列全国第二，仅次于江苏省（18个），如表3-1所示；共建有国家可持续发展先进示范区3个，数量最多，全国共建有13个；省级可持续发展实验区14个，少于浙江省（24个）、云南省（19个），居全国前列。山东省国家级和省级可持续发展实验区数量众多、类型齐全，在全省实施可持续发展战略进程中发挥了很好的示范和带动作用。2018年11月，农业农村部启动国家农业可持续发展试验示范区（农业绿色发展先行区）以来，山东省快速响应，成功创建枣庄市（第一批）、齐河县（第二批）、金乡县（第三批）、阳谷县（第三批）、新泰市（第四批）、无棣县（第四批）、平阴县（第四批）、青州市（第四批）等8个国家农业绿色发展先行区，围绕农业投入品减量增效、农业废弃物资源化利用、农业资源集约利用、产业链低碳循环等主题，探索符合不同区域、生态类型、主导品种的农业绿色发展模式。各实验区围绕全面建成小康社会目标，探索不同类型地区可持续发展的机制和特色模式，破解资源、环境制约经济、社会发展的瓶颈问题，突出发展"低能耗、低排放、低资源依赖"型科技产业，推进企业转方式、调结构，各项经济、社会发展指标持续增长，建设成效十分显著，对区域发展起到了良好的推动作用。

表3-1 山东省国家级可持续发展实验区清单

实验区名称	批复年份	实验主题	类型	主要特色
烟台市牟平区	1994	农业循环经济	滨海城郊型	农业废弃物资源化利用

实验区名称	批复年份	实验主题	类型	主要特色
烟台市长岛县	1995	海洋资源可持续利用与生态环境保护	海岛县域型	生态养殖、生态旅游
日照市	1999	新兴港城可持续发展	城市型	循环经济
青岛市城阳区	2004	统筹城乡、科学发展	滨海城郊型	外向型产业集群
东营市	2006	高效生态经济	城市型	高效生态经济
黄河三角洲	2010	高效生态经济	跨区域型	区域协作、技术创新战略联盟
潍坊市峡山生态经济区	2011	水源保护、绿色发展、生态富民、统筹城乡	生态区县域型	生态库区、有机农业
枣庄市山亭区	2011	灵山秀水、林海果园	山区县域型	生态林果业、生态旅游
烟台市龙口市	2012	高端产业、绿色发展、蓝色经济、城乡统筹	滨海县域型	蓝色经济、城乡统筹
淄博市沂源县	2012	生态优先、绿色发展、民生为本、城乡统筹	山区县域型	齐鲁生态高地、沂源现象、民生社会保障
德州市德城区	2012	商贸兴区、科教强区、低碳发展、统筹城乡	城区型	科教强区、低碳发展
潍坊市高新区	2013	科技驱动、高端服务、绿色低碳、宜居城镇	城区型	高新技术支撑引领
临沂市沂水县	2013	红色沂蒙、绿色发展	山区县域型	沂水旅游现象、飞地经济
青岛市黄岛区	2013	绿色低碳拉动转型升级、高端产业支撑跨越发展	滨海城区型	智岛、蓝岛、绿岛建设

党的十八大以来，山东省认真贯彻落实党中央、国务院重大决策部署，积极适应经济发展新常态，以新发展理念为引领，深化供给侧结构性改革，努力探索促进新旧动能接续转换的发展方式和体制机制，推动经济社会实现持续健康发展。根据《国务院关于山东新旧动能转换综合试验区建设总体方案的批复》（国函〔2018〕1号）精神，按照《国家发展改革委关于印发山东新旧动能转换综合试验区建设总体方案的通知》（发改地区〔2018〕67号）要求，山东省人民政府于2018年2月13日印发《山东省新旧动能转换重大工程实施规划》（鲁

政发〔2018〕7号），以知识、技术、信息、数据等新生产要素为支撑，促进产业智慧化、智慧产业化、跨界融合化、品牌高端化，实现传统产业提质效、新兴产业提规模、跨界融合提潜能、品牌高端提价值，着力加快建设实体经济、科技创新、现代金融、人力资源协同发展的产业体系。2018年3月，习近平总书记参加十三届全国人大一次会议山东代表团审议并发表重要讲话，赋予山东打造乡村振兴齐鲁样板的重大使命。[①]2018年5月，山东省委、省政府印发《山东省乡村振兴战略规划（2018—2022年）》《山东省推动乡村产业振兴工作方案》《山东省推动乡村人才振兴工作方案》《山东省推动乡村文化振兴工作方案》《山东省推动乡村生态振兴工作方案》《山东省推动乡村组织振兴工作方案》，扎实实施乡村振兴战略。2019年10月，山东省科技厅印发了《科技支撑八大发展战略实施若干举措》（鲁科字〔2019〕98号），明确了科技支撑新旧动能转换、乡村振兴、海洋强省、三大攻坚战、军民融合、打造对外开放新高地、区域协调发展、重大基础设施建设八大战略的总体布局和科技行动。

"十四五"以来，山东省以绿色低碳高质量发展为总抓手，在深化新旧动能转换基础上，着力探索转型发展之路。2021年8月，山东省科学技术厅联合7个厅级单位发布《科技引领产业绿色低碳高质量发展的实施意见》（鲁科字〔2021〕73号），以引领产业绿色化、低碳化、生态化、智能化发展为目标，以实施创新驱动发展战略、推动经济社会高质量发展为主线，着力强化绿色低碳关键技术供给，完善创新平台体系，集聚高层次人才，壮大科技型企业群体和特色创新型产业集群，为实现碳达峰碳中和目标提供有力的科技支撑。2022年8月，国务院印发《关于支持山东深化新旧动能转换推动绿色低碳高质量发展的意见》（国发〔2022〕18号），赋予山东建设绿色低碳高质量发展先行区重大使命。2022年11月，山东省人民政府印发《关于加快推进新时代科技强省建设的实施意见》（鲁政字〔2022〕225号），提出强化科技创新战略支撑，加快绿色低碳高质量发展先行区建设，深入实施科技创新助力乡村振兴行动，打造科技支撑乡村振兴、促进共同富裕的"齐鲁样板"，将山东省打造成为全国重要的区域创新高地和科技创新策源地。2023年1月，山东省委、山东省人民政府印发《山东省建设绿色低碳高质量发展先行区三年行动计划（2023—

[①] 中共山东省委理论学习中心组：《推动"五个振兴"全力打造乡村振兴齐鲁样板》，《求是》2018年第11期。

2025 年)》（鲁发〔2022〕19 号），精准支持绿色低碳高质量发展先行区建设。2023 年 8 月，山东省人民政府办公厅印发《关于支持建设绿色低碳高质量发展先行区三年行动计划（2023—2025 年）的财政政策措施》，进一步提出 11 个方面 46 条具体政策措施，从政策、资金、体制等方面入手，统筹资金、集聚资源推动先行区建设强势开局。2023 年 9 月，国务院批复《山东省国土空间规划（2021—2035 年）》，在全省范围内构建"一群双核、两屏三带、三区九田"的国土空间开发保护总体格局，规划到 2035 年建成"山清水秀、城乡融合、陆海统筹、区域协调、安全永续的美丽国土"，绘就山东省可持续发展的空间蓝图。

以推动高质量发展为主题，以深化新旧动能转换为中心任务，以形成绿色低碳生产生活方式为主攻方向，以改革创新为根本动力，紧扣十强产业、11 条标志性产业链发展中的重点难点堵点问题，山东省瞄准产业发展新领域新赛道，抢抓机遇，部省联合实施"氢进万家"和"北斗星动能"重大科技示范工程，在人工智能、虚拟现实等领域，组织实施 20 个省级科技示范工程，通过开展新技术、新产品典型应用场景示范，带动新兴产业快速发展壮大，支持高水平科技自立自强、构建现代化产业体系，科技创新能力不断增强。2012~2022 年，山东高新技术企业从 2569 家跃升至 28400 家，增长约 10 倍，万人有效发明专利拥有量已从 2.28 件跃至 18.6 件，全省规模以上高新技术产业产值占规模以上工业产值比重从 29.1% 提高到 48.3%，创新驱动发展和科技创新能力提升成效明显。2022 年，山东省 GDP 为 87435.1 亿元，比上年增长 3.9%，经济发展动力充足。居民人均可支配收入为 31477 元，超过全国平均水平，民生改善步伐有力。优良天数比例平均为 66.3%，国控地表水考核断面优良水体比例为 83.0%，Ⅴ 类及以下水体连续两年保持清零，生态建设成效明显。农业总产值率先突破并保持在万亿元以上，粮食总产连续 9 年稳定在千亿斤以上，农产品出口额连续 24 年领跑全国，全市规模以上农产品加工企业发展到 272 家，国家级农业产业强镇达到 6 个，国家农业绿色发展先行区建设工作获"优秀"等次评价，农业高质量发展阔步前行。

（二）枣庄市可持续发展历史沿革

枣庄市自山亭区、薛城区及枣庄高新区建设国家和省级可持续发展实验区以来，坚持创新、协调、绿色、开放、共享的新发展理念，不断发挥科技创新引领作用，大力发展绿色循环经济，积极建设资源节约型产业集群，推动经济、社会、资源和环境的全面协调和可持续发展。枣庄市先后被列为国家农村改革试验区、国家现代农业示范区、国家重点生态功能区、国家农业可持续发展试验示范区。2023 年枣庄市创建省级乡村振兴齐鲁样板示范区 4 个、宜居宜业和美乡村 64 个、美丽幸福示范河湖 10 条，台儿庄区荣获"全国绿化模范县（市）"称号，峄城区和山亭区被命名为国家生态示范区，山亭区被评为全国休闲农业与乡村旅游示范区。

1. 枣庄市山亭区国家可持续发展实验区

枣庄市山亭区是枣庄市市辖县级区，地处山东省南部、枣庄市东北部，总面积 1018 平方千米，辖 9 个镇、1 个街道，268 个行政村（居），52 万人。境内资源丰富，能源充足，交通便利，气候宜人，森林覆盖率达到 53.6%。2011年 2 月，科技部下文批准山亭区建设国家可持续发展实验区。山亭区国家可持续发展实验区属于县域型实验区，围绕"环境友好，资源节约，社会健康向上，适宜休闲旅游、适宜人居创业"的建设目标，以科学发展观为指导，立足本地区经济、社会、人口、资源和环境现状与发展基础，以"林海果园"为主题，全面推进特色林果业等生态农业、生态旅游、园林城市、生态工业示范园建设，大力推进新型工业化，积极发展循环经济，建设资源节约型企业集群，以实现经济、社会与人口、资源、环境的全面协调和可持续发展，建设富裕、秀美、和谐的新山亭。自创建国家可持续发展实验区以来，山亭区得到了长足发展，各项工作取得了扎实成效。新型城镇化水平不断提升，城镇化率达到 43.9%，桑村镇被纳入全国发展改革试点镇、全省百镇建设示范行动示范镇，北庄镇被纳入全市新型城镇化试点镇。强化特色旅游，繁荣商贸物流，第三产业发展水平不断提升，实现第三产业增加值 45.8 亿元，占 GDP 比重达 42%。农业现代化水平不断提升，围绕农业农村改革、特色农业发展、农田水利建设、生态文明乡村四项重点工作，全面促进农民增收、农业增效、农村发展。突出科技创新引领作用，连续十八年保持了"全国科技进步先进区"荣誉称号。强化民生改善，实现新农合全覆盖，全面落实城乡低保、五保老人供养、孤儿生活补助、义务兵优待金政策，成功创建省级双拥模范城。

2. 枣庄市国家农村改革试验区

2011 年 11 月，农业部批复枣庄市列入国家农村改革试验区，承担"农业经营体制机制改革"任务，枣庄市成为全国首批 24 个农村改革试验区之一。重点推进五大方面的改革，即全面推开以土地使用权资本化并允许其抵押担保贷款为突出特征，以"一证、一所、一社"为核心内容的农村土地使用权制度改革；推动农村土地承包关系长久不变的改革，开展农村土地确权、登记、颁证试点；推动农村资产进行产权化评估、作价、量化，开展农村资产产权化改革，按照"资本集中下乡、土地集中入社、产业集中发展、生态集中保护、公共服务集中推进""五集中"的思路，开展新型城镇化改革试验；建立大部委制的为农服务新体制，构建从市到村四级"三农"服务网络平台体系，开展新型农业社会化服务体制机制创新改革。2016 年，基本完成农村承包经营土地确权登记颁证，顺利通过省级验收并被评定为优秀。全市适度规模经营比例显著提高，累计实现抵押贷款 10 余亿元。完善农村产权交易体系建设，累计实现各类农村产权交易 780 宗，交易总额达到 26.31 亿元。扩大农村土地承包关系长久不变试点范围，在 6 个村开展试点探索。2019 年以来，持续深化国家农村改革试验区建设。开展优势特色农产品保险、完善新型农业经营体系、促进智慧农业发展体制机制创新、家庭农场高质量发展、农村集体"三资"数字化运行监管等试点成功获批国家农村改革试验区拓展试验任务。

3. 枣庄市国家现代农业示范区

2015 年 1 月，枣庄市被农业部整建制认定为第三批国家现代农业示范区，制定了《枣庄市国家现代农业示范区建设五年提升计划（2016—2020 年）》。枣庄市开展国家现代农业示范区产业园、生态园、标准园创建，重点培植了石榴、马铃薯、长红枣、食用菌等四大特色主导产业。结合"一镇一业、一村一品"创建活动，规划实施了峄城石榴、山亭长红枣、滕州马铃薯及优质樱桃、优质板栗、特色莲藕等 10 个特色农产品基地建设工程。"省级标准化生产基地"达到 22 处，"全国绿色食品原料标准化生产基地"达到 5 处，初步形成"园区带基地、企业联农户、产业兴乡村"的发展格局。2016 年，枣庄市农业局创新农民培训机制，与青岛农业大学、枣庄职业学院联合成立了全省首家跨市合作、校地共建的农民学院——枣庄新型职业农民学院。实施新型职业农民培育"百千万"工程和高素质农民培育工程。实施市级秸秆综合利用项目，2022 年全市农作物秸秆综合利用率为 97%。加强农产品品牌建设，枣庄黑盖猪成功列入国家畜禽遗传资源品种名录，滕州马铃薯被评为全国百强农产品区域公用品牌，品牌价值达 158.52 亿元，峄城石榴成为省区域公用品牌。大力加强数字乡村建设，全市共建成益农信息社 2082 个。

4. 国家农业可持续发展试验示范区暨农业绿色发展先行区

2017 年 12 月，枣庄市成功创建全国第一批国家农业可持续发展试验示范区暨农业绿色发展先行区，市政府和中国农科院农业环境和可持续发展研究所签订了战略合作协议，编制了工作规划和实施方案。枣庄市推进生态循环农业园区建设，其典型发展模式被农业农村部《乡村振兴》刊发。实施全年全域秸秆禁烧，大力发展秸秆"五料化"综合利用，主要农作物秸秆综合利用率常年稳定在 95% 以上。开展化肥农药零增长行动，推广水肥一体化面积 37.3 万亩，主要农作物化肥、农药利用率达到 40% 以上，农业生产与资源环境更加协调。建设生态循环养殖业，在全省率先实现大型养殖场畜禽粪污处理利用设施配建全覆盖，累计建设美丽生态养殖场 100 个，畜禽粪污综合利用率达到 90% 以上，建成省级以上水产健康养殖示范区 19 处。推进农业环境修复，实施耕地土壤环境类别划分试点县，完成轻中度污染耕地安全利用任务，农膜回收率达 85%。强化农作物病虫害绿色防控，完善植保监测体系，主要农作物病虫害绿色防控覆盖率达到 30.5%，主要农作物病虫害专业化统防统治覆盖率达到 42%。保障农产品质量安全，积极推进食用农产品承诺达标合格证制度建设。规范重大动物疫病防控，深化基层兽医管理体制改革，加强基层畜牧兽医协管员队伍建设，兽医实验室、公路检查站等防疫设施不断健全，有效防控了非洲猪瘟等重大动物疫病。

枣庄市关于国家可持续发展实验区的探索为创新示范区建设奠定了基础。2017 年，科技部正式启动创新示范区建设申报工作，山东省积极响应，2018 年枣庄市以山亭区国家可持续发展实验区为基础主动申报。2022 年 7 月 15 日，国务院正式批复同意枣庄市以"创新引领乡村可持续发展"为主题建设创新示范区（国函〔2022〕71 号），枣庄市可持续发展迈入新篇章。

（三）枣庄市建设创新示范区的基础条件

枣庄市以培育乡村经济新动能、促进乡村可持续发展为突破口，先后获批国家农村改革试验区、现代农业示范区、农业绿色发展先行区、可持续发展议程创新示范区等 4 个国家级"农字号"品牌，是全国唯一"四区共建"

的地级市。

1. 枣庄市乡村发展条件优越

枣庄是山东的"南大门"，地理、气候条件优越，资源丰富，现代农业不断壮大，素有"鲁南粮仓，林海果园"之誉。枣庄市地处苏鲁豫皖四省交汇处，是中国南北方的过渡带，是北京、上海两大中心城市的中间节点，南北经济与文化在这里融通融合；枣庄市属中纬度暖温带季风型大陆性气候区，具有光照好、积温高、热量丰富、雨量充沛、雨热同期的气候特点，发展农业的条件优越；枣庄市地处山东南部黄淮农业区，根据第三次国土调查结果，枣庄市现有耕地面积为204634.49公顷，果园24218.42公顷，茶园16.08公顷；农业物产资源丰富，马铃薯、石榴、樱桃、长红枣、食用菌、设施蔬菜等农作物种植面积发展到600万亩，美丽生态牧场达到130家，肉蛋奶总产量达到29万吨；新型经营主体蓬勃发展，市级以上农民合作社示范社790家、市级家庭农场示范场390家；农业科技装备不断完善，实施了一批粮食高产创建、现代农业示范园区、高标准农田建设、农业机械化推广、千亿斤粮食田间工程等项目；休闲农业和乡村旅游业加速发展，一批休闲农业示范点、示范园区获省级认证。截至2023年，枣庄市有中国美丽休闲乡村6个，开展休闲观光农业和乡村旅游业的村106个，农家乐和休闲农业园区500余家。

2. 枣庄市实施乡村振兴战略成效显著

近年来，枣庄市大力实施乡村振兴战略，实施"三区共建""六力齐发"，推动乡村产业振兴、人才振兴、文化振兴、生态振兴和组织振兴，走出了一条绿色引领、改革开路、高效生态的乡村振兴之路。

产业引领乡村振兴，枣庄市通过推行"农业园区＋龙头企业＋合作社＋家庭农场"的生产经营模式推进产业融合发展，创建了省级现代农业产业园4个、市级以上农业龙头企业444个、市级以上农民合作社示范社790家、市级家庭农场示范场390家；人才助力乡村振兴，枣庄市实施乡土人才培育示范计划和农村实用人才培育工程，2021年，培训新型经营主体1619人，现代青年农场主130人，农业经理人30人，高素质农民5000余人；文化提升软实力，枣庄市把精神文明建设贯穿于乡村文化振兴全过程，实施乡村记忆工程，加强新时代文明实践中心建设，启动传统工艺振兴计划，挖掘传承具有鲁南特色的红色文化、农耕文化和传统文化，建设"孔子学堂""农家书屋"共建示范点；组织优化保障力，基层党组织是实施乡村振兴的"主心骨"，基层党员是不可缺少的中坚力量，枣庄市以"村村都有强书记"为目标，深化村党组织带头人优化提升"1+X"制度，面向社会公开招聘100名村党组织书记，实施村集体经济"破五万""进十万"计划。全市"破五"村达到171个，"破十"村达到328个。

3. 推动可持续发展先行先试

枣庄市立足自身资源禀赋，践行绿色发展理念，以培育乡村经济新动能、促进乡村可持续发展为突破口，深化农村改革，大力发展现代农业、绿色农业，先后获批国家农村改革试验区、现代农业示范区、农业绿色发展先行区、可持续发展议程创新示范区等4个国家级"农字号"品牌，山亭区环岩马湖-朱山流域示范区、台儿庄区邳庄示范区成功创建首批省级乡村振兴齐鲁样板示范区。以山亭区环岩马湖-朱山流域示范区为例，示范区通过产业结构优化组合和科技创新，把科技优势迅速转化为产业优势，依靠示范基地引领和产业化带动，大力推动特色农业实现可持续发展，从而带动示范区内农业产业结构战略性调整和农民增收；形成以农业科技培训为主，涵盖农技人员、农村基层干部、农民技术骨干和网络培训等多层次的区域性农技培训中心；加强乡村生态环境建设，实施有机肥替代化肥，推进生态循环农业示范；加强美丽乡村建设，不断改善乡村人居环境和生态环境；依托示范区内的全国农村创业创新园区，成功打造了环岩马湖美丽乡村片区、环翼云湖现代农业产业乡村旅游片区，对全区乡村旅游业态发展发挥了引领示范作用。

二 枣庄市可持续发展总体设计

在城镇化和工业化不断深入推进的背景下，乡村正面临严峻的人口流失、城乡收入差距扩大、农业资源价值实现不充分、城乡二元结构突出等不可持续问题，已经成为我国全面推进落实SDGs的短板，乡村振兴战略为新时代"三农"工作指明了方向。对接国家乡村振兴战略、可持续发展战略的实施需求，枣庄市坚持以习近平新时代中国特色社会主义思想为指引，抢抓国家乡村振兴战略契机，以国家可持续发展议程创新示范区建设为抓手，确定了"创新引领乡村可持续发展"的建设主题，组织编制了《山东省枣庄市可持续发展规划（2022—2030年）》和《山东省枣庄市国家可持续发展议程创新示范建设方案

（2022—2024 年）》，为乡村可持续发展探索新路径、积累新经验、创造新模式。建设以"创新引领乡村可持续发展"为主题的国家可持续发展议程创新示范区，是枣庄市落实《2030 年议程》，同世界各国分享中国发展理念的重要行动，是在中国黄淮流域探索乡村振兴新理念、新机制和新路径的重大创新示范举措，也是枣庄市通过创新驱动社会发展，破解枣庄市可持续发展瓶颈问题的系统实践，坚持以乡村振兴为主阵地、以科技创新为引领的可持续发展之路，为全球乡村可持续发展提供现实样板和典型经验。

（一）可持续发展规划愿景

枣庄市围绕"创新引领乡村可持续发展"国家可持续发展议程创新示范区建设主题，以破解制约枣庄可持续发展的主要矛盾为切入点，积极探索"创新引领乡村可持续发展"的路径和模式，在多个方面进行创新试验。按照实施创新驱动发展战略、乡村振兴战略、区域协调发展战略、可持续发展战略的总体要求，立足新发展阶段、贯彻新发展理念、构建新发展格局，实现高质量发展。坚持乡村振兴战略引领，突出农业农村优先发展地位，加快推动城乡融合发展，构建工农互促、城乡互补、协调发展、共同繁荣的新型工农城乡关系，推进共同富裕；突出"双碳"目标引领，加快推动城乡新动能培育，推动经济社会绿色低碳转型和高质量发展；突出生态优先理念，强化资源节约集约利用，创新绿水青山转化为金山银山的实现路径，全面提升生态环境质量和水平；突出创新驱动，加快形成科技创新支撑引领高质量发展的经济体系和发展模式，抢抓新机遇、展现新作为，全面开创新时代现代化强市建设新局面。枣庄市"创新引领乡村可持续发展"规划思路如图 3-1 所示。

1. 战略定位

绿色转型先行区。牢牢把握新时代经济由高速增长向高质量发展转变的基本特征，以实现"双碳"目标为牵引，加快推进经济结构调整，挖掘新的动力源，构建现代城乡经济体系，推动经济社会发展全面绿色低碳转型。围绕国家和山东省赋予的新旧动能转换综合实验区及乡村振兴齐鲁样板的建设任务和目标，强化责任担当，深化改革创新，加快推进新旧动能转换，发掘培育乡村产业新动能，积极探索资本链、创新链、产业链"三链融合"，推动产业链相加、价值链相乘、供应链相通"三链重构"，形成全环节提升、全链条增值、全产业融合的转型发展新格局，布局低碳产业、开展降碳行动，全面提升发展质量和效益，先行先试、创新探索，培育高质量发展绿色增长点，打造绿色转型先行区。

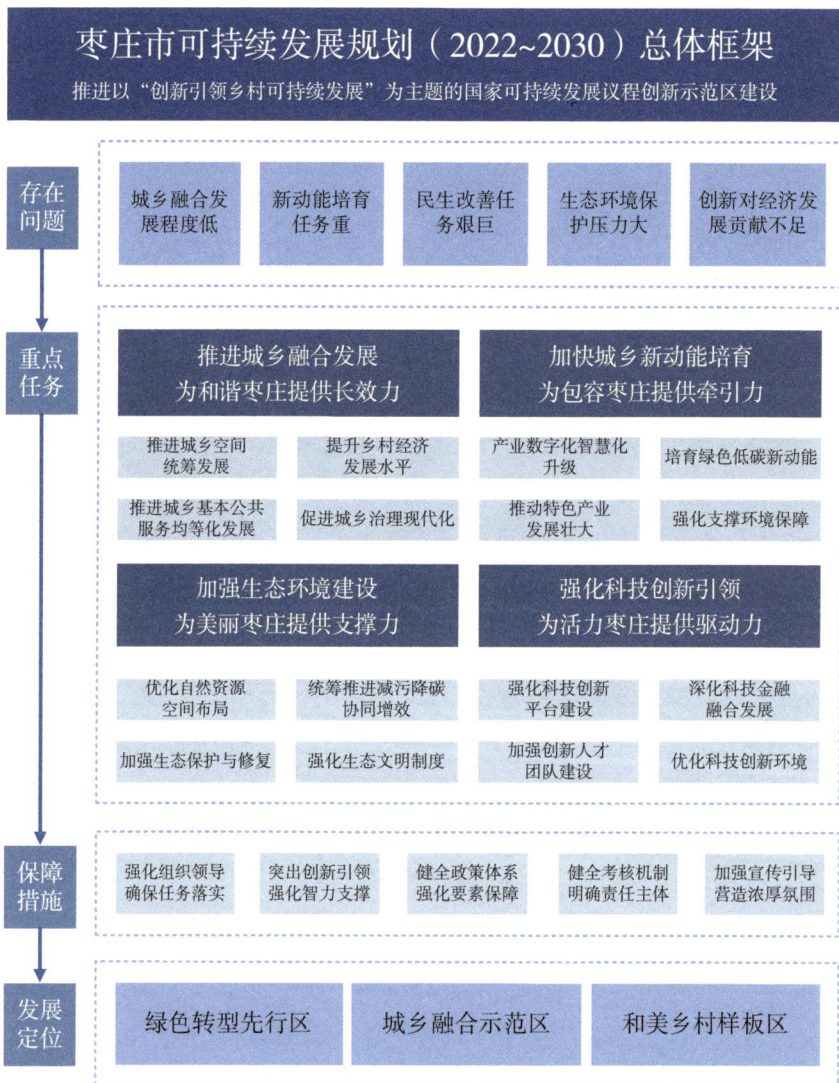

枣庄市可持续发展规划（2022~2030）总体框架
推进以"创新引领乡村可持续发展"为主题的国家可持续发展议程创新示范区建设

存在问题

城乡融合发展程度低　新动能培育任务重　民生改善任务艰巨　生态环境保护压力大　创新对经济发展贡献不足

重点任务

推进城乡融合发展
为和谐枣庄提供长效力

加快城乡新动能培育
为包容枣庄提供牵引力

推进城乡空间统筹发展　　提升乡村经济发展水平　　产业数字化智慧化升级　　培育绿色低碳新动能

推进城乡基本公共服务均等化发展　　促进城乡治理现代化　　推动特色产业发展壮大　　强化支撑环境保障

加强生态环境建设
为美丽枣庄提供支撑力

强化科技创新引领
为活力枣庄提供驱动力

优化自然资源空间布局　　统筹推进减污降碳协同增效　　强化科技创新平台建设　　深化科技金融融合发展

加强生态保护与修复　　强化生态文明制度　　加强创新人才团队建设　　优化科技创新环境

保障措施

强化组织领导确保任务落实　突出创新引领强化智力支撑　健全政策体系强化要素保障　健全考核机制明确责任主体　加强宣传引导营造浓厚氛围

发展定位

绿色转型先行区　　城乡融合示范区　　和美乡村样板区

图 3-1　枣庄市"创新引领乡村可持续发展"规划思路

城乡融合示范区。以统筹城乡融合发展为主线，推进城乡空间统筹，加快构建城乡共建共享、共同繁荣、融合一体的发展格局。按照产业兴旺、生态宜居、乡风文明、治理有效、生活富裕的总要求，以缩小城乡发展差距和居民生活水平差距为目标，以"融合发展"为手段和目标，集聚引导各类资源要素流向乡村、润泽乡村、振兴乡村，建立城乡融合发展体制机制和政策体系，协同推进城市和农业农村现代化，加快形成工农互促、城乡互补、协调发展、共同繁荣的新格局，率先基本实现农业农村现代化，打造城乡融合示范区，谱写城乡协调发展新篇章，推动共同富裕。

和美乡村样板区。统筹生产、生态、生活一体布局，突出抓好生态宜居、绿色发展、乡村善治，实现乡村生产美产业强、生态美环境优、生活美家园好"三生三美"融合发展，打造宜居宜业宜游的美丽乡村。着眼于"记得住乡愁"，坚持"乡土味道、鲁南风情"，利用传统文化、田园风光、山水资源，大力发展各具特色的农村生态游、乡村体验游、民俗游，引导农村新型社区和新农村有序建设，创新乡村治理体系，构建自治、法治、德治相结合的乡村善治体系，推进农业资源永续利用和生态环境改善，促进乡村绿色发展和可持续发展，打造和美乡村样板区，促进农业高质高效、乡村宜居宜业、农民富裕富足。

2. 发展目标

通过建设国家可持续发展议程创新示范区，全力打造绿色转型先行区、城乡融合示范区和和美乡村样板区，建设和谐、包容、美丽和活力枣庄，为世界乡村可持续发展提供现实样板和典型经验。

（1）第一阶段：2024 年目标

国家可持续发展议程创新示范区建设的协同推进机制不断完善，乡村振兴战略得到有序落实，产业转型发展取得初步成果，生态环境建设、经济社会发展有机统一的格局基本形成，文化与经济融合取得阶段性进展。

（a）乡村振兴各项举措稳步实施。现代农业产业体系基本形成，农业创新力、竞争力、全要素生产率大幅提高，全市30%的村基本实现农业农村现代化。美丽乡村建设水平不断提高，农村人居环境得到明显改善。巩固脱贫成效，显著提升农民致富能力，城乡居民收入比小于 1.90。

（b）新旧动能转换取得积极进展。经济发展新动力显著增强，新旧动能转换取得明显成效，实体经济发展质量效益明显提高。战略性新兴产业增加值占 GDP 比重达到 8.4%，现代服务业增加值占 GDP 比重达到 24.2%。

（c）城乡产业融合初见成效。形成文化资源和产业转型发展深入融合的机制，经济文化协同创新能力逐步提升，初步建成贯通南北、融合互通、传承文化、促进旅游、绿色生态的经济文化带，探索形成文化产业与新一代信息技术、智能制造、医养健康、现代农业等产业融合发展新模式，旅游综合收入增长率达到 15%，文化产业增加值占 GDP 比重达 4.6%。

（d）科技创新能力持续增强。搭建重点产业产学研创新平台，形成促进区域间企业、国内外知名高校和研究院所在枣庄开展联合研究与科技合作机制。科技成果转移转化能力显著提升，研发经费支出占 GDP 比重达到 2.5%，全社会每万名就业人员拥有研发人员达到 35 人，纳入高新技术产品统计的企业数量超过 350 家，国家和省级各类科技创新平台超过 300 家。

（2）第二阶段：2027 年目标

到 2027 年，国家可持续发展议程创新示范区建设取得明显成效，高新技术产业产值占 GDP 的比重达到 42%，农业科技进步贡献率达到 67%，现代服务业增加值占 GDP 比重达到 24.8%，乡村振兴向深层次快速推进，产业转型升级和新旧动能转换带动枣庄经济社会迈向高质量发展，生态环境更具韧性、更可持续，自主创新能力大幅提高。

（3）第三阶段：2030 年目标

到 2030 年，全面建成以"创新引领乡村可持续发展"为主题的创新示范区，使枣庄成为绿色转型先行区、城乡融合示范区、和美乡村样板区，形成可向全国乃至世界推广复制的可持续发展模式，为中国推动落实《2030 年议程》提供枣庄经验。

（二）第一阶段建设行动设计

枣庄市为切实有效解决其可持续发展的瓶颈问题，扎实推进以"创新引领乡村可持续发展"为主题的国家可持续发展议程创新示范区建设，根据《山东省枣庄市可持续发展规划（2022—2030 年）》，以三年为一个周期确立"三步走"发展目标和任务，制定《山东省枣庄市国家可持续发展议程创新示范区建设方案（2022—2024 年）》。枣庄市创新示范区建设的第一阶段，重点围绕枣庄市农业资源价值实现不充分、乡村发展要素集聚能力不足两大瓶颈问题，以转变发展观念、创新发展模式、提高发展质量为主线，以城乡融合发展体制机制创新为保障，推动工农互促、城乡互补、协调发展、共同繁荣的新型工农城乡关系加快形成，促进城乡要素双向流动和平等交换机制逐步健全，为推进农业农村现代化注入新的活力。以满足人民日益增长的美好生活需要为目标，坚持创新驱动、科技支撑、机制保障，一体化推进城乡发展要素，多功能开发农业资源，多元化发展乡村经济，推动科技创新与社会发展、生态文明与区域经济的深度融合，集成"互联网＋"现代信息技术、农业绿色发展技术、人居环境综合整治技术等关键技术，着力实施农业基础能力提升、城乡经济新动能培育、城乡融合发展推进、乡村生态建设提速和科技创新支撑"五大重点行动"，统筹各类创新资源，深化科技创新和体制机制创新改革，探索适用技术路线和系统解决方案，推进乡村可持续发展，打造绿色转型先行区、城乡融合示范区、和美乡村样板区，为世界乡村可持续发展提供枣庄经验。枣庄市创新示范区建设方案如图3-2所示。

1. 农业基础能力提升行动

针对"特色农业尚未形成规模和产业体系，农业基础设施及设备体系尚不完善，农地和淡水资源不足、农业面源污染严重、农业生态系统退化、绿色农产品供给不足"等问题，聚力农业基础设施建设和农业产业化规模提升的需求，枣庄市依托首批国家农业可持续发展试验示范区、首批国家农村改革试验区、第三批国家现代农业示范区等农业发展基础，以城乡融合发展体制机制创新为保障，集成应用农田节水灌溉、化肥农药减施增效、生态循环与智慧农业、农产品智能化精深加工、农业资源废弃物循环利用及绿色食品制造等农业资源多功能开发关键技术，积极推进农业基础设施提升、农业提质增效、农业新型经营主体培育、农业绿色发展四项工程，实现农业绿色高质量发展，打造现代农业生产体系，探索乡村产业振兴的典型模式。农业基础能力提升行动技术路线如图3-3所示。

确保到2024年，农业基础能力提升取得重要进展，全市30%的乡村基本实现农业农村现代化，培育年销售收入过10亿元的大型龙头企业4家，年销售收入过亿元的农业龙头企业60家；申请创建市级及以上休闲农业和乡村旅游示范单位总数100个以上，全市建成6家左右的市级及以上现代农业产业园，其中力争创建国家级现代农业产业园1~2家，省级现代农业产业园2~3家，创建国家产业融合示范园1个；全市农业绿色发展取得显著成效，经济、社会、生态效益明显，农业科技创新能力明显提高，农业灌溉水有效利用系数达到0.656

以上，测土配方施肥技术推广覆盖率达 90% 以上，农作物秸秆综合利用率稳定在 95% 以上。

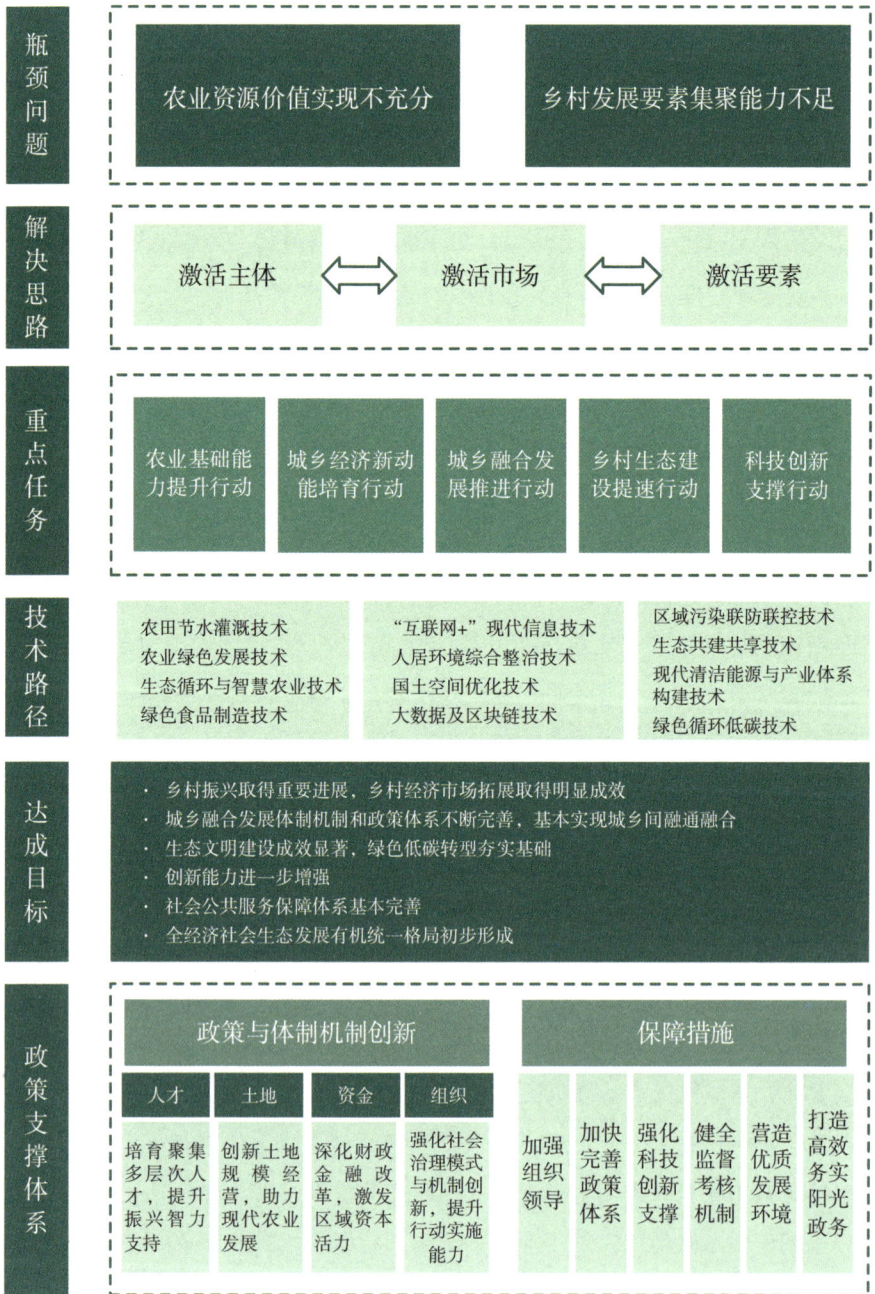

瓶颈问题	农业资源价值实现不充分		乡村发展要素集聚能力不足		
解决思路	激活主体 ⟺		激活市场 ⟺		激活要素
重点任务	农业基础能力提升行动	城乡经济新动能培育行动	城乡融合发展推进行动	乡村生态建设提速行动	科技创新支撑行动
技术路径	农田节水灌溉技术 农业绿色发展技术 生态循环与智慧农业技术 绿色食品制造技术		"互联网+"现代信息技术 人居环境综合整治技术 国土空间优化技术 大数据及区块链技术		区域污染联防联控技术 生态共建共享技术 现代清洁能源与产业体系构建技术 绿色循环低碳技术
达成目标	· 乡村振兴取得重要进展，乡村经济市场拓展取得明显成效 · 城乡融合发展体制机制和政策体系不断完善，基本实现城乡间融通融合 · 生态文明建设成效显著，绿色低碳转型夯实基础 · 创新能力进一步增强 · 社会公共服务保障体系基本完善 · 全经济社会生态发展有机统一格局初步形成				

政策支撑体系

政策与体制机制创新				保障措施					
人才	土地	资金	组织	加强组织领导	加快完善政策体系	强化科技创新支撑	健全监督考核机制	营造优质发展环境	打造高效务实阳光政务
培育聚集多层次人才，提升振兴智力支持	创新土地规模经营，助力现代农业发展	深化财政金融改革，激发区域资本活力	强化社会治理模式与机制创新，提升行动实施能力						

图 3-2　枣庄市创新示范区建设方案

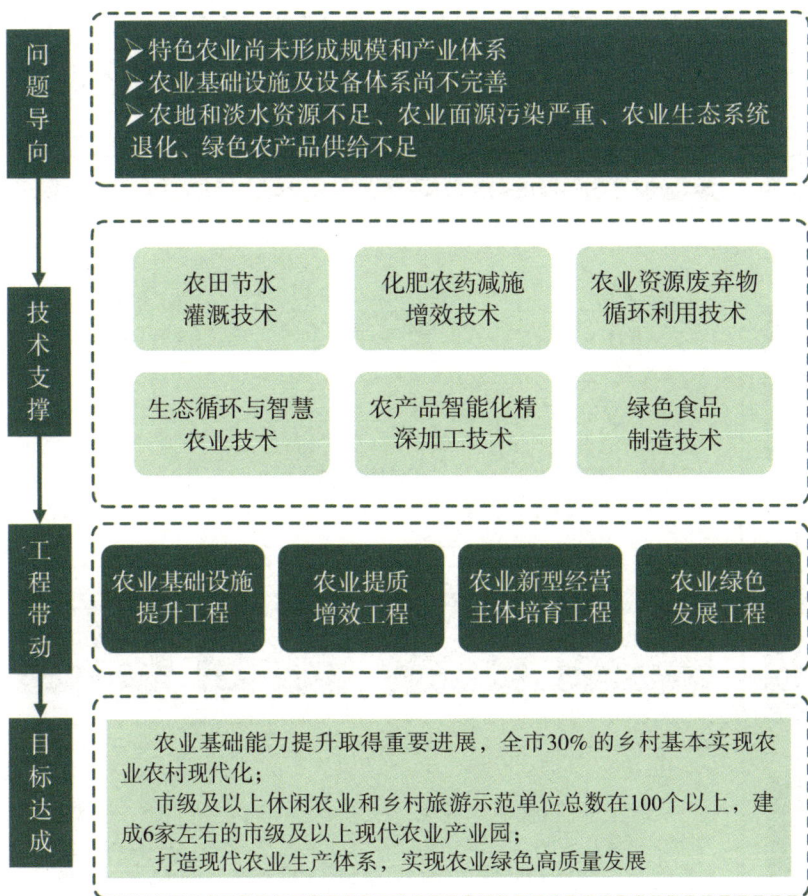

| 问题导向 | ➤特色农业尚未形成规模和产业体系
➤农业基础设施及设备体系尚不完善
➤农地和淡水资源不足、农业面源污染严重、农业生态系统退化、绿色农产品供给不足 |

| 技术支撑 | 农田节水
灌溉技术 | 化肥农药减施
增效技术 | 农业资源废弃物
循环利用技术 |
| | 生态循环与智慧
农业技术 | 农产品智能化精
深加工技术 | 绿色食品
制造技术 |

| 工程带动 | 农业基础设施
提升工程 | 农业提质
增效工程 | 农业新型经营
主体培育工程 | 农业绿色
发展工程 |

| 目标达成 | 农业基础能力提升取得重要进展，全市30%的乡村基本实现农业农村现代化；
市级及以上休闲农业和乡村旅游示范单位总数在100个以上，建成6家左右的市级及以上现代农业产业园；
打造现代农业生产体系，实现农业绿色高质量发展 |

图 3-3　农业基础能力提升行动技术路线

2. 城乡经济新动能培育行动

围绕"农产品加工链条延伸与完善程度有待提高，产业结构与产业转型之间的差距带来的城市资源环境承载力矛盾日益凸显"的问题，枣庄市积极探索城乡经济市场拓展路径，以培育新时代经济新动能为着力点，集成应用"互联网+"现代信息技术、电商平台区块链技术、绿色循环低碳技术及现代清洁能源与产业体系构建技术等经济多元化发展关键技术，重点实施"农业+"拓展工程、绿色低碳新动能提升工程、产业链延伸工程、质量兴农品牌强农工程等四项工程。通过集约经营、链条增值、绿色低碳、质量提升、品牌塑造等方式，推进城乡经济和服务在市场体系中的价值提升与实现。城乡经济新动能培育行动技术路线如图3-4所示。

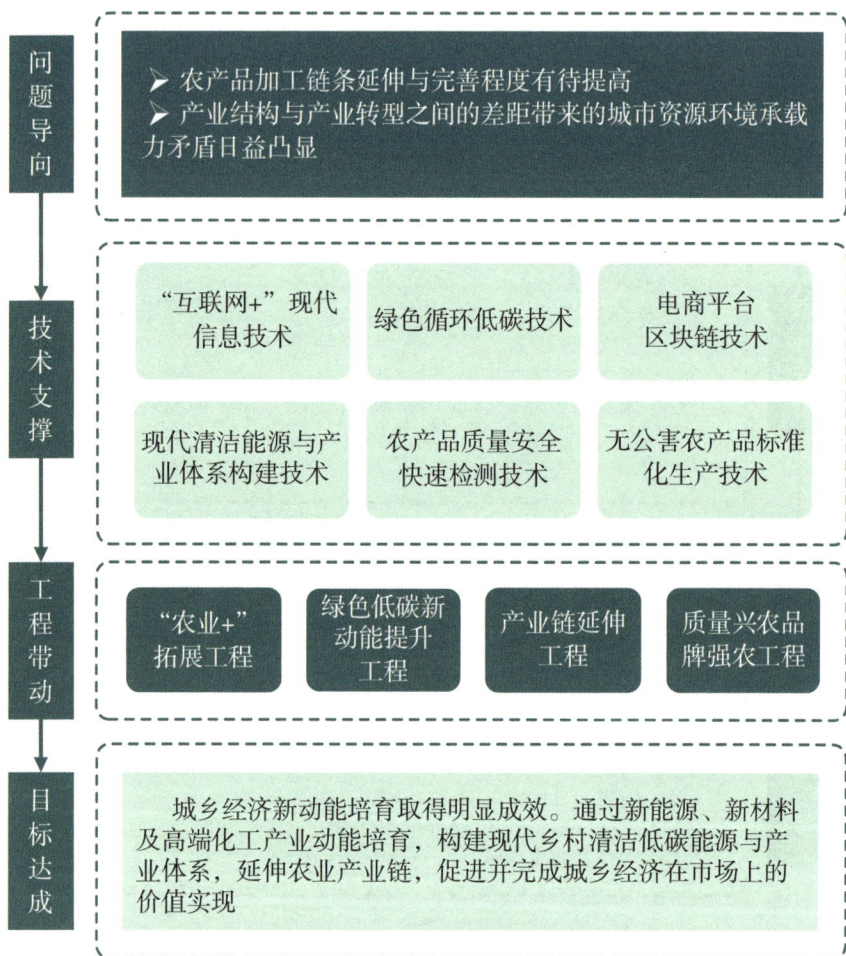

问题导向
- ➤ 农产品加工链条延伸与完善程度有待提高
- ➤ 产业结构与产业转型之间的差距带来的城市资源环境承载力矛盾日益凸显

技术支撑
- "互联网+"现代信息技术
- 绿色循环低碳技术
- 电商平台区块链技术
- 现代清洁能源与产业体系构建技术
- 农产品质量安全快速检测技术
- 无公害农产品标准化生产技术

工程带动
- "农业+"拓展工程
- 绿色低碳新动能提升工程
- 产业链延伸工程
- 质量兴农品牌强农工程

目标达成
- 城乡经济新动能培育取得明显成效。通过新能源、新材料及高端化工产业动能培育，构建现代乡村清洁低碳能源与产业体系，延伸农业产业链，促进并完成城乡经济在市场上的价值实现

图 3-4 城乡经济新动能培育行动技术路线

确保到 2024 年，城乡经济新动能培育取得明显成效。通过新能源、新材料及高端化工产业动能培育，构建现代乡村清洁低碳能源与产业体系，延伸农业产业链，促进并完成城乡经济在市场上的价值实现。到 2024 年，建设市级电商示范镇 10 个、电商示范村（社区）70 个，培育知名农产品区域公用品牌 5 个以上、企业农产品品牌 20 个以上，建设 2 处规模化、标准化生产基地，培育 4 个出口规模较大的龙头企业，锂电产业规模突破 300 亿元，高端化工产业集群规模达到 800 亿元。

3. 城乡融合发展推进行动

针对"乡村发展空间布局不合理，要素流动制约因素多，城乡基础设施与基本公共服务发展不均衡，城乡现代化治理能力不足"等问题，枣庄市以基层群众需求为导向，持续加大城乡融合力度，加快补齐农村基础设施短板，促进城乡基础设施互联互通，构建乡村公共服务体系，提供乡村基础设施和公共服务保障，集成应用国土空间优化技术、地理空间信息一体化整合技术、公共服务均等化规划技术、大数据及区块链技术等乡村治理现代化的关键技术，有序推进空间布局优化、基础设施一体化、基本公共服务均等化、城乡治理现代化四项工程，构建城乡融合发展的新格局，不断提升乡村治理能力和治理水平。城乡融合发展推进行动技术路线如图3-5所示。

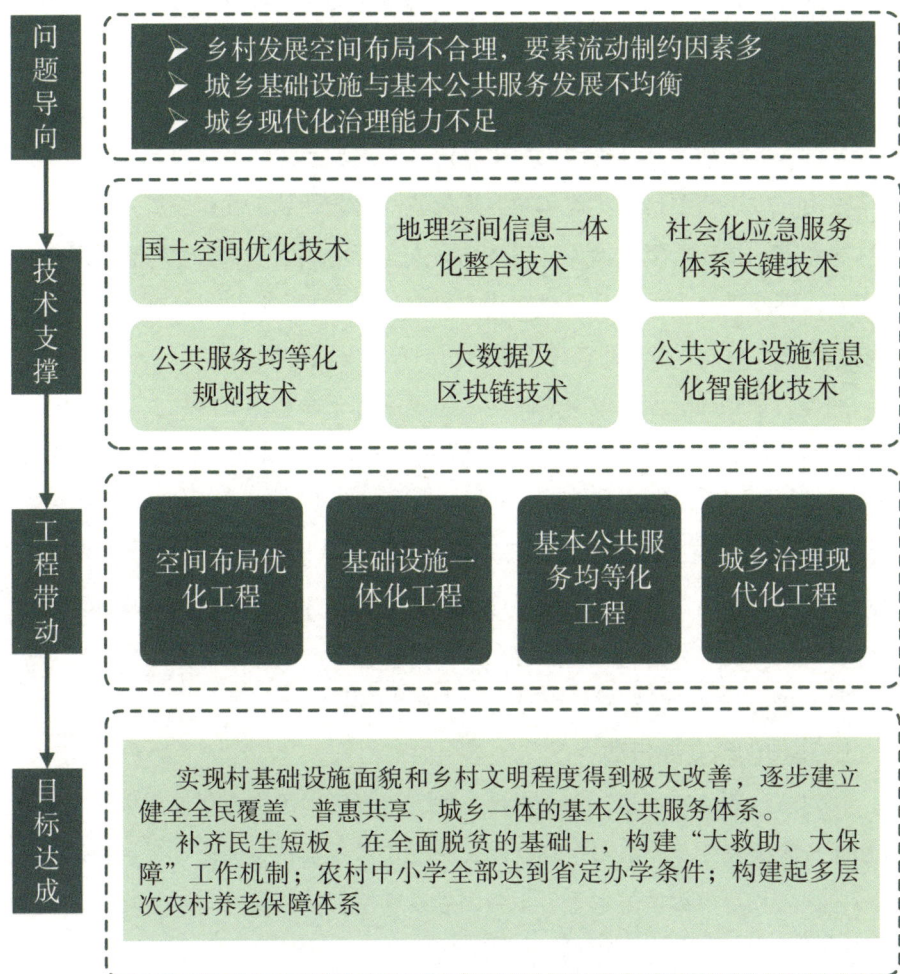

图3-5 城乡融合发展推进行动技术路线

确保到 2024 年，实现村基础设施面貌和乡村文明程度得到极大改善，逐步建立健全全民覆盖、普惠共享、城乡一体的基本公共服务体系。补齐民生短板，在全面脱贫的基础上，构建"大救助、大保障"工作机制；农村中小学全部达到省定办学条件，全市留守儿童建档率达到 100%，全市农村居民医疗救助覆盖率达到 100%；构建起多层次农村养老保障体系，新建农村幸福院 50 处以上，生活不能自理特困人员集中供养率达到 50% 以上；全市城乡低保标准缩小到 1.4∶1。

4. 乡村生态建设提速行动

面对"乡村生态环境破坏污染严重、生态资源价值利用不合理和农村环境治理与生态保护压力大"的问题，枣庄市围绕乡村人居环境改善和生态系统服务功能提升需求，集成应用重金属污染生态修复技术、黑臭水体治理技术、面源污染综合防治技术、生态资源利用化技术、区域污染联防联控技术及生态共建共享技术等乡村生态环境建设关键技术，实施城乡生态环境修复、乡村人居环境整治、生态资源价值实现和减污降碳协同增效四项工程，统筹推进全域山水林田湖草一体化修复与治理，实现乡村人居环境明显改善，生态资源价值明显提升，不断满足人民群众日益增长的生态环境需要，让良好生态成为乡村可持续发展的支撑点。乡村生态建设提速行动技术路线如图 3-6 所示。

构建山水相通、蓝绿成网的特色生态基底和干净整洁有序村庄环境，生态价值初步显现、人与自然和谐共生、村庄形态与自然环境相得益彰。到 2024 年，乡村生态环境发展取得明显成效。农村污染有效治理，人居环境明显改善，村庄环境整洁有序，村民环境意识与健康意识普遍增强。全市乡村绿化新增、更新及改造面积达 5 万亩；自然湿地保护率稳定在 70%，重点防治地区水土流失得到有效治理，人为水土流失得到有效控制；省、市、县三级美丽乡村覆盖率达到 100%，市级美丽乡村示范片区在 30 个以上。

5. 科技创新支撑行动

面对"创新人才不足、创新平台不优、研发能力不强，科技成果转化率低等创新资源聚集效应不显著"的问题，枣庄市深入实施创新驱动发展战略，围绕乡村振兴和可持续发展的重大创新需求，实施科技成果转化平台提升、产业科技创新深化、协同创新强化和创新环境优化四大工程，加快创新要素培育、创新成果转化、创新平台引进以及创新渗透通道开拓，突破关键技术和共性技术。以科技驱动城乡项目为龙头，以先进、实用技术运用为核心，推动项目、技术、

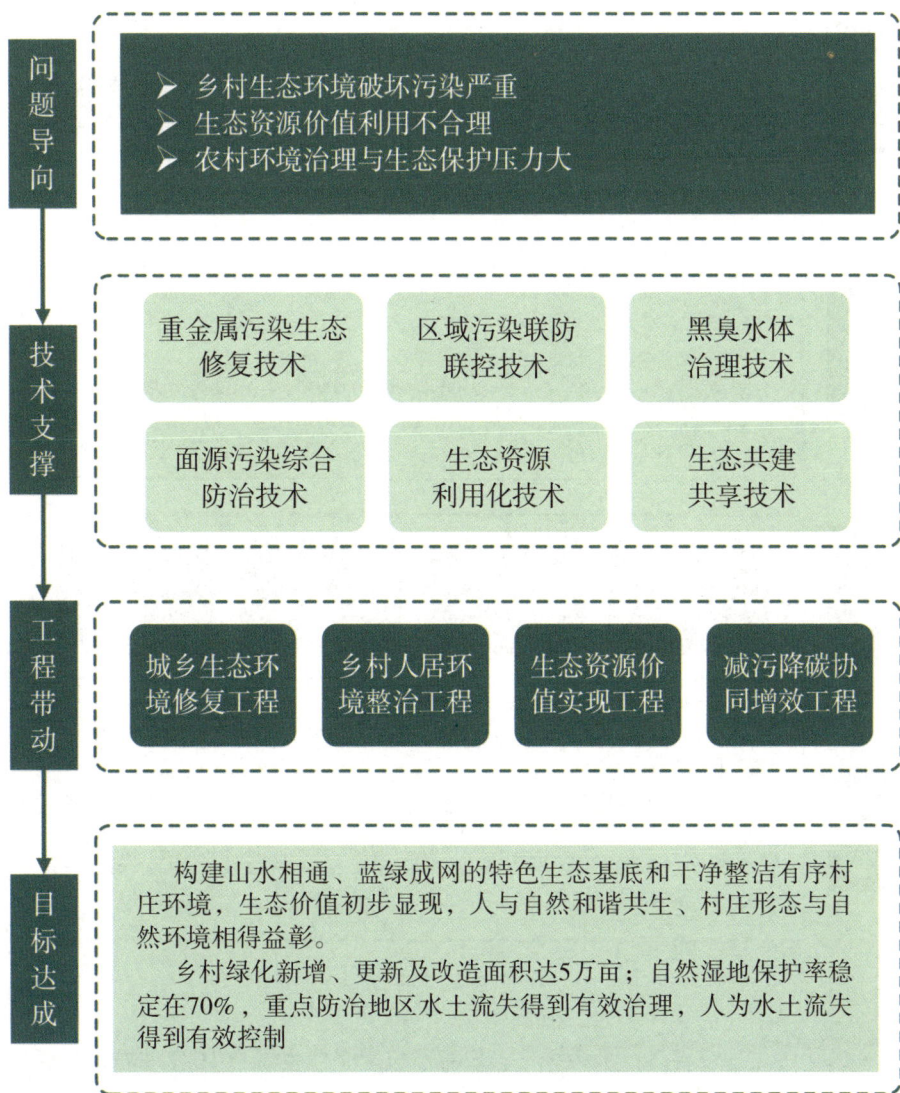

问题导向
- 乡村生态环境破坏污染严重
- 生态资源价值利用不合理
- 农村环境治理与生态保护压力大

技术支撑
- 重金属污染生态修复技术
- 区域污染联防联控技术
- 黑臭水体治理技术
- 面源污染综合防治技术
- 生态资源利用化技术
- 生态共建共享技术

工程带动
- 城乡生态环境修复工程
- 乡村人居环境整治工程
- 生态资源价值实现工程
- 减污降碳协同增效工程

目标达成
- 构建山水相通、蓝绿成网的特色生态基底和干净整洁有序村庄环境，生态价值初步显现，人与自然和谐共生、村庄形态与自然环境相得益彰。
- 乡村绿化新增、更新及改造面积达5万亩；自然湿地保护率稳定在70%，重点防治地区水土流失得到有效治理，人为水土流失得到有效控制

图 3-6 乡村生态建设提速行动技术路线

资本、人才的对接，使一大批具有自主知识产权的科技成果在枣庄落地转化为现实生产力，从而改造传统产业、激活乡村产业、壮大支柱产业、发展高新技术产业，为枣庄市建设提供持续动力。科技创新支撑行动技术路线如图 3-7 所示。

确保到 2024 年，全市自主创新能力显著提升。全社会研究与试验发展（R&D）经费占 GDP 的比重达到 2.5% 以上，每年获得国家授权发明专利数量递增15% 以上。各类创新主体作用得到充分发挥，创新能力进一步增强。农业科技创

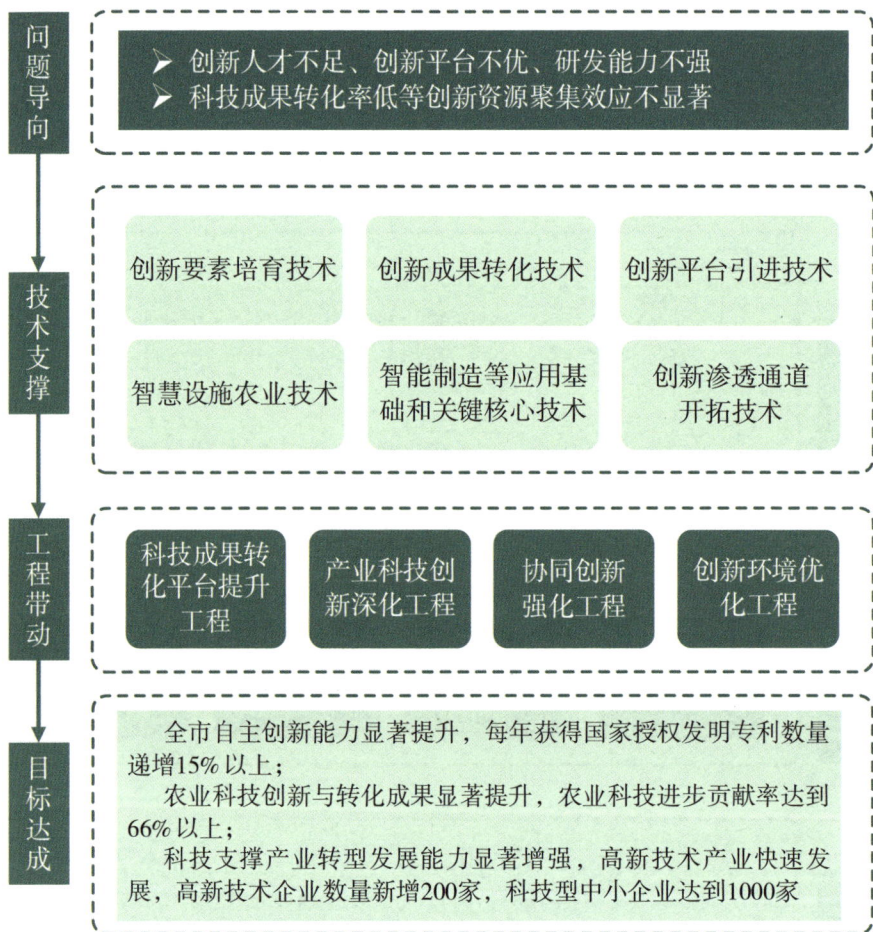

问题导向	➢ 创新人才不足、创新平台不优、研发能力不强 ➢ 科技成果转化率低等创新资源聚集效应不显著
技术支撑	创新要素培育技术　创新成果转化技术　创新平台引进技术 智慧设施农业技术　智能制造等应用基础和关键核心技术　创新渗透通道开拓技术
工程带动	科技成果转化平台提升工程　产业科技创新深化工程　协同创新强化工程　创新环境优化工程
目标达成	全市自主创新能力显著提升，每年获得国家授权发明专利数量递增15%以上； 农业科技创新与转化成果显著提升，农业科技进步贡献率达到66%以上； 科技支撑产业转型发展能力显著增强，高新技术产业快速发展，高新技术企业数量新增200家，科技型中小企业达到1000家

图 3-7　科技创新支撑行动技术路线

新与转化成果显著提升。力争全市涉农高新技术企业发展到 10 家左右，农业科技进步贡献率达到 66% 以上，枣庄市标准化建设基本满足农业农村发展需要。科技支撑产业转型发展能力显著增强，高新技术产业快速发展，高新技术企业数量新增 200 家，科技型中小企业达到 1000 家，高新技术产业产值占规模以上工业总产值的比重年均增长 1 个百分点，培育 3~5 个创新型产业集群。创新创业环境更加优化。科技创新政策体系不断完善，市场配置创新资源的决定性作用明显增强，人才、技术、资本等创新要素流动更加顺畅，科技成果转化机制和创新创业公共服务体系更加健全，科技金融结合更加紧密，知识产权创造和保护机制更加完善。

三　创新示范区建设推进行动

锚定"走在前、开新局"目标，聚焦"农业资源价值实现不充分、乡村发展要素集聚能力不足"两大瓶颈问题，枣庄市成立了市委、市政府主要负责同志任组长的创新示范区建设工作领导小组和建设指挥部，设立枣庄市可持续发展议程创新示范区服务中心，科学编制发展规划、建设方案和实施方案，突出数字驱动、绿色转型、改革赋能，统筹开展五大重点行动，实施二十项重点工程，明确 42 项创建指标、25 个典型示范项目和 100 余个重点建设项目，全面推进可持续发展战略实施。

（一）省市联动推进，完善组织领导机制

枣庄市在强化组织领导、省市联动、创新支撑上持续发力，研究制定创新示范区建设实施方案，对 25 个典型示范项目、100 余个重点建设项目实施高位推进，征集重大科技项目 70 余项；新建省级以上重大平台 22 个，引育高层次人才团队 21 个。

1. 准确落实批复部署，高效推进建设工作

省委、省政府高度重视枣庄国家可持续发展议程创新示范区建设工作，2022 年 7 月 20 日，山东省"国家可持续发展议程创新示范区——创新引领乡村可持续发展"科技示范工程启动会在枣庄召开，次日，时任省委书记李干杰就枣庄市建设创新示范区相关情况作出批示，要求认真抓好落实。2022 年 8 月 30 日，山东省调整创建国家可持续发展议程创新示范区领导小组，副省长凌文任组长，省创新示范区领导小组多次召开会议研究相关的支持政策、安排部署创新示范区建设推进工作。省科技厅作为省创新示范区领导小组办公室对上多次争取领导支持，对下积极对接相关部门调度创新示范区建设相关工作。

为落实好国务院批复的创新示范区建设要求，枣庄市委、市政府高站位、高标准、高质量谋划推进创新示范区建设工作，多次召开专题会议研究创新示范区建设工作，为制定更科学、更精准、更高效的政策多次深入一线开展调查研究。2023 年 2 月 11 日，枣庄市可持续发展议程创新示范区服务中心成立，为市科技局所属副处级公益一类事业单位，设置综合服务科、创新发展科、战略规划科、国际与区域合作科 4 个内设机构。2023 年 4 月 16 日，在枣庄国家

可持续发展议程创新示范区建设工作领导小组基础上，枣庄市委成立国家可持续发展议程创新示范区建设指挥部。2023 年 4 月 20 日，枣庄国家可持续发展议程创新示范区建设推进大会成功举办，联合国开发计划署驻华代表、国家可持续发展实验区部际联席会议成员单位、省政府等国家、省市领导参加大会，加快推进创新示范区建设。

2. 积极推进体制机制创新，优化机制建设

枣庄市在创新体制机制方面大胆探索、发挥示范作用，充分发挥市场配置资源的决定性作用，健全促进城乡要素双向流动和平等交换机制，加速"人、财、物、地"要素资源向创新示范区集聚。及时调整创新示范区建设工作领导小组，统筹领导创新示范区建设工作；成立国家可持续发展议程创新示范区建设指挥部，先后两次召开指挥部会议，研究部署创新示范区相关工作；设立枣庄市可持续发展议程创新示范区服务中心，专职开展创新示范区建设工作。加快推进省政府政策的落地落实，调动全市有关部门积极对上沟通、争取支持。具体做法如下。

领导机制建设。成立山东省创建国家可持续发展议程创新示范区领导小组，召开专题工作会议，研究落实国务院批复意见的政策措施；成立枣庄国家可持续发展议程创新示范区建设工作领导小组、国家可持续发展议程创新示范区建设指挥部，分别由市委、市政府主要领导任组长、指挥长，统筹推进创新示范区建设各项工作。

运行机制建设。研究制定《国家可持续发展议程创新示范区建设指挥部工作规则》《枣庄国家可持续发展议程创新示范区政策清单》《枣庄国家可持续发展议程创新示范区建设考核办法》，推动创新示范区建设有章可循、有序推进。

工作机构建设。经市委编办研究，设立枣庄市可持续发展议程创新示范区服务中心，为市科技局所属副处级公益一类事业单位。核定事业编制 16 名，设置内设机构 4 个：综合服务科、创新发展科、战略规划科、国际与区域合作科。

智库机制建设。枣庄市政府与国际欧亚科学院中国科学中心签订战略合作协议，聚焦"创新引领乡村可持续发展"主题，发挥国际欧亚科学院中国科学中心创新资源集聚优势，共建科研机构、高端咨询智库，联合推进重大科研成果转化、高层次人才团队引进，为枣庄国家可持续发展议程创新示范区建设提供强有力的科技支撑。

考核机制建设。将创新示范区建设作为专项考核项目，纳入区（市）高质量发展综合绩效考核评价体系和市直机关服务高质量发展绩效考核体系，制定考核办法，强化可持续发展任务目标落实。

（二）优化政策保障，推进激励制度建设

全方位优化政策措施，稳步推进保障机制。枣庄围绕改革攻坚激活力，纵深推进农村产权、集体经营性建设用地入市、新型经济组织等重点改革任务，立足组团型城市特点，统筹提升"县镇村"规划建设管理水平，持续深化涉农领域改革，推动优质教育、医疗、养老、托幼资源向农村延伸拓展，加快构建空间布局更加合理的城乡形态。山东省科技厅发布省重大科技创新工程"国家可持续发展议程创新示范区——创新引领乡村可持续发展科技示范工程"，以定向项目支持创新示范区建设，安排部署省重大示范项目，每年给予不低于1亿元的资金支持创新示范区建设。枣庄国家可持续发展议程创新示范区建设工作领导小组办公室牵头制定了落实政策责任分工明细，将省政府支持政策细化分解成80条，推进省政府支持政策落实落地（见表3-2）。

表 3-2　创新示范区建设相关政策一览

	政策名称	文号
部省联合出台政策	《关于促进职业教育提质升级赋能绿色低碳高质量发展先行区建设的实施意见》	鲁政发〔2023〕6号
省级出台政策	《山东省人民政府办公厅印发关于支持枣庄市建设国家可持续发展议程创新示范区的若干政策的通知》	鲁政办字〔2022〕157号
	《中国（枣庄）跨境电子商务综合试验区实施方案》	鲁政字〔2023〕64号
	《关于促进特色小镇规范健康发展的若干措施》	鲁政办字〔2022〕102号
	《山东半岛工业互联网示范区建设规划（2022—2025年）》	鲁政办字〔2022〕117号
	《山东省人民政府关于加快推动平台经济规范健康持续发展的实施意见》	鲁政字〔2022〕203号
	《〈国务院关于支持山东深化新旧动能转换推动绿色低碳高质量发展的意见〉分工落实方案》	鲁政办字〔2022〕128号
	《2023年"稳中向好、进中提质"政策清单（第一批）》	鲁政发〔2022〕18号

	政策名称	文号
省级出台政策	《关于开展小城镇创新提升行动的意见》	鲁政办字〔2022〕169号
	《关于推进以县城为重要载体的城镇化建设若干措施》	鲁政办字〔2023〕3号
	《关于促进经济加快恢复发展的若干政策措施暨2023年"稳中向好、进中提质"政策清单（第二批）》	鲁政发〔2023〕1号
	《山东省建设绿色低碳高质量发展先行区三年行动计划（2023—2025年）》	鲁发〔2022〕19号
	《山东省科技支撑碳达峰工作方案》	鲁科字〔2023〕47号
市级出台政策	《枣庄国家可持续发展议程创新示范区科技专项管理办法》	枣科字〔2023〕28号
	《枣庄市科技型中小企业创新能力提升工程项目实施办法》	枣科字〔2023〕9号
	《枣庄市全民科学素质行动规划纲要实施方案（2021—2025年）》	枣政发〔2022〕7号
	《枣庄市"十四五"新型城镇化和城乡融合发展规划》	枣政字〔2022〕29号
	《枣庄市"无废城市"建设实施方案（2022—2025年）》	枣政字〔2022〕34号
	《枣庄市矿产资源总体规划（2021—2025年）》	枣政字〔2023〕8号
	《枣庄市城乡公益性岗位扩容提质行动方案》	枣政办字〔2022〕6号
	《枣庄市促进企业平稳健康发展若干政策措施》	枣政办发〔2022〕3号
	《"十大创新""十大扩需求"2022年行动计划》	枣政办字〔2022〕34号
	《枣庄市加快预制菜产业高质量发展实施方案》	枣政办字〔2022〕54号
	《枣庄市加快石榴种植示范园建设实施方案》	枣政办字〔2022〕55号
	《枣庄市废旧物资循环利用体系建设实施方案》	枣政办字〔2022〕57号
	《枣庄市大运河文化保护传承利用实施方案》	枣政办字〔2022〕59号
	《关于提高城乡居民最低生活保障和城乡特困人员基本生活标准的通知》	枣政办字〔2023〕3号
	《枣庄市进一步优化营商环境降低市场主体制度性交易成本实施方案》	枣政办发〔2023〕5号
	《关于聚力"强工兴产、转型突围"促进高质量充分就业的实施意见》	枣政办发〔2023〕8号
	《关于促进创新引领乡村振兴的实施意见》	

1. 围绕积极探索农村集体经营性建设用地入市

2023 年以来，枣庄市公共资源交易中心锚定"应进必进、能进则进"平台整合共享工作目标，抢抓国家深化农村集体经营性建设用地入市改革试点机遇，积极探索推进农村集体经营性建设用地入市，坚持担当作为、先试先行，积极配合自然资源部门推进集体土地入市交易，起草交易规则建议方案，在国有建设用地使用权网上交易系统的基础上，完善集体土地交易功能，全力做好交易服务保障工作。为规范"农地入市"行为，枣庄出台配套政策，先后印发实施《枣庄市农村集体经营性建设用地出让指导意见》《枣庄市农村集体经营性建设用地出让管理办法（暂行）》《集体经营性建设用地出让成交确认书》《集体经营性建设用地出让合同》等配套文件。

2. 推进市县乡村四级政务服务体系建设

枣庄市探索创新审批服务便利化措施，出台《关于印发枣庄市开展"审批不出镇"试点工作实施方案的通知》，从全市乡村振兴示范镇和特色镇中选取 6 个作为试点，推动 50 项镇域经济社会发展和群众需求的政务服务事项下沉办理，实现"镇内事镇内办"；推进四级帮办代办服务体系，在区（市）级以下推行"1+1+1+N"帮办代办服务模式，即每个区、镇、村级大厅各 1 名帮办代办主管，"N"个跨部门审批服务业务科长；在市、区（市）两级政务服务大厅配备专职帮办代办员，在镇级、村级便民服务中心、各帮办代办服务站配备专兼职帮办代办员，为企业群众提供更好更快的帮办代办服务。针对城市社区、行政村、商超、园区等不同组织类型，充分发挥四级帮办代办体系化服务，多形式"赋权""放权"，丰富"帮代办"形式，推进政务服务帮办代办进企业、进项目、进园区、进社区、进农村、进商街等"六进"工作。

3. 强化社会综合治理

枣庄市自 2021 年 9 月入选全国十大国家智能社会治理实验综合基地以来，全面推进综合基地建设，积极探索智能社会治理的"枣庄模式"。枣庄市成立由市委、市政府主要领导任组长的工作领导小组，设立综合保障、场景建设、成果创新、督导考核等七个工作专班。精心编制《枣庄市国家智能社会治理实验基地建设实施方案（2021—2025 年）》，出台《关于加快推进枣庄市国家智能社会治理实验综合基地建设的实施意见》《2023 年国家智能社会治理实验综合基地建设工作要点》，明确目标任务、工作重点、工作步骤和保障措施，做到基地建设有总体方案、有年度重点任务、有具体工作抓手。确定资源枯竭型城市高质量发展、党政智治、社会智治三大重点领域，2022年度重点选取矿山智能化、工业智能化升级、网络综合治理、"枣治理·一网办"、数字赋能乡村振兴等五个实验场景，开展实验研究。

4. 加快数字乡村建设

枣庄将数字乡村建设纳入全市经济社会发展"十四五"规划纲要和2035年远景目标，制定《枣庄市数字乡村发展行动计划（2022—2025年）》《枣庄市数字乡村发展战略实施意见》，明确数字乡村建设的战略方向、重点任务和保障措施，深入落实数字乡村发展战略，实施数字乡村应用场景实验工程，基于互联网、大数据等打造一批"乡村＋旅游""乡村＋康养"等应用场景。积极开展地方性立法和标准化创建，制定《枣庄市数字乡村发展水平评价指标（试行）》《枣庄市数字乡村试点评价指标（试行）》，作为全市数字乡村发展水平、数字乡村建设成效的考核评价规范。

（三）实施可持续发展重大行动，有序推进重点任务

围绕落实《2030年议程》，以破解制约枣庄可持续发展的主要矛盾为切入点，枣庄积极探索创新引领乡村可持续发展的路径和模式。突出在坚持农业农村优先发展，深入推进农业供给侧结构性改革，巩固提升农业优势，加快构建现代农业产业体系、生产体系、经营体系，积极探索产出高效、产品安全、资源节约、环境友好的绿色发展路径，高水平建设国家农业可持续发展试验示范区，创建国家农业高新技术产业示范区，引领全国农业农村现代化发展；按照乡村振兴战略的总体要求，在更高标准、更高层次上推进农业农村现代化建设，实现农业全面升级、农村全面进步、农民全面发展，统筹推进城乡融合发展，增强城乡可持续发展能力；坚持生态优先、绿色发展，按照山水林田湖草系统保护的要求，以提高生态环境质量为核心，严守资源利用上线、生态保护红线、环境质量底线，大力推进生态文明建设，强化生态监管，完善制度体系，推动补齐生态产品供给不足短板；坚持把创新摆在经济社会发展全局的突出位置，增强科技创新能力，推动大众创业、万众创新，突出企业创新主体地位，拓宽研发资金投入渠道，优化创新要素市场配置，

加大人才引进培养力度，健全创新人才激励机制，促进人才智力聚集，加快科技服务业发展。

1. 开展农业基础能力提升行动

枣庄紧扣创建主题，聚焦破解"农业资源价值实现不充分、乡村发展要素集聚能力不足"两大瓶颈，坚持以工补农、以工促农，发挥工业门类齐全、底蕴深厚的优势，推动资本链、创新链、产业链在乡村融合发展，打造绿色转型先行区、城乡融合引领区以及和美乡村样板区。2022年，农业龙头企业规模持续扩大，出台加快预制菜、畜牧业、石榴产业发展的专项政策，王老吉大健康产业园、山亭梅花鹿等重大项目正式投产，国家兽用生物制品检验检测分中心落户市中区"中国兽药谷"；坚持用工业化理念发展农业，用数字化思维改造提升传统农产品，将物联网、云计算、大数据等新一代信息技术深度嵌入农业产业链各环节，积极创建滕州马铃薯、峄城石榴、山亭甘薯等10个全产业链示范基地，打造智慧农业新范式、塑造智能园区新标杆、锻造乡村产业新业态，全面激活乡村发展"一池春水"。

2. 推动城乡经济动能持续增强

枣庄努力推动培育高质高效农业、新型商贸物流业、特色文旅康养业，筑牢乡村经济发展的产业根基。通过打造示范镇、特色镇，扩大乡村经济发展的示范成效，突出绿色低碳高质量发展，加快锂电储能产业发展，打造乡村新能源应用场景，先后招引多个头部企业落户枣庄。枣庄围绕乡村振兴重点产业，积极支持农民发展专业合作社、家庭农场、专业大户等农业新型经营主体，创新"两权"抵押贷款、农业订单融资贷款等服务模式和产品，全力为乡村振兴提供金融支持。

3. 有力推进城乡融合发展

枣庄积极推进城市集中供热管网向农村社区延伸；对靠近工业园区的农村社区，积极推广工业企业生产余（废）热集中供暖；对经济条件较好、群众需求较高的农村社区，积极推广空气源热泵机组集中供暖；对一般农村地区，积极推广分散式"电代煤"、生物质能取暖。全面推进"双千兆"网络覆盖。积极组织申报5G基站行政村电信普遍服务，着力解决网络覆盖空洞，加快农村信息基础设施建设，持续完善行政村5G网络覆盖。

永安新型城镇化绘出城乡融合新图景

永安镇地处枣庄市市中区西南部，东靠枣庄市老城区，南部与峄城冠世榴园隔山相望，西与枣庄市政府新驻地接壤，枣庄经济开发区坐落在中部。面对城乡发展不平衡、农村发展不充分等问题，永安镇依托南部山区资源优势与北部城区商业、工业优势，探索城乡融合发展之路。

近年来，永安镇立足"突出片区节点支撑作用，促进东西城区相向融合发展"的定位，把战略机遇转化为发展优势。精准聚焦做好城乡融合发展工作，持续做大做强镇域经济、做优做靓生态环境，鼓励和扶持农民群众立足本地资源发展特色农业、乡村旅游、庭院经济，多渠道增加农民收入，为深入推进城乡融合发展注入强大动力。永安镇实现产业转型升级新突破，投资 20 亿元的未来易购跨境电商总部已开工建设，投资 6000 万元的世通智慧物流产业园已开始运营，每日货物吞吐量占全区的 40%，辖区各类物流配送中心和物流产业园共 10 余处；实现产城融合新突破，激发产城融合发展新动能，截至 2023 年末，全镇 25 家规模以上工业企业产值达 40.3 亿元，增幅为 26.7%，规模以上工业营业收入为 37.22 亿元，同比增长 14.06%；建设文旅强镇，叫响"悠然南山、慢城永安"，推进"一村一品一特色"建设。永安镇入选第二批山东省旅游民宿集聚区，为特色产业发展增添支撑力。全域推进美丽乡村建设和加大山体绿化力度，实施永安南部山体公园建设，薄板泉红色驿站、红叶谷驿站正进行规划设计。推进总投资 100 亿元的牛郎山国家森林康养基地建设。永安镇薄板泉生态文旅小镇成功创建 3A 级旅游景区，牛郎山森林康养基地入选第一批国家森林康养基地，永安镇是枣庄市唯一入选的乡镇。沿凤凰绿道沿线山体景观打造永安"山慢城"深度体验旅游营地、生态大健康创新产业和生态休闲康养区。城乡融合发展强调城乡双向融合互动和共建共享，是对统筹城乡发展和城乡发展一体化思想的继承和升华，也是实现城乡共荣和一体化的重要途径，永安镇着力在人居环境、公共服务水平、产业发展等方面持续下功夫，不断推进城乡融合发展。

4. 全面加快乡村生态建设

枣庄深入推进"山水林田大会战"，实施生态环境修复，建设山清水秀、天蓝地绿美丽乡村。为加快创新示范区生态环境修复工程建设，大力推行"工程造林＋乡村绿化队＋村护林队＋生态公益岗"模式，组织实施荒山披绿工程，2022 年，市财政按新造林每亩 800 元、疏林地补植造林每亩 500 元的标准予以补助。实施低碳引领示范，加快生态资源化利用、减污降碳等关键技术应用，促进能耗"双控"向碳排放总量和强度"双控"转变。开展生态产品价值实现机制试点，探索排污权交易、绿色生态资源价值转化路径，打造区域性生态产品交易市场、低碳产品认证中心、零碳产品交易平台和数字化绿色交易平台，推进绿色资源增值。

案例 3-2 ————————————————————————

薛城区高质量建设宜居宜业和美乡村

薛城区地处山东省南部、枣庄市西部，是山东省的南大门，是枣庄市委、市政府所在地，已成为枣庄市政治、文化中心。薛城区北靠滕州市、山亭区，南邻峄城区，东与市中区接壤，西南与济宁市微山县交界，经济发展秉承淮海经济区核心区、鲁南经济带及西部经济隆起带，具有得天独厚的区位优势。水生态条件较为优越，大气和水环境质量持续提升，人文资源以抗日史迹为主，拥有大量的红色旅游和生态旅游资源，资源丰富独特、门类齐全、特色鲜明，自然资源与人文资源交相辉映。薛城区将创建国家级生态文明示范区视为转型发展和新旧动能转换的重要抓手，将生态薛城建设与产业转型升级和美丽乡村建设等重点工作相结合，努力推动生态薛城建设的新突破。

薛城区在城市创卫与美丽乡村建设上，实施城市品质提升三年行动，新建改造城区道路 70.5 千米，改造老旧小区 51 个，累计造林面积达 3.96 万亩，城区绿化覆盖率达到 43.92%，一批城市道路、街巷、老旧小区焕发新面貌，龙潭片区被山东省确定为城市品质提升试点。成功创建国家卫生城市、国家园林城市、国家节水型城市、省级文明城市，县域节水型社会达标建设通过省级验收。农村人居环境整治三年行动目标任务全面完成，新改建农村公路 322 千米、环城绿道 21 千米、精品示范美丽公路环线 2 条，农村通户道路实现全覆盖；农村旱厕改造成绩明显，300 户以上自然村公厕实现全覆盖，生活垃圾无害化处理率达到 100%，生活污水治理行政村覆盖率达 60%，位居全市第一；建设美丽乡村示范村 96 个、示范片区 4 个，周营大沙河获评省级美丽示范河湖，十里湾·田园沐歌片区初具雏形，将打造成为集城乡融合、文旅康养、研学培训、现代农业于一体的国家级田园综合体、省级乡村振兴示范片区，成为国家农村改革试验区的齐鲁样板。

在产业转型升级与循环经济发展上，薛城区加快建设临港产业园、青啤（枣庄）智能制造产业园、薛城化工产业园、城市矿产循环经济示范园、科技创新孵化园，形成新的经济增长极。三次产业结构由 2015 年的 6.5：43.7：49.8 调整为 2020 年的 5.9：35.4：58.7。"四新"经济增加值占 GDP 比重达到 19%，11 家企业通过高新技术企业认定，高新技术产业产值占工业总产值比重达到 16%。五年累计实施技改项目 209 个，造纸、食品、建材、机械制造等传统产业焕发新活力。规模以上工业企业达到 82 家，纳税过百万元企业 40 家、过千万元企业 10 家。规模以上服务业企业达到 35 家，万达广场、银座商城、天穹影视文化基地等重点服务业项目建成运营，万洲第一街入选全省特色步行街试点街区，楼宇经济、商贸物流、金融商务等新兴业态加速聚集，医养健康等新兴产业正在形成新的经济增长点，全省服务业综合改革试点成效显著。以建设"一主多辅"发展格局为主线，充分发挥煤基产业的比较优势，构建五大低碳循环产业链，引导产业链向下游发展、价值链向高端攀升，进一步提升产业的经济效益，同时通过循环产业链实现工业系统中废弃物的减量化、循环化，从而带动整个工业系统的生态化转型。

5. 加快科技创新平台建设

枣庄坚持绿色转型、数字赋能，加快构建"1+10+N"创新平台体系，推动创建国家级众创空间——互联网小镇，省级锂电新能源创新创业共同体，强化可持续发展科技支撑；坚持绿色低碳转型，超前布局锂电产业，推动新能源代替传统能源、地上能源代替地下能源、绿色能源代替"黑色"能源，抢抓"双碳"政策机遇，把锂电作为重点产业培育，鲜明提出建设绿色安全新能源典范城市、打造中国北方锂电之都的奋斗目标，全力建设全省首位、全国领先的锂电产业集聚区；成立枣庄市锂电产业联盟，编制锂电产业发展规划，落地建设星驾科技、金彭电动车等一批延链强链项目；加快光伏、锂电产业向乡村延伸，推广"光伏＋储能＋微电网"一体化应用，拓展新能源产业发展空间。围绕数字基础设施建设，打造电子证照应用场景 2840 个，无证明办事服务系统获国务院《电子政务工作简报》专刊编发，高规格承办 2022 年山东省数字乡村建设推进大会，组建成立枣庄市数字乡村创新发展联盟，不断增强数字乡村建设合力。

四 创新示范区建设成效

枣庄市聚焦"农业资源价值实现不充分、乡村发展要素集聚能力不足"两大瓶颈问题，围绕"全要素资源发掘、全功能主体组建、全方位市场开发"探索实践乡村可持续发展新路径。2023 年枣庄市成功举办石榴产业发展大会、中国国际薯业博览会，被认定为"中国生态石榴之都"、全国农业农村信息化示范基地。突出数字驱动，推进乡村"5G 全覆盖""千兆到农户""数字进农场"，成功创建国家级电子商务进农村综合示范县；突出绿色转型，重点建设"中国北方锂电之都"，全域推进"屋顶分布式光伏开发试点"，打造绿色安全新能源典范城市；突出改革赋能，创新开展"生态资源价值评估"和"农村土地经营权＋农业生产设施"抵押，建设区域性生态产品交易市场、低碳产品认证中心，推进绿色资源增值。枣庄创新示范区建设"五大重点行动"落实有力，"三区示范"扎实有效，城乡共建、财富共创、生态共美、民生共享、社会共治的乡村可持续发展"枣庄画卷"初步展现。2023 年，枣庄市牢牢把握稳中求进工作总基调，锚定"强工兴产、转型突围"目标，预计全市地区生产总值增长 6%，一般公共预算收入增长 7.2%，固定资产投资增长 7%，规模以上工业增加值增长 12%，社会消费品零售总额增长 9%，获评国家资源枯竭城市转型绩效考核优秀等次。

（一）经济运行提质增效

2023 年枣庄市共实施省市级重点项目 262 个，预计完成投资 780 亿元，争取新增专项债券额度 139.01 亿元，同比增长 54.7%。累计减税降费及退税缓费 34 亿元，新登记市场主体 7.2 万户，总数达到 53.7 万户，新增"四上"企业 1600 家以上，总量突破 4200 家，均创历史新高；坚持绿色低碳转型，成功举办 2023 枣庄国际锂电产业展览会，枣庄高新区跻身全国锂电产业特色园区十强，全市锂电企业发展到 120 家，锂电产业营业收入增长 80% 以上，形成了从锂矿开采加工到关键材料、电芯制造、PACK 组装，再到终端应用、拆解回收等相对完整的产业链条，入选首批山东省十大先进制造业集群；为县域经济发展注入新动力，滕州市上榜综合实力、科技创新、新型城镇化等 12 个"全国百强县"名单，薛城区获评投资潜力、绿色发展等 3 个"全国百强区"，山亭区被评为全国传统村落集中连片保护利用示范区，市中区获批全国县域节水型社会建设达标区，峄城区入围中国最佳绿色生态旅游名区，台儿庄区入选全国农村集体建设用地入市试点，枣庄高新区被授予"省创业投资集聚区"称号，形成了以县域之进支撑市域之兴的发展格局。

案例 3-3

乡村旅游新模式"茶韵果香，山水孟庄"

孟庄镇地处市中区东北部，镇政府距城区 4 千米，总面积为 60.6 平方千米，人口近 3 万人，耕地面积为 1532 公顷，森林覆盖率为 36.2%。孟庄镇拥有悠久的历史文化与特色乡村旅游资源禀赋，乡镇企业以水泥、建材、煤炭、化工、冶金为主。农业主产小麦、玉米、花生，兼产苹果、桃、板栗等。孟庄镇有汉代冶铁遗址、土城遗址，1992 年被省政府授予"明星乡镇"称号。

近年来，市中区孟庄镇围绕解决特色资源发掘不到位、价值体现不充分等问题，通过高标准规划、培育要素支撑、注重农文旅融合，把农业基地打造成旅游景点，把农家住房改造为特色民宿，把农业产品升级为旅游商品，推动生态优势向产业优势、生产力优势转变，因地制宜，把人、财、物等资源配置到农村合适的地方去，与农村丰富的资源相结合，真正把乡村旅游打造成农民增收的大产业，走可持续的发展之路。截至目前，孟庄镇已成功创建山东省首批绿色能源发展标杆村 7 个、山东省景区化村庄 3 个；做优旅游环线，实现龟山景区、蒂夷茗生态茶园 2 处国家 3A 级旅游景区"串联"；深度挖掘孟庄 3000 年的商周文化、2000 年的冶铁文化和百年红色文化，建成各类文化展览馆 10 余处；以景区为依托举办丰收节、农产品展销会、乡村旅游文化节、民俗非遗展、民谣音乐会、茶会等乡村旅游特色节会 20 余场次，2023 年 1~4 月，全镇共吸引游客 30 余万人次，实现旅游总消费 1500 余万元，带动农村就业 1.3 万人次。

枣庄市把大力发展乡村旅游作为推进旅游产业化的重要支撑，按照因地制宜、有序发展、突出特色、提升品质的要求，持续壮大乡村旅游经营主体，持续提高文旅融合发展水平，乡村旅游高质量发展逐渐成为推动枣庄市县域旅游业发展的新动能，为枣庄市县域经济提质增效。

（二）存量优化，增量崛起

以"链长制"为抓手培育壮大"6+3"现代产业体系，2023 年枣庄市被列为全省工业母机"1131"突破工程"三核"之一，玻璃新材料产业集群入选省特色产业集群，储能产业集群入选省未来产业集群，"匠心枣庄"文化创意和器械装备产业集群入选省"十强"产业"雁阵形"集群，3 家企业入选省"十强"产业集群领军企业，全市"6+3"现代产业集群营业收入突破 2800 亿元。全市新增国家高新技术企业 150 家、国家级"专精特新""小巨人"企业 5 家、国家级绿色工厂 5 家，省级创新型中小企业、"专精特新"中小企业、瞪羚企业分别达到 679 家、336 家、60 家，腾达科技 IPO 获批注册，威智医药获评国家企业技术中心，启迪之星（枣庄）被认定为国家级科技企业孵化器，预计全市高新技术产业产值占规模以上工业总产值比重达到 48%。实施 500 万元以上技改项目 440 个，新增省级工业互联网平台 4 个、数字经济园区 3 个、"产业大脑"建设试点 2 个、智能工厂和数字化车间 13 个，建成全省首家碳资产管理平台。推广"标准地"改革，供应工业用地 4441 亩，处置批而未供土地 2.3 万余亩。

以大招商承接大转移，以大开放促进大发展，启用枣庄长三角产业促进中心，全市新开工亿元及以上项目 483 个，其中 10 亿元及以上项目 95 个、50 亿元及以上项目 25 个。深入实施"境外百展"市场开拓计划，预计全年外贸进出口增长 16%，荣登"中国外贸百强城市"榜单。持续扩大对外交流合作，与韩国高敞郡缔结友好城市，与"一带一路"沿线 2 个境外城市建立友好关系。拓宽利用外资渠道，滕州嘉诺电子与恩伟资本合作实施全市首个过亿美元的股权并购项目。开展"消费提振年"行动，出台提振消费 13 条措施，市级发放消费券 1680 万元，枣庄市入选全国第三批"城市一刻钟便民生活圈"试点，消费市场活跃度持续提高。

（三）社会发展文明和谐

2023 年枣庄市完成老旧小区改造 135 个，建设提升公园游园 81 个、绿道绿廊 223 千米，建成生态街巷 119 条，打造城区绿化节点和省市界域节点 97 个，打通断头路 19 条，新建改造燃气和供热管道 178.7 千米，改造城市雨污合流管网 104.7 千米，新增海绵城市 12.2 平方千米，顺利通过国家卫生城市复审。建成市级智慧停车系统平台，新增城市公共车位 5728 个，枣庄市获评国家公交都市建设示范城市、省级全市域四星级新型智慧城市。启动实施总投资 44 亿元的城乡供水一体化工程，开工建设中心城区 22 万吨地表水厂和 140 千米骨干输配水管网，推动滕州市、山亭区、台儿庄区水厂提质扩容，加快构建"1+3"全域城乡一体化供水格局，全省农村供水保障、农村生活污水治理等现场会在枣庄市举办。扎实推进国家可持续发展议程创新示范区建设，成功举办石榴产业发展大会、中国国际薯业博览会，枣庄市被认定为"中国生态石榴之都"、全国农业农村信息化示范基地，"枣庄市建设国家可持续发展议程创新示范区"成功入选山东省改革品牌。全市规模以上农产品加工企业发展到 272 家，国家级农业产业强镇达到 6 个，国家农业绿色发展先行区建设工作获"优秀"等次评价。夏粮喜获丰收、总产单产再攀新高，滕州市被评为全国玉米单产提升示范市。改善提升"四好农村路"735 千米，建设旅游公路 11 条 101 千米，完成农村清洁取暖改造 8.3 万户，创建省级乡村振兴齐鲁样板示范区 4 个、宜居宜业和美乡村 64 个、美丽幸福示范河湖 10 条，脱贫攻坚成果进一步巩固，乡村全域振兴迸发蓬勃生机。

2023 年枣庄市民生支出占一般公共预算支出比重达到 79.7%，连续 6 年提高城乡低保、特困人员供养保障标准，预计居民人均可支配收入增长 6%。新增城镇就业 3.2 万人以上，为促进共同富裕迈出坚实步伐。薛城区、市中区入选全省县域养老服务体系创新示范区。新建改扩建中小学 19 所、新增学位 2.4 万个，建设提升普惠性幼儿园 20 所，增设学生过街天桥 6 座。推进校车运营整合，搭建智慧化校车监管平台，购置校车 70 辆、新开通线路 103 条，每天接送学生 2.6 万人次。成功获批国家区域医疗中心建设项目，北京中医药大学东方医院全面托管市中医医院，新老院区建设完工后床位将达到 2500 张。完成市胸科医院改扩建，组建市、区两级疾病预防控制局，全面落实职工门诊共济保障机制，基层医疗卫生机构国家基本标准达标率为 100%。深入推进文化"两创"，启动大运河（枣庄段）文化体验廊道建设，4 家图书馆获评国家一级图书馆，中兴煤矿公司旧址入选省首批工业遗产。举办省级以上体育赛事 23 场，枣庄籍运动员荣获世界冠军 19 项。

案例 3-4

薛城区"农村公路 +"铺就乡村振兴幸福路

薛城区，隶属山东省枣庄市。位于山东省南部，微山湖畔，东与市中区、峄城区相邻，西南与微山县毗连，北与滕州市、山亭区接壤，总面积为 422.71 平方千米。薛城区地处鲁南丘陵和江淮平原衔接地带，山丘主要分布在陶地南北两侧，河流属淮河流域大运河水系，流向由东向西南分别注入微山湖和京杭大运河。薛城区是全国唢呐之乡、全国剪纸之乡、全国武术之乡、全国群众文化先进区、山东快书发源地，"造车鼻祖"奚仲故里，铁道游击队的故乡，夏庄石雕、洛房泥塑源远流长。

近年来，枣庄市薛城区充分利用全市创建交通强国"四好农村路"建设和深化农村公路管理养护体制改革试点机遇和优势，先后实施了"户户通"工程、"四好农村路"三年集中攻坚行动、"四好农村路"提质增效专项行动。一是"农村公路 + 红色文化"，打造爱国红色教育路。结合公路沿线文化内涵、产业融合、基础设施建设，全力打造十里湾绿道，串联起白楼村运河支队主题广场、运河支队记忆馆、鲁南抗日民族统一战线展览馆、十里湾研习社等阵地，全方位展示了铁道游击队红色文化，勾勒出"红色引领、融合发展"的新格局，成为广大党员干部群众接受红色教育、传承红色基因、凝聚发展力量的"红色长廊"。十里湾绿道成功入选 2021 年度交通运输部"全国十大最美农村路"推荐道路。二是"农村公路 + 乡村振兴"，打造产业发展致富路。结合美丽乡村产业发展，规划建设邹坞环山绿道、榴园绿道，实现农村公路与特色旅游、产业发展的良性互动，助力乡村振兴跑出"加速度"。其中，邹坞环山绿道沿线建设中陈郝马氏陶瓷工坊、北安阳云品茶马古道文化体验园，发展桃树、杏树、梨树等经济林果带 6000 余亩，逐步打造"万亩林果长廊"；榴园绿道串联起"冠世榴园"西大门、石榴山庄、吉利石榴王等景点，沿线培育引进石榴根雕、石榴盆景、石榴工艺品等业态，打造全国最大的石榴深加工基地，有力促进了镇域经济的发展。三是"农村公路 + 乡村旅游"，打造美丽生态景观路。精心打造九龙泉绿道，沿途栽植垂柳、季桃、油菜花等观赏植株，全线进行多层次绿化、彩化，为群众打造舒适宜居的休憩田园。结合周边村庄历史文化和自然景观，建设种楼村知青馆、陈金河烈士纪念馆、九龙泉驿站等景观节点、村居广场 25 处，创建"饮水思源，回味泉头""美丽乡村，幸福小辛"等山水田园特色品牌，形成了独具特色的乡村旅游地标，交织铺展出一幅乡村振兴的壮美画卷。截至 2023 年 8 月，全区农村公路通车里程达 680 千米，农村公路密度达 170 千米 / 百平方千米，县乡公路好路率达 90% 以上、三级路以上比例达 78%，城乡路路互联成网，为乡村振兴注入澎湃动能。薛城区探索实施"农村公路 +"融合发展模式，高标准打造示范样板路，带动了农村公路沿线产业、旅游、生态景观和特色公路文化融合发展。

（四）生态环境持续优化

2023 年枣庄市完成农村清洁取暖建设 8.3 万户、农房节能改造试点 2960 户，新增供热面积 290 万平方米。全市实现 $PM_{2.5}$ 持续改善、空气优良天数持续增加。2023 年，枣庄市纵深推进"山水林田大会战"，严格执行"山长制""河长制""林长制"，新增植树造林 8150 亩，全市空气质量优良天数达到 226 天，国省控断面水质达标率、重点建设用地安全利用率均保持在 100%，全市建设提升环城绿道 49.8 千米、绿色生态廊道 173 千米，完成植树造林 1.61 万亩、湿地修复 1410 亩。薛城区获评国家生态文明建设示范区，河湖长制工作获国务院督查激励。

案例 3-5

七星湖——扮靓美丽河湖打造宜居环境

七星湖湿地位于枣庄滕州秀美荆河南岸，毗邻荆河，原为泉兴矿业集团泉上煤矿多年采煤形成的塌陷坑，总面积约为 2016 亩，其中水域面积 1216 亩，多年来，因采煤塌陷造成群众无法耕种，曾经坑塘遍布、杂草丛生。面对此现象，排除千难万难，"从治水入手""以兴林打造穿花拂柳景色观光带""用建景实现集生态修复、人文景观、游憩科普等功能于一体"，"三篇文章"下来，七星湖塌陷坑变成风景区。

滕州市用"治水、育林、建景"三步走的战略进行综合整治。在"治水"方面，借助塌陷地治理项目，对原采煤沉陷区进行了开挖整平，并借助橡胶坝，在湿地设置引水门，将荆河水导入湿地，利用湿地内的莲藕、芦苇等挺水、浮水和沉水植物，对导入的荆河水实施潜流净化，不仅有效保证了过境河湖水质安全，而且用活水为七星湖湿地带来了生机。在"育林"方面，结合地形地貌，在湖内，以路为轴，栽植柳树、海棠、紫叶李等 1.5 万株，建设了 10 千米环湖绿道，打造了"拂柳拱头"的绿荫观光带；在湖外，立足破解湿地维护成本高、可持续发展难的问题，流转土地 500 余亩。在"建景"方面，引入国企山东滕建投资集团有限公司，投资 7000 余万元，对湿地水域开展生态整治和景观建设，因地制宜建设停车场、亲水平台等公共设施 10 余处，花海乐园 2 万平方米，水上景观浮桥 1.5 千米，彩虹道路和健康步道 10 千米，并巧妙融入墨子、鲁班、滕文公等先贤文化，实现了集水系绿化、生态修复、人文景观、游憩科普等功能于一体。

滕州市坚持用市场的理念推动湿地开发建设，全力提升湿地经济社会效益。通过招商引资，目前已与山东观澜文旅公司达成湿地文旅康养项目合作开发协议，并已完成规划设计。3~5 年时间将建成集休闲娱乐、乡村旅游、农耕体验、观光采摘、文旅康养于一体的生态经济区，预计年可接待游客 30 万人次以上。通过开挖整平、活水引流等多种举措，修复保护湿地面积约 1200 亩，建设了古建廊亭、亲水平台等设施，打造了观景台、健身步道等景观节点 30 余处，目前湿地内的水质均达到地表水三类标准，吸引了不少市民前来散步、游玩。推动河湖村一体建设。坚持以七星湖湿地为核心，以实施人居环境整治提升为抓手，全力抓好秀美荆河景观整体提升、前杨岗等 6 个美丽乡村建设，推动湿地周边环境连片整治、风貌连片提升。目前，10.5 千米的秀美荆河已完成全线整治，前杨岗等 6 个美丽乡村做到了串点连线，实现了与七星湖湿地交相辉映、美丽相融。

（五）科技创新活力日益增强

枣庄加快国家可持续发展议程创新示范区建设，健全"1 + 10 + N"科技创新体系，深化科技攻关揭榜、首席专家组阁、项目经费包干等机制改革，先后制定《关于科技创新支撑现代产业体系建设的实施意见》《枣庄市加强国家和省级科技计划项目管理暂行办法》《枣庄市科技计划项目管理暂行办法》《高校高层次人才挂任"科技副总"选聘办法》等政策文件。目前已建成枣庄、山亭、薛城、峄城、台儿庄五个省级经济开发区以及滕州国家级经济技术开发区。

枣庄市不断完善科技创新平台建设。枣庄国家锂电池产品质量监督检测中心取得中国合格评定国家认可委员会和中国计量认证的双重认证，成为全国质监系统在锂电领域唯一的国家级法定检验机构；煤化工产业实现了从初级产品到煤基新材料的跨越，光电产业领域以重点企业为依托的光棒、光纤、光缆、光元器件制造一体化发展的光纤通信产业化基地初见雏形。人才引育活力进一步激发。实施"枣庄英才集聚"和"榴枣归乡"工程，推进青年发展友好型城市建设，强化医疗、配偶安置、子女教育等配套服务。在人才工作体制机制上取得突破，国家级、省级人才连年倍增。开展校企人才共引共用，解决企业引才难题，实施柔性引才计划，优先引进高学历优秀青年人才，每年吸引不少于100 名高层次人才来枣兼职合作。制定《高层次人才全周期服务流程再造攻坚方案》，畅通高层次人才服务绿色通道，高层次人才就业实现零负担。重要科技创新成果转化实现新突破。参与举办"山东大学产学研合作洽谈会暨山东大学科技成果直通车""枣庄市锂电产业技术创新论坛""锂电新能源材料高峰论坛"等合作交流活动，推进企业与相关大专院校、科研院所和大型企业深化项目科研合作。枣庄科教创新示范园是枣庄市实施产学研融合发展战略在工程建设领域的综合体现之一，该项目为科教事业拓展发展空间，加快产教融合、新旧动能转换进程，增强创新驱动能力，实现资源型城市转型。积极搭建长三角高端制造业转移示范基地、国际闲置品循环链集聚区等高能级招商平台，加快建设中国兽药谷、汉诺庄园综合体、王老吉大健康产业园等特色园区。

第四章
枣庄市 SDGs 进展评估

为了对《2030 年议程》的实施进行有效的规划、跟踪和审查，需要在地方、国家、区域和全球各级由多个利益相关者收集、处理、分析和传播大量的数据和统计。为应对全球挑战寻求真正本地化的解决方案，2019 年 9 月，联合国秘书长安东尼奥·古特雷斯呼吁全社会共同努力，在三个方面开展"行动十年"计划，其中城市层面的行动被认为是推进《2030 年议程》的关键。《2030 年议程》明确要求加强能力建设，以支持各国和地方实施可持续发展目标的计划。基于 IAEG-SDGs 全球指标框架，借鉴 UNSDSN 和贝塔斯曼基金会在全球层面和美国、欧洲城市层面的 SDG 指数与指示板的评估实践，结合城市层面可持续发展评估经验和枣庄市国家可持续发展议程创新示范区建设主题，本章构建了由 16 项目标［枣庄市不涉及 SDG14（水下生物）］和 96 项指标组成的枣庄市 SDGs 进展评估本地化指标体系，采用指标评估和目标评估的方式评价了枣庄市落实 SDGs 的进展情况。对照《山东省枣庄市国家可持续发展议程创新示范区建设方案（2022—2024 年）》确定的目标和行动，考虑第一阶段行动效果评估需求和已有工作基础，兼顾数据的可获得性，枣庄市 SDGs 进展评估的时间段确定为 2015~2022 年。

一 枣庄市 SDGs 本地化评估方法

聚焦国家可持续发展议程创新示范区落实《2030 年议程》的需求，围绕联合国 SDGs 与中国乡村发展战略的有效衔接，通过可持续发展本地化方法将中国实际情况与 SDGs 对接，形成了符合 SDGs 语境的中国本地化 SDGs 指标体系，并将可持续发展目标诊断工具 / 方法与中国本地化 SDGs 指标体系结合，对枣庄市国家可持续发展议程创新示范区开展可持续发展水平评价（见图 4-1），为其科学决策提供理论基础。

（一）指标选择

基于中国落实《2030 年议程》的实际行动和监测需求，以 IAEG-SDGs 提出的全球指标框架为基本框架，系统考虑 SDGs 语境下 17 项目标、169 项具体目标、231 个指标的考核基础条件，统筹国内外 SDGs 本地化的研究与实践进展，对接 UNSDSN 和贝塔斯曼基金会等关于可持续发展进展评估的典型做法，充分考虑国家发布的中长期专项发展规划里明确提出的考核指标，以及国家行动中对地方政府明确考核的指标，进行 SDGs 中国本地化探索，保留 IAEG-SDGs 提出的中国有可靠数据来源的指标。对于无法直接使用的 IAEG-SDGs 确定的指标，参考 UNSDSN 发布的全球 SDG 指示板，汇总中国中长期专项发展战略规划与行动计划里明确提出的 644 个考核指标，综合考虑指标权威性、通用性等因素，将无法直接使用的 SDGs 指标进行替换，最终形成一套符合 SDGs 语境的中国本地化指标体系。

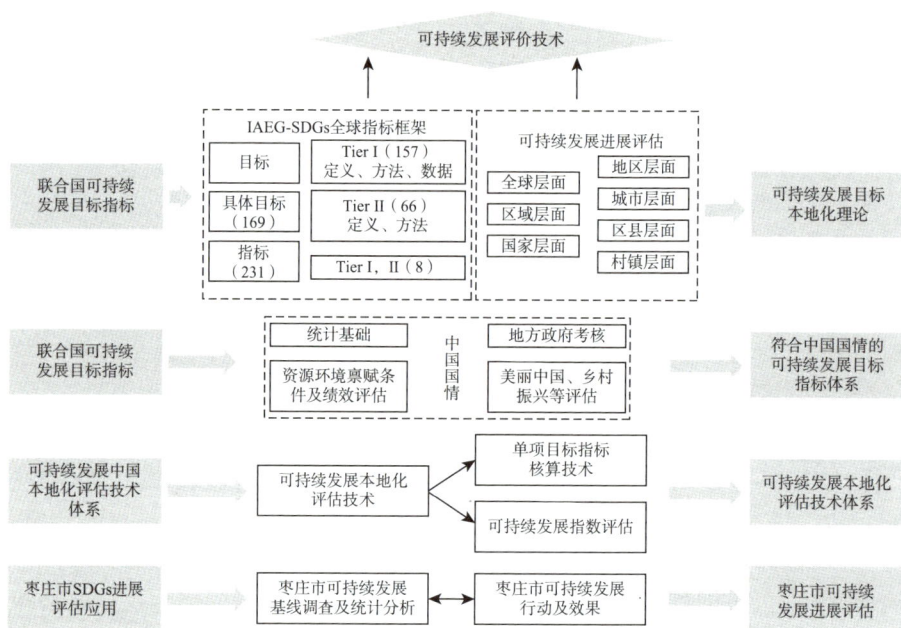

图 4-1　基于 SDGs 的进展评估思路

基于 SDGs 中国本地化指标体系，统筹考虑绿色发展、生态文明建设、乡村振兴、美丽乡村建设、数字乡村建设、宜居宜业和美乡村建设等中国现有乡村建设目标，汇总国家发布的《国家乡村振兴战略规划（2018—2022 年）》《农村人居环境整治三年行动方案》《"十四五"推进农业农村现代化规划》等中长期专项发展战略规划与行动计划里提出的主要目标，参考《中共中央　国务院关于实施乡村振兴战略的意见》等国家宏观政策文件设定的目标，结合《2023 年粮食及农业相关可持续发展目标指标进展跟踪》《2023 年世界粮食安全和营养状况》《2022 年全球饥饿指数（GHI）》《2023 年全球性别差距报告》等国际发布的相关研究报告所设定的指标，并将以上收集到的指标进行整理，分析相关目标指标与乡村可持续发展的对应关系，衔接枣庄市可持续发展规划指标体系和创新示范区考核指标体系，结合实际情况，综合考量枣庄市统计口径及各部门诉求，根据指标的相关性、普适性，数据的准确性、及时性、可靠性和普及性等原则，最终确定了包含 96 项指标的枣庄市 SDGs 进展评估本地化指标体系（评价指标见附录）。枣庄市 SDGs 进展评估指标体系创建路径如图 4-2 所示。

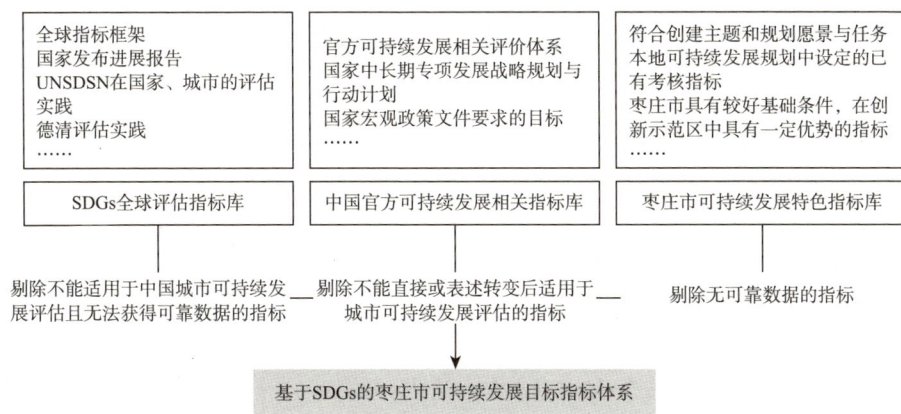

图 4-2　枣庄市 SDGs 进展评估指标体系创建路径

（二）数据收集

2015 年是《2030 年议程》正式实施的前一年，设定为本次评估的基准年；2022 年国务院同意山东省枣庄市建设国家可持续发展议程创新示范区，且 2023 年部分指标的数据为估算数据，数据缺口较大，影响评估的准确性。基于上述原因报告选择收集 2015~2022 年数据对枣庄市 SDGs 进展进行评估。数据主要来源于《中国城市统计年鉴》、《中国农村统计年鉴》、《中国城乡建设统计年鉴》、《山东统计年鉴》、《枣庄统计年鉴》、《枣庄市国民经济和社会发展统计公报》、枣庄市《政府工作报告》、枣庄市年度《生态环境状况公报》等官方公布的统计报告，除此之外的其他数据通过枣庄市可持续发展基线调查的部门访谈及专家调研等途径获取。对于剩余无法获取的少量缺失数据指标，采取线性内插法进行处理，将指标数据补齐。

（三）数据处理与测算

1. 确定指标上下限 / 阈值

由于计算方法的限制，确定数据的上限和下限可能会给指标评价带来影响，尤其是下限，因为它可能会影响到数据的排名，所以对异常值特别敏感。因此，为尽可能保证科学性，本研究指标上下限 / 阈值的确定严格参考以下 6 项内容。

① UNSDSN 与贝塔斯曼基金会发布的全球和城市评价体系（美国、欧洲、意大利）中指标的阈值；

②《国家可持续发展议程创新示范区建设情况评估报告》中指标的最优值和最差值；

③ 国家明确考核要求中规定的约束性阈值（如《美丽中国建设评估指标体系及实施方案》《绿色发展指标体系》《生态文明建设考核目标体系》《国家生态文明建设示范市县建设指标》等相关文件要求）；

④ 可持续发展目标和具体目标中概述的绝对数量阈值，如 SDG1（无贫穷）中，选择 0% 作为贫困发生率的上限值；

⑤ 对于污染地块安全利用率、水土流失治理率、社会保障卡持卡人口覆盖率等指标，可考虑选择公认理想值作为其上限值；

⑥ 对于所有其他指标，对中国全部省市各项指标表现进行排名，使用"表现最好"前 5 名的平均值作为上限，剔除"表现最差"中 2.5% 的观测值以消除异常值对评分的干扰后，得到下限值，即最差值。

2. 指标得分计算

本研究构建的指标体系中，为了对数据进行重新标度和标准化处理，得分计算采用了 UNSDSN 和贝塔斯曼基金会开发的方法。具体如下：在确定指标上限和下限数值之后，运用下列公式对变量进行 [0，100] 范围内的线性转换：

$$x' = 100 \times \frac{x - \min(x)}{\max(x) - \min(x)} \qquad \text{式（4-1）}$$

其中，x 是原始数据值；$\max$ / $\min$ 分别表示同一指标下所有数据的最优值和最差值，x' 是计算后的标准化值。通过该方法将各项指标数据都重新标度为 0~100 的数值，0 表示与目标距离最远（最差），100 表示与目标最接近（最优）。所有指标的表现都能够按照得分进行比较，即更高的数值意味着距离发展目标更近。每个指标分布都将进行审查，所有超过最优值的指标得分为 100，低于最差值的指标得分为 0。

3. 指标加权及聚合

由于到 2030 年要求实现所有可持续发展目标，所以选择相等的权重赋予体系下的每一项目标 / 指标，以此来反映决策者对这些目标平等对待的承诺，并将其作为"完整且不可分割"的目标集。指标加权及聚合主要分为两个步骤。

①利用标准化后的指标得分计算算术平均值，得出每项目标的得分；

②用算术平均数对每个目标的得分进行聚合，得出枣庄市 SDG 指数（得分）。

具体加权及聚合的方法见式（4-2）和式（4-3）：

$$I_i = \sum_{j=1}^{N_{ij}} \frac{1}{N_{ij}} I_{ij} \qquad \text{式（4-2）}$$

$$I = \sum_{i=1}^{N_i} \frac{1}{N_i} I_i \qquad \text{式（4-3）}$$

其中，I_i 表示第 i 个目标的分数，N_i 表示枣庄市参评目标数，N_{ij} 表示枣庄市第 i 个目标内包含的指标数，I_{ij} 表示第 i 个目标内的指标 j 的分数。

4. 内部阈值的确定及颜色分配

为评估枣庄市在可持续发展方面的进展，本研究构建了 SDG 指示板，根据得分分配色标。色标是通过创建内部阈值来制定的，这些阈值是实现 SDGs 的基准。通过将指标颜色映射到百分制 [0，100]，即将已经调整为 0~100 的得分指标分为四个等级，相应的等级对应不同的颜色，其中 0~30 是红色，30~60 是橙色，60~80 是黄色，80~100 是绿色，并保证每个间隔的连续性（见图 4-3）。

图 4-3　指标数值阈值与颜色示意

颜色反映以下等级：红色——表现差；橙色——表现较差；黄色——表现中等；绿色——表现良好；灰色——表示无数据，信息不可用。值得注意的是，绿色不代表该项指标 / 目标已经达到可持续发展的要求，而是表明到 2030 年，枣庄市有很大的可能会实现该项目标。与"绿色"相对应的"红色"评级意味着枣庄市与一系列城市相比距离目标实现仍有很大差距。

（四）SDGs 进展趋势判断

为衡量枣庄市在各项目标上的实现进度，本研究进行 SDGs 趋势判断，即利用 2015~2022 年的数据来估算枣庄市向 SDGs 迈进的速度，并推断该速度能否保证枣庄市在 2030 年前实现目标。判断 SDGs 进展趋势的过程如下。

第一步，计算为实现某一项 SDGs，2015~2030 年所需要的线性年均增长率。

第二步，计算每一项 SDGs 最近一段时期（2015~2020 年）的年均增长率。

第三步，比较第一步和第二步计算出的年均增长率的差异，并转换为"四箭头系统"来描述 SDGs 实现的趋势。如图 4-4 所示，红色箭头代表"下降"趋势，对应近年来增速为负；橙色箭头代表"停滞"趋势，对应近年来增速为 0，或低于 2030 年前实现 SDGs 所需增速的 50%；黄色箭头代表"适度改善"趋势，对应近年来增速高于 2030 年前实现 SDGs 所需增速的 50%，但低于2030 年前实现 SDGs 所需增速；绿色箭头代表"步入正轨"趋势，对应近年来增速大于等于 2030 年前实现 SDGs 所需增速。

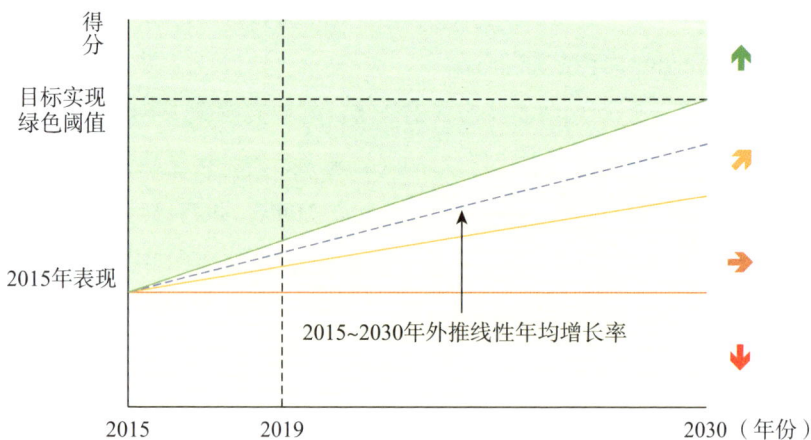

图 4-4　可持续发展目标趋势方法的图示

第四步，结果修正。鉴于目标得分在一定范围内的波动属于正常情况，若出现某一目标 5 年均表现为绿色，但由于得分的波动在第三步的计算中被判定为"下降"的情况，应将其最终趋势结果修正为"步入正轨"。

二 枣庄市 SDGs 指标进展（单项指数）评估

（一）在全球消除一切形式的贫困

消除贫困是各项人权全面发展的基础，SDG1 基于"不让任何一个人掉队"的根本原则，要求所有人在任何时刻任何地点都不贫困，也不会返贫，同时要求构建良好的社会保障体系。枣庄市落实精准扶贫，通过产业扶贫、消费扶贫等方式推进脱贫攻坚工作，实现当前标准下的全面脱贫；教育局、人社局、卫健委、住建局等多部门通过采取投资建设、政策补贴等举措保障贫困人口在教育、就业、医疗、住房等生活方面的权利，社会保障体系逐步完善。枣庄市 SDG1 的得分由 2015 年的 53.44 增加至 2022 年的 99.85，2017 年以前评级为橙色，自 2020 年以来评级为绿色，如图 4-5 所示。2015~2022 年 SDG1 指标进展情况如表 4-1 所示。

	2015年	2016年	2017年	2018年	2019年	2020年	2021年	2022年	趋势
SDG1得分指示板	53.44 ●	57.53 ●	62.48 ●	62.65 ●	68.70 ●	88.48 ●	98.25 ●	99.85 ●	⬆

图 4-5 枣庄市 SDG1 得分情况

1. 实现全面脱贫

枣庄市开展一系列扶贫活动，2020 年枣庄市脱贫攻坚战取得了全面胜利，全市建档立卡贫困人口人均纯收入由 2015 年的 2970 元增长到 2020 年的 9641 元，年均增长 26.55%。贫困群众"三保障"和饮水安全等问题全面解决，214 个省定扶贫工作重点村实现"五通十有"。在现行贫困标准下，枣庄市贫困发生率从 0.85% 逐步降至 0%（见图 4-6）。枣庄市巩固拓展脱贫成果同乡村振兴有效衔接。2022 年以来，枣庄市严格落实"四个不摘"[①]，坚持"四个不减"[②]，持续聚焦巩固"两不愁三保障"[③]和安全饮水成果，扎实开展防返贫监测帮扶，接续推进政策保障和产业就业帮扶，精准施策，不断巩固拓展枣庄市脱贫攻坚成果。创新实施衔接乡村振兴集中推进区建设，稳步推进乡村全面振兴。全市现行标准下脱贫享受政策人口收入稳步提高，"两不愁三保障"水平和生活质量不断提升，全市 2.98 万户 6.79 万名脱贫人口脱贫稳定。

表 4-1　2015~2022 年 SDG1 指标进展情况

指标	2015年	2016年	2017年	2018年	2019年	2020年	2021年	2022年	趋势	进展分析
贫困发生率*									↑	在现行标准下，枣庄市的贫困发生率从 2015 年的 5.05% 降至 2018 年的 0%，已经实现全面脱贫
农村恩格尔系数									↑	枣庄市农村恩格尔系数从 2015 年的 33.64% 下降至 30.30%，但仍高于世界相对富裕水平（30%），消费结构有待进一步优化
城镇最低生活保障标准									↑	枣庄市城镇最低生活保障标准从 2015 年的 440 元／月升高至 830 元／月，仍低于山东省平均水平（899 元／月），高于全国平均水平（734 元／月）
农村最低生活保障标准									↗	枣庄市农村最低生活保障标准从 2015 年的 240 元／月升高至 700 元／月，仍低于山东省平均水平（721 元／月），高于全国平均水平（554 元／月）

注：＊代表国际层面的指标，下同。

① "四个不摘"指摘帽不摘责任、摘帽不摘政策、摘帽不摘帮扶和摘帽不摘监管。
② "四个不减"指工作力度只增不减、资金投入只增不减、政策支持只增不减、帮扶力度只增不减。
③ "两不愁三保障"是指不愁吃、不愁穿，义务教育、基本医疗、住房安全有保障。

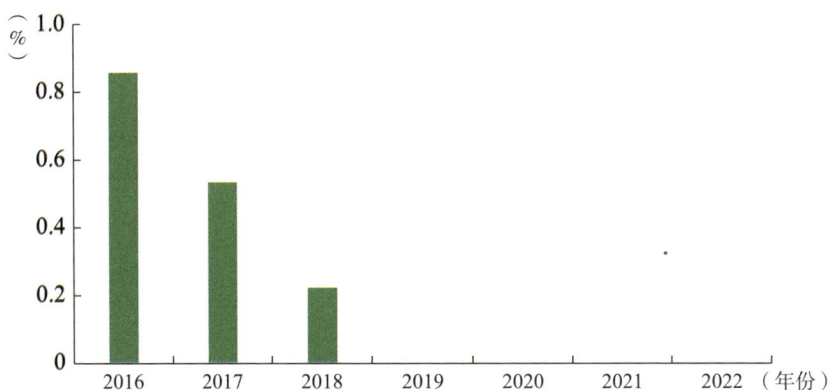

图 4-6　2016~2022 年贫困发生率

2. 多措并举助推社会保障体系高质量发展

坚持以"全面建成覆盖全民、城乡统筹、权责清晰、保障适度、可持续的多层次社会保障体系"为统领，以"人人享有社会保障"为目标，按照"守住底线、突出重点、完善制度、引导预期"的思路，不断完善各项社会保障政策，稳步提升社会保障待遇水平，在全民参保、基金管理、经办服务等方面强化突破，全市社会保障体系获得长足发展，为枣庄市创新转型高质量发展构筑了坚实的"安全网"。截至 2022 年，枣庄市职工基本养老、医疗、工伤、失业保险参保人数分别达到 90.81 万人、370.4 万人、46.9 万人、44 万人，较 2012 年分别增加 25 万人、274.9 万人、5.8 万人、9.6 万人。城镇最低生活保障标准与农村最低生活保障标准均呈现上升态势，分别由 2015 年的 440 元 / 月、240 元 / 月升高至 830 元 / 月、700 元 / 月，如图 4-7 所示。

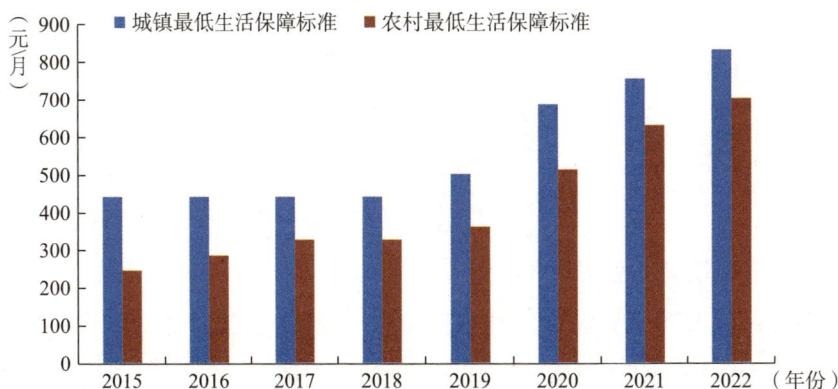

图 4-7　2015~2022 年城镇、农村最低生活保障标准

（二）消除饥饿，实现粮食安全，改善营养状况和促进可持续农业

粮食安全是人民生活的基础保障，是人类发展的基础保障，但世界上仍有许多人口长期处于饥饿或营养匮乏状态。SDG2 要求为所有人提供充足、安全的粮食保障，同时要求发展可持续的农业。2017 年 12 月，枣庄市被认定为全国首批国家农业绿色发展先行区，2022 年 7 月，又获批建设国家可持续发展议程创新示范区，枣庄市在农业绿色低碳高质量发展领域的探索和实践不断深入，积极探索出"草—废—肥""猪—沼—果""虫—粪—菜""枣—加—游"四种循环模式，促进农业经济收益提升；鼓励现代化、规模化种植，确保粮食生产面积，稳定发展粮食生产；按照源头减量、过程控制和末端利用的原则，减少耕地污染，建设处理农业废弃物的相关设施，构建农业可持续发展格局。枣庄市 SDG2 的得分由2015 年的 59.40 增加至 2022 年的 81.60，评级由 2015 年的橙色逐步过渡到绿色，整体呈向好趋势，如图 4-8 所示。2015~2022 年 SDG2 指标进展情况如表 4-2 所示。

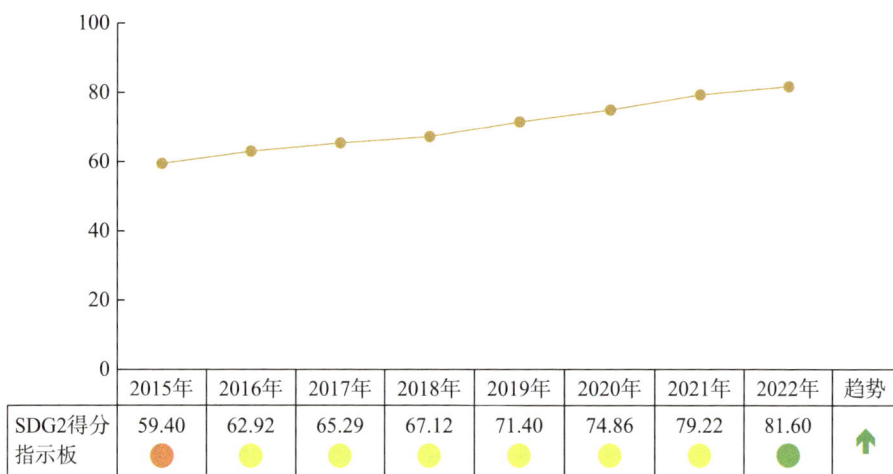

	2015年	2016年	2017年	2018年	2019年	2020年	2021年	2022年	趋势
SDG2得分	59.40	62.92	65.29	67.12	71.40	74.86	79.22	81.60	
指示板	🟠	🟡	🟡	🟡	🟡	🟡	🟡	🟢	⬆

图 4-8 2015~2022 年枣庄市 SDG2 得分情况

1. 高质高效农业加快发展

2023 年枣庄市夏粮面积为 210.37 万亩，总产量为 91.25 万吨，单产 433.76公斤/亩。不仅夏粮面积、总产量、单产均较上年增长，实现了"三增"，而且总产量、单产均创近 17 年来的新高，夏粮总产量、单产增长幅度均超过全省平

均水平，分别居全省第6位、第5位。枣庄继续示范推广大豆玉米带状复合种植，围绕实现"玉米不减产，增收一季豆"目标，细化分解任务目标到基层、到地块、到种植主体，完成种植面积5.3万亩，超额完成省政府下达的5万亩种植任务。积极打造国家级、省级现代农业产业园、产业强镇21个，滕州市入选国家农业现代化示范区创建名单。市级以上知名农产品品牌达到73个，"厚道枣庄人、放心农产品"整体品牌逐渐打响，省级农产品质量安全县实现五区一市全覆盖。

表4-2 2015~2022年SDG2指标进展情况

指标	2015年	2016年	2017年	2018年	2019年	2020年	2021年	2022年	趋势	进展分析
每公顷面积粮食产量*									↑	2022年枣庄市每公顷面积粮食产量为6460公斤，较2015年（7082公斤）有所降低，但仍处于全国领先状态
人均粮食综合生产能力									↑	2015~2022年，枣庄市人均粮食综合生产能力从0.42吨增加至0.48吨
农业劳动生产率									→	2022年枣庄市农业劳动生产率（3.26万元/人）较2021年（3.68万元/人）有所下降，存在进步空间
农村居民人均可支配收入									↑	2015~2022年，枣庄市农村居民人均可支配收入有所增加，但评级仍为橙色
秸秆综合利用率									→	2015~2022年，枣庄市秸秆综合利用率保持在95%
畜禽粪污综合利用率									↑	枣庄市畜禽粪污综合利用率从2015年的71.36%增加至2022年的91.91%，提升近30%

指标	2015年	2016年	2017年	2018年	2019年	2020年	2021年	2022年	趋势	进展分析
农田灌溉水有效利用系数 *									↑	2015~2022 年，枣庄市农田灌溉水有效利用系数评分保持在 100 分
高标准农田占比									↑	枣庄市高标准农田占比近年来增速快，2022 年达到 80.8%，高于山东省平均水平（77.67%）

2. 农业经济收益明显提升

乡村产业发展势头良好，富民强村产业发展逐步加快，农产品加工业稳中向好。2022 年围绕马铃薯、石榴、设施蔬菜、畜禽、兽药饲料、食品加工等特色产业延链补链强链，实施高质高效农业重点项目 66 个，总投资 271.8 亿元；全市高质高效农业产业链企业发展到 313 家，增加 42 家；全市规模以上农产品加工企业 224 家，增加 19 家，实现营业收入 168.9 亿元，增速为 7.3%。全市累计纳入防止返贫监测帮扶对象 1188 户 3212 人，逐一落实了针对性帮扶措施，2022 年全市脱贫享受政策人口人均纯收入为 13610 元，高于全省平均水平 1425 元，同比增长 20%，高于全市农村居民人均可支配收入 13.3 个百分点。枣庄市 2022 年度巩固拓展脱贫攻坚成果成效获省督查激励，是全省 5 个受督查激励的市之一。2015~2022 年，农业劳动生产率从 3.18 万元 / 人增加至 3.26 万元 / 人，农村居民人均可支配收入从 12038 元增加至 20858 元，如图 4-9 所示。农村居民和农业从业者的收入均有所提高。

3. 绿色低碳农业卓有成效

枣庄市积极践行黄河流域生态保护和高质量发展战略，实施农业农村领域"四减四增"三年行动。2020 年，枣庄市主要农作物病虫害统防统治覆盖率达 42%，主要农作物农药利用率达 40%，农用地膜回收率达 85%，畜禽粪污综合利用率达 90.8%，农作物秸秆综合利用率常年稳定在 95%，乡村绿化覆盖率达到 28.5%；推广水肥一体化面积 37.3 万亩，化肥、农药使用减量幅度始终高于全省平均水平，50% 的区（市）被列为全国农作物病虫害绿色防控整建制推进县，绿色防控覆盖率达到 60.9%，高于全省 8.2 个百分点；创新实施"山水林田大会战"，2021 年以来植树造林 4.3 万亩，治理河道 57 条、山体 55 处，建设高标准农田 42 万亩。高效节水灌溉面积达到 219 万亩；368 家规模养殖场全部完成粪污处理设施配建，病死畜禽无害化处理实现全覆盖，同时建设了国内首个兽用生物药品园区——中国兽药谷，为发展绿色畜禽业搭建了高端科研生产平台；深入开展农业废弃物综合利用，推进农作物秸秆"五料化"利用，是全省两个废弃农膜回收贮运整建制试点市之一。2017~2022 年枣庄市农田灌溉水有效利用系数从 0.655 提升至 0.657，远高于全国平均水平（0.57），如图 4-10 所示。

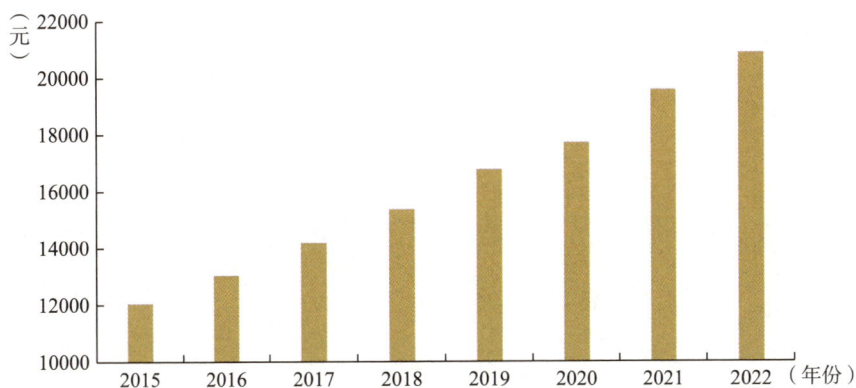

图 4-9　2015~2022 年农村居民人均可支配收入

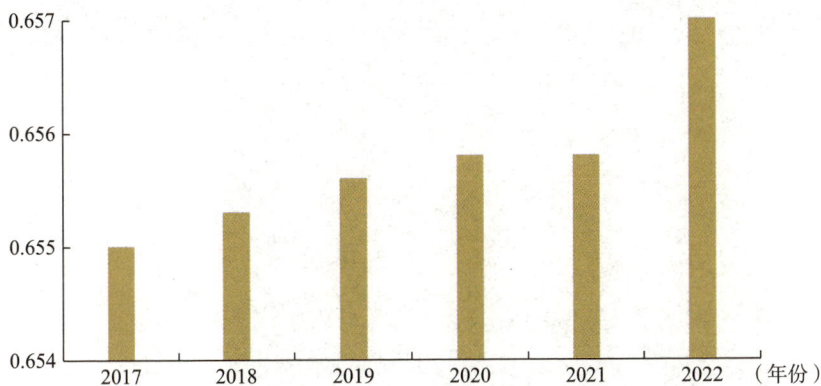

图 4-10　2017~2022 年农田灌溉水有效利用系数

（三）确保健康地生活，增进各年龄段人群的福祉

确保人民身体健康，营造健康生活环境，是人民生活的美好追求，也是国

家发展的基本目标。SDG3 要求所有人能够拥有健康生活以及普及的医疗保健服务。枣庄市不断强化医疗服务体系建设，医疗卫生和公共卫生服务水平进一步提升，卫生健康事业得到发展。枣庄市 SDG3 的得分由 2015 年的 62.30 增加至 2022 年的 83.67，2021 年前评级为黄色，自 2021 年以来评级为绿色，如图 4-11 所示。2015~2022 年 SDG3 指标进展情况如表 4-3 所示。

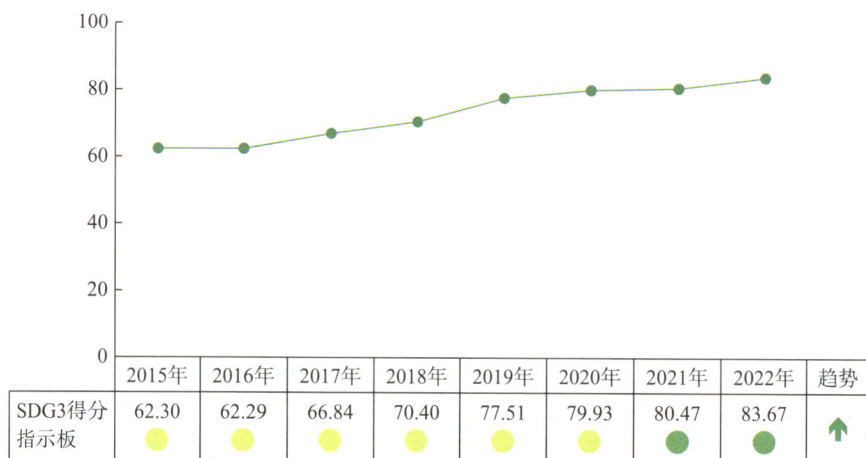

	2015年	2016年	2017年	2018年	2019年	2020年	2021年	2022年	趋势
SDG3得分指示板	62.30	62.29	66.84	70.40	77.51	79.93	80.47	83.67	↑

图 4-11 枣庄市 SDG3 得分情况

表 4-3 2015~2022 年 SDG3 指标进展情况

指标	2015年	2016年	2017年	2018年	2019年	2020年	2021年	2022年	趋势	进展分析
孕产妇死亡率*									↓	2022 年枣庄市孕产妇死亡率为 14.87 人/十万活产人数，近年来增速为负
婴儿死亡率*									↑	2015~2022 年，枣庄市婴儿死亡率从 4.26 人/千活产人数减少到 1.78 人/千活产人数
因道路交通伤所致死亡率*									↑	2015~2022 年，枣庄市因道路交通伤所致死亡率保持在 3 人/十万人以下

指标	2015年	2016年	2017年	2018年	2019年	2020年	2021年	2022年	趋势	进展分析
法定传染病发生率									↑	枣庄市法定传染病发生率从2015年的311.57人/十万人减少至2022年的199.87人/十万人
人均预期寿命*									↗	2015~2022年，枣庄市人均预期寿命保持在76~79岁
城镇居民基本养老参保率									↑	2022年枣庄市城镇居民基本养老保险参保人数为196.39万人，社会保障更加健全
每千人口医疗卫生机构床位数									↑	2015~2022年，枣庄市每千人口医疗卫生机构床位数从4.94张增至6.87张，低于全国平均水平（6.92张）
城乡居民基本医疗保险参保率									↑	2019~2022年，枣庄市城乡居民基本医疗保险参保率保持在100%
每千人口执业（助理）医师人数									↗	2015~2022年，枣庄市每千人口执业（助理）医师人数从2.11人增至3.11人，但评级仍为橙色
适龄儿童免疫规划疫苗接种率									↑	2022年枣庄市适龄儿童免疫规划疫苗接种率为93.92%，仍有进步空间

1. 妇幼健康服务水平仍需提升

枣庄市启动了母婴安全行动计划和妇幼健康促进行动，切实加强生育全程医疗保健服务，深入实施"妇幼健康促进行动"，加强妇幼健康服务体系建设。计划到"十四五"末，全市区级妇幼保健机构，二级甲等及以上妇幼保健机构所占比例达到50%以上，实施母婴安全行动提升计划，落实母婴安全五项制度，巩固提升危重孕产妇和新生儿救治能力。枣庄市共设置10所急危重孕产妇和新生儿救治中心，市、区两级急危重孕产妇和新生儿救治中心已经实现100%覆盖。全市现有3岁以下婴幼儿托位数7272个，实现每千人1.9个托位数，超省定要求0.3个。2022年，婴儿死亡率远低于山东省平均水平（3.18人/千活产人数），但孕产妇死亡率仍保持较高水平，高于山东省平均水平（7.18人/十万活产人数）。2015~2022年，婴儿死亡率从4.26人/千活产人数下降至1.78人/千活产人数（见图4-12），孕产妇死亡率从14.45人/十万活产人数增至14.87人/十万活产人数。

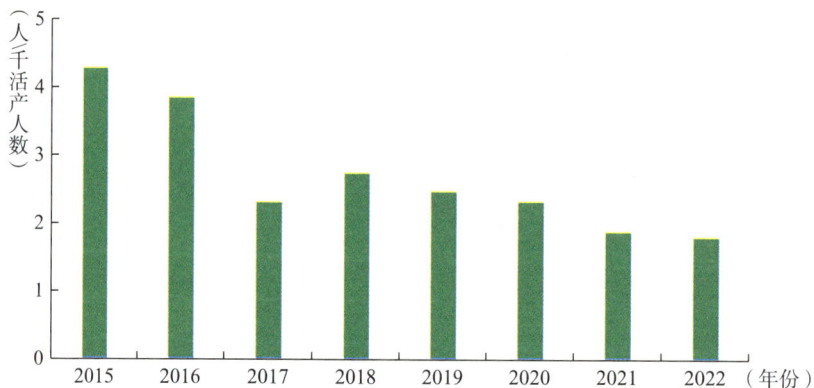

图4-12 2015~2022年婴儿死亡率

2. 法定传染病得到有效控制

传染病的防治是保障城市公共安全的重要工作，在枣庄市卫生健康委提出的"四送四进四提升"工作要求下，市疾控中心多次组织重点传染病防控工作培训等会议，强调传染病疫情报告管理、突发公共卫生事件（卫生应急）信息报告、新冠疫情、流感、禽流感、手足口病、布病以及致病菌识别网相关工作。此外定期开展法定传染病报告质量和管理现状调查工作，了解全市各级各类医疗卫生机构在法定传染病报告管理工作中存在的问题，进一步规范各单位传染病疫情管理工作、提高突发公共卫生事件报告管理能力。不断加强重点传染病监测预警，提高各类传染病早发现、早诊断、早处置能力，坚持综合防控、多病共防，加强免疫规划工作，维持高水平人群免疫屏障，推广成人预防接种服务，扩大免疫规划疫苗接种范围。2017~2022 年，法定传染病发生率从 511.36 人 / 十万人减少至 199.87 人 / 十万人，如图 4-13 所示。

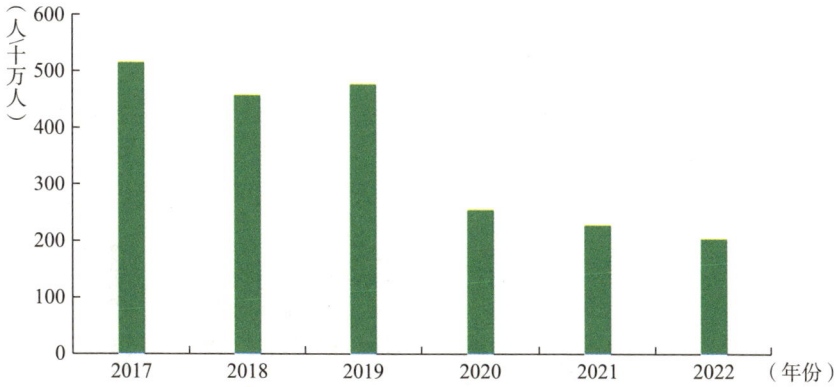

图 4-13　2017~2022 年法定传染病发生率

3. 居民参保率稳步提高

枣庄市积极开展医保经办服务"三级联创"，围绕"三个突出"，通过创新基层医保服务方式、优化基层医保服务体系、提升基层医保服务能力"三项举措"，全面构建覆盖区—镇（街）—村（居）三级基层医保经办服务网，以特有的区块联动、协调共进效果，真正打通"最后一公里"，兜牢做实医保基层经办服务，持续推进医保治理创新，不断激发医保基层治理新效能。制定《枣庄市基本医保全民参保集中宣传月活动实施方案》，进一步推进健全覆盖全民、统筹城乡多层次医疗保险体系，不断增强基本医疗保障能力，巩固全民参保成果，通过"点、线、面"相结合的方式，全方位做好基本医保全民参保集中宣传月活动。2022 年，城乡居民基本医疗保险参保率达100%。

4. 医疗队伍不断壮大、质量有效提高

枣庄市目前共建成 7 个省级临床重点专科（含建设单位），64 个市级临床重点专科，42 个医联体，21 个专科联盟，49 个市级质控中心。2021 年末，《枣庄市"十四五"卫生与健康规划》正式发布，规划以"健康枣庄"建设为统领，旨在全面提高卫生健康供给质量和服务水平。同时，枣庄市不断提升基层卫生服务能力，统筹县域资源整体谋划和规划建设，计划到"十四五"

末，区（市）综合医院、中医医院达到国家医疗服务能力推荐标准占比分别不低于 100%、70%；开展县域医疗服务次中心建设，镇卫生院、社区卫生服务中心全部达到国家基本标准，达到省提升标准和国家推荐标准占比分别不低于 70%、20%。2015~2022 年，枣庄每千人口医疗卫生机构床位数从 4.94 张增加至 6.87 张（见图 4-14），略低于全国平均水平（6.92 张），每千人口执业（助理）医师人数从 2.11 人增加至 3.11 人，略低于全国平均水平（3.15 人）。

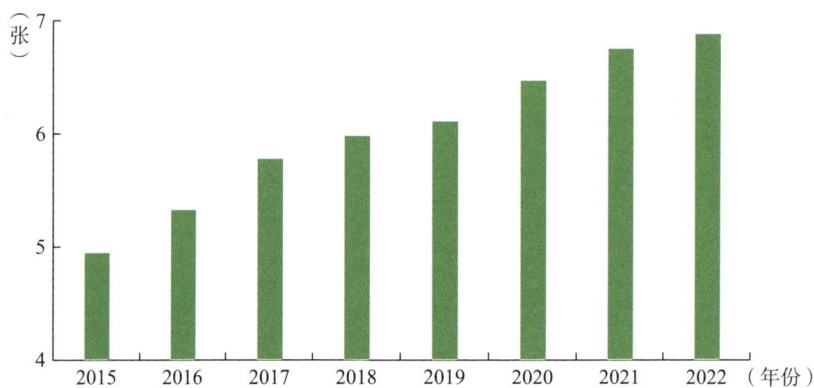

图 4-14 2015~2022 年每千人口医疗卫生机构床位数

（四）确保包容和公平的优质教育，让全民终身享有学习机会

获得高质量的教育是改善人民生活和实现可持续发展的必备条件。SDG4 要求推广学前教育，所有适龄学童都能够接受免费的初等、中等教育，人人都应当有机会接受优质高等教育。枣庄市高度重视教育工作，深化基础教育改革，优化教育资源布局，基本构建了较为完备的国民教育体系，教育教学质量逐年攀升，人民群众对教育的满意度和获得感持续增强。枣庄市 SDG4 的得分由 2015 年的 62.15 增加至 2022 年的 83.08，2021 年前评级为黄色，自 2021 年以来评级为绿色，如图 4-15 所示。2015~2022 年 SDG4 指标进展情况如表 4-4 所示。

	2015年	2016年	2017年	2018年	2019年	2020年	2021年	2022年	趋势
SDG4得分指示板	62.15	65.75	69.48	73.93	76.12	78.43	80.97	83.08	⬆

图 4-15　枣庄市 SDG4 得分情况

表 4-4　2015~2022 年 SDG4 指标进展情况

指标	2015年	2016年	2017年	2018年	2019年	2020年	2021年	2022年	趋势	进展分析
学龄人口入学率*									⬆	2015~2022 年，枣庄市学龄人口入学率始终保持在 100%
小学生师比									⬆	2015~2022 年，枣庄市小学生师比从 19.63 降低到 16.40，并保持不断提升趋势
初中生师比									⬆	2015~2022 年，枣庄市初中生师比从 12.35 提高到 14.90，比值显著提升
义务教育巩固率									⬆	2015~2022 年，枣庄市义务教育巩固率从 94.04% 增至 100%

指标	2015年	2016年	2017年	2018年	2019年	2020年	2021年	2022年	趋势	进展分析
农村学前三年入园率									↑	2015~2022年,枣庄市农村学前三年入园率从80.42%提高至90.30%,高于山东省平均水平(90.00%)
特殊教育学生入学率									↑	2022年枣庄市特殊教育学生入学率为98.79,入学率稳步增长
文化产业增加值占GDP比重									↑	2022年枣庄市文化产业增加值占GDP比重增加至4.90%,但评级仍为红色

1. 义务教育普及保持稳定

在国家统一实施的九年义务教育制度背景下,枣庄市高度重视教育工作,深化基础教育改革,优化教育资源布局,基本构建了较为完备的国民教育体系,教育教学质量逐年攀升。2023年,枣庄市教育局研究制定了"教育十件惠民实事",全力办好人民满意的枣庄教育,计划新建改扩建中小学(幼儿园)40所,增加学位2.4万个,全面保障义务教育入学需求。2015~2022年,义务教育巩固率从94.04%增至100%(见图4-16),保障全市儿童获得公平的教育机会。

2. 学前教育提高普惠性覆盖率

学前教育的推广可以为儿童带来更加基础和完善的知识体系,是推进教育体系现代化、提升全年龄段知识素养、提升社会幸福度的重要举措。枣庄市全面促进学前教育普及普惠发展,着重解决"上公办园、优质园"的问题。2023年,枣庄市计划建设提升普惠性幼儿园20所,增加普惠性学位2000个,省级一类及以上幼儿园增加到300所,全市学前教育普惠率达到85%以上,让更多幼儿接受优质普惠的学前教育。2015~2022 年，学龄人口入学率始终保持在 100%，符合国家所规定的入学要求。

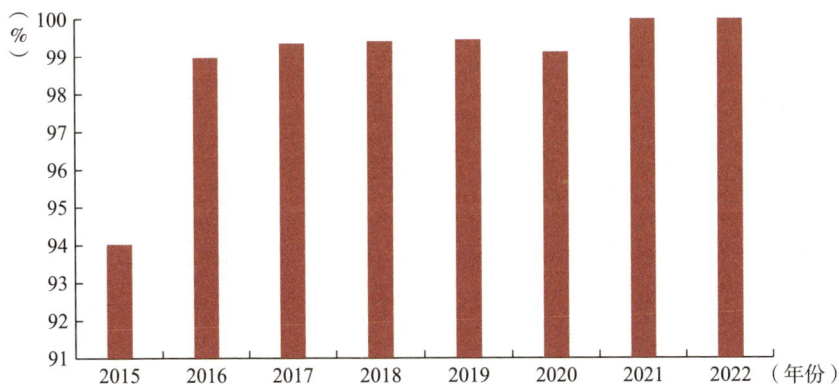

图 4-16   2015~2022 年义务教育巩固率

3. 推进乡村教育优质均衡发展

枣庄市不断改善乡村学校办学条件，启动乡村中小学校（幼儿园）办学条件改善项目，加大城乡教师交流力度，提升乡村教师素质水平。2023 年，枣庄市计划推进市级及以上教育强镇筑基试点镇达到 70% 以上，与烟台市优质学校建立不少于 20 个结对发展联盟体，全市城乡学校结对率达到 100%；重点改善 207 所乡村学校食堂供餐条件，推动 126 所学校食堂达到规范化水平；打造一批乡村温馨校园，努力为乡村孩子创设环境优美、安全舒适、快乐和谐的就学条件。2017~2022 年，特殊教育学生入学率从 97.50% 增至 98.79%（见图 4-17），高于全国平均水平（95.10%）。

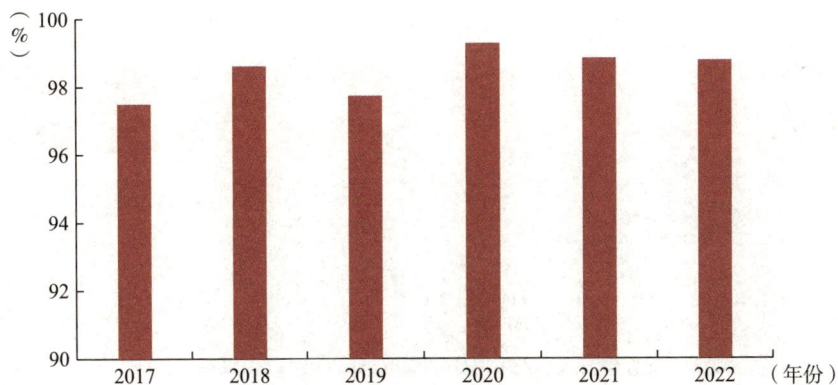

图 4-17   2017~2022 年特殊教育学生入学率

（五）实现性别平等，增强所有妇女和女童的权能

性别平等与妇女发展是人类追求公平、正义与平等的永恒主题，是社会文明进步的衡量尺度，也是人类实现可持续发展的重要目标。SDG5 要求消除对妇女和女童的歧视与伤害，保障男女能够平等地获取政治资源、教育资源等方面的权利。枣庄市结合本地妇女发展和男女平等的实际情况，组织开展枣庄市妇女第十次代表大会，提高妇女社会地位，推动妇女依法行使民主权利，使其平等参与社会经济发展，享有平等的发展成果。枣庄市 SDG5 的得分由 2015 年的 62.56 增加至 2022 年的 72.30，近几年评级均为黄色，呈现小幅度增加的态势，如图 4-18 所示。2015~2022 年 SDG5 指标进展情况如表 4-5 所示。

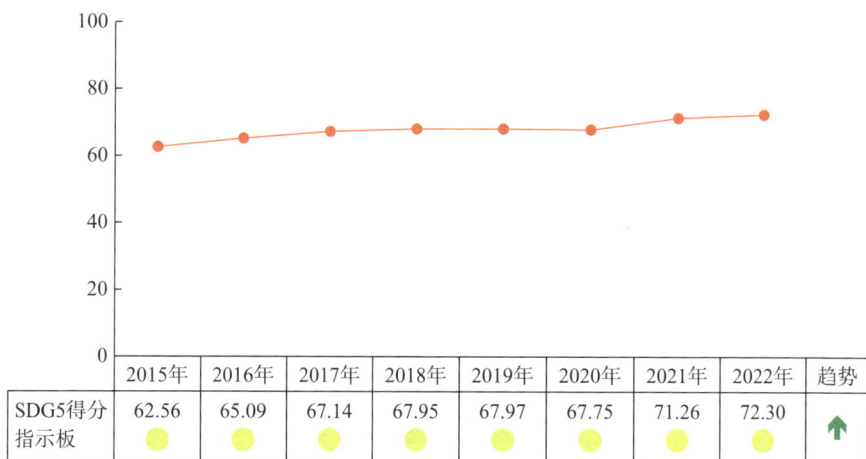

	2015年	2016年	2017年	2018年	2019年	2020年	2021年	2022年	趋势
SDG5得分指示板	62.56	65.09	67.14	67.95	67.97	67.75	71.26	72.30	⬆
	🟡	🟡	🟡	🟡	🟡	🟡	🟡	🟡	

图 4-18　枣庄市 SDG1 得分情况

表 4-5　2015~2022 年 SDG5 指标进展情况

指标	2015年	2016年	2017年	2018年	2019年	2020年	2021年	2022年	趋势	进展分析
小学女童入学率									⬆	2015~2022 年，枣庄市小学女童入学率从97.28%增加至100%，评级始终保持绿色

指标	2015年	2016年	2017年	2018年	2019年	2020年	2021年	2022年	趋势	进展分析
市人大代表和市政协委员中女性百分比*									↗	2015~2022年，枣庄市人大代表和市政协委员中女性百分比从25.86%增长至30.91%，增长趋势显著
女性占公务员的百分比									↗	2015~2022年，枣庄市女性占公务员的百分比从20.86%增加至26.16%，但仍有进步空间
乡村人口性别比									→	2015~2022年，枣庄市乡村人口性别比维持在111%左右，高于山东省平均水平（104.94%）

枣庄市深化妇联改革，健全各级妇联班子，2023年5月，组织召开枣庄市妇女第十次代表大会。在全市范围内实施基层优秀妇女人才提升培训"百千"计划，举办100场村级优秀妇女人才培训班，1000名优秀妇女人才上讲台；配合组织部门做好农村女性进"两委"工作，推动村（社区）妇联完成同步换届；落实妇联事业单位改革任务，以"妇女微家"建设为切入点，不断扩大"四新"领域妇联组织覆盖；大力推进"网上妇联"建设，实现线上线下"妇女之家"有机融合；举办女干部培训班和全市基层妇联执委培训班，建设高素质专业化妇联干部队伍。2015~2022年，枣庄市人大代表和市政协委员中女性百分比从25.86%增至30.91%，超过山东省平均值（29.40%）和全国平均值（23.01%）；2015~2022年，女性占公务员的百分比从20.86%增至26.16%。

（六）为所有人提供水和环境卫生并对其进行可持续管理

水是生命之源，是保障可持续发展的基本资源。SDG6 旨在确保人人享有水和卫生设施并对其进行可持续管理，落实 SDG6 对于社会经济发展、能源和粮食生产、生态系统健康以及人类自身的存活都至关重要。枣庄市水务系统积极融入并主动服务黄河流域生态保护和高质量发展国家战略，统筹"水工程建设、水资源配置、水环境治理、水生态修复、水安全保障、水文化铸魂"六项重点任务，守好"水安全风险防控底线、水资源承载能力上线、水生态环境保护红线"，建设"发展水务、民生水务、生态水务、平安水务、智慧水务"，打造治水兴水、护水管水"枣庄模式"，整体工作实现新跃升，多项工作呈现新突破。枣庄市 SDG6 的得分由 2015 年的 65.02 增加至 2022 年的 89.78，自 2019 年起评级由黄色转为绿色，如图 4-19 所示。2015~2022 年 SDG6 指标进展情况如表 4-6 所示。

	2015年	2016年	2017年	2018年	2019年	2020年	2021年	2022年	趋势
SDG6得分指示板	65.02	65.49	74.71	78.89	81.29	87.80	88.32	89.78	⬆

图 4-19 枣庄市 SDG6 得分情况

表 4-6 2015~2022 年 SDG6 指标进展情况

指标	2015年	2016年	2017年	2018年	2019年	2020年	2021年	2022年	趋势	进展分析
城市集中式饮用水水源地水质达标率									⬆	2015~2022 年，枣庄市城市集中式饮用水水源地水质达标率保持在 100%

指标	2015年	2016年	2017年	2018年	2019年	2020年	2021年	2022年	趋势	进展分析
农村饮用水水源安全保障率									↑	2015~2022年，枣庄市农村饮用水安全保障率从95.64%增加至98.20%
农村卫生厕所普及率									↗	2015~2022年，枣庄市农村卫生厕所普及率从32.74%提升至92.81%，改善趋势明显
城镇污水处理率*									↑	2015~2022年，枣庄市城镇污水处理率从95.70%提高至98.38%，发展态势良好
地表水质量达到或好于Ⅲ类水体比例									↑	2015~2022年，枣庄市地表水质量达到或好于Ⅲ类水体比例保持在100%
万元国内生产总值用水量									↓	2015~2022年，枣庄市万元国内生产总值用水量先下降后上升，2018年达到最低，为22.94立方米
水资源开发利用率									↑	2015~2022年，枣庄市水资源开发利用率从63.26%下降至28.87%，远低于山东省平均水平（42.63%）

1. 饮用水水源地水质全域达标，农村饮用水安全改善

为全面加强饮用水水源地保护工作，让群众喝上干净的水，枣庄市生态环境局坚持"划、立、治"保护原则，积极开展饮用水水源地保护工作，提升饮

用水安全保障水平。2022 年，根据《山东省饮用水水源保护区管理规定（试行）》有关要求，枣庄市对已划定保护区的 10 处饮用水水源保护区进行了调整，对岩马水库进行了饮用水水源保护区划定；开展饮用水水源地规范化整治工作，设立保护区标识牌、警示牌、宣传牌约 160 块，并对市级饮用水水源地每月开展一次水质监测，对县级饮用水水源地每季度开展一次水质监测，定期发布饮用水水源地水质监测结果。同时，枣庄市农村供水保障水平显著提高，成立农村供水保障工作专班，建立工作推进机制；实施 295 个农村供水工程提标升级，保障 23.21 万农民群众喝上"放心水"，有效提升农村居民用水满意度。2017~2022 年，枣庄市城市集中式饮用水水源地水质达标率保持在 100%，农村饮用水安全保障率从 96.14% 逐年增长至 98.20%（见图 4-20），评级均保持绿色水平。

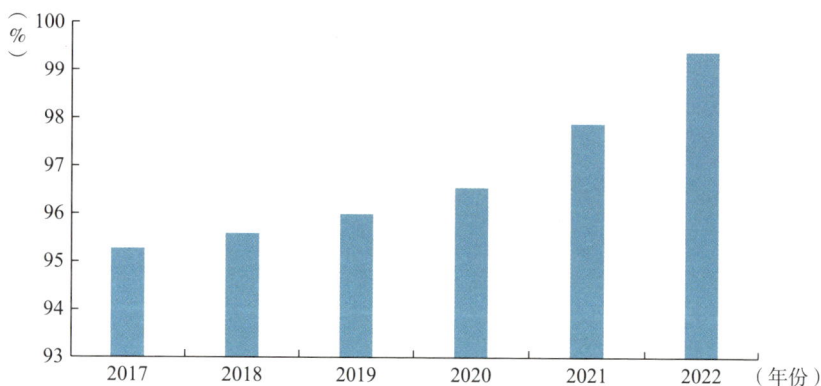

图 4-20　2017~2022 年农村饮用水安全保障率

2. 农村环境卫生持续改善

枣庄市持续开展村庄清洁行动，巩固扩大农村"厕所革命"成果，稳步提升农村改厕质量，加快健全完善后续管护长效机制。2022 年，枣庄改造提升农村厕所 2.1 万户，完成 295 个农村供水工程提标升级，在一些种植经济作物的村庄，将黑、灰水在源头进行分离处理后利用，最大限度实现农村污水资源回收，实现农村黑臭水体"动态清零"。成功创建 4 个乡村振兴齐鲁样板省级示范区、15 个省级美丽乡村示范村、5 个省级乡村旅游重点村。在全力建设宜居宜业和美乡村上，枣庄提出全力推进枣庄国家可持续发展议程创新示范区建设、实施农村人居环境整治提升五年行动、坚决打好"山水林田大会战"等方面，涵盖全方位、多层次的各项建设目标。2017~2022 年，农村卫生厕所普及率由

50.70% 大幅提升至 92.81%（见图 4-21）。

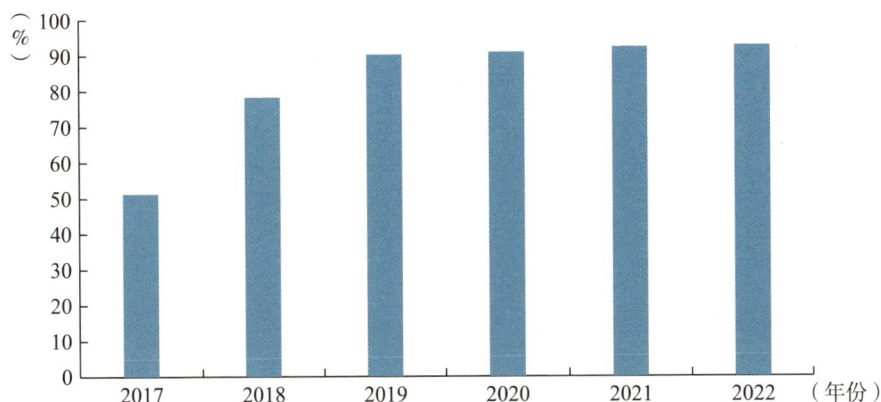

图 4-21　2017~2022 年农村卫生厕所普及率

3. 污水处理能力提高，地表水水质保持良好

枣庄市已建成 48 座城镇污水处理厂（站），实现城区周边和镇驻地周边村庄应纳尽纳、能收尽收。2022 年，枣庄完成 107.9 千米城市雨污合流管网改造，实现全市城市建成区雨污合流管网清零；完成滕州市第一污水处理厂等 3 座污水处理厂出水水质提标改造，确保 10 条城市建成区黑臭水体实现长治久清；完成薛城区第二污水处理厂等 3 座污水处理厂新建、扩建，新增污水处理能力 8 万吨 / 天，出水水质均达到准 Ⅳ 类排放标准，并成功创建 13 条 "省级美丽幸福示范河湖"，里程位居全省第二。枣庄市人民政府办公室公布《枣庄市城市排水 "两个清零、一个提标" 工作方案》，计划到 2025 年底，全市城市污水处理厂出水水质达到地表水准 Ⅳ 类标准，再生水利用率达到 55%；落实城市黑臭水体 "长治久清" 长效机制，保证 10 条已经完成治理的城市黑臭水体不反弹。2015~2022 年，枣庄市城镇污水处理率整体呈增长态势，由 95.70% 提升至 98.38%（见图 4-22），地表水质量达到或好于 Ⅲ 类水体比例达 100%。

4. 水资源利用效率提升

2022 年，枣庄市城乡水务局全面落实 "四水四定" 要求，实行最严格水资源管理制度，推动全市水资源节约集约利用水平取得新提升。全市用水总量为 5.78 亿立方米，占年度控制目标的 87%，万元 GDP 用水量和万元工业增加值用水量分别较 2020 年下降 12% 和 14%。枣庄市积极推进供水管网改造，城市供水漏损率下降到 8.27%；实施农业田间高效节水建设，农田灌溉水有效利用系数提高到 0.6567；大力开展节水型社会建设，全市县域节水型社会建成率达到 83.33%。创建命名市级节水型载体 43 家，省级节水型载体 14 家，市级公共机构节水型单位覆盖率达到 68%，市、县级水利行业节水型单位覆盖率达到 100%；全市多年平均水资源可利用量增加至 13.3 亿立方米，进一步增加了水资源战略储备，分质供水、优水优用、多元互济用水格局逐步形成。2016~2022 年，枣庄市水资源开发利用率整体呈下降趋势，从 65.12% 降低至 28.87%。

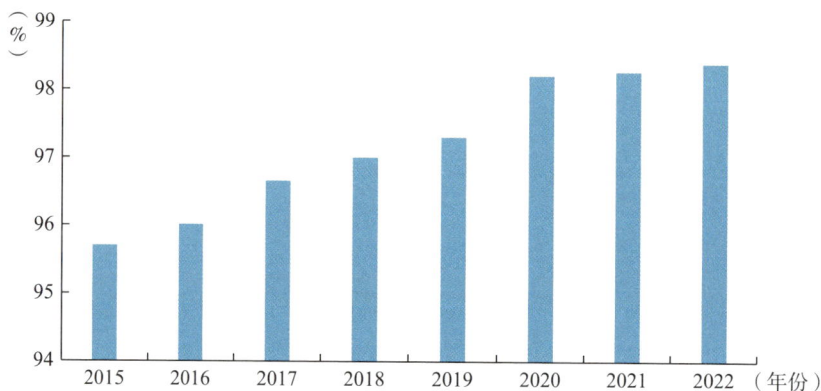

图 4-22　2015~2022 年城镇污水处理率

（七）确保人人获得负担得起的、可靠和可持续的现代能源

能源转型是当今社会共同关注的问题，SDG7 要求确保可持续能源的普及、可靠性、可负担性和现代化。探索能源的清洁化、经济化利用途径，将为我们提供改变生活方式、改善经济运行和保护地球的绝佳途径。枣庄市积极推动能源与产业体系绿色低碳转型，培育壮大新能源产业，加快提升能源开发转化和利用效率，着力做好能源节约工作，科学实施清洁能源替代，加强能源基础设施和基本公共服务能力建设，为新时代现代化强市建设提供坚强能源保障。枣庄市不断完善产业支撑体系，构建"链长＋链主＋联盟"推动机制，围绕锂电、氢能、太阳能等核心领域，支持集聚发展锂电产业；实施"百乡千村"绿色能源发展行动，创建绿色能源发展标杆乡镇、标杆村；支持节能减排、绿色低碳技术研发推广、碳排放权服务，对绿色储能技术研发、新能源发电等项目在项目核准（备案）等方面给予倾斜。2015~2022 年，枣庄市在 SDG7 的用电

覆盖率和燃气普及率等指标方面表现较好，在可再生能源开发利用方面仍有较大提升空间。枣庄市 SDG7 的得分在 44.78 与 52.16 之间波动，评级保持橙色，自 2015 年以来增速低于 2030 年实现 SDG7 所需增速的 50%，如图 4-23 所示。2015~2022 年 SDG7 指标进展情况如表 4-7 所示。

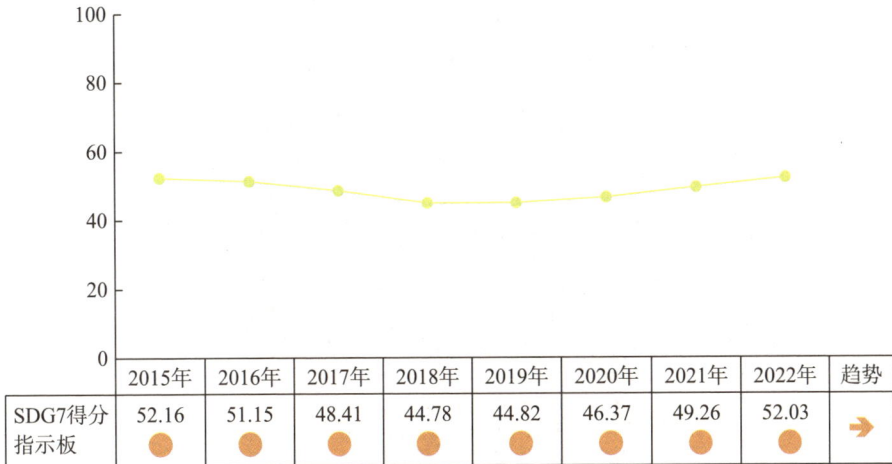

	2015年	2016年	2017年	2018年	2019年	2020年	2021年	2022年	趋势
SDG7得分指示板	52.16 ●	51.15 ●	48.41 ●	44.78 ●	44.82 ●	46.37 ●	49.26 ●	52.03 ●	→

图 4-23 2015~2022 年枣庄市 SDG7 得分情况

表 4-7 2015~2022 年 SDG7 指标进展情况

指标	2015年	2016年	2017年	2018年	2019年	2020年	2021年	2022年	趋势	进展分析
用电覆盖率*									↑	2015~2022 年，枣庄市用电覆盖率持续保持在 100%
燃气普及率*									↑	2015~2022 年，枣庄市燃气普及率从 99.50% 上升到 99.91%，完成《中国人居环境奖评价指标体系（试行）》中设定的 98% 的燃气普及率目标，高于山东省和全国平均水平

続表

指标	2015年	2016年	2017年	2018年	2019年	2020年	2021年	2022年	趋势	进展分析
可再生能源发电量占全部发电量的百分比									↑	2015~2022年，枣庄市可再生能源发电量占全部发电量的百分比正在稳步上升，由5.66%上升至19.98%，高于山东省平均水平（17.90%），但远低于全国平均水平（30.51%）
非化石能源占一次能源消费比重									↑	2015~2022年，枣庄市非化石能源占一次能源消费比重稳步上升，由1.32%上升至9.2%，高于山东省平均水平（9.0%），但远低于全国平均水平（17.30%）
万元GDP能耗									↑	2015~2022年，枣庄市万元GDP能耗由0.96吨标准煤下降至0.58吨标准煤，但仍高于山东省平均水平（0.57）和全国平均水平（0.45）
单位GDP能耗下降率									↓	2015~2022年，枣庄市单位GDP能耗下降率存在一定的波动，2015年达到峰值10.8%，2022年下降至6%，但仍高于山东省平均水平（2.25%）和全国平均水平（2.7%）

指标	2015年	2016年	2017年	2018年	2019年	2020年	2021年	2022年	趋势	进展分析
节能环保支出占财政支出比例									↓	2015~2022年，枣庄市节能环保支出占财政支出比例出现下滑，由2.46%降低至0.9%，低于山东省平均水平（2.28%）
新增新能源汽车占新增汽车的百分比									↑	2015~2022年，枣庄市新增新能源汽车占新增汽车的百分比稳步上升，由1.98%上升至17.65%，但仍低于山东省平均水平（31.63%）

1. 可再生能源推广开始步入正轨

在可再生能源推广方面，枣庄市是全国较早发展锂电产业的城市之一，锂电产业发展优势突出。近年来，枣庄市聚焦规划引领、智改数转、企业培育和服务保障四个关键环节工作，倾力培植锂电产业集群集聚发展，全力建设特色鲜明、错位发展、优势互补、链条完整的锂电产业集聚区，进而打开转型发展的新通道，推动新能源代替旧能源，地上能源代替地下能源。截至2022年，全市锂电企业发展到120家，主要分布在枣庄高新区和滕州市、台儿庄区、薛城区，产品种类达200余种，正负极材料产能5万吨，隔膜2.4亿平方米，电池产能5GWh，2020年营业收入突破12亿元。此外，枣庄市工业副产氢气较为丰富，主要来源于山东潍焦集团薛城能源有限公司、兖矿鲁南化工有限公司等大型龙头化工企业。山东潍焦集团薛城能源有限公司氢产能（低纯度氢气）为1.6亿立方米，具备提氢装置提纯条件。兖矿鲁南化工有限公司98.5%纯度煤制氢气（低纯度氢气）年产能可达6亿立方米。2015~2022年，枣庄市可再生能源发电量占全部发电量的百分比正在稳步上升，由5.66%上升至19.98%，高于山东省平均水平（17.90%），但低于全国平均水平（30.51%）。该指标虽然整体上开始步入正轨，但是评级仍然为橙色，需要进一步加强可再生能源的利用；燃气普及率由 99.50% 上升至 99.91%（见图 4-24），高于山东省平均水平（99.50%），整体趋势步入正轨。

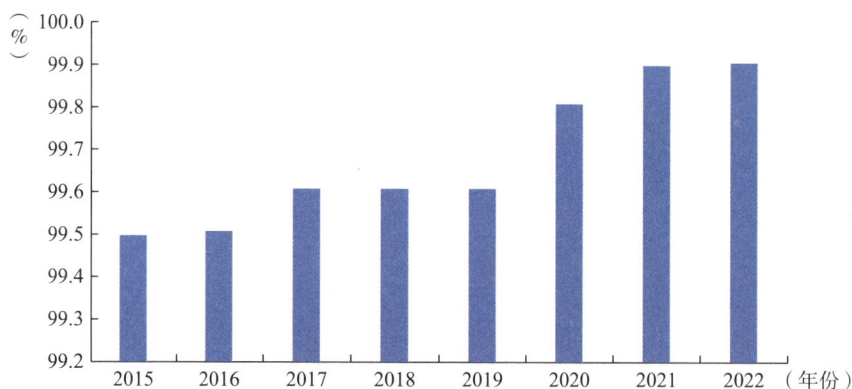

图 4-24　2015~2022 年燃气普及率

2. 能源利用效率显著提升

枣庄市严格落实能源消费总量和强度双控制度，强化评价考核，圆满完成山东省下达枣庄市"十三五"期间单位 GDP 能源消耗累计降低 17% 的目标任务。煤矿"机械化换人、自动化减人"科技强安专项行动持续深化，大力推进"机械化、信息化、智能化"矿井建设，加快采掘机械化和通风、供电、运输等系统自动化改造，煤矿科技装备水平不断提升。到 2020 年底，枣庄市全市地方煤矿采煤机械化程度达到 93%，比 2015 年提高了 24.23%，掘进装载机械化程度达到 100%。"光伏＋渔业""光伏＋风电＋塌陷区治理""光伏＋风电＋储能"等模式逐渐兴起，基本形成"风光渔农储互补"的可再生能源综合开发格局。生物质发电蓬勃发展，农作物秸秆、生活垃圾、畜禽粪便等各类生物质能资源利用率持续提升。2016~2022 年，枣庄市万元 GDP 能耗由 0.98 吨标准煤下降至 0.58 吨标准煤（见图 4-25），根据《生态县、生态市、生态省建设指标（修订稿）》的规定，万元 GDP 能耗应小于 0.9 吨标准煤，枣庄市自 2018 年以来的万元 GDP 能耗均符合标准要求。

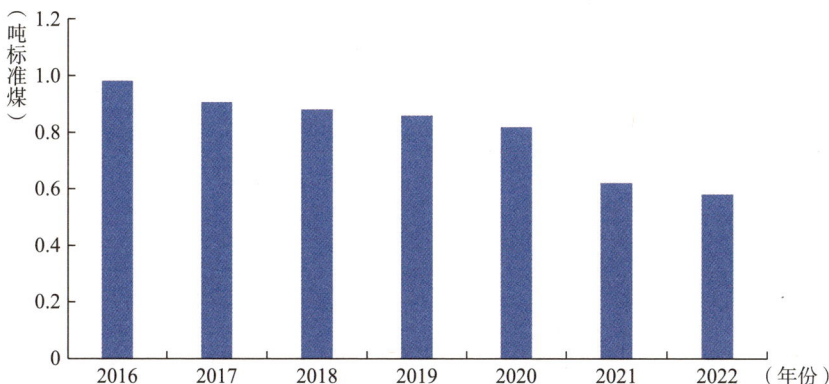

图 4-25　2016~2022 年万元 GDP 能耗

（八）促进持久、包容和可持续的经济增长，促进充分的生产性就业和人人获得体面工作

SDG8 要求经济持续和包容地增长，推动社会进步，为所有人创造体面的就业机会，并提高生活水平。枣庄市经济总体呈现"稳中有进、持续向好、质效双升"的良好发展态势，在农业、乡村振兴、人才、工业、金融等方面加大政策支持力度，同时采取多种方式保障人民的基本生活、拓展就业渠道。枣庄市大力实施产业兴市、乡村振兴等发展战略，坚持高起点科学谋划、高位部署推动，农业生产规模不断扩大，发展质量不断提升；深入贯彻就业优先战略，大力实施积极就业政策，推动实现更加充分和更高质量就业。2015~2022 年，枣庄市在 GDP 年均增长幅度、在岗职工平均工资和城镇居民人均可支配收入等方面表现较好，但在城镇非私营单位就业人员月平均工资方面表现欠佳。SDG8 的得分由 2015 年的 41.65 上升至 2022 年的 60.34，评级由橙色变为黄色，总体呈现适度改善的状态，如图 4-26 所示。2015~2022 年 SDG8 指标进展情况如表 4-8 所示。

1. 经济总量保持增长，经济增速不断加快

枣庄市认真践行中央各项指示精神，锚定"走在前、开新局"目标，坚持绿色发展，致力于推动产业结构转型升级，纵深推进"强工兴产、转型突围"战略，深入实施市经济工作会议确定的"六大提升工程"，培优育强"四大支撑"，努力实现"增速进位、总量前移、跨越赶超、重塑辉煌"的目标。2022 年，全市 GDP 完成 2039.04 亿元，增长 4.5%，增速居全省第 3 位。GDP、税收收入等 6 项指标增速居全省前 3 位，其中一般公共预算收入、进出口总额、实际使用

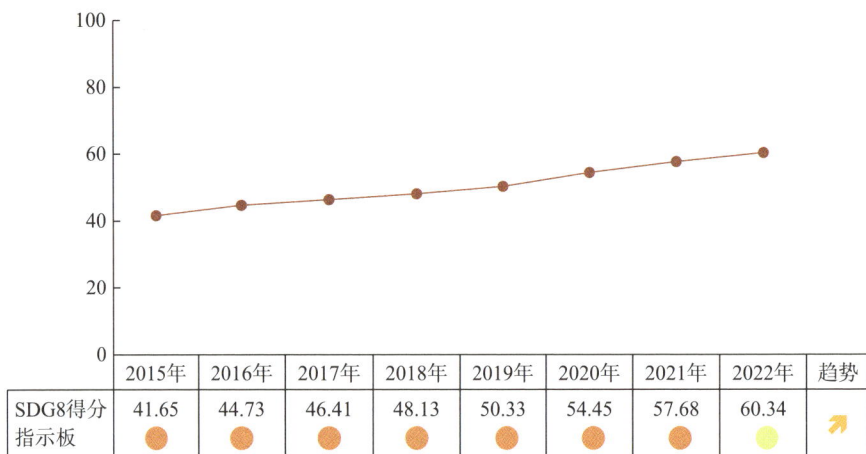

	2015年	2016年	2017年	2018年	2019年	2020年	2021年	2022年	趋势
SDG8得分 指示板	41.65 🟠	44.73 🟠	46.41 🟠	48.13 🟠	50.33 🟠	54.45 🟠	57.68 🟠	60.34 🟡	↗

图 4-26　2015~2022 年枣庄市 SDG8 得分情况

表 4-8　2015~2022 年 SDG8 指标进展情况

指标	2015年	2016年	2017年	2018年	2019年	2020年	2021年	2022年	趋势	进展分析
人均 GDP*									⬆	2015~2022 年，枣庄市人均 GDP 出现较大波动，2018 年达到顶峰 61226 元，2022 年降为 532442.8 元，低于山东省平均水平（81727 元）
GDP 年均增长幅度*									⬆	2015~2022 年，枣庄市 GDP 年均增长幅度出现小幅度波动，2020 年 GDP 年均增长幅度为近年来最低（3%），与全国平均水平（3%）持平
城镇恩格尔系数									➡	2015~2022 年，枣庄市城镇恩格尔系数出现小幅度波动，但仍高于山东省平均水平（26.24%）

指标	2015年	2016年	2017年	2018年	2019年	2020年	2021年	2022年	趋势	进展分析
全员劳动生产率									↑	2015~2022年，枣庄市全员劳动生产率呈现上升趋势，由46200元/人上升至115009元/人，但仍然低于山东省平均水平（159698.8元/人）
在岗职工平均工资									↑	2015~2022年，枣庄市在岗职工平均工资由49673元/年上升至89447元/年，但仍低于山东省平均水平（105624元/年）
城镇居民人均可支配收入									↑	2015~2022年，枣庄市城镇居民人均可支配收入持续增长，由25792元/年上升至39727元/年，但仍然低于山东省平均水平（49050元/年）
城镇登记失业率*									→	2015~2022年，枣庄市城镇登记失业率呈现较小幅度波动，2018年城镇登记失业率最高（3.01%），但仍低于全国平均水平（3.96%）

指标	2015年	2016年	2017年	2018年	2019年	2020年	2021年	2022年	趋势	进展分析
城镇非私营单位就业人员月平均工资									→	2015~2022 年，枣庄市城镇非私营单位就业人员月平均工资持续上涨，由 4083.4 元上升至 7121 元，但与山东省平均水平存在一定差距
每十万人安全生产事故死亡人数 *									↑	2015~2022 年，枣庄市每十万人安全生产事故死亡人数呈现较大波动，2017 年上升至 1.10 人，但仍低于全国平均水平（1.49 人）
第三产业生产总值占地区生产总值的百分比									↑	2015~2022 年，枣庄市第三产业生产总值占地区生产总值的百分比持续增长，由 39.7% 上升至 51.5%，但仍低于山东省平均水平（52.75%）

外资、本外币贷款余额等 4 项指标增速居全省第 1 位。

2015~2022 年，枣庄市 GDP 年均增长幅度出现较大波动，2020 年增长幅度为近年来最低（3%），但仍与全国平均水平持平，评级一直保持绿色，GDP 较 2015 年上升 49.17%，整体呈现上升态势；枣庄市人均 GDP 出现较大波动，2018 年达到顶峰 61226 元，2022 年降为 53242.8 元，低于山东省平均水平（81727 元），虽然趋势显示上升态势，但评级一直保持红色，政府应格外重视。

2. 推动高质量就业，人民生活水平不断提高

枣庄市聚焦"强工兴产、转型突围"，从 4 个方面提出 19 项稳定和扩大就业政策措施，着力培育壮大"6+3"现代产业体系，实施先进制造业培育行动、锂电产业集聚行动，加快发展数字经济，打造一批新就业增长点，健全区域协调发展体制机制，完善"一主、一强、两极、多点"的市域发展格局，提高就业综合承载力，全力促发展惠民生，努力为全市经济高质量发展提供人力资源支撑，推动实现高质量发展和高水平就业双赢。枣庄市坚持精打细算、节用裕民，民生支出占一般公共预算支出比重达到 78%，城乡低保对象等 9 类困难群体救助保障标准提高 10% 以上，城镇新增就业 3.76 万人，其中城镇失业人员再就业人数为 1.59 万人，就业困难人员实现就业 3584 人，年末城镇登记失业人数为 2514 人，低于控制目标。举办"枣庄—高校人才直通车"等招聘活动 22 场，落实大学生创业引领 1105 人、青年见习 1623 人。

2015~2022 年，枣庄市在岗职工平均工资由 49673 元/年上升至 89447 元/年，评级由红色转为橙色后又转变为黄色，整体已经步入正轨并呈现上升态势；城镇登记失业率呈现较小幅度波动，2018 年城镇登记失业率最高（3.01%），但仍低于全国平均水平（3.96%），评级一直保持绿色（见图 4-27）；第三产业生产总值占地区生产总值的百分比持续增长，由 39.7% 上升至 51.5%，评级由红色转为橙色后又转变为黄色，整体已经步入正轨。

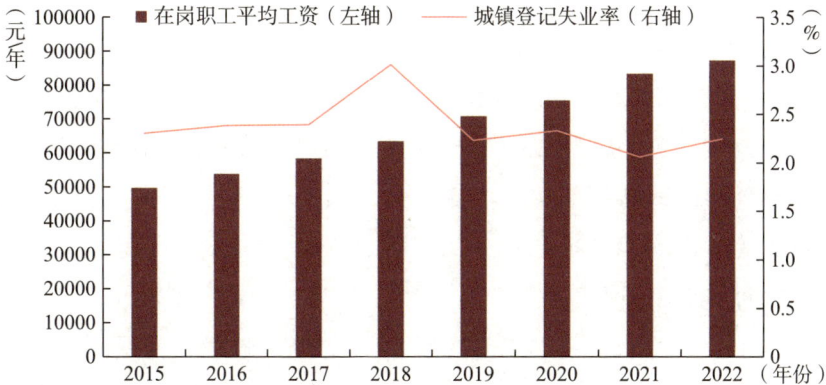

图 4-27　2015~2022 年在岗职工平均工资和城镇登记失业率

3. 民生保障水平适度提高

枣庄市坚持资源优先配置、资金优先落实、政策优先安排，持续缩小区域

之间、城乡之间、群体之间的收入差距。2022 年，枣庄市上调失业保险金标准至最低工资标准的 90%。2015~2022 年，枣庄市城镇恩格尔系数出现小幅度波动，但仍高于山东省平均水平（26.24%），评级一直为黄色，趋势为停滞状态；城镇居民人均可支配收入持续增长，由 25792 元/年上升至 39727 元/年，评级由红色变为橙色，整体步入正轨（见图 4-28）。

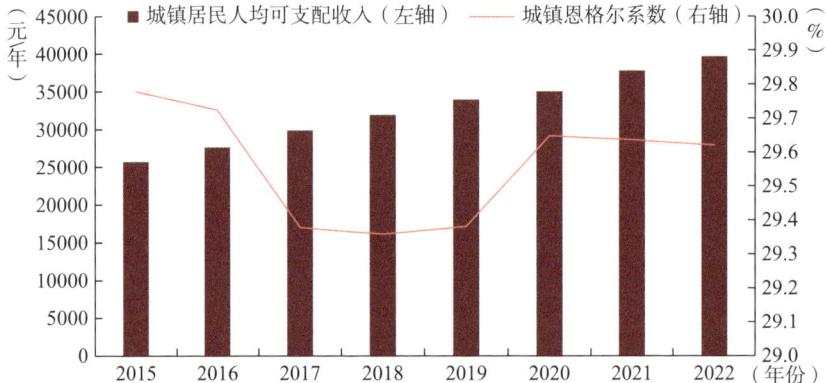

图 4-28　2015~2022 年城镇居民人均可支配收入和城镇恩格尔系数

（九）建造具备抵御灾害能力的基础设施，促进具有包容性的可持续工业化，推动创新

基础设施建设、工业发展与科技创新是推动发展的三个主要动力，能够释放经济活力、提高经济竞争力，从而创造就业岗位和收入。SDG9 要求推动可持续的工业化，并积极鼓励创新。枣庄市大力推动科技创新，广泛汇聚优势研发力量，布局了许多新型研发机构、技术创新中心、院士工作站等创新平台，促进创新资源加速集聚，加快推进乡村产业生态化。枣庄市 SDG9 的得分由2015 年的 33.85 分增加至 2022 年的 53.1 分，评级一直保持为橙色，整体呈现适度改善的状态（见图 4-29）。2015~2022 年 SDG9 指标进展情况如表 4-9 所示。

1. 创新能力不断提高

枣庄市围绕创新链、产业链、金融链、人才链、政策链深度融合，推动创新要素顺畅对接、高效配置，累计新增高新技术企业 285 家，现有各类锂电科研平台 45 个，累计获批锂电相关专利 698 项，城市创新活力提升显著。同时，枣庄市加速"人、财、物、地"要素资源向创新示范区集聚，深入实施柔性引才"百人计划"、枣庄英才集聚工程，积极推动省级"技术攻关＋产业化应用"科

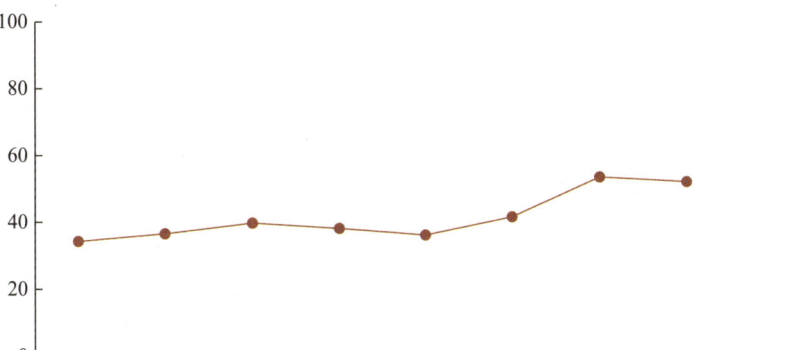

	2015年	2016年	2017年	2018年	2019年	2020年	2021年	2022年	趋势
SDG9得分指示板	33.85 🔵	36.49 🔵	40.06 🔵	38.59 🔵	36.69 🔵	42.12 🔵	54.16 🔵	53.10 🔵	↗

图 4-29　2015~2022 年枣庄市 SDG9 得分情况

表 4-9　2015~2022 年 SDG9 指标进展情况

指标	2015年	2016年	2017年	2018年	2019年	2020年	2021年	2022年	趋势	进展分析
研究与发展（R&D）经费支出占地区 GDP 的比重									↓	2015~2022 年，枣庄市研究与发展（R&D）经费支出占地区 GDP 的比重呈下降趋势，由 3.12% 降低至 1.17%，评级由绿色降为橙色，整体呈现下降趋势
每万人研究与试验发展人员全时当量*									→	2015~2022 年，枣庄市每万人研究与试验发展人员全时当量出现较小波动，进展停滞
每万人口发明专利拥有量*									↗	2015~2022 年，枣庄市每万人口发明专利拥有量由 1.54 件上升至 8.43 件，但始终低于山东省平均水平（18.6 件）

指标	2015年	2016年	2017年	2018年	2019年	2020年	2021年	2022年	趋势	进展分析
技术市场成交合同金额占地区GDP比重									↑	2015~2022年，枣庄市技术市场成交合同金额占地区GDP比重持续上升，由0.4%上升至6.38%，高于全国平均水平（3.95%）
每十万人拥有高新技术企业数									↑	2015~2022年，枣庄市每十万人拥有高新技术企业数出现小幅度波动，整体呈现上升趋势
规模以上高技术产业产值占规模以上工业总产值比例									↑	2015~2022年，枣庄市规模以上高技术产业产值占规模以上工业总产值比例持续上升，由18.73%上升至47.07%，高于山东省平均水平（46.8%）
现代服务业增加值占GDP比重									↑	2015~2022年，枣庄市现代服务业增加值占GDP比重持续上升，由15.2%上升至25.3%，但低于山东省平均水平（52.8%）
规模以上工业增加值增长率									↑	2015~2022年，枣庄市规模以上工业增加值增长率出现较大幅度波动，2019年降到最低值1.4%，2020年达到峰值10.8%，整体步入正轨

技示范工程实施，重点建设一批全产业链标准化示范基地。2017~2022 年，枣庄市研究与发展（R&D）经费支出占地区 GDP 的比重呈下降趋势，技术市场成交合同金额占地区 GDP 比重持续上升，由 0.4% 上升至 6.38%，评级由红色变为橙色，总体保持上升的趋势（见图 4-30）。

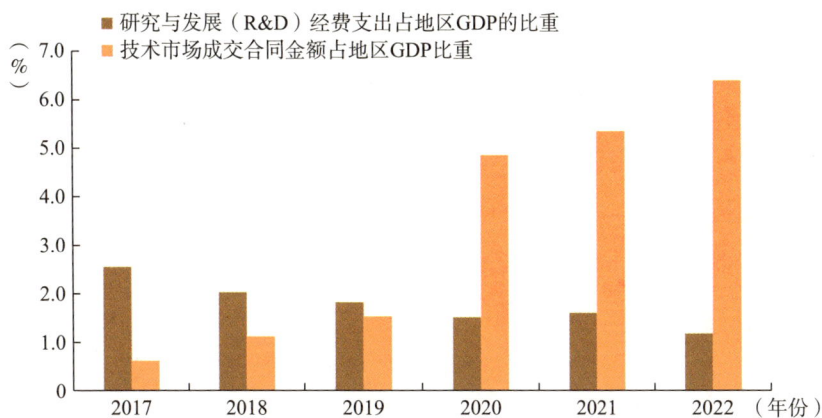

图 4-30 2017~2022 年研究与发展（R & D）经费支出占地区 GDP 的比重、技术市场成交合同金额占地区 GDP 比重

2. 规模以上产业快速发展

枣庄市聚焦"强工兴产、转型突围"目标大抓产业、主攻工业、突破园区、育强企业，着力培育壮大"6+3"现代产业体系，大力推进"双十镇"科技创新能力建设，调整农业产业结构，优化区域布局，强化科技平台载体赋能。枣庄市围绕重点规模以上工业企业、可拉动工业产值增长项目、亿元以上技改项目、"小升规"重点培育企业、高成长后备企业、新培育数字经济园区及扩能扩产项目、"链主"企业特别档案、重点用电企业、工业稳增长政策、重点关注增长潜力企业，更新完善"工业稳增长"10 张清单，全面调度梳理 2022 年以来新建工业项目情况，重点摸清项目完工和投产时间，夯实工业增长的基础支撑。2022 年，全市规模以上工业增加值增长 7%，高于全省平均水平 1.9 个百分点，居全省第 9 位。2015~2022 年，枣庄市规模以上工业增加值增长率出现一定幅度波动，2019 年降到最低值 1.4%，2020 年达到峰值 10.8%，多数年份高于全国平均水平（3.6%），整体步入正轨；规模以上高技术产业产值占规模以上工业总产值比例持续上升，由 18.73% 上升至 47.07%，总体保持上升趋势。

（十）减少国家内部和国家之间的不平等

不平等现象普遍存在于年龄、性别、种族、收入和机会等方面。SDG10 要求减少国家内部和国家之间的不平等现象，并确保不让任何一个人在实现可持续发展过程中掉队，对实现可持续发展目标至关重要。枣庄市 SDG10 的得分由 2015 年的 61.91 持续上升至 94.68，自 2017 年起评级由黄色转为绿色，在缩小不平等方面已经步入正轨，如图 4-31 所示。2015~2022 年 SDG10 指标进展情况如表 4-10 所示。

	2015年	2016年	2017年	2018年	2019年	2020年	2021年	2022年	趋势
SDG10得分指示板	61.91	67.76	80.87	82.04	85.49	86.20	89.25	94.68	⬆

图 4-31　2015~2022 年枣庄市 SDG10 得分情况

表 4-10　2015~2022 年 SDG10 指标进展情况

指标	2015年	2016年	2017年	2018年	2019年	2020年	2021年	2022年	趋势	进展分析
城乡居民收入水平对比（农村居民=1）									⬆	2015~2022 年，枣庄市城乡居民收入水平差距不断缩小，比值由 2.14 降为 1.90，评级自 2017 年起由黄色变为绿色，表现优于山东省平均水平（2.22）

指标	2015年	2016年	2017年	2018年	2019年	2020年	2021年	2022年	趋势	进展分析
恩格尔系数比值									⬆	2015~2022年，枣庄市恩格尔系数比值由0.87上升至0.98，评级自2017年起由橙色变为绿色，城乡居民富裕程度差距缩小

　　枣庄市大力实施城乡融合发展推进行动，强化聚合力，坚持"一盘棋"谋划、一体化推进，优化重点镇、示范镇、特色镇建设，完善城镇功能，加快发展要素向城镇集聚；推进城乡基本公共服务均等化、乡村治理现代化，促进城乡要素顺畅流动、资源充分共享，推动形成工农互促、城乡互补、协调发展、共同繁荣的新型工农城乡关系，加快构建城乡融合发展新格局。2022年，枣庄市农村居民人均可支配收入达到20858元，八年间大幅度上涨27%，城乡居民收入水平差距不断缩小，比值由2.14降为1.90，评级自2017年起由黄色变为绿色，整体趋势已经步入正轨；恩格尔系数比值持续增高，由0.87上升至0.98，评级自2017年起由橙色变为绿色，城乡居民富裕程度差距缩小（见图4-32）。

图4-32　2015~2022年城乡居民收入水平对比和恩格尔系数比值

（十一）建设包容、安全、有抵御灾害能力和可持续的城市和人类住区

作为人类聚集的重要载体之一，城市的可持续发展是实现可持续发展目标的重要阵地。SDG11期望城市可以通过提高资源的利用率和减少污染等方式，解决城市在发展过程中面临的诸多挑战。枣庄市立足区域经济定位，深入实施以人为核心的新型城镇化战略，不断健全城镇化标准体系和项目化推进机制，充分发挥新型城镇化稳增长、扩内需、惠民生的综合平台作用，加快新型基础设施建设，加快城乡融合和区域协调发展，城市承载能力不断增强，城市建设、管理和可持续发展能力不断提升。枣庄市SDG11的得分由2015年的43.53增加至2022年的62.59，评级自2020年起由橙色变为黄色，总体上得到适度改善，如图4-33所示。2015~2022年SDG11指标进展情况如表4-11所示。

	2015年	2016年	2017年	2018年	2019年	2020年	2021年	2022年	趋势
SDG11得分	43.53	47.24	51.43	53.74	53.78	60.21	62.38	62.59	↗
指示板	🟠	🟠	🟠	🟠	🟠	🟡	🟡	🟡	

图4-33 2015~2022年枣庄市SDG11得分情况

表4-11 2015~2022年SDG11指标进展情况

指标	2015年	2016年	2017年	2018年	2019年	2020年	2021年	2022年	趋势	进展分析
城镇居民人均居住面积									⬆	2015~2022年，枣庄市城镇居民人均居住面积出现小幅度波动，整体上呈现步入正轨状态

指标	2015年	2016年	2017年	2018年	2019年	2020年	2021年	2022年	趋势	进展分析
公路密度*									↑	2015~2022年，枣庄市公路密度逐年上升，评级均为绿色，表现较好
单位GDP建设用地占用面积									↑	2015~2022年，枣庄市单位GDP建设用地占用面积出现小幅度波动，2018年降为最低（8.52公顷/亿元），但均高于山东省平均水平（6.03公顷/亿元），评级一直保持绿色
城市空气质量优良天数比例									↑	2015~2022年，枣庄市城市空气质量优良天数比例整体呈上升趋势，由37.26%提高至66.30%，但低于山东省平均水平（73.2%），评级自2017年起由红色变为橙色
PM$_{2.5}$年均浓度*									↑	2015~2022年，枣庄市PM$_{2.5}$年均浓度逐年下降，由92μg/m³下降至41μg/m³，评级由橙色变为黄色，改善明显
PM$_{10}$年均浓度									→	2015~2022年，枣庄市PM$_{10}$年均浓度逐年下降，由146μg/m³下降至76μg/m³，但仍高于全国平均水平（51μg/m³）

指标	2015年	2016年	2017年	2018年	2019年	2020年	2021年	2022年	趋势	进展分析
臭氧日最大8小时平均浓度值*									→	2015~2022年,枣庄市臭氧日最大8小时平均浓度值整体呈上升趋势,治理效果不理想
污染地块安全利用率									↑	2015~2022年,枣庄市污染地块安全利用率整体呈上升趋势,自2020年起评级由黄色变为绿色
建成区人均公园绿地面积									→	2015~2022年,枣庄市建成区人均公园绿地面积小幅度上涨,整体处于停滞状态,略低于全国平均水平(15.29平方米)
建成区绿化覆盖率									→	2015~2022年,枣庄市建成区绿化覆盖率整体呈现小幅度上涨,评级大多为橙色,处于停滞状态
建成区达到海绵城市指标要求的面积占比									↑	2015~2022年,枣庄市建成区达到海绵城市指标要求的面积占比逐年增加,由6.47%提高至39.31%,评级自2019年起转为绿色,整体步入正轨状态

1. 城镇交通日益便利，住房条件不断改善

枣庄市立足区域经济定位，深入实施以人为核心的新型城镇化战略，不断健全城镇化标准体系和项目化推进机制，充分发挥新型城镇化稳增长、扩内需、惠民生的综合平台作用，加快城乡融合和区域协调发展。在诸多政策的支持下，枣庄市的城市人口不断增长，2022 年枣庄市常住人口城镇化率为 60.71%。枣庄市城镇住房条件大幅改善，与 60 年前相比，城市规模不断扩大，建成区面积从不足 10 平方千米扩大到 221 平方千米。枣庄市持续完善空间规划体系，不断加快交通路网工程建设，全面打造内外部联通开放的综合路网体系，为拓宽城市发展空间提供坚实保障。2015~2022 年，城镇居民人均居住面积出现小幅度波动，整体上呈现步入正轨状态；公路密度逐年上升，由 183 千米 / 百平方千米上升至 209.63 千米 / 百平方千米，评级均为绿色，人们日常交通出行变得更加便利（见图 4-34）。

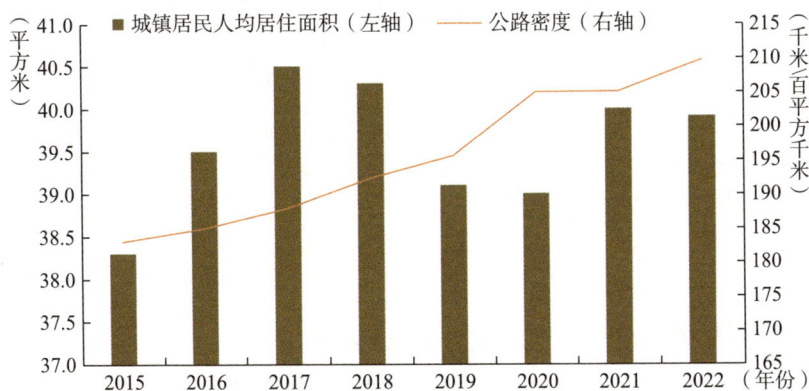

图 4-34　2015~2022 年城镇居民人均居住面积和公路密度

2. 城市承载能力持续提高，居住环境更加友善

枣庄市不断增强城市承载能力，遵循规划引领、分层利用、安全可控、绿色环保的原则进行地块空间出让，将地下空间开发建设与旧城改造、商业开发等有机结合起来，全领域推动土地节约集约利用以及加强对土地开发利用的监管，同时积极践行绿色发展理念，促进全区形成生产空间集聚高效、生活空间宜居宜业、生态空间山清水秀的节地型土地利用新格局。枣庄市累计完成城市基础设施投资 156 亿元，新建改造城区道路 205 千米，建成区绿化覆盖率达到 41.1%；集中供热面积超过 5100 万平方米，是 2015 年的 2.3 倍。2017~2022 年，

单位 GDP 建设用地占用面积出现小幅度波动，2018 年降为最低（8.52 公顷 / 亿元），评级一直保持绿色；建成区达到海绵城市指标要求的面积占比逐年增加，由 6.47% 提高至 39.31%，评级自 2019 年起转为绿色，整体步入正轨状态（见图 4–35），人居环境更加生态宜居。

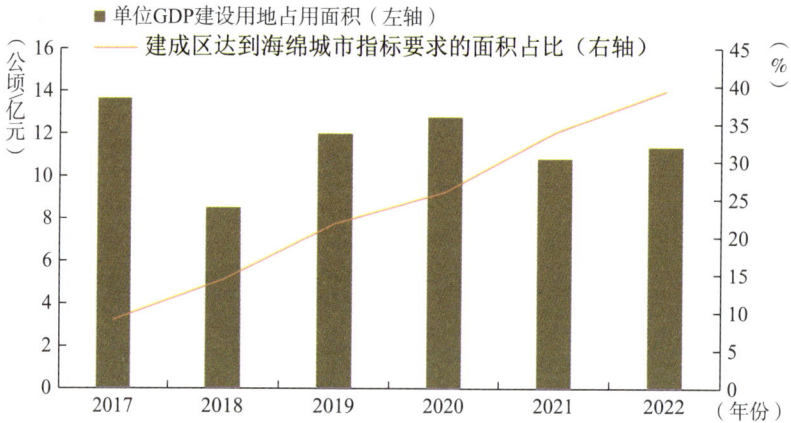

图 4–35 2017~2022 年单位 GDP 建设用地占用面积和建成区
达到海绵城市指标要求的面积占比

3. 城市空气质量不断提高

枣庄市全力以赴推进治污攻坚，聚焦主责主业，推动持续提高环境质量，推进靶向施治，聚力重污染天气消除、臭氧污染防治、柴油货车污染治理三项任务，推动持续提高空气质量，强化挥发性有机物协同管控，实施 $PM_{2.5}$ 与臭氧"双控双减"，加强重污染天气应对，针对不同的气象条件抓早抓小，制订精准应对方案，更新减排清单，强化区域协同治理、联防联控，确保有效应对重污染天气。2022 年枣庄市空气质量良好天数为 242 天，占全年总天数的 66.3%，同比提高 1.6 个百分点，优良天数同比增加 6 天，重污染天数减少 3 天，超额完成省定目标，达到历史最高水平。薛城区入选第七批生态文明建设示范区名单，山亭区、薛城区分别入选第一批省级"绿水青山就是金山银山"实践创新基地名单、第一批省级生态文明建设示范区名单。全市成功创建国家卫生城市、国家园林城市、国家节水型城市。2015~2022 年，枣庄市 $PM_{2.5}$ 和 PM_{10} 年均浓度明显下降，降幅分别为 124.39% 和 92.11%，但 PM_{10} 年均浓度仍高于全国平均水平（51 $\mu g/m^3$），评级一直为红色（见图 4–36），提高空气质量仍需努力。

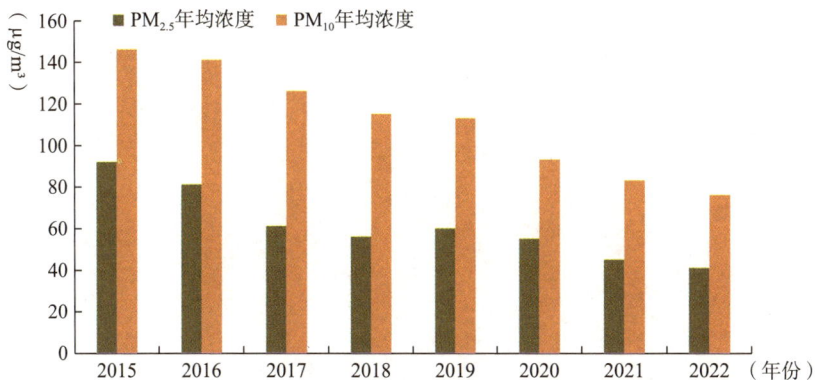

图 4-36　2015~2022 年 PM$_{2.5}$ 和 PM$_{10}$ 年均浓度

（十二）采用可持续的消费和生产模式

消费和生产活动是全球经济的基础，是可持续发展的两个实现机制。SDG12 要求从减少源头的资源消耗和末端的废弃物处理出发，推动生产力和生产效率的提高。枣庄市重视发展新型工业和高质高效农业，构建科技含量高、资源消耗低、环境污染少的产业结构和生产方式。枣庄市是国家资源枯竭型城市转型试点市，近年来，枣庄市大力实施"工业强市、产业兴市"战略，构建起以"两高四新"为主的六大先进制造业和以高质高效农业、新型商贸物流业、特色文旅康养业为主体的"6+3"现代产业体系。枣庄市 SDG12 得分由 2015 年的 67.67 上升至 2022 年的 82.60，评级由黄色转为绿色，整体步入正轨，如图 4-37 所示。2015~2022 年 SDG12 指标进展情况如表 4-12 所示。

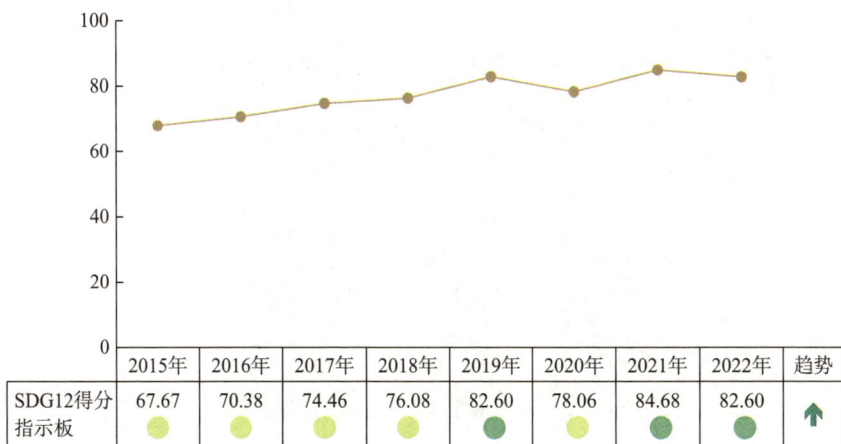

	2015年	2016年	2017年	2018年	2019年	2020年	2021年	2022年	趋势
SDG12得分指示板	67.67	70.38	74.46	76.08	82.60	78.06	84.68	82.60	⬆

图 4-37　2015~2022 年枣庄市 SDG12 得分情况

表 4-12 2015~2022 年 SDG12 指标进展情况

指标	2015年	2016年	2017年	2018年	2019年	2020年	2021年	2022年	趋势	进展分析
单位面积农用化肥使用量									↓	2015~2022 年，枣庄市单位面积农用化肥使用量整体呈上升趋势，这一指标表现始终欠佳，评级始终为橙色，得分低且近年无提升趋势，存在较大进步空间
单位面积农药使用量									↗	2015~2022 年，枣庄市单位面积农药使用量整体呈下降趋势，由 19.73 千克/公顷下降至 14.57 千克/公顷，枣庄市推进农药减量成效显著
农村生活垃圾无害化处理率									↑	枣庄市农村垃圾治理水平稳定保持在高水平，农村生活垃圾无害化处理率 8 年来保持 100% 全覆盖
工业危险废物安全处置率									↑	2015~2022 年，枣庄市工业危险废物安全处置率保持在 100%，评级为绿色
工业固体废弃物综合利用率*									↑	2015~2022 年，枣庄市工业固体废物综合利用率上下波动明显，2021 年，达到 96.40%，整体呈步入正轨趋势

指标	2015年	2016年	2017年	2018年	2019年	2020年	2021年	2022年	趋势	进展分析
再生水利用率									⬆	2015~2022年，枣庄市再生水利用率不断提升，2022年，枣庄市再生水利用率为56.49%，高于全国平均水平（28.76%）

1. 固体废物管控逐年强化

枣庄市以减量化、资源化、无害化为原则，进一步加强固体废物监督管理，强化全市危险废物全过程监管、严格危险废物转移审批，降低固体废物的产生量和危害性、促进固体废物的综合利用和无害化处置，工业危险废物全部得到安全处置。近年来，枣庄市工业危险废物安全处置率保持在100%，工业固体废弃物综合利用率整体呈现上升趋势，2021年，工业固体废弃物综合利用率为96.40%。

2. 推动产业转型升级，坚持绿色发展理念

枣庄市着力转变发展方式，转换增长动力，推动传统产业高端化、智能化、绿色化发展，加快以智能制造带动传统产业转型升级，同时积极淘汰落后产能，削减高耗能高污染高排放产业比例。2022年，枣庄市3家年产能在30万吨以上的煤矿关闭退出。枣庄市加快锂电产业集聚成群，加大创新驱动引领力度，聚焦锂电全产业链发展，重点发展动力锂电池、终端应用、检验检测，全力打造"中国北方锂电之都"。高端装备、高端化工等六大先进制造业的快速发展，挺起枣庄新型工业化的脊梁，2022年，枣庄市工业增加值占GDP比重为31.6%，"四新"经济增加值总量占GDP比重达到30.3%，高技术产业投资增长42.3%。

枣庄市着力推进高质高效农业，大力推进农业绿色发展，推进化肥、农药减量和农业节水增效，水肥一体化推广面积累计达到33万余亩，推广使用有机肥替代化肥28.2万吨。枣庄市推进农药减量和水资源节约利用成效显著，2015~2022年，枣庄市单位面积农药使用量由19.73千克/公顷下降至14.57千克/公顷；2017~2022年，枣庄市再生水利用率逐年提高，2022年，枣庄市再生水利用率达56.49%（见图4–38）。

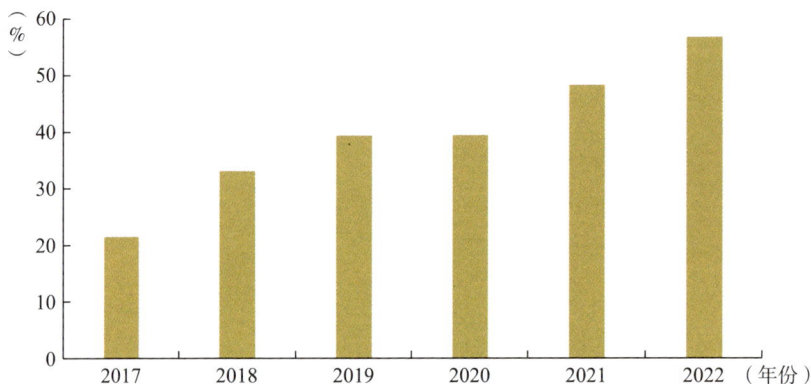

图 4-38 2017~2022 年再生水利用率

（十三）采取紧急行动应对气候变化及其影响

气候变化和全球变暖引起的全球异常天气气候事件频发，严重阻碍了人类可持续发展，气候对人类和生态系统的影响远超预期，风险将随着气候变暖加剧而迅速升级。SDG13 呼吁社会各方力量共同努力应对和适应气候变化所带来的影响，促进社会经济深度脱碳。为了应对气候变化和全球变暖，枣庄市提高灾害预防预警和应急能力，加强防灾减灾理念宣传，推动绿色低碳循环发展。近年来，枣庄市围绕绿色发展，着力推动产业结构创新转型，积极招引实施新兴产业，向生态优先、节约集约、绿色低碳发展方向努力迈进，为应对气候变化作出了积极贡献。2015~2022 年，枣庄市 SDG13 得分连续八年保持在 96 以上，评级稳定保持为绿色，如图 4-39 所示。2015~2022 年 SDG13 指标进展情况如表 4-13 所示。

	2015年	2016年	2017年	2018年	2019年	2020年	2021年	2022年	趋势
SDG13得分指示板	96.60	97.25	97.15	97.10	97.40	97.80	98.50	99.35	⬆
	🟢	🟢	🟢	🟢	🟢	🟢	🟢	🟢	

图 4-39 2015~2022 年枣庄市 SDG13 得分情况

表 4-13 2015~2022 年 SDG13 指标进展情况

指标	2015年	2016年	2017年	2018年	2019年	2020年	2021年	2022年	趋势	进展分析
每 10 万人当中因灾害死亡、失踪和直接受影响的人数 *									↑	枣庄市每 10 万人当中因灾害死亡、失踪和直接受影响的人数在 2015~2022 年表现良好，指示板连续 8 年保持绿色
面向中小学生开展气候变化减缓、适应、减少影响和早期预警等方面的教育和宣传活动覆盖率									↑	枣庄市面向中小学生开展气候变化减缓、适应、减少影响和早期预警等方面的教育和宣传活动覆盖率连续 8 年保持在 90% 以上，且呈现上升趋势

1. 提高灾害预防预警和应急能力

枣庄市中小河流洪水、山洪、山体滑坡等自然灾害多发易发。近年来，枣庄市不断完善突发自然灾害应急管理体系，科学编制《枣庄市气象灾害应急预案》与《枣庄市自然灾害救助应急预案》，通过健全抗灾救灾组织体系和运行机制，提高灾害预防预警和应急能力，加强灾害紧急救助和灾后重建工作，提高灾害救助水平，最大限度保护人民群众的生命安全，降低人民群众的财产损失。

2. 加强防灾减灾理念宣传

枣庄市开展防灾减灾救灾知识技能科普培训及自然灾害救助应急演练活动，并借助各类媒体进行宣传推广，大幅提升应对气象灾害知识的公众普及率，开展防灾减灾宣传进学校，面向中小学生开展气候变化减缓、适应、减少影响和早期预警等方面的教育和宣传活动覆盖率逐年提高，并在 2022 年提高至 98.7%（见图 4-40）。

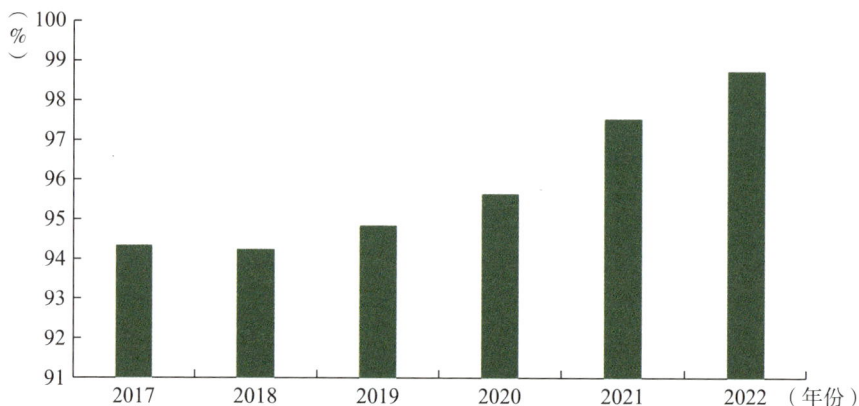

图 4-40　2017~2022 年面向中小学生开展气候变化减缓、适应、
减少影响和早期预警等方面的教育和宣传活动覆盖率

（十四）保护、恢复和促进可持续利用陆地生态系统，可持续管理森林，防治荒漠化，制止和扭转土地退化，遏制生物多样性的丧失

可持续管理森林资源、制止土地退化和荒漠化并进行修复、保护生物多样性，是保护、恢复和促进可持续利用陆地生态系统（SDG15）的三个重要内涵。枣庄市牢固树立绿色发展理念，扎实推进生态保护与修复。枣庄市持续开展生态保护红线评估调整和自然保护地优化整合，加强自然保护区问题整治工作；实施"国家森林城市十大提升工程"和"绿满城乡 美丽枣庄"国土绿化行动，被国家 10 个部门表彰为全国"关注森林活动 20 周年突出贡献单位"，成功创建国家园林城市；积极推进历史遗留矿山生态修复，"十三五"期间完成历史遗留矿山生态修复治理项目 2 个，治理面积约 20.64 公顷，有效改善了矿山地质环境。枣庄市 SDG15 得分由 2015 年的 42.79 下降至 2022 年的 35.77，评级一直保持橙色，如图 4-41 所示。2015~2022 年 SDG15 指标进展情况如表 4-14 所示。由于自然保护地设置覆盖重点生态功能区比例较低以及森林覆盖率降低，该指标评估结果表现不佳。

枣庄市生态修复成效显著。枣庄市是典型的资源型城市，山石资源丰富，山体面积约占全市面积的 1/3，长期以来"靠山吃山"的观念根深蒂固，一些地方和企业形成资源依赖意识，长期的大量开采造成了山体资源的严重破坏。

2017 年，山东省第十二届人民代表大会常务委员会第三十三次会议批准《枣

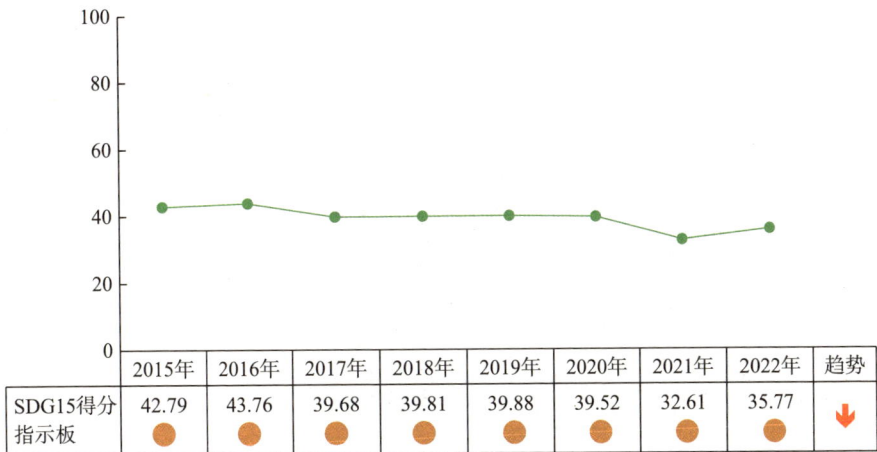

	2015年	2016年	2017年	2018年	2019年	2020年	2021年	2022年	趋势
SDG15得分 指示板	42.79 🟠	43.76 🟠	39.68 🟠	39.81 🟠	39.88 🟠	39.52 🟠	32.61 🟠	35.77 🟠	⬇

图 4-41　2015~2022 年枣庄市 SDG15 得分情况

庄市山体保护条例》；2018 年，枣庄市政府公布《枣庄市山体保护名录》，确定
247 处保护山体；2020 年，枣庄市专门委托第三方开展了一次山体破损情况调查，
推进落实《枣庄市山体保护和修复治理专项行动方案》，把破损山体修复治理列
入"山水林田大会战"十大工程，采用深坑回填、危岩卸载、覆土绿化等方式进
行治理，修复破损山体 6200 亩。枣庄市为了弥补生态损失、传承百年煤矿历史，
通过环境更新、生态恢复和文化重现等手段，在充分保护生态环境的基础上，打
造融自然景观与人文景观于一体、工业旅游与生态旅游相结合的矿山公园，其
中，中兴煤矿国家矿山公园生态修复及价值实现案例入选《山东省自然资源领域
生态产品价值实现实践典型案例》。枣庄市生态文明建设持续向好，人民群众生
态环境获得感、幸福感、安全感明显增强，2020~2022 年，枣庄市生态文明建设
群众满意度由 87% 上升至 92.39%。

表 4-14　2015~2022 年 SDG15 指标进展情况

指标	2015 年	2016 年	2017 年	2018 年	2019 年	2020 年	2021 年	2022 年	趋势	进展分析
自然保护 地与重点 生态功能 区面积比 值									→	枣庄市在自然保护 地与重点生态功能 区面积比值这一指标上表现始终欠佳， 指示板主要表现为红色， 得分低且呈现停滞态势

指标	2015年	2016年	2017年	2018年	2019年	2020年	2021年	2022年	趋势	进展分析
森林覆盖率*									↓	2015~2022年，枣庄市森林覆盖率呈不断下降趋势，评级为橙色和红色
生态文明建设群众满意度									↑	2015~2022年，枣庄市生态文明建设群众满意度不断提升，2022年，枣庄市生态文明建设群众满意度达到92.39%，接近山东省平均水平（96.80%）

（十五）创建和平、包容的社会以促进可持续发展，让所有人都能诉诸司法，在各级建立有效、负责和包容的机构

减少犯罪、减少暴力冲突、维护司法权益、建设和平包容社会（SDG16），能够为可持续发展提供稳定的社会基础，从根本上形成可持续发展最基础的保障。枣庄市始终维护社会公平正义，充分保障人民平等参与、平等发展权利，深入推进"平安枣庄""法治枣庄"建设，社会大局持续和谐稳定。2015~2022年，枣庄市SDG16评级始终为绿色，如图4-42所示。2015~2022年SDG16指标进展情况如表4-15所示。

	2015年	2016年	2017年	2018年	2019年	2020年	2021年	2022年	趋势
SDG16得分指示板	80.85 ●	82.68 ●	84.05 ●	85.44 ●	85.67 ●	87.69 ●	100.00 ●	100.00 ●	↑

图4-42 2015~2022年枣庄市SDG16得分情况

枣庄市持续推进"平安枣庄""法治枣庄"建设，成功创建全国法治政府建设示范市。枣庄市全力推进市、区（市）、镇（街）、村（居）四级公共法律服务实体平台建设，公共法律服务工作室达到 2479 个，乡镇（街道）公共法律服务工作站覆盖率均为 100%，一村一法律顾问工作实现全覆盖，构建了"城区 10 分钟、农村半小时公共法律服务圈"，基层公共法律服务体系初见成效。2015~2022 年，枣庄市刑事案件发案率由 6.43 件 / 万人下降至 5.26 件 / 万人，刑事案件发案率以及再犯罪率均低于全国平均水平。

表 4–15 2015~2022 年 SDG16 指标进展情况

指标	2015年	2016年	2017年	2018年	2019年	2020年	2021年	2022年	趋势	进展分析
刑事案件发案率									↑	2015~2022 年，枣庄市刑事案件发案率由 6.43 件 / 万人下降至 5.26 件 / 万人，评级始终为绿色，呈现良好态势
乡镇（街道）公共法律服务工作站覆盖率									↑	枣庄市乡镇（街道）公共法律服务工作站覆盖率这一指标数据连续 8 年均为 100%，高于全国平均水平（96.79%）
城乡基本公共服务支出占财政支出比例									↑	2015~2022 年，枣庄市城乡基本公共服务支出占财政支出比例不断提高，在 2022 年达到 78.15%，高于全国平均水平（74.5%）

（十六）加强执行手段，重振可持续发展全球伙伴关系

实现《2030 年议程》，需要各级政府、民间社会、企业、基金会、学术界和其他相关部门达成前所未有的合作，并找到全新的工作方式。只有加强全球伙伴关系和合作（SDG17），才能实现可持续发展目标。枣庄市开放格局不断深化，内陆港开港运营，欧亚班列开通运行，建设国际闲置品循环链试验区，进出口总额和实际利用外资十年分别增长 3.4 倍、2.2 倍。2020 年，枣庄市上榜海关总署发布的"中国城市外贸结构竞争力 30 强"和"中国城市外贸效益竞争力 30 强"。2022 年，枣庄市成功获批建设中国（枣庄）跨境电子商务综合试验区。2015~2022 年，枣庄市 SDG17 得分由 32.81 提升至 34.82，从评价结果来看，SDG17 的整体水平仍然偏低，如图 4-43 所示。2015~2022 年 SDG17 指标进展情况如表 4-16 所示。

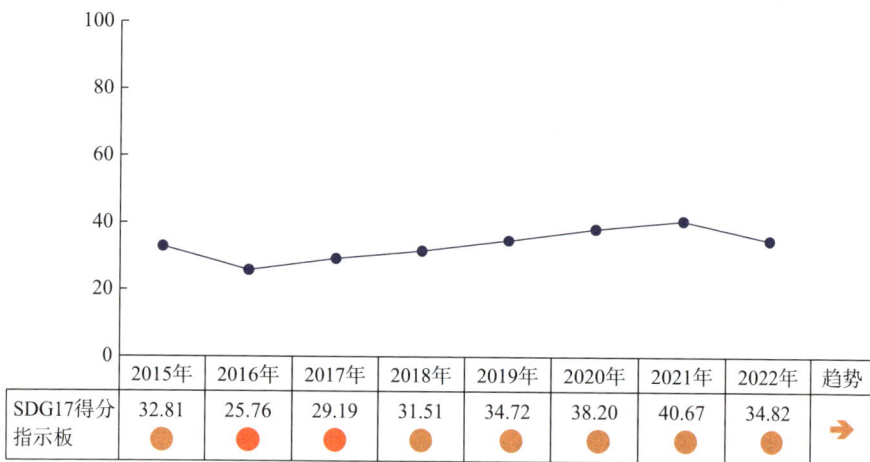

	2015年	2016年	2017年	2018年	2019年	2020年	2021年	2022年	趋势
SDG17得分指示板	32.81	25.76	29.19	31.51	34.72	38.20	40.67	34.82	→

图 4-43　2015~2022 年枣庄市 SDG17 得分情况

近年来，枣庄积极主动融入以国内大循环为主体、国内国际双循环相互促进的新发展格局，全市开放步伐明显加快、经济外向度持续提升。一是对外贸易规模迅速扩大，2022 年实现货物进出口总额 430.96 亿元，较 2015 年增长 334%，占 GDP 的 21.14%（见图 4-44）。二是对外经济合作全面深化，截至 2022 年，枣庄市已与全球 203 个国家和地区建立经贸合作关系，全市外资企业发展到 85 家。三是对外开放空间持续拓展，2020 年枣庄市获批全国

二手车出口试点城市，2021年滕州经济开发区升级为国家级滕州经济技术开发区，枣庄欧亚班列纳入全国欧亚班列图定计划，累计发运近70列，成为全省"一带一路"欧亚班列重要始发地。2022年9月，枣庄市成功举办首届枣庄国际锂电产业展览会，吸引特斯拉、松下电器、韩国现代、吉利汽车、欣旺达等全球知名企业嘉宾和行业专家1000余人参会，165家行业龙头企业参展，进一步提升了枣庄市作为"中国北方锂电之都"的影响力，扩大了枣庄对外开放的"朋友圈"。四是优化提升营商环境，枣庄市对标"打造一流营商环境"定位，打造"枣办好"政务服务品牌，落实《中华人民共和国外商投资法》，以高品质营商环境吸引国内外优秀企业投资发展，助推全市经济创新转型高质量发展。

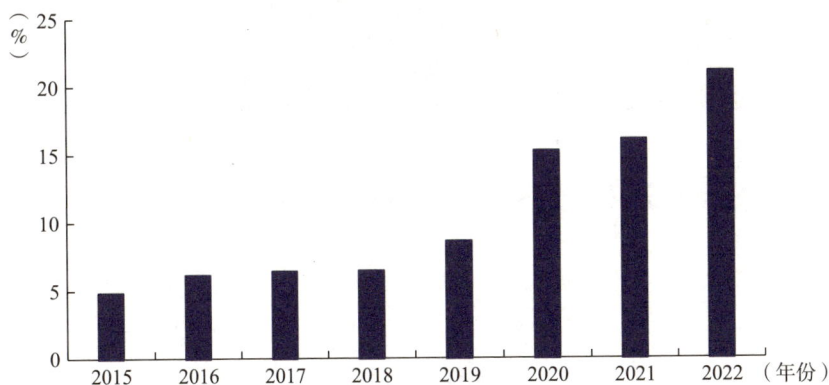

图4-44　2015~2022年货物进出口总额占GDP的百分比

表4-16　2015~2022年SDG17指标进展情况

指标	2015年	2016年	2017年	2018年	2019年	2020年	2021年	2022年	趋势	进展分析
地区税收占财政预算的比例									↓	枣庄市地区税收占财政预算的比例波动较大，整体呈下降趋势，2021年分数有所提升，地区税收占财政预算的比例达到77.07%，但2022年下降至66.37%

指标	2015年	2016年	2017年	2018年	2019年	2020年	2021年	2022年	趋势	进展分析
货物进出口总额占GDP的百分比									↑	与2015年相比，枣庄市2022年货物进出口总额占GDP的百分比这一指标表现出大幅的进步，虽然较全国整体水平仍有差距，但是差距在不断缩小，呈现稳步提升态势
国际友好城市数量									→	截至2022年末，枣庄市有正式签约的友好城市和友好合作关系城市共计12对

三　枣庄市 SDGs 目标进展（综合指数）评估

枣庄国家可持续发展议程创新示范区自获批以来，在党中央、国务院和省委、省政府的正确领导，科学技术部的指导和支持下，紧扣"创新引领乡村可持续发展"主题，实施农业基础能力提升、城乡经济新动能培育、城乡融合发展推进、乡村生态建设提速和科技创新支撑等行动，加快实现高水平科技自立自强，并取得了阶段性成效。总体上看（见表4–17），2015年以来枣庄市 SDG 指数得分介于57~75，从2015年的57.54逐步提升至2022年的74.10。根据现有数据分析的变化趋势来看，其向好发展的增速暂未达到2030年实现可持续发展目标所需增速，整体被评定为"适度改善"。下一步，枣庄应持续采取积极措施推进国家可持续发展议程创新示范区建设，进一步推动枣庄市在2030年成为全球实现 SDGs 的样板城市。分目标看，按目标表现可将16项 SDGs 分为三类。（1）表现较好的目标（指示板颜色为绿色的目标）：SDG1（无贫穷）、SDG2（零饥饿）、SDG3（良好健康与福祉）、SDG4（优质教育）、SDG6（清洁饮水和卫生设施）、SDG10（减少不平等）、SDG12（负责任消费和生产）、SDG13（气候行动）、SDG16（和平、正义与强大机构）；（2）表现较为平稳的目标（指示板颜色为黄色、改善提升效果较为明显的目标）：SDG5（性别平等）、SDG8（体面工作和经济增长）、SDG11（可持续城市和社区）；（3）表现欠佳的目标（指示板颜色为橙色或红色、实现可持续发展压力较大的目标，或指示板颜色为黄色、得分持续下降的目标）：SDG7（经济适用的清洁能源）、SDG9（产业、创新和基础设施）、SDG15（陆地生物）、SDG17（促进目标实现的伙伴关系）。

表 4-17　2015~2022 年枣庄市 SDGs 得分及趋势

目标	2015 年	2016 年	2017 年	2018 年	2019 年	2020 年	2021 年	2022 年	趋势
SDG1	53.44	57.53	62.48	62.65	68.70	88.48	98.25	99.85	⬆
SDG2	59.40	62.92	65.29	67.12	71.40	74.86	79.22	81.60	⬆
SDG3	62.30	63.29	66.84	70.40	77.51	79.93	80.47	83.67	⬆
SDG4	63.15	65.75	69.48	73.93	76.12	78.43	80.97	83.08	⬆
SDG5	63.56	65.09	67.14	67.95	67.97	67.75	71.26	72.30	↗
SDG6	65.02	65.49	74.71	78.89	81.29	87.80	88.32	89.78	⬆
SDG7	52.16	51.15	48.41	44.78	44.82	46.37	49.26	52.03	➡
SDG8	41.65	44.73	46.41	48.13	50.33	54.45	57.68	60.34	↗
SDG9	33.85	36.49	40.06	38.59	36.69	42.12	54.16	53.10	↗
SDG10	61.91	67.76	80.87	82.04	85.49	86.20	89.25	94.68	⬆
SDG11	43.53	47.24	51.43	53.74	53.78	60.21	62.38	62.59	↗
SDG12	67.67	70.38	74.46	76.08	82.60	78.06	84.68	82.60	⬆
SDG13	96.60	97.25	97.15	97.10	97.40	97.80	98.75	99.35	⬆
SDG15	42.79	43.76	39.68	39.81	39.88	39.52	32.61	35.77	⬇
SDG16	80.85	82.68	84.05	85.44	85.67	87.69	100.00	100.00	⬆
SDG17	32.81	25.76	29.19	31.51	34.72	38.20	40.67	34.82	➡
总得分	57.54	59.20	62.35	63.64	65.90	69.24	72.99	74.10	↗

第一，SDG1、SDG2、SDG3、SDG4、SDG6、SDG10、SDG12、SDG13、SDG16九项目标表现较好，应通过高标准落实新发展理念、高水平实施乡村振兴确保其始终处于良好的状态。

SDG1由2015年的53.44增加至2022年的99.85，自2020年以来评级为绿色。在涉及的4项评价指标中，贫困发生率、农村恩格尔系数、农村最低生活保障标准和城镇最低生活保障标准评级均为绿色，表明枣庄市脱贫攻坚战取得了良好成效，处于国际和国内较高水平。

SDG2评级由2015年的橙色逐步过渡到绿色，整体呈向好趋势。在涉及的8项评价指标中，每公顷面积粮食产量、人均粮食综合生产能力、秸秆综合利用率、农田灌溉水有效利用系数4项指标连续8年评级保持绿色；畜禽粪污综合利用率、高标准农田占比2项指标进步较快，评级自2015年的橙色提升为绿色；农村居民人均可支配收入近年来得到提升，评级由红色提升为橙色；但农业劳动生产率指标表现较差，评级一直为红色，亟须通过加快高效高质多功能的高值农业发展速度，提升农业劳动生产率。

SDG3由2015年的62.30增加至2022年的83.67，自2021年以来评级为绿色。在涉及的10项评价指标中，孕产妇死亡率、婴儿死亡率、因道路交通伤所致死亡率、法定传染病发生率、人均预期寿命、城镇居民基本养老参保率、城乡居民基本医疗保险参保率7项指标表现良好，连续多年评级为绿色；每千人口医疗卫生机构床位数指标进步幅度较大，评级由2015年的红色自2021年起转为黄色；但每千人口执业（助理）医师人数和适龄儿童免疫规划疫苗接种率指标表现较差，评级由红色转为橙色，仍需进一步提高。

SDG4评级在2021年提升至绿色，表现较为平稳，呈现小幅度增加的态势。在涉及的7项评价指标中，学龄人口入学率、特殊教育学生入学率、义务教育巩固率3项指标表现较好，评级一直为绿色；农村学前三年入园率和初中生师比2项指标进步较快，评级分别于2018年、2019年达到绿色并保持至今；小学生师比有所改善，评级由橙色转为黄色，仍有进一步提升的空间；文化产业增加值占GDP比重指标评级一直为红色，亟须改善。

SDG6由2015年的65.02增加至2022年的89.78，自2019年以来评级为绿色。在涉及的7项评价指标中，城市集中式饮用水水源地水质达标率、农村饮用水安全保障率、地表水质量达到或好于Ⅲ类水体比例、万元国内生产总值用水量 4 项指标表现良好，评级一直为绿色；农村卫生厕所普及率、城镇污水处理率 2 项指标进步较快，评级分别于 2019 年、2020 年达到绿色并保持至今，表明枣庄市农村人居环境整治行动和生活污水治理卓有成效；水资源开发利用率指标整体上有所改善，评级由橙色提升为黄色，但得分波动较大，需要各个行业提高用水效率，以确保水资源的可持续取用和供应。

SDG10 得分由 2015 年的 61.91 提升至 2022 年的 94.68，评级由黄色转为绿色。在涉及的 2 项评价指标中，恩格尔系数比值和城乡居民收入水平对比（农村居民 =1）指标表现良好，得分整体呈现上升趋势，评级于 2017 年转为绿色，体现出枣庄市城乡居民收入差距不断缩小，城乡发展差距进一步缩小。

SDG12 得分由 2015 年的 67.67 增加至 2022 年的 82.60，评级由黄色转为绿色。在涉及的 6 项评价指标中，农村生活垃圾无害化处理率和工业危险废物安全处置率 2 项指标表现良好，评级连续 8 年保持绿色；工业固体废弃物综合利用率、再生水利用率两项指标有较大进步，评级分别由黄色、橙色转为绿色；单位面积农药使用量指标表现为适度改善，评级一直保持黄色，单位面积农用化肥使用量指标得分为下降趋势，评级一直保持红色，表明枣庄市需要继续发展绿色农业，大力推进化肥减量提效、农药减量控害，积极探索产出高效、产品安全、资源节约、环境友好的现代农业发展之路。

SDG13 自 2015 年起评级稳定保持绿色。在涉及的 2 项评价指标中，每 10 万人当中因灾害死亡、失踪和直接受影响的人数和面向中小学生开展气候变化减缓、适应、减少影响及早期预警等方面的教育和宣传活动覆盖率 2 项指标评级为绿色，枣庄市采取积极的防灾、救灾行动以应对气候变化。

SDG16 自 2015 年起评级稳定保持绿色。在涉及的 3 项评价指标中，乡镇（街道）公共法律服务工作站覆盖率和刑事案件发案率指标表现较好，评级一直为绿色；城乡基本公共服务支出占财政支出比例指标表现出较大进步，评级由橙色逐步转为绿色。

第二，SDG5、SDG8、SDG11 三项目标表现平稳，通过持续开展国家可持续发展议程创新示范区建设未来改善的潜力最大。

SDG5 评级一直为黄色，整体呈现适度改善趋势。在涉及的 4 项评价指标中，小学女童入学率表现较好，评级一直为绿色；市人大代表和市政协委员中女性百分比、女性占公务员的百分比 2 项指标得分整体呈现上升趋势，说明枣庄市推动妇女依法行使民主权利，妇女参政议政权利得到保障，妇女社会地位逐渐提高；乡村人口性别比指标表现为停滞趋势，评级一直为黄色，表明枣庄市仍需增进农村性别平等，促进乡村文明。

SDG8 得分在 2015~2022 年逐渐提升，评级由橙色转为黄色。在涉及的 10 项评价指标中，GDP 年均增长幅度、城镇登记失业率、每十万人安全生产事故死亡人数 3 项指标表现较好，评级一直保持绿色；城镇恩格尔系数为停滞趋势，评级一直为黄色；全员劳动生产率、在岗职工平均工资、城镇居民人均可支配收入、第三产业生产总值占地区生产总值的百分比 4 项指标进步较快，呈现步入正轨趋势，但评级主要呈现为红色或橙色，未来进一步改善面临的压力较大；人均 GDP、城镇非私营单位就业人员月平均工资 2 项指标评级一直为红色，表现欠佳，亟待提高。

SDG11 得分由 2015 年的 43.53 增加至 2022 年的 62.59，评级由橙色转为黄色。在涉及的 11 项评价指标中，公路密度、单位 GDP 建设用地占用面积、污染地块安全利用率、建成区达到海绵城市指标要求的面积占比 4 项指标表现较好，评级较早达到绿色；城镇居民人均居住面积、城市空气质量优良天数比例、$PM_{2.5}$ 年均浓度 3 项指标表现有较大进步，但评级主要为橙色或黄色；建成区人均公园绿地面积、建成区绿化覆盖率 2 项指标表现为停滞，需进一步改善；PM_{10} 年均浓度、臭氧日最大 8 小时平均浓度值 2 项指标表现较差，评级一直为红色，表明枣庄市应持续关注大气污染问题，提高空气质量。

第三，SDG7、SDG9、SDG15、SDG17 四项目标表现欠缺，是未来制约枣庄市可持续发展的短板，应着力提升相关目标的表现。

SDG7 进展缓慢，评级一直保持橙色。在涉及的 8 项评价指标中，用电覆盖率、燃气普及率 2 项指标评级一直为绿色；万元 GDP 能耗进步较为明显，评级由 2015 年的黄色自 2021 年起转为绿色；可再生能源发电量占全部发电量的百分比、新增新能源汽车占新增汽车的百分比、非化石能源占一次能源消费比重 3 项指标呈现稳步提升趋势，但评级多为红色或橙色，仍有较大进步空间；节能环保支出占财政支出比例指标评级多为红色，单位 GDP 能耗下降率指标评级多为橙色，这 2 项指标表现较差，呈下降趋势。

SDG9 呈现适度改善趋势，评级一直保持橙色。在涉及的 8 项评价指标中，技术市场成交合同金额占地区 GDP 比重、每十万人拥有高新技术企业数、规模以上高技术产业产值占规模以上工业总产值比例、现代服务业增加值占 GDP 比重 4 项指标进步较为明显，特别是规模以上高技术产业产值占规模以上工业总产值比例，指标评级由红色转为绿色，技术市场成交合同金额占地区 GDP 比重指标得分平稳提升，但基础较为薄弱，评级由红色转为橙色，仍需持续发力；规模以上工业增加值增长率指标评级波动较大，多为橙色；研究与发展（R&D）经费支出占地区 GDP 的比重指标得分呈现下降趋势，评级由绿色转为橙色；每万人研究与试验发展人员全时当量、每万人口发明专利拥有量 2 项指标进展缓慢，评级一直为红色，是未来推进绿色高质量发展和实施创新驱动发展战略的关键制约因素。

SDG15 是唯一一项呈现下降趋势的目标，得分由 2015 年的 42.79 下降至 2022 年的 35.77，评级一直保持橙色。在涉及的 3 项评价指标中，生态文明建设群众满意度指标表现良好，评级一直保持绿色；自然保护地与重点生态功能区面积比值指标进展缓慢，评级一直为红色；森林覆盖率指标得分呈现下降趋势，评级由橙色转为红色。

SDG17 进展相对缓慢，得分由 2015 年的 32.81 提升至 2022 年的 34.82，评级主要表现为橙色。在涉及的 3 项评价指标中，地区税收占财政预算的比例指标得分整体呈现下降趋势，评级由绿色转为橙色；货物进出口总额占 GDP 的百分比指标得分稳步提升，评级由红色转为橙色，呈现持续向好的趋势，需继续加强对外贸易合作与交流；国际友好城市数量指标表现较差，评级一直保持红色且呈现停滞趋势。

CHAPTER 5

第五章
枣庄市可持续发展愿景 I：
绿色转型先行

枣庄市是典型的资源型城市，曾拥有中国第三大煤矿，是山东省主要产煤区之一；同时，枣庄市还拥有丰富的生态资源，森林覆盖率高，河流流域众多，生物多样性也较为丰富。优越的生态环境、丰富的矿产资源，让枣庄市走上过度依赖以煤炭资源开采和利用为主的煤电及相关产业的发展道路，随着煤炭资源的枯竭，枣庄市经济社会发展遭遇困境。

面对困境，积极推动单一要素粗放开发利用向多要素综合利用的转变，是枣庄市探寻可持续发展道路的必然选择。近年来，枣庄市通过实施"创新引领、转型升级"战略，推动资源耗竭型发展方式向高质量发展方式的转变。具体而言，枣庄市以《〈中国制造 2025〉重点领域技术路线图（2015 版）》为导引，落实山东省推进工业转型升级行动计划，改造提升煤电、化工等传统产业，培育以锂电为代表的新兴产业，实现传统产业向高新技术产业的转型升级，把枣庄市打造成为国内绿色转型的先行区。"十三五"期间，枣庄市从新旧动能转换的角度，积极探寻绿色转型发展之路，特别是在农业特色产业的发展、生态要素的挖掘和价值实现以及新旧动能转换等方面取得了良好的效果，为把枣庄市打造成为国内"绿色转型先行区"讲述了生动鲜活的故事。为此，本章通过对"绿色转型"的多目标指标进展进行评估，同时从"产业绿色转型"以及"生态价值实现"等方面进行案例分析，梳理出枣庄市"绿色转型"中的成功经验和做法。

一 "绿色转型先行"进展评估

为了评价枣庄市在"绿色转型先行"建设方面的进展，基于遴选的、本地化后的枣庄市 SDGs 指标，对相关评估指标进行归类和划分，并构建枣庄市"绿色转型先行区"评价指标体系；在此基础上，对枣庄市"绿色转型先行"的建设成效以及可能存在的不足进行评估和分析。

（一）评估指标构建

依据"绿色转型先行区"基本概念和内涵界定，对枣庄市"绿色转型先行区"相关的 SDGs 进行遴选、归纳和划分。"绿色转型先行"建设效果的评估主要由两部分组成：一部分是经济结构转型方面的指标，用于评估枣庄市在产业结构调整、经济增长、生产效率等方面取得的成效，据此我们选取了 SDG2、SDG7、SDG8 以及 SDG11 中的部分指标；另一部分是发展动力转型类的指标，用于评价枣庄市在环境污染治理、科技进步、能源结构调整等方面取得的成效，据此我们选取了 SDG6、SDG7、SDG9、SDG11、SDG12、SDG13 和 SDG15 中的部分指标。最终绿色转型综合指数由 17 个指标构成，包含经济结构、增长率、资源利用效率、空气质量、科技投入、森林资源、能源结构、环境治理等，这些指标分别被归类为经济结构转型指数和发展动力转型指数。

（二）结果与分析

绿色转型综合指数主要由经济结构转型指数和发展动力转型指数构成。经济结构转型指数主要评判枣庄市在经济结构调整、增长成效和资源效率方面取得的进展情况；发展动力转型指数用于评价枣庄市在科技创新、能源低碳化、环境质量提升等方面的成就（见表 5-1）。

表 5-1　枣庄市绿色转型综合指数及其构成（2015 年 =100）

	2015 年	2016 年	2017 年	2018 年	2019 年	2020 年	2021 年	2022 年
绿色转型综合指数	100	104.66	111.73	112.95	110.06	115.80	118.28	123.63
经济结构转型指数	100	103.11	105.57	108.77	105.08	108.46	110.26	112.62
发展动力转型指数	100	107.02	121.14	119.33	117.65	127.01	130.53	140.42

据表 5-1 可知，枣庄市的绿色转型综合指数呈现平稳增长的趋势，从 2016 年的 104.66 增长到 2022 年的 123.63，表明尽管经历了新冠疫情的冲击，枣庄市"绿色转型"的增长趋势却并没有受到太大影响，揭示出"绿色转型先行"建设对于外界的冲击具有较强的承受能力并能保持良好的发展态势。枣庄市绿色转型综合指数的增长得益于经济结构转型指数和发展动力转型指数的贡献，经济结构转型指数从 2016 年的 103.11 增长到 2022 年的 112.62，增加 9.22%；发展动力转型指数从 2016 年的 107.02 增长到 2022 年的 140.42，增加 31.21%，增长幅度大于经济结构转型指数，表明发展动力转型指数已经取代经济结构转型指数，成为主要的贡献源（见图 5-1）。

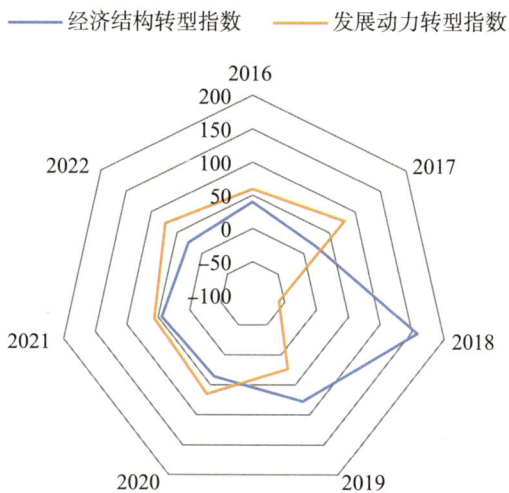

图 5-1　2016~2022 年枣庄市经济结构转型指数和发展动力转型指数贡献率

经济结构转型指数对于绿色转型综合指数的贡献率由 2016 年的 40.34% 下降到 2022 年的 26.75%，发展动力转型指数的贡献率由 2016 年的 59.66% 上升到 2022 年的 73.25%，显示出发展动力转型对推动枣庄市"绿色转型先行"建设的作用越来越大。这种贡献率的变化表明枣庄市以发展动力转型驱动"绿色转型先行"建设的潜力远大于其经济结构转型的潜力。未来"绿色转型先行"建设成效的提升，应当重点关注发展动力转型对经济绿色增长的驱动作用。

除了纵向时间序列的趋势分析外，通过区域间横向对比分析，也可以揭示出枣庄市在"绿色转型先行"建设方面取得的成就或不足。考虑到数据的可得性，研究仅从枣庄市与山东省平均水平在"绿色转型先行"建设方面的对比展开，以此衡量枣庄市在"绿色转型先行"建设上的进展。基于现有的枣庄市"绿色转型"指标评价框架，对山东省的数据进行采集，计算得出山东省绿色转型综合指数的评估结果并与枣庄市的评估结果进行对比（见图 5-2）。

图 5-2 显示，枣庄市和山东省平均水平的绿色转型综合指数评估值整体上均处于增长的趋势，两者 2015~2022 年的年均增长率分别是 3% 和 3.9%，相差 0.9 个百分点。枣庄市"绿色转型"成效在 2015~2017 年高于山东省平均水平，但 2018 年被山东省平均水平反超，并且与山东省平均水平之间的差距逐渐拉大。枣庄市与山东省平均水平在"绿色转型"对比上的反转表明，尽管枣庄市一直致力于推动"绿色转型"，在早期也取得了一定程度的进展，确保在山东省的大部

分城市中处于相对领先的位置，但是，随着山东省其他城市在"绿色转型"发展上发力并加大投入力度，枣庄市的领先优势被拉平甚至反超，反映出与山东省平均水平相比较来说，枣庄市还需要在"绿色转型"方面进一步深度挖掘其持续的发展动力。此外，枣庄市与山东省平均水平之间的优势缩小还在于农业产业的绿色转型相对落后于山东省其他城市，从而拖累其绿色转型的综合效果。枣庄市"绿色转型"由领先转为被山东省平均水平超越这种情况，可以从经济内部的发展因素包括经济结构转型、发展动力转型两个方面来进行原因剖析。

图 5-2 2015~2022 年枣庄市绿色转型综合指数评估结果与山东省平均水平的对比

在经济结构转型方面，2015~2022 年，枣庄市经济结构转型指数有较大的波动，不过总体上仍处于增长的趋势（见图 5-3）。

图 5-3 2015~2022 年枣庄市经济结构转型指数评估结果与山东省平均水平的对比

从图 5-3 可以看出，2015~2018 年，枣庄市经济结构转型指数保持着对山东省平均水平的领先，但在 2019 年和 2020 年出现回落并被山东省平均水平超越，2021 年和 2022 年重新回到领先的位置，只不过领先优势有收窄的趋势。

从枣庄市经济发展的指标构成来看，一些指标的评估结果低于山东省平均水平，另外一些指标的评估结果则高于山东省平均水平，在某种程度上反映出枣庄市在经济发展上的不均衡，进而解释了枣庄市"绿色转型"出现波动的缘由，例如，包括人均 GDP、第三产业产值占 GDP 比重等在内的经济指标，其评估值在 2015~2022 年始终落后于山东省平均水平，在一定程度上拉低了枣庄市经济发展评估值（见图 5-4）。

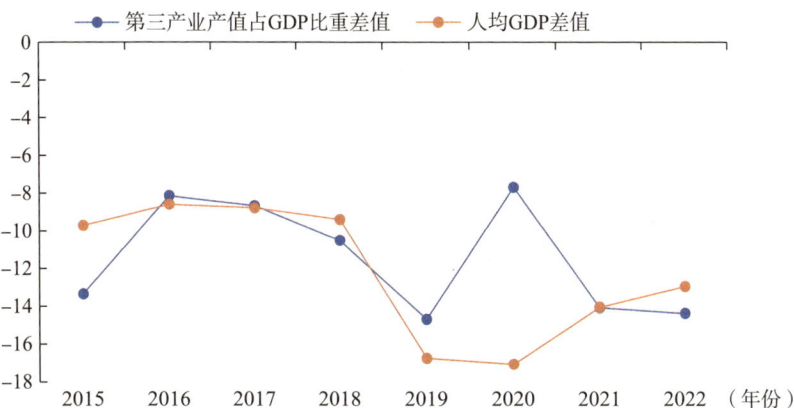

图 5-4　2015~2022 年枣庄市经济发展部分指标评估结果与山东省平均水平的差值（a）

图 5-4 显示，枣庄市第三产业产值占 GDP 比重与山东省平均水平有较大的差距，且有逐渐扩大的趋势；人均 GDP 评估值与山东省平均水平的差值从 2015 年到 2018 年间保持相对的平稳，到 2019 年和 2020 年有较大的下滑，不过 2021 年和 2022 年出现反弹。枣庄市经济发展水平与山东省平均水平之间的差距，能够从一些城市间存在较大落差的具体指标体现出来。例如，第三产业产值占 GDP 比重不仅远低于青岛、济南等山东省较发达城市，还与烟台、临沂、聊城、菏泽等有不小的差距；枣庄人均 GDP 位居山东省倒数第二，与青岛等城市有数倍的差距。当然，枣庄的"绿色转型"也有取得成效之处，诸如生产效率方面包括单位 GDP 能耗下降率、单位 GDP 建设用地占用面积等在内的指标都有不错的表现（见图 5-5），这些在资源消耗和生产上取得高效率的有利

因素，将在枣庄的"绿色转型"中起到积极的推动作用。

图5-5　2015~2022年枣庄市经济发展部分指标评估结果与山东省平均水平的差值（b）

　　枣庄市 2019 年和 2020 年出现经济结构转型上的波动，原因可以从三个方面来进行解释。其一，枣庄市传统的矿业经济转型已基本完成，例如，枣庄市通过关闭煤矿、缩减煤炭产量、淘汰落后产能等措施，基本完成了传统煤炭产业及相关产业的改造升级，其中，原煤和水泥产量分别从 2007 年的峰值 3281.57 万吨和 2006 年的峰值 3696.50 万吨，降至 2021 年的 1167.87 万吨和 2607.35 万吨，原煤产量几乎回到了 1985 年 1000 万吨左右的水平。其二，枣庄市第三产业还没能顺势接替和填补上传统产业的转型升级所遗留下来的空白；《2018 年枣庄市国民经济和社会发展统计公报》数据显示，2018 年枣庄市第三产业增加值为 1025.84 亿元，而 2019 年和 2020 年的统计公报中披露枣庄市第三产业增加值分别为 736.98 亿元和 863.44 亿元，均有不同程度的下滑，当然其中有很大一部分原因是新冠疫情造成的旅游、餐饮等服务业不景气。其三，枣庄市的新兴产业如高新技术企业尚处于逐渐成长的过程中，其中锂电产业在 2021 年才实现 11 亿元的产值，到 2022 年提升到 120 亿元，高新技术企业产值占规模以上工业总产值比重也才从 2015 年的 19.83% 提升到 2022 年的 47.04%。可见，虽然在"绿色转型"方面遭遇了 2019 年、2020 年的滑坡，但不得不指出的是，枣庄市已基本实现由传统矿业经济为主导的经济主体向第三产业和高新技术产业为主导的经济主体的转变。

　　发展动力转型本质上就是以环境污染治理、生态环境质量提升为前提，通过科技创新、制度创新等手段和措施，挖掘经济发展的内在潜力，实现经济增长的新旧动能转换。这种动能转换主要有三个方面。首先，经济增长的新旧动能转换主要聚焦于解决产能过剩和效率不高的问题，表现为传统产业内部的结构调整和生产工艺的改进等。枣庄市长久以来是以传统煤炭产业为主导的工业体系，在这种工业体系中，主要依赖于传统的煤炭开采和发电的利用方式，煤炭资源开发效率低，且对环境造成较大影响。为此，枣庄市通过对煤电产业链包括开采、加工、运输以及发电等在内的诸多环节进行改造升级，引入更加清洁、高效的技术和方法，提高资源的开发利用效率，减少对环境的负面影响，推动煤电产业向更加现代化、智能化的方向发展，实现煤电产业自身的绿色转型升级。其次，新旧动能转换是一种经济结构和能源结构的调整及变革，包括推广新技术和培养新型人才，以及培育新产业和构建更加多元化的产业结构。枣庄市在推动和实施新旧动能转换的过程中，把压减煤电等传统产业的产能和比重、促进高新技术产业如锂电产业等的发展，作为枣庄市新旧动能转换的重要抓手。通过锂电产业的快速发展形成对煤电产业的替代，从而实现能源结构和经济结构的转型升级目标。最后，新旧动能转换还是一种增长要素的转变，即传统工业生产是以资源能源的开发利用为驱动力的增长模式，需要向以生态和文化等要素为驱动力的发展方式转变。

新旧动能转换可以通过对科技创新、制度创新、生态环境治理以及新兴产业的发展状况等指标进行评估，来揭示转换所取得的成效与其中可能存在的不足和问题。通过对枣庄市发展动力转型的评估以及与山东省平均水平的对比分析，不难发现，枣庄市虽然在创新发展、生态环境改善以及新兴产业的培育等方面开展了大量的基础性工作，推动了相关产业的发展和壮大，取得了长足的进步，但是，由于历史原因，诸如经济结构过于单一、过多依赖传统的高能耗、高污染煤电产业发展经济，枣庄市发展动力转型指数的评估结果与山东省平均水平之间存在较大的差距（见图 5-6）。

由图 5-6 可知，除个别年份如 2017 年外，自 2015 年至 2022 年，枣庄市在发展动力转型上落后于山东省平均水平，且这种差距还在不断扩大，从 2015 年的 -1.63 扩大到 2022 年的 -7.07。枣庄市与山东省平均水平之间的发展动力转型差距，从指标的评估上看，集中反映在枣庄市的科技创新投入不足以及在新兴产业的培育和发展方面还有所欠缺。其中就科技创新而言，无论是每万人口发明专利拥有量还是 R&D 支出占 GDP 比重等，都落后于山东省平均水平，呈现差距逐渐扩大态势，每万人口发明专利拥有量从 2015 年相差 4.69 扩大到 2022 年的 12.45，R&D 支出占 GDP 比重也从 2015 年的相差 1.38 增大到 2020 年的 27.01；此外，规模以上高新技术产业产值占比也与山东省平均水平有较大的差距。不过值得指出的是，枣庄市在科技创新上依然能够克服各种困难，加大研发投入力度，使得与山东省平均水平的差距从 2020 年的最低值 27.01 缩减到 2022 年的 19.41；与此同时，枣庄市的规模以上高新技术产业产值占比虽然一直低于山东省平均水平，但两者间差距在迅速缩小，从 2015 年的相差 27.28 缩减到 2022 年的 2.46（见图 5-7），显然，加大创新投入力度以及注重对新兴产业的培育与壮大已成为枣庄市未来工作的重点。

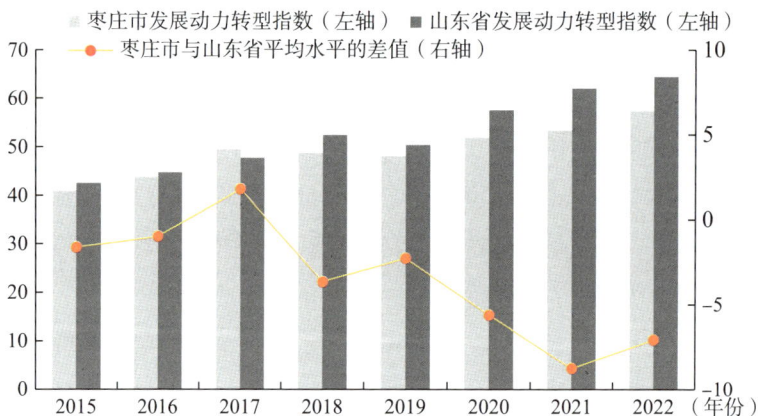

图 5-6　2015~2022 年枣庄市发展动力转型指数评估结果与山东省平均水平的对比

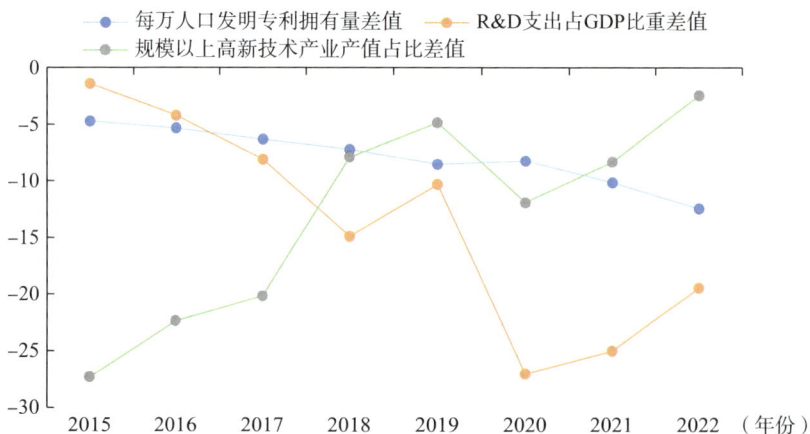

图 5-7　2015~2022 年枣庄市发展动力转型部分指标评估结果
与山东省平均水平的差值（a）

枣庄市在新兴产业培育方面主要侧重于推动以锂电产业为代表的高新技术产业发展。2000年枣庄市开始布局锂电产业，经过20多年的发展，枣庄市锂电产业进入快速增长轨道，2021年，实现锂电产业产值11亿元，2022年达120亿元，预计2023年产值将达到300亿元，力争2025年产值达到800亿元、2030年达到1500亿元、2035年达到3000亿元的规模。借助发展和培育新兴产业，枣庄市最终将实现从以传统煤电产业为主导的增长方式向以锂电产业为代表的现代化高新技术产业增长方式的转轨。

发展动力转型的生态环境质量保护与改善方面，无论自然资源保护如空气质量、森林拥有量等，还是环境质量的改善如农药的使用量上，枣庄市都曾领先于山东省平均水平，然而，部分指标的领先优势逐渐出现逆转，被山东省平均水平赶超（见图5-8）。

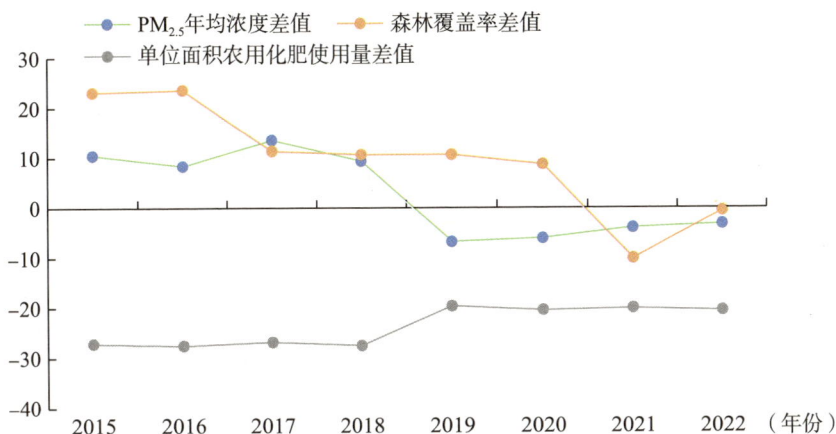

图5-8 2015~2022年枣庄市发展动力转型部分指标评估结果
与山东省平均水平的差值（b）

图5-8显示，枣庄市森林覆盖率2015~2020年始终保持着领先的优势，但2021年被山东省平均水平超过，PM$_{2.5}$年均浓度则是2019年被超越，与农药使用量高于山东省平均水平不同的是，单位面积农用化肥使用量一直低于山东省平均水平，只不过差距在逐渐缩小。这表明，作为资源型城市，枣庄市无论是经济发展还是生态环境保护和污染防治均有较大的提升空间。经济结构调整方面，枣庄市虽然加大力度培育和扶持新兴产业，同时也在经济结构调整、能源结构优化等方面取得较大成就，但是煤化工等重化工产业在国民经济中还占据

相对较大的比重，资源消耗总量、污染排放总量依然处于一个相对较高的水平，2020 年枣庄市能源消费结构中，煤炭消费（含发电用煤）的比重高达 85.02%，给枣庄市的大气环境污染治理带来一定的难度。农业经济转型方面，土地利用结构不合理，相对较为落后的农业耕作制度并没有得到改变，农业生产过程中过多使用化肥等，致使土壤质量退化以及污染加剧。这些问题的存在，在很大程度上制约了枣庄发展动力的转型。

不过需要指出的是，尽管枣庄市在发展动力转型方面落后于山东省平均水平，但其发展趋势正朝着不断向好的方向演进，评估结果值也从 2015 年的 40.87 提升到 2022 年的 57.39。枣庄市发展动力转型向好得益于其在能源低碳化、资源效率的提升等方面取得的进展和成效（见图 5-9）。

图 5-9　2015~2022 年枣庄市发展动力转型部分指标评估结果与山东省平均水平的差值（c）

由图 5-9 可以看出，枣庄市的可再生能源发电量占全部发电量的百分比评估值除 2015 年外均高于山东省平均水平，且这种领先的优势还在不断扩大。从 2015 年的 -2.84 增加到 2022 年的 22.43，领先优势较为明显。枣庄市在新能源发展方面取得的成就，与其加大煤电产业整治力度、大力调整能源结构有关。"十三五"期间，枣庄市共淘汰 10 蒸吨 / 小时及以下燃煤锅炉 1345 台，完成 33 台单机 10 万千瓦以下燃煤机组和 10 蒸吨 / 小时以上燃煤锅炉超低排放改造任务，对 183 个工业炉窑实施治理，其中关停淘汰 53 个、天然气替代 7 个、深度治理 123 个。此外，大力发展清洁能源，不断提高新能源在能源结构中的占比，2020 年枣庄市可再生能源占全市总装机比重为 24.60%，2022 年增加到 38.83%，发电量也由 2020 年的 24.84 亿千瓦时提升到 2022 年的 43.76 亿千瓦时。

　　水资源开发利用方面，枣庄市把水资源看作基础性、战略性的经济资源，以"节水优先、空间均衡、系统治理、两手发力"为指导思想，按照"以水定城、以水定地、以水定人、以水定产"要求，以促进水资源节约集约利用为核心，落实最严格水资源管理制度，全面实施水资源消耗总量与强度双控行动，守住水资源开发利用控制、用水效率控制、水功能区限制纳污"三条红线"，通过开展重点高耗水企业的专项节水行动，完善经济高质量发展的用水、供水协调保障机制，实现水资源高效开发利用目标。2020 年，枣庄市用水总量为 5.81 亿立方米，控制在山东省下达的 10.12 亿立方米目标以内，万元 GDP 用水量比 2015 年下降 24.66%，万元工业增加值用水量比 2015 年下降 12.57%，超额完成"十三五"目标任务。

　　总体来说，枣庄市在绿色转型上取得的显著成效值得肯定，不过从与山东省平均水平进行的横向比较结果来看，枣庄市还存在一定差距和不足。首先，枣庄市在产业发展上，由于缺乏资金和技术的支撑，依然保持着传统的生产和经营模式，与现代化的经济发展水平有一定的落差，因此，枣庄市在产业发展上需要更加注重内生增长动力和创新能力的培育。其次，枣庄市在科技研发的投入方面曾与山东省平均水平不相上下，但由于众多原因尤其是新冠疫情的暴发，致使后续在科技研发的投入增速上相比较而言有所回落，弱化了科技创新对枣庄市经济增长的支撑作用。最后，枣庄市生态环境保护和改善曾领先于山东省平均水平，但与科技创新投入类似，在随后的社会经济发展过程中其生态环境质量被山东省平均水平超过，这从侧面反映出枣庄市在协调和衔接经济发展与环境保护之间的关系方面有所失衡，有待进一步的改进和提升。枣庄市绿色转型与山东省平均水平存在一定差距和自身在发展上所表现出的不足，揭示了枣庄市在发展战略上需要做一些相应的调整和新的部署。一方面，从整体的发展趋势来看，中国经济整体上已经步入工业化后期，甚至部分省份或城市已经完成工业化，传统的工业化增长方式将逐渐退出。为了适应这种新的时代发展要求，枣庄市需要重新考虑其发展战略，推动其工业体系向更加绿色、低碳、高效的发展模式转型。另一方面，独特的生态资源和丰富的历史文化遗产，是枣庄市进行绿色转型的重要禀赋。对于枣庄市来说，更多地关注生态、文化等要素对社会经济发展的支撑作用，并尽可能地发掘和兑现生态和文化等要素的经济价值，重新激活增长动力和活力，是枣庄市在中国即将步入后工业化时代的最佳抉择。

二 绿色转型之百果园蜕变

——从穷乡岗到特色农业产业化发展的山亭区绿色转型实践

山亭区自古以来就是农耕文化地区，据考证山亭地区早在 7300 年前的新石器时代就有人类繁衍生息。总体来看，山亭区在发展脉络上呈现以传统农业经济为发展特征的路径，其产业局限于传统农业种植与养殖，随着近年来荒废土地向耕地的转变，以及科技投入等对耕地面积的发掘潜力也逐步达到最大，传统农业价值增长的潜力逐渐减小。面对当下社会高质量发展的时代要求，山亭区依托"生态 +"发展乡村经济，深挖乡村的生态价值；多维度、多层次提升产品品质，提升产品品牌价值。通过不断尝试突破原有发展模式、探索新的可持续发展路径，特色农产品绿色转型模式的转变，提升了单一农产品的经济价值，同时也进一步发掘了生态空间相关要素的经济价值（见图 5-10）。

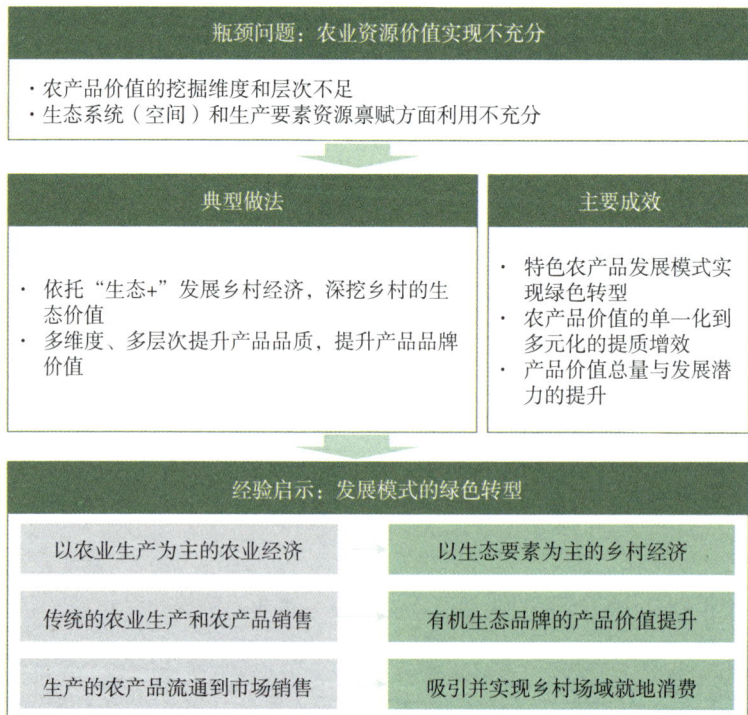

图 5-10　从穷乡岗到特色农业产业化发展的山亭区绿色转型模式

（一）基本情况

山亭区位于枣庄市东北部，西邻滕州市，南与市中区、薛城区毗邻，总面积为1019平方千米（152.85万亩），其中，山地丘陵面积134万亩，占到全区总面积的87.7%；森林覆盖率达58.3%，是国家重点生态功能区。山亭区下辖9个镇、1个街道，行政村（居）共有280个，户籍人口为52.39万人。山亭区属于温带季风型大陆性气候，具有四季分明、雨量充沛、气温较高、光照充足、无霜期长等特点；山亭区冬无严寒，夏无酷暑，年均气温13.5℃，其中最热月份7月平均气温26.7℃，最冷月份1月平均气温－0.2℃；光能资源丰富，全区年平均日照时数长达2400～2800小时，适宜农作物生长。

图5-11　山亭区庄里水库概貌（山亭区山城街道办事处供图，枣庄经济学校付瑞华摄）

图5-12　山亭区徐庄梯田（山东恒丰制冷科技股份有限公司闫剑摄）

山亭区是农业大区，不仅因为它山多地少的地理条件，还体现在村庄土地利用面积以及乡村人口数量占比上。具体来看，山亭区的村庄用地约为城镇用地的 6 倍，村（居）委会行政级别中村庄数量超过 90%，乡村人口约占全区总人口的 3/4。随着农业用地利用率、粮食亩产水平等被开发到极致，山亭区面临农业发展的瓶颈。面对高质量发展的时代背景，山亭区以其独特的生态环境与林果经济为基础，持续开展环境整治、完善基础设施建设，逐步将山亭区打造成集休闲采摘、观光旅游、餐饮住宿于一体的农旅融合生态区和绿色转型的发展样板。

（二）具体做法

一是深挖乡村的生态要素，依托"生态 +"发展乡村经济。山亭区在有限的农业生产条件下，挖掘生态要素价值，逐步从以传统生产要素为主的农业经济向以生态要素挖掘为主的乡村经济转变。首先，山亭区以生态环境不被破坏作为发展的约束条件，通过减少化肥、农药的使用量，改用有机肥和生物制药，推动传统农业种植向绿色农业转型；其次，山亭区结合游客休闲、观光和采摘等需求，进一步完善基础设施、提升公共服务水平，为游客营造出更加轻松、愉悦的田园风光；最后，山亭区充分利用不同季节的生态资源景观山地资源，举办桃花节等系列活动，加大宣传报道力度，提高影响力与知名度，进而吸引更多的消费者到来，为当地乡村经济的发展奠定了良好的基础。例如，桃树种植是冯卯镇的支柱产业，有着"枣庄市甜桃基地第一镇"之称，近年来通过建设精品特色园、果品批发市场等来增加销售量与产品附加值，将有限产量的产品价值发挥到最大化，不断发展冯卯桃产业；同时，还进一步挖掘镇域内如春季桃花盛开的万亩桃花园、夏季的桃子、四季的岩马湖等生态要素，并利用好这一冯卯生态系统（空间）特有的稀缺性景观，综合运用空间资源发展全域旅游，多维度拓展生态要素的经济价值，从单一生产要素向多属性、多要素的生态要素转型逐步成为山亭区未来发展的方向。

二是多维度、多层次提升产品品质，提升产品品牌价值。山亭区在传统农业生产的基础上，利用其生态优势"借绿生金"，开展多层次的"农产品"价值提升。首先，山亭区通过大力发展特色农业来做大林果产业，如山亭区着力建设火樱桃、长红枣、板栗、花椒、核桃、桃等特色林果基地和杂粮基地，提升农产品品质，注重和推动产品的品牌打造和质量认证，其中水泉火樱桃、店子长红枣、徐庄板栗 3 处 26 万亩基地被评为全国绿色食品原料标准化生产基地，实现了产量和经济效益的双丰收。据统计，山亭区发展了农民专业合作社905家、家庭农场455家，累计规模经营土地面积达32万亩。2023年已新改造果园8000亩，新创市级特色农产品优势区4处、农业标准化生产基地1处、农业产业强镇2个。其次，通过农产品深加工提高其附加值，来推动山亭区特色产业的一、二、三产融合的实现，如规划建设了3处全国绿色食品原料标准化生产基地，4处省级、9处市级农业标准化建设基地，带动建成了市级以上农业标准化示范基地36万亩、全国绿色食品原料标准化生产基地26万亩；高标准建设了食品产业园，引进国内知名食品加工企业入园建设，全区食品加工企业已达45家，关联企业400余家，农产品加工总产值达50亿元。最后，通过创建产品品牌提升产品价值，农产品"三品一标"认证有效期内总量达48个，3个产品被评为山东省名牌产品，7个商标成为山东省著名商标，8个产品品牌被评为山东省知名农产品企业产品品牌，2个省级区域公用品牌，其中"莺歌"被评为中国驰名商标，水泉镇火樱桃已先后获得国字标牌"中国山亭火樱桃之乡"、国家农业标准化示范基地、国家地理标志产品保护等六项殊荣。

图 5-13　樱桃花盛开（山亭区水泉镇人民政府刘明祥摄）

（三）发展成效

山亭区特色农产品绿色转型模式的转变，提升了单一农产品的经济价值，同时也进一步发掘了生态空间相关要素的经济价值。

经济效益。通过对特色农产品的提质增效行动，助力了产品价值总量的提升。全区的100余家市级以上农业龙头企业带动村集体增收1018万元、农民增收近6亿元。在这一过程中，涌现出了许多鲜活的案例，例如，水泉镇棠棣峪村成立火樱桃种植专业合作社，发展精品采摘园 30 处，建成电商集聚区，2023 年以来实现网上交易额 8300 余万元，带动农民人均增收 1000 元、村集体增收 30 万元。

社会效益。山亭区先后规划建设了 3 处全国绿色食品原料标准化生产基地，4 处省级、9 处市级农业标准化建设基地，带动建成了市级以上农业标准化示范基地 36 万亩、全国绿色食品原料标准化生产基地 26 万亩。目前，全区已有高质高效农业产业链新增规模以上企业 2 家，总数达 9 家；新认定市级农业龙头企业 2 家，彼德利被评为省"专精特新"中小企业。培育农民合作社、家庭农场 78 家，认定区级示范社（场）21 家，新增国家农民合作社示范社 1 家、省级生态农场 1 家。城头镇（豆类制品）获评 2022 年全国乡村特色产业产值超十亿元镇。大型地瓜加工企业 10 余家，地瓜加工户发展到 6000 余户，年产量达 3000 多吨，逐步实现由一家一户加工向企业化生产的转化。33 个基地 20 余种作物开展全程有机化生产试验示范，实施了总投资 1000 万元的有机肥替代化肥项目，推广面积 1.8 万亩。

（四）经验启示

山亭区从"以农业生产为主的农业经济"到"以生态要素利用为主的乡村经济"的绿色转型模式对其他同类以农业种植为主要产业且具备良好自然禀赋的地区具备可参考性。山亭区以乡村为主体，其过去的经济结构较单一，土地利用方式以耕地种植为主，发展潜力局限；山亭区结合原本农业种植的基础优势，继续扩展并延伸特色农产品的一、二、三产产业链，提升原本产品的附加值，并不断发掘生态、文化等相关要素，扩大可用的发展资源，由此激发出新的发展动力，以吸引消费者进入乡村、为消费者提供消费服务等作为乡村经济发展新的驱动力，具备乡村发展的可持续性。

山亭区从"传统的农业生产和农产品销售"到"有机生态品牌的产品价值提升"的绿色转型，对有特色农产品产业地区的经济发展路径及方式，具备可复制与可参考性。山亭区作为农业大区，大力发展特色农业，通过新改造果园、新增市级现代农业产业园等来保障区域农业优势与产量。以山亭区特色农产品"洪门葡萄"为例，洪门村依托葡萄种植优势，从一开始的葡萄种植、销售，到大力发展庭院经济、提高庭院葡萄种植开发率（高达 98%），再到葡萄品牌化、标准化、产业化建设，开展葡萄采摘节等一系列的行动，运用"家家葡萄红，户户满院绿"的田园景观吸引大量游客前来观光和采摘，借助品牌效应提升了特色农产品的经济价值，挖掘了有限资源的稀缺性，同时也能够将产品价值、景观价值和每年季节性消费等可持续利用的多重价值结合起来，是绿色转型的典型经验。

山亭区从"生产农产品流通到市场消费"到"吸引和达成就地消费"的绿色转型路径，提升了山亭区独特要素的组合价值，因此也形成了以林果经济为基础而拓展延伸到乡村旅游的特色业态。以山亭区冯卯桃产业从单一产品价值转型到品牌价值、景观价值、体验价值等产业融合的实践为例，围绕"桃"要素进行时间维度和空间维度的要素挖掘，通过不同季节的不同景观、产品与服务相结合，拓展能够提供服务与带动消费的方式，为其他同类具备要素挖掘和组合条件的地区提供了乡村经济发展的绿色转型的路径参考。

三　绿色转型之生态价值实现

——冯卯镇"绿水青山"的转型实践

随着人们的物质生活水平不断提高以及对精神生活追求的提升，被规模化生产出的工业产品已经不再能够持续满足新一阶段人们的需要，而无法被机器生产的、能够凝聚精神意向的更广义的产品成为稀缺之物。随着越来越多生活在城市的人在周末或者小长假选择去往周边乡村短暂小憩、享受生活成为一种趋势化现象，这也就意味着乡村空间中存在的生态资源包括空气、水、花朵、草地以及文化物质如老屋、宗祠、小桥等富集的各种要素的稀缺性价值日益显现。在探索未来乡村可持续发展转型实践的路径过程中，枣庄市山亭区冯卯镇面临的正是如何将这些乡村要素既转化为经济价值，又为人们精神生活的需要带来获得感与满足感。近年来，冯卯镇立足山水资源禀赋和历史文化积淀优势，跳出传统的农业经济发展模式，深度挖掘生态要素与文化要素价值，通过生态资源与林果经济相结合、闲置小院与游憩相关联，发展乡村观光农业和旅居服务业，将冯卯打造成为令人向往的"桃红岩马、水韵冯卯""悠闲宁静、和美乡间"的休闲、栖居小镇，探索出一条从"绿水青山"到"金山银山"的转型实践路径。

（一）基本情况

山亭区是枣庄市地形特征最特别的区，主要地貌特征为"青山绿水"，山地丘陵面积占全区总面积的 88.6%，低山连绵，丘陵遍布，河渠纵横，平原较少，素有"八山一水一分田"之称。冯卯镇位于山亭区西北部丘陵地带，共辖 35 个行政村 12540 户 5.07 万人，总面积为 96 平方千米，其中耕地面积 28531 亩，水域面积 23100 亩，山林面积 61000 亩。区域内风景迷人，山林资源和水产资源丰富，拥有大小山头 100 多座，山多平原少，水资源丰富。其中，"水"的代表是位于山亭区冯卯镇城河上游的岩马湖（又称岩马水库），面积近 3 万亩，水深在 0.5~17 米，是山东十大水库之一，也是枣庄市最大的水库，控制流域面积 357 平方千米，总库容 2.03 亿立方米，兴利库容 1.04 亿立方米，为防洪、灌溉、发电、养殖等生活生产活动提供了重要的保障；此外，岩马湖还是国家级水利风景区，它像一面巨大的明镜镶嵌在连绵不断的群山之中，内有民间传统与现代景观和谐统一的休闲场所和天然溶洞，极具旅游观赏价值，以美丽的景致、消夏休闲的好去处等吸引了大量的外地游客前来游玩（见图 5-14）。

图 5-14　岩马水库俯瞰全景图（山亭区冯卯镇温庄村刘德坦摄）

冯卯灵山秀水荟萃，适宜人类栖居，总体来看，具备良好的"绿水青山"生态资源禀赋。但是，相较平原地区而言，冯卯镇这样以丘陵为主的地区交通欠发达、耕地面积少。这也就意味着，如若按照传统农业社会的模式运行，乡村的发展会受到阻滞。近年来，冯卯镇基于自身特点与生态要素优势，以区域生态要素的价值转化为发展目标，全面发掘并探索绿色转型的"生态+"发展路径，为同类资源富集型地区实现绿色转型提供了可资借鉴的做法参考（见图5-15）。

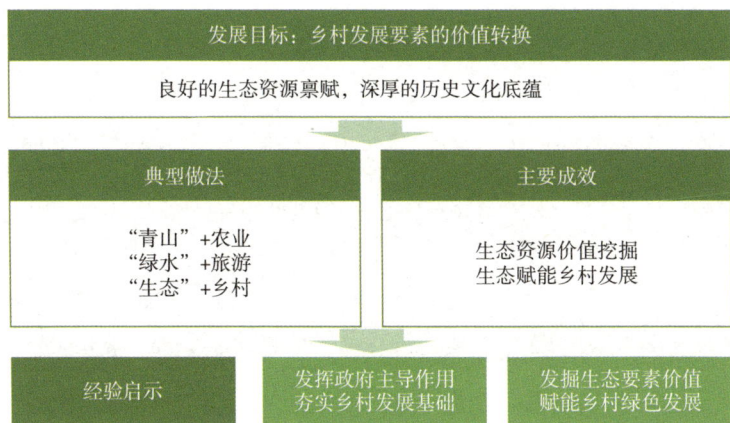

图 5-15　山亭区从绿水青山到金山银山的转型模式

（二）具体做法

"青山"+农业。以桃为代表的林果种植是冯卯镇的特色产业，种植历史已有300年，种植桃林长期以来都是当地主要的农业收入来源。冯卯镇围绕"青山"既是生态资源也是经济价值来源的特点建立发展战略，不断挖掘6万多亩山林中的要素价值，逐渐形成了以"青山"为资源依托的新型农业经济体系。在推进"青山"+农业发展的过程中，冯卯镇开辟荒山荒地、改良土地、扩大甜桃种植面积，桃林面积由原来的3万亩扩展到了4万亩，种植效果良好并取得了可观的经济效益。为了进一步利用好土地资源，充分发挥生态资源优势，拓展以农业基础为主的其他相关产业，最具代表性的做法是冯卯镇开发了800余亩荒山荒坡打造山东岩马湖梅花鹿现代农业科技产业园，依据梅花鹿养殖所需的地理、气候和资源条件，以"公司+基地+支部+合作社+农户"模式引入相关企业繁育梅花鹿。同时，冯卯镇也十分注重对荒山荒坡的改造和修复，如在朱山种植榛子树2万棵，将昔日的"石头山"变成了"榛情园"，进一步丰富了当地的生态资源；实施龙虎坡村破损山体治理项目，逐步恢复山体自然生态功能；此外，还在李庄村等村落附近的荒坡上种植观赏性花卉，打造花的海洋，冯卯的生态观赏价值得到了进一步提升，对游客的吸引力也大幅提升，来冯卯休闲、游憩的游客也越来越多。

图 5-16　冯卯镇桃花盛开景色（山亭区冯卯镇温庄村刘德坦摄）

"绿水"+ 旅游。基于得天独厚的自然山水环境，冯卯镇着重培育生态旅游产业并把它列为战略性支柱产业，坚持全域规划、全产业融合、全链条提升、全过程创新，以全域旅游带动全镇高质量发展，具体在"吃住行游购乐"等方面开展了相应行动。冯卯镇构建起全域旅游体系，在山亭区"十镇三环一片区"的美丽公路总体布局下，建设了环岩马湖彩色公路、音乐公路等特色公路 26 千米，以及全国首条绿色低碳零排放农村公路"九曲花海"等；景观方面，着重打造了环绕岩马湖长达 30 千米的观赏绿道，整条绿道环湖连村串果园，像环湖舞动的彩带，串起美丽乡村、生态果园、传统村落，也成了深受游客喜爱和打卡的网红大道；旅游住宿与旅游路线方面，冯卯镇以岩马湖为中心，建成了金蜗牛房车营地、金山田园等文旅产业 18 处，在入选了文化和旅游部举办的以"橙黄橘绿 乡村胜景"为主题的全国乡村旅游精品线路"百味山亭 采摘之旅"中，途经冯卯的有"活力李庄"和"九曲花海"，为游客游览并留下消费提供了完善的基础条件与游览吸引力；特色美食方面也十分丰富，官方推荐的包括口子顶饭店的辣子鸡、李庄农家乐及祥和饭店的山野菜、王家羊汤馆的羊肉汤等；此外，冯卯还通过举办"相约岩马湖·美丽乡村游"和"相约星期六·悦跑新山亭"健步走等系列活动，促进当地的文旅融合发展。

"生态"＋乡村。 自 2015 年起，冯卯镇依托生态优势和大量非遗文化留存等要素资源，开始打造环湖美丽乡村，并具体制定了"三步走"的计划：第一步打造完成环湖美丽乡村，第二步滨河美丽乡村基本打造完成，第三步把 35 个村全部打造成全域美丽乡村。经过近些年的美丽乡村建设，冯卯的每个村里都有两三处广场、一处别具特色的驿站、几处公厕、一条主街等，处处显现出乡村旅游发展新篇章。有关数据显示，截至 2021 年，冯卯镇的 35 个行政村中已经有 28 个被打造成了美丽乡村，其中，李庄还被山东省文化和旅游厅定为山东首批景区化村庄。冯卯镇作为全国农村综合性改革试点试验乡镇，被评为全省乡村振兴齐鲁样板示范区，并且继续抓住全国农村综合性改革试点试验的机遇落实乡村振兴，推广冯卯经验，为全国提供一个可复制、可借鉴的乡村振兴齐鲁样板。

（三）发展成效

冯卯镇基于优越的"绿水青山"资源，将"生态"与农业生产、乡愁旅游、乡村经济融合发展，推进传统产业的绿色转型，蹚出了一条全民致富的乡村经济发展路径。冯卯依托国家水利风景区、山东最美湿地、省级湿地公园等金字招牌推动了"一湖六园"的全域融合发展，将火热的踏青赏花游、休闲采摘游、农耕体验游、生态科普游、康养度假游贯穿于环湖生态绿道系统，冯卯镇乡村旅游年累计游客接待量达 60 余万人，冯卯乡村大公园的发展框架基本构成；通过积极整治及提升景点和景区周边环境，建成了独孤码头、李庄码头，打造了岩马湖驿站、休闲渔业体验中心，配备游艇、巡逻艇等设施设备。

经济效益。 依托"绿水青山"资源，以冯卯镇种植的 6 万亩甜桃为例来统计可计量经济收益，按照亩均收益 5000 元计算，共约收入 3 亿元；同时，冯卯镇打造的山地梅花鹿繁育基地投入运营后，可新增就业岗位 300 个，带动周边 1000 余户就业。目前，已预购 1000 头梅花鹿，开展梅花鹿防疫员和技术员培训 500 人次，每头鹿预计每年可带动农户增收 5000 元。此外，在"改造闲置小院"投入运营的收入方面，冯卯镇陆续有 20 多套小院投入运营，保守估计每年的营业收入将达到 100 多万元。

社会效益。 冯卯镇在"生态＋"方面取得的成效，获得社会各界的好评，冯卯镇先后被评为国家水利风景区、国家农村综合性改革试点试验镇、全国卫生镇、全国一村一品示范村镇、乡村振兴齐鲁样板省级示范区、省级文明镇、省级生态镇、省级卫生镇、省级美丽乡村示范镇、省级历史文化名镇、省级美丽宜居小镇、省级特色产业镇、省级旅游强镇、省级首批健康镇试点镇、省级园林城镇、省级医养结合示范镇、省级服务业特色小镇和省级绿色能源示范镇。"桃红岩马、水韵冯卯"已成为冯卯镇一张亮丽的城镇名片。

（四）经验启示

冯卯镇生态资源富集、历史文化积淀深厚，具备发展休闲度假、游憩以及栖居的天然优势和禀赋。冯卯镇跳出常规发展思路，在充分发挥政府带头作用的基础上，深挖生态资源潜在价值，并赋能传统农业以及乡村旅游等产业的发展，在激活乡村经济发展活力的同时，也带动村民走上共同致富的发展道路。

发挥政府主导作用，夯实乡村发展基础。枣庄市积极发挥政府的主导作用，通过制定相关政策和规划、保障资金投入、加大基础设施建设力度等举措，为乡村社会经济发展打下坚实基础。其一，政府主导编制《山亭区乡村旅游发展总体规划》《山亭区全域旅游发展与提升规划》等，策划和规划"山亭大公园"建设，为冯卯镇的乡村旅游发展提供政策保障；其二，设立文化旅游发展专项资金，加大财政支持力度，同时，积极争取上级政策资金扶持，并积极引导社会资本进入，盘活乡村发展资金；其三，创新用地方式，对乡村特色产业发展的基础设施建设用地给予优先保障政策，加快乡村基础设施建设，提升乡村公共服务供给水平。

发掘生态要素价值，赋能乡村绿色发展。冯卯镇充分挖掘生态要素资源的价值潜力，赋能农业特色产业、乡村旅游、乡村文化等的发展，为乡村经济发展提供支持。其一，冯卯镇在农业用地有限的情况下，通过对荒山荒坡的开垦、开发，增加农业和生态的用地供给，变废地为宝地，真正实现"绿水青山就是金山银山"的发展理念；其二，冯卯镇基于其独特的地理区位、丰富的生态要素资源等优势，积极发展乡村休闲、度假和游憩业，用生态要素优势带动乡村的发展；其三，冯卯镇将文化要素资源与生态要素资源相结合，激发出乡村的巨大吸引力，使游客既能够在山清水秀之间陶醉，也可以追忆和品鉴传统文化韵味，从而为乡村可持续发展增添新的活力。

四 绿色转型之新旧动能转换
——锂电发展助推枣庄产业转型升级

枣庄市历史上以煤炭资源丰富而知名，煤电是其支柱产业。随着煤炭资源的逐渐枯竭和环境保护要求的提高，枣庄市面临经济转型的压力。面对这样的困境，枣庄市基于现有的产业基础，抓住新能源的发展契机，通过实施一系列的措施，推动传统的煤电产业向新能源锂电产业转型，不仅缓解了资源枯竭带来的压力，改善了环境以及优化了经济结构，还为枣庄市的可持续发展注入新的活力。

（一）基本情况

1. 资源禀赋

枣庄市煤炭资源极为丰富，《枣庄统计年鉴2007》数据显示，2006年枣庄已探明的煤炭储量达16.25亿吨，占山东省煤炭总量比重达15.74%，枣庄是山东省主要的产煤区之一。枣庄市煤炭产业发展历史久远，一度在国民经济发展中占据主导地位。2006年，枣庄市规模以上工业增加值为393.82亿元，煤炭、水泥、炼焦三大行业增加值达154.3亿元，占规模以上工业增加值比重为39.2%。

2. 发展历程

枣庄拥有雄厚完备的煤炭产业发展基础。1878年，中国第一家民族股份制企业——中兴煤矿公司诞生在枣庄，并由它发行了第一张中国民族工业股票；到20世纪30年代，中兴煤矿发展成为仅次于抚顺、开滦的全国第三大煤矿；1953年，枣庄煤矿正式挂牌，为国家建设提供了大量煤炭资源。据统计，在整个计划经济时期，国家累计从枣庄调出原煤4亿吨、电力2000多亿度、化肥600多万吨、建材物资2000万吨，供应全国20多个省份。仅煤炭、电力、化工三大产业，枣庄就无偿奉献4000多亿元。

然而，随着长时期高强度、大规模开采，枣庄煤炭资源日渐枯竭，2009年枣庄被确定为东部地区唯一的资源枯竭型城市，2013年又被国务院列入中国老工业城市重点改造城市名单。煤矿产量下降，导致企业经济效益持续下滑，枣庄面临支柱产业衰退的困境。

图 5-17 中兴煤矿旧日煤矸石山概貌（枣庄市市中区摄影家协会主席种镭摄）

图 5-18 煤矸石山修复后的矿山公园概貌（枣庄市市中区摄影家协会主席种镭摄）

面对发展困境，枣庄加快实施资源枯竭城市的绿色转型发展战略。一方面，调产能、优结构，完成传统产业的转型升级；另一方面，以发展锂电新能源作为突破重点，大力培育发展新动能，实现以资源消耗为驱动向以科技创新为驱动的新旧动能转换，将枣庄市打造成为名副其实的"中国北方锂电之都"。

（二）具体做法

政府铺路，政策导向。枣庄锂电产业发展离不开政府的超前规划以及政策持续的助力和导向。2020 年以来，枣庄先后出台了《枣庄市锂电产业发展规划（2021—2025 年）》《关于加快锂电产业发展的实施意见》等文件，明确了不同阶段的发展目标：锂电产业电池产能力争于 2023 年达到 20GWh，2025年达到 50GWh，2030 年达到 90GWh，2035 年达到 200GWh；力争到 2025 年

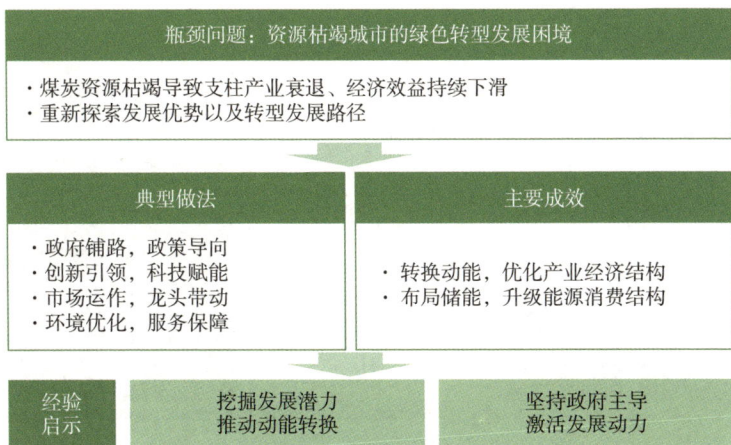

图 5-19　依托锂电发展的枣庄产业转型升级模式

产值达到 800 亿元，2030 年达到 1500 亿元，2035 年达到 3000 亿元。2023 年 7 月 26 日获批的《枣庄市锂电产业发展促进条例》是国内第一部专门规定锂电产业发展的地方性法规，为推动枣庄市锂电产业发展提供了法治保障。此外，枣庄市还出台了《关于强化人才支撑推动锂电产业高质量发展若干措施（试行）》等文件，明确锂电产业人才引进、培育、服务等各类举措。这些政策措施的制定、发布和实施，为推动枣庄锂电产业健康快速发展提供坚实政策支撑。

环境优化，服务保障。枣庄市委书记担任新能源及锂电产业链链长，组建了锂电产业联盟和全国第一家锂电产业工会；设立总规模 200 亿元的新能源产业基金，建立政银企盟四方合作机制，嫁接更多金融资本、社会资本和项目资源赋能锂电产业发展；围绕提升锂电项目土地要素资源配置质效，采取弹性年期出让、先租后让、租让结合等方式，强化锂电产业项目土地供应；深化政务服务需求侧改革，推进帮办代办进企业、进项目、进园区，让企业办事更加高效便捷；全面实行重点企业领导干部帮包和重大项目建设联席会议机制，及时有效化解企业发展过程中遇到的困难问题。建成运行"枣解决·枣满意"平台，开设《政风行风热线》"市长上线"特别节目，对企业家的诉求及时办理、按责转办、限时办结；召开重要会议邀请企业家参加、制定涉企政策时征求企业家意见，聘请优秀企业家担任"经济发展顾问"，扎实办好"枣庄企业家日"系列活动，在全社会营造尊商重商的浓厚氛围。

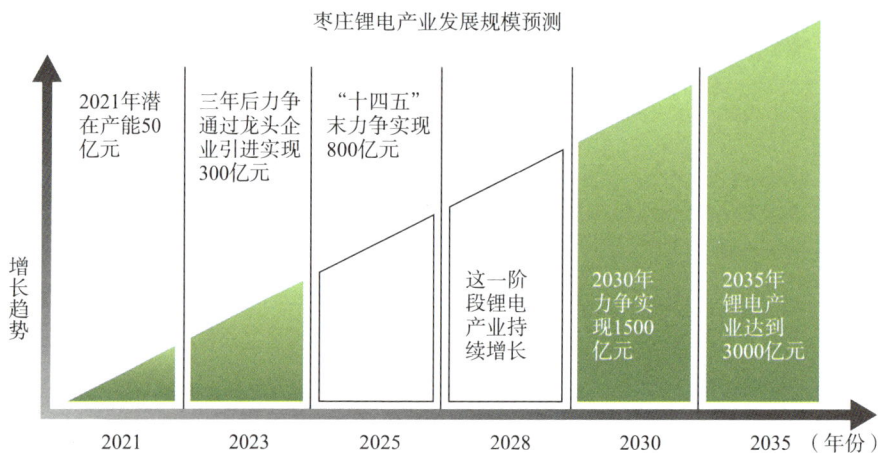

枣庄锂电产业发展规模预测

图 5-20 枣庄锂电产业发展规模预测

资料来源：《枣庄市锂电产业中长期规划（2021—2025 年）》。

创新引领，科技赋能。截至 2023 年 9 月，共搭建了锂电科研平台 45 个，其中，国家级创新平台 1 个，省级创新平台 3 个，市级创新平台 9 个；创建了山东省唯一的锂电产业创新创业共同体、储能电池技术中心，国家锂电池产品质量检验检测中心进入国际标准化实验室序列，枣庄学院锂电产业学院获批"山东省现代产业学院"，枣庄锂电产业集群被科技部授予创新型产业集群称号。同时，枣庄市通过备案认定博士后科研工作站和省博士后创新实践基地、成立枣庄市锂电职教集团和枣庄职业学院欣旺达产业学院、绘制锂电产业人才图谱、创新锂电企业专业技术人员评价方式、设立"钱逸泰院士科创示范基地"等方式，进行锂电产业人才队伍的组建和培育。此外，枣庄市还在青岛科技大学举办"枣庄—高校人才直通车"锂电专场招聘活动，在常州大学举办锂电新能源高质量发展培训班，在枣庄举办中国科学院博士后服务团科技行活动，这些人才培育和队伍组建活动的开展，既推进了产学研深度融合，也为枣庄市锂电产业发展注入创新活力，以科技创新赋能锂电产业高质量发展的成效正在加速显现。

市场运作，龙头带动。《枣庄市深化新旧动能转换推动绿色低碳高质量发展三年行动计划（2023—2025 年）》中，按照"项目引领、龙头带动、全系突破"的思路，把锂电作为首位产业扶植培育，全力支持丰元锂能、中材锂膜、联泓新科、精工电子等本土头部企业加速发展，招引落地吉利、欣旺达、科达利、亿恩科、创普斯新能源、博雷顿等一批领军企业，形成了龙头牵引、项目带动、抱团协作的产业发展格局。2023 年，枣庄锂电企业发展到 116 家，较 2020 年增长了近 5 倍，实现正极材料产能 10 万吨、负极材料 4 万吨、隔膜 16 亿平方米、电解液 13 万吨、电芯 27.6GWh、拆解 0.4 万吨，锂电产业营收增幅保持在 100% 以上，在锂电新赛道跑出了跨越赶超的"加速度"。

（三）发展成效

转换动能，优化产业经济结构。枣庄市通过驱动"煤电为主"向"锂电为主"的动能转换，在完成传统产业改造升级的同时，努力推动经济的现代化转型。"十三五"期间，枣庄市关闭了 10 家煤矿，原煤产量从 2007 年的峰值 3281.57 万吨降至 2021 年的 1167.87 万吨。相应地，枣庄市高新技术产业得到快速发展。2015 年枣庄高新技术产业实现产值 702.97 亿元，占规模以上工业总产值比重为 19.83%；2022 年，枣庄市规模以上高新技术产业产值同比增长 13.2%，高于山东省平均水平 9.12 个百分点，增速排名第一；高新技术产业产值占规模以上工业总产值比重达到 47.04%，可以预见未来高新技术产业将在枣庄工业经济中占据主导地位，其中锂电产业的发展起到了关键性的支撑作用。枣庄市 2000 年开始布局锂电产业，2008 年锂电产业开始步入正轨。经过 20 多年的发展，枣庄市锂电产业迎来爆发式快速增长势头，2021 年，枣庄市共引进实施亿元以上的锂电项目 79 个，投资规模超过 1400 亿元。2022 年，枣庄市锂电产业产值达 120 亿元，占高新技术产业产值的比重在 40% 左右，预计 2023 年产值将达到 300 亿元，届时占高新技术产业产值的比重有望超过 60%。

布局储能，升级能源消费结构。枣庄市在新旧动能转换的过程中，不断缩减煤电的产能，相应地提升可再生能源发电的比重，推动"传统煤电为支柱能源消费"向"新能源消费占比提升"的绿色转变，实现能源消费结构转型升级。随着枣庄市锂电产业规模的不断扩大及产能的不断提升，其锂电储能的地位和作用不断得到强化和延伸。2021 年，枣庄市在被列为山东省 5 个储能示范基地之一以及华电滕州获批省级首批 7 个储能示范项目之一的基础上，2022 年又成功将 3 个储能项目纳入省级示范项目名单，是山东省纳入示范项目最多的地市之一，目前枣庄市电化学储能装机规模达 350 兆瓦 /700 兆瓦时，位居山东省第一。枣庄作为山东省唯一全市域纳入国家整县屋顶分布式光伏开发试点的城市，预计到 2023 年、2025 年全市光伏装机分别达到 280 万千瓦、350 万千瓦，按照不

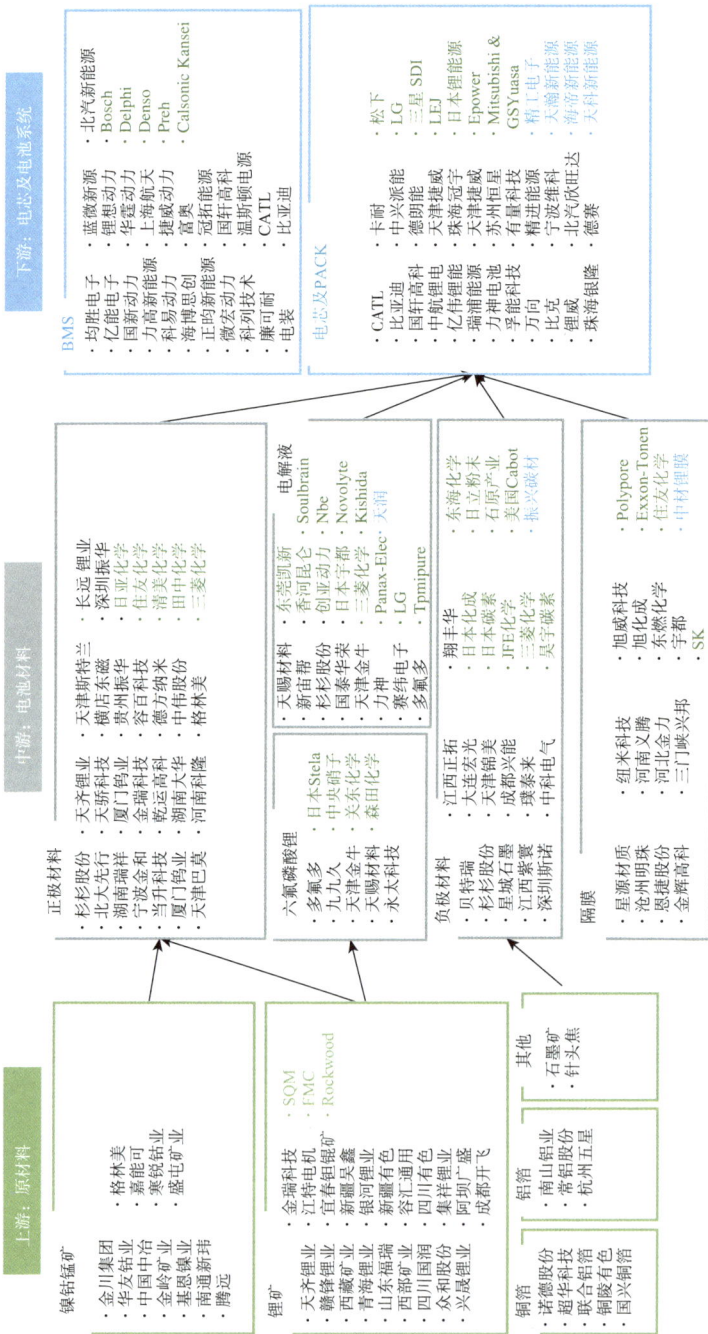

图 5-21 锂电产业链示意

上游：原材料

镍钴锰矿
- 金川集团
- 华友钴业
- 中国中冶
- 金岭矿业
- 基恩镍业
- 南通新玮
- 腾远
- 格林美
- 嘉能可
- 寒锐钴业
- 盛屯矿业

锂矿
- 天齐锂业
- 赣锋锂业
- 西藏矿业
- 青海锂业
- 山东福瑞
- 西部矿业
- 四川国润
- 众和股份
- 兴锂锂业
- 金瑞科技
- 江特电机
- 宜春钽铌矿
- 新疆昊鑫
- 银河锂业
- 新疆有色
- 容汇通用
- 四川有色
- 集祥锂业
- 阿坝广盛
- 成都开飞
- SQM
- FMC
- Rockwood

铜箔
- 诺德股份
- 超华科技
- 联合铜箔
- 铜陵有色
- 国兴铜箔

铝箔
- 南山铝业
- 常铝股份
- 杭州五星

其他
- 石墨矿
- 针头焦

中游：电池材料

正极材料
- 杉杉股份
- 北大先行
- 湖南瑞翔
- 宁波金和
- 当升科技
- 厦门钽业
- 天津巴莫
- 天赐材料
- 新南街
- 杉杉股份
- 国泰华荣
- 天津金牛
- 力神
- 赛纬电子
- 多氟多
- 天津斯特兰
- 横店东磁
- 贵州振华
- 容百科技
- 乾运高科
- 湖南大华
- 中伟股份
- 格林美
- 长远锂业
- 深圳振华
- 住友化学
- 清美化学
- 田中化学
- 三菱化学

六氟磷酸锂
- 多氟多
- 九九久
- 天津金牛
- 天赐材料
- 永太科技
- 日本Stella
- 中央硝子
- 关东化学
- 森田化学

负极材料
- 贝特瑞
- 杉杉股份
- 星城石墨
- 江西紫宸
- 深圳斯诺
- 江西正拓
- 大连宏光
- 天津锦美
- 成都兴能
- 璞泰来
- 中科电气
- 翔丰华
- 日本日立化成
- 日本炭素
- JFE化学
- 三菱化学
- 吴宇碳素
- 东海化学
- 日立粉末
- 台原产业
- 美国Cabot
- 张宇碳材

电解液
- 天赐材料
- 新宙邦
- 国泰华荣
- 天津金牛
- 力神
- 赛纬电子
- 多氟多
- 东莞凯新
- 香河昆仑
- 创亚动力
- 日本宇都
- 三菱化学
- LG
- Panas-Elec
- Tpmipure
- Soulbrain
- Nbe
- Novolyte
- Kishida
- 大洲

隔膜
- 星源材质
- 沧州明珠
- 恩捷股份
- 金辉高科
- 红杉科技
- 河南义腾
- 河北金力
- 三门峡兴邦
- 旭成科技
- 旭化成
- 东燃化学
- 宇都
- SK
- Polypore
- Exxon-Tomen
- 住友锂膜
- 中材锂膜

下游：电芯及电池系统

BMS
- 均胜电子
- 亿能电子
- 国新动力
- 力高新能源
- 科易动力
- 海博思创
- 正昀新能源
- 微宏动力
- 科列技术
- 廉可耐
- 电装
- 蓝微新源
- 锂遥动力
- 华鑫动力
- 上海航天
- 捷威动力
- 富奥
- 冠拓能源
- 国轩高科
- 温斯顿电源
- CATL
- 比亚迪
- 北汽新能源
- Bosch
- Delphi
- Denso
- Preh
- Calsonic Kansei

电芯及PACK
- CATL
- 比亚迪
- 国轩高科
- 中航锂电
- 亿纬锂能
- 瑞浦能源
- 力神电池
- 孚能科技
- 万向
- 比克
- 锂威
- 珠海银隆
- 卡耐
- 中兴派能
- 德朗能
- 天津捷威
- 天津样星
- 苏州宇量
- 有量科技
- 精进能源
- 宁波维科
- 北汽依兰达
- 德赛
- 松下
- LG
- 三星SDI
- LEJ
- 日本锂能源
- Epower
- Mitsubishi &
- GSYuasa
- 稍丁电子
- 大禹新能源
- 海帝新能源
- 天科新能源

资料来源：《枣庄市锂电产业中长期规划（2021—2025年）》。

低于装机容量的 15%、充放电时长 2 小时配置储能设施，枣庄储能装机规模将增加 30 万千瓦，储能规模也将达到 76.2 万千瓦，这一储能规模相当于一个中等规模火力发电站或一个大型的水力发电站。按照规划，预计未来枣庄每年将以建成 1~2 座储能电站、30 个光储充一体化停车场的规模不断扩大储能建设规模，使全市能源消费结构发生彻底的转变。

（四）经验启示

挖掘发展潜力，推动动能转换。枣庄市的经济发展具有三大优势，即资源优势、产业优势和区位优势。依托丰富的煤炭资源，枣庄较早开启工业化进程，并围绕着煤炭发展起一大批国有企业，包括热电厂、焦化厂、化工厂、铁厂、化肥厂、地毯厂、国棉厂、印染厂、橡胶厂、水泥厂、陶瓷厂等，夯实工业发展基础。然而，对于枣庄这样以煤电产业为主导的资源型城市，随时会因煤炭资源枯竭、环境保护要求的提高而面临发展瓶颈，淘汰落后产能，培育新的经济增长点，推动产业的转型升级是必然的选择。为此，枣庄市抓住新能源产业的发展风口和机遇，积极制定产业绿色转型发展战略，不仅通过实施压减煤炭产量、淘汰和关闭落后电站、优化煤电装机结构等措施，完成了煤电产业的改造和升级，同时，还基于既有的产业发展优势，将资源优势切换到区位优势，并凭借区位优势，衔接京津冀和长三角两大城市群，吸引各种资金、技术以及人才向枣庄汇集，引导和支持锂电产业的发展，推动煤炭为主的旧动能向锂电为主的新动能切换，确保经济的转型升级成功。枣庄新旧动能转换的成功经验表明，不断挖掘本地优势，依托既有的发展基础，在对传统产业进行改造和去产能的前提下，培育和发展适合的新兴产业，是实现经济高速发展向高质量发展转换的关键所在。

坚持政府主导，激活发展动力。枣庄市通过制定政策和规划、资金支持和产业扶持等，积极推动枣庄社会经济发展的新旧动能转换。首先，在政策和规划制定方面，枣庄市先后出台和发布了《枣庄市新旧动能转换"五年取得突破"工作方案》《枣庄市深化新旧动能转换推动绿色低碳高质量发展 2023 年重点工作任务》《枣庄市建设国家创新型城市助推新旧动能转换实施方案》《枣庄市新旧动能转换重大工程实施规划》等，为枣庄市新旧动能转换制定了相关的工作任务和方案、发展规划和指导意见，明确新旧动能转换的发展方向和目标，为社会经济发展提供政策导向和战略决策。其次，在资金支持方面，通过设立专项基金，建立政银企盟四方合作机制，嫁接更多金融资本、社会资本和项目资源，为枣庄市锂电产业的发展提供资金支持。最后，在产业扶持方面，出台了《枣庄市锂电产业发展规划（2021—2025年）》《关于加快锂电产业发展的实施意见》《枣庄市锂电产业发展促进条例》等政策性文件，为枣庄市锂电产业发展提供政策保障；同时，枣庄市还通过税收优惠、土地供应、用地价格优惠等方式，扶持锂电产业的发展，提升企业的实力以及市场竞争力。

总之，在资源枯竭的情况下，枣庄市通过深度挖掘发展潜力，推动城市发展由资源优势向区位优势切换，为枣庄市的新旧动能转换确立发展方向；同时，枣庄市政府在新旧动能转换中发挥了主导性作用，包括发展战略规划以及政策的制定等，为枣庄市的社会经济发展提供政策和制度保障。枣庄市在新旧动能转换方面的成功经验和做法，对于其他资源型城市而言，具有重要的现实借鉴意义。

CHAPTER 6

第六章
枣庄可持续发展愿景 II：
城乡融合示范

公平是社会发展的基础。公平性意味着每个人都有机会参与到社会的各种事务中，包括劳动就业以及获取工资报酬等，同时，也能够均等地享受各种公共福利。公平性不仅能够激发人们的创造力和发展动力，而且能增强社会的凝聚力并促进社会的进步和繁荣。

城乡之间出现不公平的社会性问题，通常是资源配置不均衡导致的。城乡差距格局的形成源自劳动的分工以及相应的功能定位的不同，而工业革命以来快速推进的工业化和城镇化则强化了这一格局，在城乡互动的过程中，随着资源单向地朝着城镇方向流动，两者间的差距被逐渐拉大。城乡融合就是通过城镇和乡村之间的要素平衡流动、基本公共服务均等化以及基础设施共建共享等，消除城乡之间的差距，达到资源公平分配的目的。近年来，枣庄市在推进城乡融合发展方面，通过优化资源配置、促进产业协同、推进公共服务均等化等措施，尤其是借助诸如台儿庄等文旅项目的打造以及豆制品产业和石榴产业等农业特色产业的发展，推动要素资源向周边乡村流动并带动农户共同致富，构建城乡间互补互促互利互融、共建共享共荣共发展的城乡融合共同体，为把枣庄市打造成为国内"城乡融合示范区"谱写了动人篇章。为此，通过对"城乡融合示范"的多目标指标进展进行评估，同时从"文旅促共荣"、"豆香促共富"以及"三产促共融"等方面进行案例分析，梳理出枣庄市"城乡融合"中的经典成就和最佳实践途径。

一 "城乡融合示范"进展评估

为全面评估枣庄市"城乡融合示范区"建设效果，需构建包括经济、社会以及环境等诸多指标在内的科学指标体系。基于遴选的、本地化后的枣庄市SDGs指标，结合"城乡融合示范区"的战略定位，将相关指标进行归类整合，形成符合枣庄的定量评价框架。同时，在评价框架中还融入了定性评价指标，用于评估有关政策落实效果。在评价框架建立的基础上，运用科学方法对各项指标进行测算，评判建设进展是否符合预期。

（一）评估指标构建

"城乡融合示范区"建设评估指标体系需要从经济、社会和环境三个方面进行架构并选取相应的指标。首先，从经济发展角度看，主要考察经济增长带来的红利在城乡之间分配的情况，通过选取城镇和农村居民人均可支配收入、城镇和农村恩格尔系数、全员劳动生产率等指标，可以直接或间接反映经济增长对城乡融合的影响。其次，从公共服务均等化角度看，考察教育、医疗、养老等公共服务资源在城乡之间的配置，评价公共设施和公共服务均等化进展。再次，从基础设施建设角度看，可以考察城市基础设施延伸到农村地区的情况，以及农村地区道路、通信、供水、供电等基础建设的改进和持续改善情况。最后，从生态环境保护角度看，可以通过考察农村环境整治、城市生活污水治理以及垃圾处理设施建设等指标的变化，来监控乡村环境质量的演变。

据此，本章从经济发展均等化和公共服务均等化两个方面选取涉及SDG1、SDG2、SDG3、SDG4、SDG5、SDG6、SDG7、SDG8、SDG11、SDG12及SDG16等的32个指标，构建枣庄市城乡融合评估指标体系。借助这些指标可以评估枣庄在城乡融合发展方面取得的成效。其中，经济发展均等化指数包括城乡居民收入比、城镇恩格尔系数、农村恩格尔系数、农村居民人均可支配收入、城镇最低生活保障标准和农村最低生活保障标准等指标。公共服务均等化指数分为民生福祉指数和基础设施指数。民生福祉指数包含适龄儿童免疫规划疫苗接种率、移动电话普及率、农村生活垃圾无害化处理率、人均公园绿地面积、燃气普及率、学龄人口入学率（小学学龄儿童入学率）、小学生师比、义务教育巩固率、特殊教育学生入学率（残疾儿童义务教育入学率）、每千人口医疗卫生机构床位数、每千人口执业（助理）医师人数等指标。基础设施指数包括乡镇（街道）公共法律服务工作站覆盖率、城镇污水处理率、地表水质量达到或好于Ⅲ类水体比例、城市集中式饮用水水源地水质达标率等指标。

（二）结果与分析

城乡融合综合指数由民生福祉指数、基础设施指数和经济发展均等化指数组成。民生福祉指数主要评判枣庄市在公共服务提供、社会保障、提升居民的满意度等方面取得的进展；基础设施指数用于评价枣庄市在交通基础设施、信息通信业基础设施和市政公用事业基础设施等方面的建设情况；经济发展均等化指数则反映枣庄市经济结构优化程度、居民收入水平、收入分配差距和失业与贫困等方面的进展情况（见表 6-1）。

表 6-1　2015~2022 年枣庄市城乡融合综合指数及其构成（2015 年 =100）

	2015 年	2016 年	2017 年	2018 年	2019 年	2020 年	2021 年	2022 年
城乡融合综合指数	100	102.74	106.65	109.14	112.30	118.66	123.23	126.35
民生福祉指数	100	101.58	104.43	106.08	107.53	114.45	119.89	122.69
基础设施指数	100	104.22	109.43	112.38	114.10	122.61	124.14	126.71
经济发展均等化指数	100	102.48	106.21	109.16	115.63	119.19	125.91	129.95

据表 6-1 可知，枣庄市的城乡融合综合指数从 2016 年到 2022 年呈现逐渐增长的趋势，由 102.74 增长到 126.35。这表明枣庄市的城乡发展差距在不断缩小，城乡要素流动和公共服务均等化水平在逐步提高，枣庄市在推动城乡基础设施共建共享、产业和公共资源配置优化、公共服务均等化等方面采取的政策措施取得了一定成效。与城乡融合综合指数相同，民生福祉指数、基础设施指数和经济发展均等化指数也均呈增长趋势。其中，经济发展均等化指数的增长幅度最大，由 2016 年的 102.48 增加到 2022 年的 129.95，增长了 27.47；其次是基础设施指数，从 2016 年的 104.22 增加到 2022 年的 126.71，增长了 22.49；民生福祉指数的增长幅度最小，从 2016 年的 101.58 增加到 2022 年的 122.69，增长了 21.11，显示出这三个指数之间对城乡融合的贡献率存在差距（见图 6-1）。

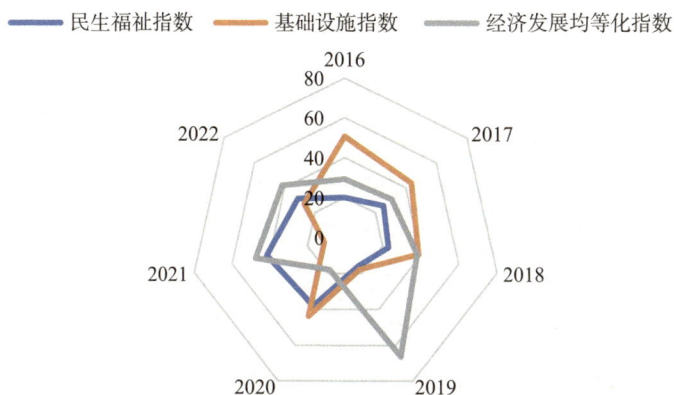

图 6-1　2016~2022 年枣庄市城乡融合三个构成指数的贡献率

由图 6-1 可以看出枣庄市城乡融合三个构成指数贡献率的变化趋势，其中，2016 年到 2018 年城乡融合取得的进展主要来自基础设施指数的贡献率，但处于下降的态势，由 2016 年的 50.62% 降至 2018 年的 38.85%，并且在随后几年被经济发展均等化指数取代，2022 年仅为 27.03%；相应地，经济发展均等化指数的贡献率由 2016 年的 29.25% 增至 2022 年的 41.67%。经济发展均等化指数、民生福祉指数和基础设施指数贡献率的不同变化情况表明，其一，经济增长对枣庄市城乡差距的缩小逐渐起到主导的驱动作用，考虑到城镇更容易受益于经济增长、乡村受益有限等因素，经济发展均等化在消除这种因素的影响方面起到了一定的作用。其二，枣庄市在城市化快速推进的过程中，大规模的基础设施建设基本完成且达到一个较高的水平，后续进一步大幅度提升的空间有限，是其贡献率出现下滑的主要原因。其三，民生福祉的增进是受经济增长驱动的综合效应，枣庄市早期依赖煤炭产业实现了经济的高速增长，带动民生福祉和基础设施等一道快速发展，同时也促进了枣庄城乡的进一步融合；但是，随着煤炭资源的枯竭以及相应进行的产业结构调整和转型升级，在这一过程中难免会对民生福祉以及基础设施建设等产生负面的影响，进而制约了枣庄城乡融合的进一步提升和发展。下一步，枣庄市在推进产业转型升级的过程中，需要兼顾对民生福祉和基础设施等方面的投入和改进，缩小城乡差距，推动城乡更进一步趋于融合。

纵向的时间序列分析只能反映枣庄市"城乡融合示范区"建设的增速，"城乡融合"的变化和效果需要从横向的区域对比分析中展现。考虑到数据的可获得性，研究仅选择枣庄市和山东省的核心指标，进行"城乡融合"进展的区域对比分析。这些核心指标包括人均公园绿地面积、公路密度、小学生师比、城镇污水处理率、每千人口医疗卫生机构床位数、城镇登记失业率、农村恩格尔系数、农村居民人均可支配收入及城镇居民人均可支配收入等。通过对这些关键指标进行定量对比分析，可以直观地反映出枣庄市与山东省在城乡融合建设方面的差异与差距，从而能够对枣庄市"城乡融合示范区"建设进展的真实情况作出评判。

图 6-2 显示，2015~2022 年枣庄市和山东省平均水平的城乡融合均呈增长趋势，分别从 2015 年的 66.98 和 59.41 增加到 2022 年的 84.63 和 79.62，并且，枣庄市"城乡融合"总体上高于山东省平均水平，尽管两者的差距出现一定程度的缩减。这表明，枣庄市一直重视民生福祉的改进工作，尤其是"十三五"

图 6-2 2015~2022 年枣庄市城乡融合综合指数评估结果与山东省平均水平的对比

期间通过部署和实施重大惠民工程和行动、扩大就业创业渠道、增加城乡居民收入、加大基础设施建设力度、提升公共服务均等化水平、助力产业协同发展、推动要素有序流动，从而在城乡融合方面取得显著进展。此外，在总结和分析"十三五"城乡融合的建设成效与不足的基础上，枣庄市出台了《枣庄市"十四五"新型城镇化和城乡融合发展规划》，持续推动城乡一体化进程。预计到 2025 年，城乡居民人均可支配收入比将缩减到 1.9，居民人均可支配收入增长率与 GDP 增速同步，农村清洁取暖率达到 80% 以上，城市建成区绿化覆盖率达到 42.6，每千人口医疗卫生机构床位数增加到 7.5 张。这些目标的实现将进一步巩固枣庄市在城乡融合发展方面的领先地位，促进城乡居民生活质量的全面提升。

枣庄市在城乡融合方面取得的成效与存在的不足之处，可以从民生福祉指数、基础设施指数以及经济发展均等化指数的进一步分析中得以呈现。

图 6-3 显示，2015~2018 年，枣庄市民生福祉指数保持着对山东省平均水平的领先优势，但这种领先优势呈下降的趋势，从 2015 年领先于山东省平均水平 6.66，降至 2020 年的最低点 –2.27。枣庄市民生福祉指数与山东省平均水平的这种对比上的变化趋势，揭示了枣庄市早期获益于经济发展带来的红利，民生福祉得到较大的改善和提升，煤炭资源枯竭导致的枣庄产业结构的调整和转型升级，必然会导致经济增长的波动，从而不可避免地会影响到民生福祉的改进。不过值得指出的是，随着枣庄市产业结构调整和转型升级的完成，经济将企稳回升，并利好民生福祉的改进。从评估结果看，枣庄市民生福祉指数的评

图 6-3　2015~2022 年枣庄市民生福祉指数评估结果与山东省平均水平的对比

估值与山东省平均水平的差距收窄，由 2020 年的最低点 –2.27，缩减到 2022 年的 –0.91。枣庄市与山东省平均水平民生福祉的差距及变化，从教育、医疗、法务以及生活保障等指标中得以反映，如小学生师比由 2015 年相差 –13.78，缩小到 –0.94，农村最低生活保障标准由 2016 年相差 –3.38，缩小为 2022 年的 –2.1。

　　基础设施建设方面，由于拥有丰富的煤炭资源以及较早的煤炭开采历史，枣庄市成为中国最早开始工业化进程的城市之一。自 1985 年确立煤电行业作为国民经济的主导产业，枣庄市开启了经济的快速增长时期，相应地，城镇化进程相较于山东省其他多数城市而言启动更早和更快一些，公共服务体系也相对更加完善，因而确保基础设施建设走在山东省平均水平的前面（见图 6-4）。

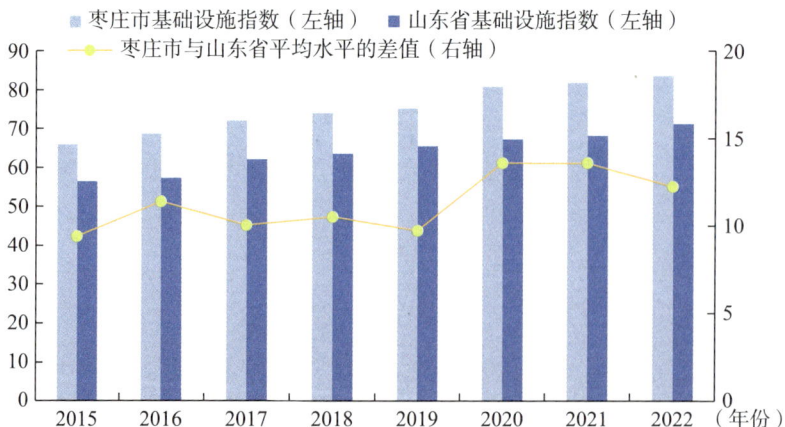

图 6-4　2015~2022 年枣庄市基础设施指数评估结果与山东省平均水平的对比

图 6-4 显示，2015~2022 年，枣庄市与山东省平均水平的基础设施指数均呈稳定增长趋势，分别从 2015 年的 65.98 和 56.55 增长到 2022 年的 83.60 和 71.34；同时，自 2015 年以来，枣庄市基础设施指数一直领先于山东省平均水平，并且这种领先的优势呈扩大趋势，从 2015 年相差 9.43 扩大到 2022 年的 12.26。枣庄市基础设施指数对于山东省平均水平的领先，可以从其构成的相关指标包括交通运输、医疗设施、城市公共设施等的分析中得以解释。例如，在人均公园绿地面积评估值方面，枣庄市相对于山东省平均水平而言保持着 40 个点左右的优势，这与枣庄市高度重视"民生园林"建设有关，诸如城市建成区绿地率为 40.12%，绿化覆盖率达 43.13%，分别比全国的绿地率 38.70% 和绿化覆盖率 42.69% 高出 1.42 和 0.44 个百分点，人居环境得到大幅度的提升和优化。此外，在公路密度评估值方面，枣庄市与山东省平均水平之间也有至少 6 个点的优势差距，每千人口医疗卫生机构床位数由落后转变为领先，从 2015 年的 -4.63% 转变为 2022 年的 1.12，这些公共服务设施的改进和完善，极大地提高了枣庄市的基础设施水平。但是，值得一提的是，在城镇污水处理率方面枣庄市与山东省平均水平之间还有一定的差距，评估值一直低于山东省平均水平（见图 6-5）。这表明，枣庄市在环境污染的改善方面仍有较大的提升空间，尤其是在环境的基础设施建设方面仍需加大投入力度，切实改善和提升环境质量，为枣庄提供一个适宜的生活和休闲空间。

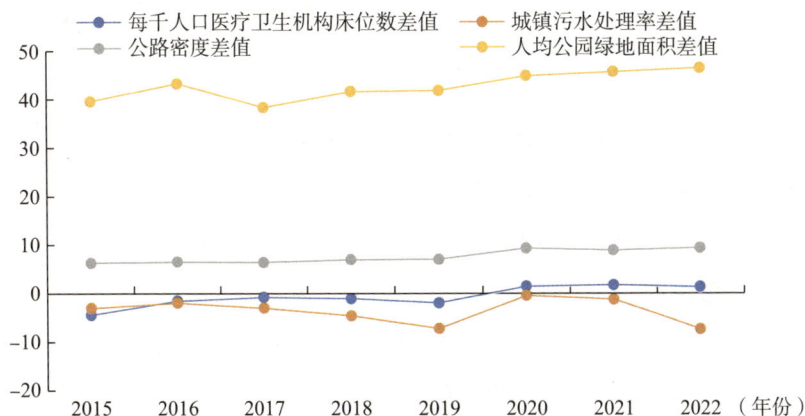

图 6-5　2015~2022 年枣庄市基础设施构成指标评估结果与山东省平均水平的对比

除基础设施建设外，枣庄市在经济发展均等化方面也保持着对山东省平均水平的领先优势（见图6-6）。

图 6-6　2015~2022 年枣庄市经济发展均等化指数评估结果与山东省平均水平的对比

由图6-6可知，枣庄市与山东省平均水平的经济发展均等化均处于较好的发展势头。同时，枣庄市的经济发展均等化指数领先于山东省平均水平，但这种领先优势处于缩小的趋势，从2015年的6.63缩减到2022年的3.67。枣庄市与山东省平均水平的经济发展均等化指数出现这种变化趋势的原因，可以从其构成指标如城镇登记失业率、农村恩格尔系数、农村居民人均可支配收入以及城乡居民收入比等的进一步分析中得到释疑。

图6-7显示，枣庄市城乡居民收入比相对于山东省平均水平保持着20个点左右的优势，这显示了枣庄市注重改善民生、缩小城乡差距的良好成果。"十三五"期间，枣庄市累计完成民生支出969亿元，用于发展特色农业产业、推动惠农产业向乡村地区延伸并提供更多的就业岗位以及在政策和资金支持上加大乡村地区的社会保障和扶贫工作力度等，枣庄市经济发展在城乡之间取得了较高的均衡性，乡村从中收获相对较多的效益，乡村居民的生活水平和收入水平得到大幅度的提升。截至2020年末，枣庄市9.2万名享受政策建档立卡贫困人口实现脱贫，214个山东省定贫困村全部摘帽。但是需要指出的是，在农村居民人均可支配收入以及农村恩格尔系数等指标方面，枣庄市与山东省平均水平还存在一定的差距，并且评估值也一直低于山东省平均水平。这意味着枣庄在乡村经济发展、就业岗位的提供、高附加值产品的供给等方面仍有很大的改进余地，特别是在农业生产资源如土地、劳动力有限的情况下，亟须开展农

业产业结构的调整以及发掘新的经济增长要素和增长点，为枣庄的城乡融合开创新的发展局面。

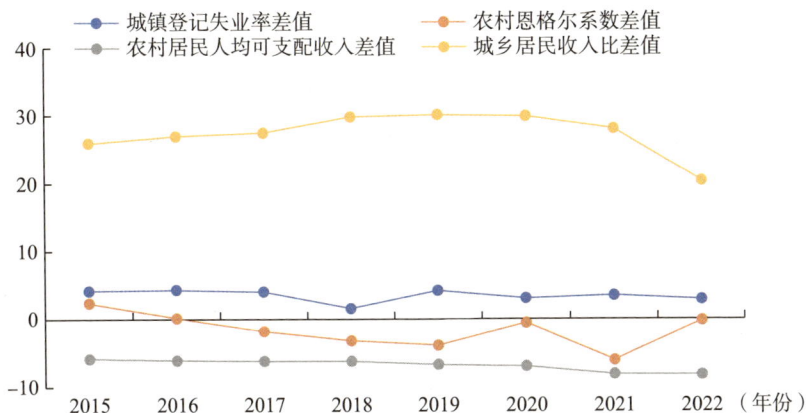

图6-7 2015~2022年枣庄市经济发展均等化指数评估结果与山东省平均水平的对比

总体来看，枣庄市的城乡融合发展成效显著，但也面临诸多挑战，需要在政策和发展战略上作出相应的调整，以便更好地推进城乡融合的进程。首先，枣庄市应进一步完善城乡统筹发展的政策框架，加大政策的协调和实施力度，包括推动城乡规划一体化、基础设施一体化、公共服务一体化等，以形成城乡要素合理流动和公共资源均衡配置的新型城乡关系。其次，注重公共服务均等化与经济发展之间的平衡，将城市发展的成果更多地惠及乡村地区，如通过改善乡村教育、医疗、文化等基础设施和服务，提升乡村居民的生活品质。最后，加强生态保护与文化传承的结合，尤其是保护和利用好枣庄市乡村丰富的自然资源和文化遗产，为枣庄城乡一体化发展夯实基础。

二 城乡融合之文旅促共荣

——"以点带面"引领城乡共荣，台儿庄区发展旅游产业的城乡融合实践

台儿庄区针对在发展过程中存在的城乡要素流动、公共服务均等化、基础设施互联互通等发展不平衡不充分问题，充分运用好台儿庄古城及其独特的运河文化底蕴这一文化象征，科学规划，通过打造文化旅游品牌来推动旅游业

转型升级；同时，充分利用旅游业带动的人员流动、要素流入等，一方面，推动城乡间的公共服务和资源均衡配置；另一方面，带动古城周边乡村参与到旅游业的发展中，使台儿庄的城乡之间形成相互促进、共同提升的良性融合发展（见图6-8）。

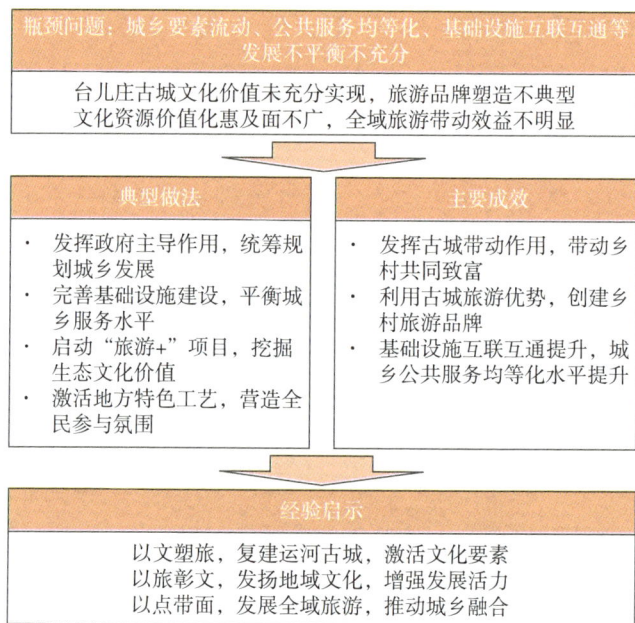

图 6-8　台儿庄区发展旅游产业的城乡融合模式

（一）基本情况

台儿庄曾是繁华的商业和运输中心、商旅聚集地，居民富裕、夜市繁华、渔火与歌声点缀着夜晚，据史书记载，运河开通之后，每年经过台儿庄的船只有万艘之多，规模之大在当地首屈一指。然而，台儿庄经历战乱、火灾以及洪水等天灾人祸，古城的大部分古建筑和文化遗产遭到破坏，基础设施受损严重，人口的流失和商业活动的减少导致古城一度衰败凋零，人民的基本生计受到严重影响。近年来，台儿庄古城得到政府和社会的关注，通过对古城的修复和重建、景区的环境整治、文化内涵的持续挖掘以及旅游业的开发，古城焕发出新的活力，成为一个著名的文化旅游目的地，并带动周边地区农户脱贫。

图6-9　台儿庄古城俯瞰图（山东省台儿庄古城旅游集团有限公司孔闯摄）

（二）具体做法

发挥政府主导作用，统筹规划城乡发展。一方面，通过发布《京杭大运河保护与申遗杭州宣言》，聚焦古城历史街区的调查研究和文物保护，广泛收集和深入考证史料，获取台儿庄古城的历史原貌信息，启动台儿庄古城的抢救性挖掘整理和重建与开发工作；另一方面，以台儿庄文旅发展为契机，编制《台儿庄大运河国家文化公园策划及概念规划》，深入发掘运河沿线村落的民俗文化，规划建设运河年画村、生态田园村、红色文化村等沿运特色文化村落，带动沿运村庄风貌提升，打造集度假、休闲和观光于一体的运河乡村综合性旅居目的地。

完善基础设施建设，平衡城乡服务水平。台儿庄区以景区的建设与运营为契机，持续完善公共文化服务体系，采取多项行动不断扩充公共文化阵地，构建完整的区、镇（街）、村三级服务设施，区级"两馆"分别达到国家二级馆标准，六处镇街全部建成高标准文化站，211个行政村建成基层文化服务中心，这些公共服务设施均免费向群众开放，涵盖宣传文化、党员教育、普法教育、体育建设等功能。

启动"旅游+"项目，挖掘生态文化价值。台儿庄区以古城为龙头，整合运河、湿地、南部山区等资源，将双龙湖湿地、运河湿地、黄邱山森林公园等乡村旅游景区纳入全域旅游大格局。发挥台儿庄古城的辐射带动作用，以旅游带动村庄，实施农旅融合发展策略，深入挖掘民俗文化，布局六大产品业态，加入地方名小吃、农副产品和创意农场采摘园等多元主题业态，打造"旅游＋文化资源"新乡情。此外，基于京台高速台儿庄大运河服务区交旅融合特色和运河沿岸"农旅"资源基础，谋划布局集村落文化、沿运漫游、休闲度假、生态养生于一体的运河田园运动康养区，推动农旅深度融合。

激活地方特色工艺，营造全民参与氛围。 台儿庄古城区景区以"运河文化"、"大战文化"和"鲁南民俗文化"为核心，在引入特色产业、推广特色工艺品和开展沉浸式旅游体验项目上下功夫，成功打造了一个文创产品集群，吸引近百家具有特色的手工艺店铺入驻，如丝绒小鸟非遗传习所和胡家大院扎染体验馆等。鲁班锁和鲁南玻璃等具有枣庄特色的工艺品已经成为市场上的热销商品，这些工艺品的销售为当地手工艺人带来了可观的经济收益，其中手工艺品自营店的日均营业额甚至超过 1 万元。通过开发包括水乡建筑和闽南建筑在内的八种风格的沉浸式换装体验项目，如换装、妆造、旅拍等，台儿庄古城不仅创造了独特的"国风"主题消费场景，还为当地经济带来了新的增长点和就业岗位。这些体验项目为当地居民提供了新的经济活动机会，直接增加了他们的收入并提高了其生活质量。

（三）发展成效

发挥古城带动作用，带动乡村共同致富。 以古城为龙头，整合周边乡村旅游资源，推动民宿客栈、餐饮美食、休闲娱乐等业态发展，持续吸纳本地人回乡就业创业。2023 年，台儿庄景区及周边乡村区域吸纳农转旅从业人员累计达 1.3 万余人，带动增收 1000 余万元。同时，依托古城旅游消费需求，拉动周边村镇发展"按揭农业"，形成以马兰屯镇设施蔬菜为基地核心，邳庄镇设施蔬菜、泥沟镇蘑菇为试点，发展按揭蔬菜大棚 1000 亩，按揭肉牛 1000 头，带动 360 余户农民增收，使周边 30 多个村近千名群众在家门口就可以上班。

利用古城旅游优势，创建乡村旅游品牌。 台儿庄区依托古城的旅游消费溢出效应，通过农业产业招商、示范带动等措施，开发穆柯寨甜桃、磨石楼土蜂蜜、黄邱地瓜、涛沟桥大米、生态咸鸭蛋等乡村旅游自主品牌产品 10 余个，成功创建和培育特色农产品标准园 13 个，创建省级景区化村庄 5 个，创建沿大运河文化体验廊道建设重点村 2 个；古城黄花牛肉面美食文化体验活动、"桃醉山乡"甜桃大会连续三年获评省级乡村好时节活动优秀案例；运河街道入选省级民宿集聚区培育名单。台儿庄乡村已成为枣庄市一张亮丽的旅游名片。

图 6-10 古城客栈（山东省台儿庄古城旅游集团有限公司孔闯摄）

基础设施互联互通提升，城乡公共服务均等化水平提升。2022 年台儿庄区新改扩建 8 条城市道路、17 处公园游园，建成 3 个城市驿站、4 处便民警务站、4 座智慧公厕，改造 7 处老旧小区；实施省道 234 南延、新台高速等重大交通项目，实现与邻近城市以及机场、高铁等交通枢纽的无缝接驳；建成 130 千米精品示范美丽公路环线，开通景区间旅游班车，大幅提高景区通达性；依托 57 千米环城生态走廊，建设沿河绿道、湿地绿道等城市慢行系统；完善全城旅游标识系统，统一规划设计安装全域旅游标识牌、导引牌、全域旅游全景图；建成游客服务中心 5 处。建成台儿庄区旅游数据中心，实现全域旅游智慧语音导览系统，在全区 3A 级以上景区设立公共信息触摸屏，城区宾馆酒店、重点旅游特色村及各游客聚集区实现 Wi-Fi 全覆盖，提升了旅游服务智能化水平；引进如家、七天等品牌连锁酒店，以及清御园酒店等，截至 2023 年，全区规模以上宾馆酒店达 120 余家，标准床位数突破 1.67 万张，是古城开城前的 20 倍，游客接待规模大幅提升；建成台大商业综合体、长安路小商品市场等，引进贵诚、银座等大型连锁购物超市，打造环古城精品商贸服务圈，为推进全域旅游提供了扎实的公共服务基础。

（四）经验启示

台儿庄区以"台儿庄古城"为区文化符号，通过系统规划与建设进行古城重建，在此基础上深挖文化底蕴、开展多元业态发展，综合考虑多利益相关方的参与并发挥各自的作用，对台儿庄区推动城乡融合发展与实现城乡居民普惠发展起到了重要的支撑作用，也为具备同类资源条件与发展基础的地区探索"以文塑旅，以旅彰文，以点带面，推动融合"的路径提供了可资借鉴的经验与启示。

以文塑旅，复建运河古城，激活文化要素。台儿庄古城的复建项目不仅仅是对一系列古建筑的物理修复，更是一次对城市历史和文化精髓的深度挖掘与再现。通过对历史建筑的精准修复，对文化内涵的深度挖掘以及兼顾生态环境的融合，恢复和重建了运河古城的历史文化遗产，古城的历史文化得到了有效保护和传承，台儿庄古城强化了自身作为一个旅游目的地的吸引力。台儿庄古城现在已经成为一个集历史、文化、旅游于一体的独特目的地和讲述地方历史和文化的活化博物馆。

以旅彰文，发扬地域文化，增强发展活力。台儿庄古城的旅游业发展在激活和传播地域文化方面发挥了重要作用，同时古城的历史和文化得到更广泛的传播，被更多人熟知。台儿庄区组织各种丰富多彩的文化活动，如地方戏剧表演、非遗展演、历史重现活动等，吸引游客深入体验当地文化；在旅游路线和产品设计中融入丰富的文化元素，实现文化与旅游的有机结合，如文化主题导览、地方文化体验项目等，使游客在旅游过程中能够更好地了解和体验地域文化；开设文化教育课程，邀请专家学者举办讲座和研讨会，推广文化知识，促进文化交流；通过展示和传授非物质文化遗产，如传统手工艺、民间艺术等，展示、保护和传承当地的非物质文化遗产，增强文化活力。这一系列举措，将文化与旅游结合，不仅丰富了游客的体验，还提升了旅游产品的品质和吸引力，一系列的旅游活动提高了古城的知名度，也促进了地域文化的活跃交流和创新，使文化遗产在现代社会中保持更强的活力和相关性。更为重要的是，地方文化产品的开发还为当地创造了新的经济增长点，稳步提升了居民的收入。

以点带面，发展全域旅游，推动城乡融合。台儿庄古城作为"点"，整合周边区域包括自然景观、历史遗迹、文化活动等在内的旅游资源，形成一个连贯的旅游路线，带动了周边城乡地区这个"面"的旅游业和相关经济活动的发展。在台儿庄古城修复与运营过程中不断完善交通、住宿、餐饮等基础设施，确保游客能够方便地体验整个区域的旅游资源。推动"旅游+"业态融合发展，台儿庄古城的发展不仅限于传统旅游，还开发各类旅游产品和服务，如乡村旅游、生态旅游、文化体验等，包括"旅游+文化""旅游+科技""旅游+教育"等多种业态的融合，这种多样化旅游产品开发使不同游客的需求得以满足。通过整合区域资源，实施全域旅游战略兼顾参与利益共享，鼓励当地居民参与旅游发展事业，确保旅游收益能够惠及当地居民，为当地居民创造了众多新的就业机会和收入来源，推动了城市与乡村间的互动和融合，不仅深化了游客的文化体验，还为促进当地居民生活质量的提升和城乡融合发展作出了积极贡献。

三 城乡融合之豆香促共富

——豆香连城乡，共富带未来，城头镇在城乡融合中的产业探索

枣庄市城头镇深挖豆制品产业发展潜力，通过制定产业发展规划，促大育小，做大、做强、做优豆制品产业，既抓住了城市消费者的"胃"，又填满了乡镇老百姓的"钱袋子"，特别针对枣庄市面临的乡村发展要素不足和城市产业辐射能力弱这两个主要问题，通过促进资本、技术、劳动力和信息的有效流动，既吸引了城市资本投入乡村，又将先进的生产技术和管理经验引入小镇，还创造了大量工作岗位，提升了乡村经济发展水平，走出了特色产业联动城乡、缩小城乡差距、推动城乡深度融合的新道路（见图6-11）。

（一）基本情况

区位优势显著。城头镇位于枣庄市山亭区西部，西邻京沪铁路、京福高速铁路（拟建）、104国道和京福高速公路，南靠省道北留公路，东接店韩公路，紧邻京杭大运河，距京沪高铁滕州东站3千米、距台高速10千米，交通十分便利；此外，城头镇还拥有月亮湾旅游区等丰富的生态资源。同时，紧邻滕州市有名的干货调料市场，能极大地满足包括辣条在内的一些休闲豆制品的配料需求。

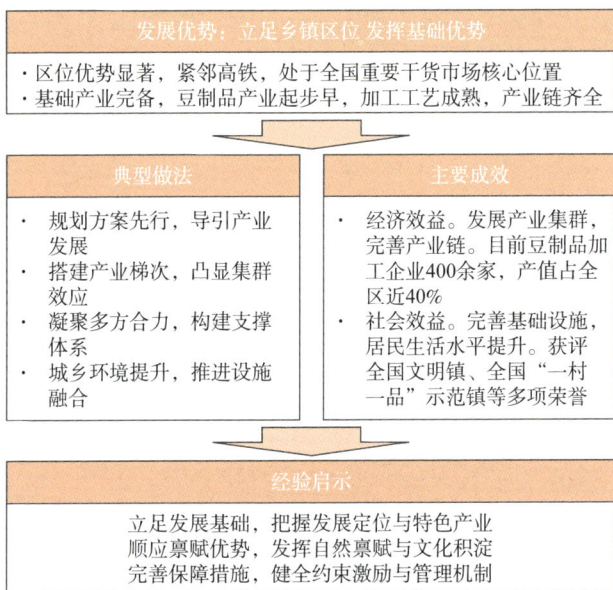

图 6-11 城头豆香小镇模式

产业基础优势。城头镇的豆制品产业自 20 世纪 80 年代起步，如今已经成功构建了一个包括豆油、豆面、干法豆制品、休闲食品及豆制品机械在内的完整产业集群，其中干法豆制品和豆制品机械产量分别占据了全国同类产品的 65% 和 70%，城头镇也成为全国最大的大豆加工和设备制造基地之一。城头镇响应"工业强区、产业兴区"的战略部署，以其产业优势为基础，致力于推动"一产优、二产强、三产旺"的融合发展模式。聚焦于山亭区产业的发展重点，旨在发展大健康食品产业，特别是豆制品深加工产业集群。通过优化现有资源、扩大产业规模，镇政府正在努力打造以主导产业为引领、重点项目为支撑、产业链为动力的发展新局面，着力培育出达 100 亿元规模的豆制品产业集群，并塑造"中国豆谷"的品牌形象。

（二）具体做法

规划方案先行，导引产业发展。依据做大、做强、做精原则，城头镇先后编制《城头镇豆制品产业发展规划（2021—2030 年）》《豆谷融合创新示范园区规划》，着力打造"产业发展带、现代服务业集聚区、食品产业集聚区、配套产业集聚区"的"一带三区"综合豆制品产业园区。同时，制定《城头镇豆制品产业提升方案》，明确城头镇豆制品产业高端化、数字化、品牌化发展方向，高标准规划建设"中国豆谷"融合创新示范园，以园聚链，以链集群，形成集聚效应，通过产业园区高标准建设推动产业集群高质量发展，重点打造百亿级豆制品产业集群。

图 6-12 "中国豆制品第一镇"地标（山亭区城头镇人民政府秦士宇摄）

搭建产业梯次，凸显集群效应。其一，按照"产业化、标准化、组织化、企业化、市场化"的发展要求，规划建设 50 亩的豆制品标准化基地，以"户"为单元，作为小微企业"孵化区"，支持小微企业的成长，为投资 50 万元左右的干法豆制品中小业户提供集中的生产和管理空间，同时引导这些业户按照产业化和市场化的要求规范运作。其二，以豆制品基地为中心，根据中小企业发展需求和规模扩张，提供基础、精准、普惠的政策服务，通过扶持、培植等，实现小微企业从家庭作坊向标准化企业过渡，使其拥有独立的生产空间，吸纳 100 万元以上豆制品生产大户，作为中小企业"成长区"。其三，按照打造百亿级产业集群的发展要求，鼓励豆制品大中型企业不断发展壮大，选优扶强产值 5000 万元以上的豆制品加工龙头企业，支持创建一批"智能工厂"和"数字化车间"，打造行业标杆示范。

图 6-13 城头豆制品加工企业概貌（山东春福盈豆制品有限责任公司李佳阳摄）

凝聚多方合力，构建支撑体系。第一，成立干法豆制品、休闲豆制品、豆制品机械、豆油豆面等 4 个豆制品全产业链推进组，明确城头镇科级干部帮包企业制度，及时帮助企业解决困难和难题；第二，成立行业商会，制定并实施豆制品行业规范和自律公约；第三，构建政府、企业、高校、科研院所多方参与的治理平台，推动产业技术创新；第四，建立企业家队伍培养和保护机制，培养了一批具有前瞻性眼光和创新管理能力的企业家，进一步增强了产业发展的内生动力；第五，搭建豆制品企业金融服务平台，引导和推动银行、金融机构创新适合豆制品企业需求特点的金融服务模式，利用资本市场筹集资金，有效地引入了城市资本，支持本地企业发展壮大，培育出了多个亿元级的旗舰企业。此外，山亭区还围绕"豆香飘四海，创智赢未来"主题举办豆制品产业发展大会，进一步夯实了山亭区豆制品产业的发展技术支撑；以"城头豆制品"集体商标为突破口，扶持企业参加各种展会，深入开展"城头豆制品"全国行活动，办好"豆制品文化节""全豆宴"展示展销会；借助豆制品行业互联网平台的建设，积极帮助企业拓展线上销售渠道。这种综合性的策略有效地促进了资本、人才和信息在城乡间的流动，加强了城市与乡村之间的联系，推动了乡村产业的发展和城乡融合的进程。

城乡环境提升，推进设施融合。城头镇以美丽镇村为载体，立足"一村一特色、一村一名片"，有针对性地开展改造提升，确保村庄建筑风貌和谐统一、管理有序。投资近 2000 万元完善基础设施，实施镇驻地段滕水线高标准硬化改造、美化亮化工程，提档升级口袋公园 3 处，改造提升绿化节点 4 处，新建垃圾分类示范街 3 条，新增停车位 180 余个；统筹推进村容村貌"景观化"建设，开展违建拆除、美丽庭院创建等工程，美化墙面 2 万平方米，新建各类游园广场 6 个，西城头村上榜 2023 年中国美丽休闲乡村。

（三）发展成效

豆制品产业作为城头镇的支柱产业，已有 40 年的发展历史。豆制品产业的成功发展在城乡经济融合中起到了关键作用，不仅推动了城乡居民普惠共享的实现，还为居民提供了大量的就业机会。此外，通过产业的发展，城头镇有效地缩小了城乡之间的收入差距，为城乡融合提供了一个值得借鉴的成功案例。这一产业的发展对于推动经济增长，促进社会和文化等各个方面的融合有着全面的影响和深远的意义。

1. 经济效益

城头豆香小镇通过豆制品产业发展与价值提升，为小镇居民提供了可观的就业机会，实现了居民收入的增加。2022 年，小镇的豆制品加工企业数量达到 400 余家，其中大中型企业有 36 家，产值超过 5000 万元，另外 60 余家中小企业也贡献了可观的产值。整个小镇年产优质豆制品 40 余万吨，大豆加工机械达到 1.5 万余套，总产值超过 50 亿元，占据山亭区总产值的近 40%。此外，城头镇在线上市场也取得了显著成就，拥有天猫、淘宝、抖音小店、快手小店、拼多多等各类线上店铺 70 余家，成功打造了一系列"网红产品"和"爆款产品"。这些线上平台的销售额已超过 1.5 亿元，推动了山亭区豆花飘香全国，实现了线上线下产品向全球拓展的蓝图。

2. 社会效益

城头镇结合新型农村社区建设，规划和建设了金城花苑、春福盈、月亮湾和银城花苑等四个新型农村社区，提供 10% 的购房补贴优惠，确保农民能够负担得起进城购房费用。同时，镇政府投入 3000 万元进行关键基础设施升级，包括道路、学校和卫生设施的改造，以改善教育和医疗条件，确保当地居民获得必要的公共服务。依托豆制品园区，镇政府还出台优惠政策，支持创业和就业，成功带动 180 多人创业和 3902 人就业，显著提升了当地居民的收入。

城头镇总人口 5.2 万人中，有 1.2 万余人，即约 23% 的居民从事豆制品加工相关工作。这一产业的兴旺显著提高了他们的收入水平，数据表明，全镇有收入超过 100 万元的村集体一个，另有收入超过 50 万元的村集体四个。随着豆制品产业链的持续完善和扩展，居民收入水平持续提高，同时城乡之间的收入差距也逐渐缩小，反映了豆制品产业对城头镇经济和社会发展的积极贡献。

城头镇产业优势突出、设施服务便捷、生态美丽宜居、一/二/三产融合发展，被评为全国文明镇、全国重点镇、全国卫生镇、全国"一村一品"示范镇、中国豆制品第一镇、全国民族经济豆制品特色镇、全国乡村特色产业超十亿元镇、全国农产品加工创业基地、全国乡镇最具投资潜力 500 强等，2022 年、2023 年连续两年获评全国综合实力千强镇。

（四）经验启示

立足发展基础。立足不同地区经济发展阶段和客观实际，遵循经济规律、城镇化规律和城乡融合发展趋势，对特色小镇的规划与建设前提是准确把握小镇发展定位与特色产业，通过充分调研与比对同类其他地区的竞争性产业发展情况，在进行进一步精细比对分析之后确定培育发展主导产业的重点，合理谋划并指导小镇发展。

顺应禀赋优势。城乡融合是当下社会发展正在经历的阶段，旨在进一步增强城市与乡村的连接性，通过城乡要素流通、人口集聚区域的经济效率提升等，为城乡之间居民的普惠提供实现的路径。建设过程中，小镇要充分基于自身区位优势、自然禀赋、文化积淀、产业基础和比较优势，促进产城人文融合，以产业特色为主体，改善城市与乡村的人居环境、完善基础设施建设、提升公共服务水平，促进城乡融合发展与城乡居民普惠发展。

完善保障措施。有力有序有效推进特色小镇高质量发展需要健全激励约束机制和规范管理机制。厘清政府与市场的关系，引导市场主体扩大有效投资，创新投资运营管理方式，更好发挥政府公共设施配套和政策引导等作用；把握发展与规范的关系，实行统一管理，"两手抓"正面激励与负面纠偏，强化统筹协调和政策协同。

四 城乡融合之三产促共融

——石榴饱满经济果，枣庄市石榴产业三产融合新路径

农村产业融合发展是乡村振兴的重要标志，是畅通城乡经济循环，构建新发展格局的重要内容，也是城乡融合发展的重点方向。枣庄市以国家可持续发展议程创新示范区建设为契机，聚焦农业资源价值实现不充分的瓶颈问题，针对石榴产业长期面临品种质量和品牌影响力不足、新型经营主体发展水平有限以及加工链条不完善等挑战，导致石榴的多功能价值未能充分挖掘，转化为经济优势的速度较慢，确立了"大规划、大产业、大市场、大品牌、大旅游、大统筹"的石榴一、二、三产融合发展思路，推动乡村发展要素集聚，绘制石榴产业发展图谱，构建完整产业链条，有效挖掘石榴价值，创新推动石榴产业转型升级、提质增效，探索了三产融合带动农产品多元价值实现的枣庄路径（见图6-14）。

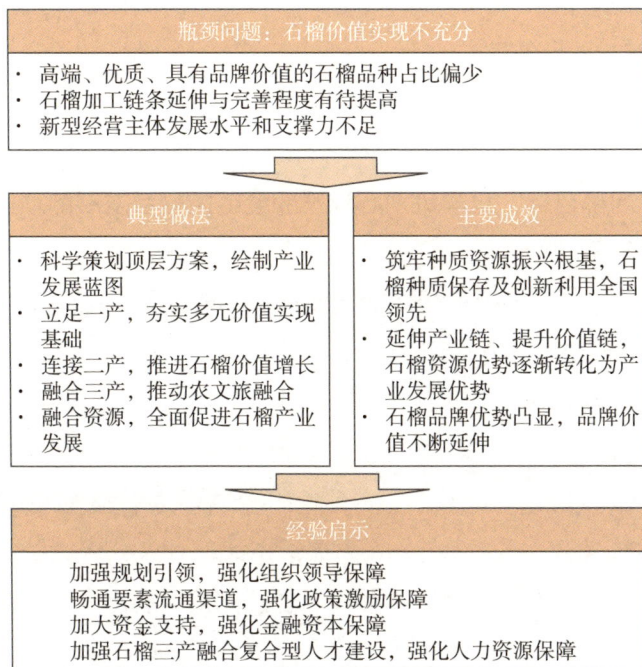

瓶颈问题：石榴价值实现不充分
- 高端、优质、具有品牌价值的石榴品种占比偏少
- 石榴加工链条延伸与完善程度有待提高
- 新型经营主体发展水平和支撑力不足

典型做法	主要成效
· 科学策划顶层方案，绘制产业发展蓝图 · 立足一产，夯实多元价值实现基础 · 连接二产，推进石榴价值增长 · 融合三产，推动农文旅融合 · 融合资源，全面促进石榴产业发展	· 筑牢种质资源振兴根基，石榴种质保存及创新利用全国领先 · 延伸产业链、提升价值链，石榴资源优势逐渐转化为产业发展优势 · 石榴品牌优势凸显，品牌价值不断延伸

经验启示
加强规划引领，强化组织领导保障
畅通要素流通渠道，强化政策激励保障
加大资金支持，强化金融资本保障
加强石榴三产融合复合型人才建设，强化人力资源保障

图6-14 枣庄石榴产业三产融合发展模式

（一）基本情况

枣庄市的石榴种植历史悠久，追溯至 2000 多年前，西汉时期丞相匡衡首次将石榴从皇家园林引入家乡，并在明代逐渐形成大规模种植。1987 年，石榴花被定为枣庄市市花，1996 年峄城区被评为"中国石榴之乡"，享有"冠世榴园、匡衡故里"的美誉。如今枣庄市不仅是中国七大石榴主产区之一，而且石榴成为该市最具特色和影响力的农业品牌。峄城区的万亩榴园因其树龄悠久和规模庞大而著称，2021 年被列为"中国重要农业文化遗产"，此片区的石榴园是国内连片种植面积最大、树龄最古老、分布最集中的石榴古树群，种植面积超过 10 万亩，被认定为"古石榴国家森林公园"。

枣庄市着力于开发和彰显其自然生态资源，同时注重价值拓展与产业链的延伸，通过一、二、三产的深度融合，不断拓展石榴的多元价值，扩大产业规模，构建产业集群，推动产业全链条的升级。《枣庄市石榴产业发展三年攻坚突破行动实施方案》中明确提出了将枣庄打造成为"全国石榴看枣庄，枣庄石榴誉全球"的产业发展新高地。这一策略旨在通过优化石榴产业，将其发展成为支撑群众致富的"大产业"，增强市场竞争力和可持续发展能力，使石榴真正成为当地居民的"致富果"。

（二）具体做法

1. 明方向确目标，科学策划石榴产业全链条融合发展的顶层方案，绘制产业发展蓝图

枣庄市制定了石榴产业全面发展规划，着眼于品牌提升和产业链延伸。2021 年，枣庄市政府发布《枣庄市石榴产业发展三年攻坚突破行动实施方案》，明确以全链条融合为目标，建设石榴产业中心。2022 年，市政府又发布了加快石榴种植示范园建设的具体实施方案，着重于科学推动石榴种植业的高质量发展，现已开发出深加工的石榴产品如石榴汁、石榴酒、石榴茶，高端产品如石榴精油、胶囊、药品、化妆品等一系列石榴制品。

2. 立足一产，推动石榴连片种植、规模化和标准化生产，夯实多元价值实现基础

围绕石榴的扩种、改良和新品种的繁育，枣庄市不断加大政策支持力度，

实施了石榴种植奖补激励方案和保护价收购措施，推动合作社建设，鼓励"应植尽植"和"优良品种推广"。峄城区、薛城区等区域推进贫瘠山坡和林地的石榴种植，扩大种植面积，建设了丰产园、标准化管理园和防治示范园，复壮老化石榴园 4000 亩。推动集体林地流转，实现整村推进和连片种植，峄城区榴园镇就发展了 36 个石榴种植专业村。枣庄市已形成东西长 22.5 千米、南北宽 3 千米的石榴集中连片种植区。

3. 连接二产，培育产业集群，打造完整产业链，推进石榴价值增长

为最大化石榴产业的发展效益，枣庄市着重于培育产业集群和发展精深加工。石榴产业已被纳入市级发展战略和"6+3"现代产业体系规划中，采用"六大发展思路"加速全产业链条建设，积极招引精深加工项目，培育了美果来石榴汁、亚太石榴酒等龙头企业。2022 年，山东省政府与广药集团签署合作框架协议，推动枣庄王老吉大健康产业园落地，形成了完整的石榴加工链条。目前，石榴深加工相关企业发展至 77 家，产业园已建设 6 条生产线，年产王老吉凉茶、石榴健康饮品等产品 8000 吨。

4. 融合三产，深挖文化内涵，推动农文旅融合

枣庄市努力推动自然生态优势与历史文化资源转化成经济发展优势，深入挖掘石榴文化的丰富内涵，大力发展休闲康养、文化体验、乡村旅游等新业态，推动产业朝融合化、特色化、品牌化方向发展。利用自然生态和历史文化资源，发展休闲康养、文化体验和乡村旅游新业态，建立了大理峪石榴融创园等休闲度假项目。通过举办文化节和"榴光溢彩·欢乐一夏"等系列品牌活动，丰富产品供给，激活旅游市场。石榴文化得到深度挖掘，如柳琴戏《榴花正红》获省级奖项，石榴盆景栽培技艺被列入省级非物质文化遗产。枣庄市还特别关注古石榴树的保护，对百年老树进行挂牌保护，增加其生态文化价值。这些举措不仅丰富了石榴的文化内涵，还为石榴产业的多元发展提供了强有力的文化支撑。

5. 整合资源，合力促进石榴产业发展，拓宽石榴产业高质量融合发展路径

枣庄市先后建立石榴协会、石榴集团、石榴研究院、石榴云大数据平台等，整合资源，合力促进石榴产业高质高效发展。2014 年成立的石榴协会形成了产供销一体化服务体系，协助生产和市场拓展。2016 年建立的石榴国家林木种质

资源库，收集优质石榴种质，推动优良品种培育。石榴研究院通过科研创新，成功培育多个国审和省审石榴良种，并成为科技成果转化的新型机构。枣庄市政府设立的石榴产业发展专班和投资公司专注于产业统筹推进和重大项目建设。自 2023 年起，枣庄市建设石榴云大数据平台，打造智慧石榴园和大数据中心，实现石榴产业数据的数字化管理，通过"线上＋线下"销售网络，形成了石榴盆景和鲜果的全国市场优势。

（三）发展成效

近年来，枣庄市立足"土"、突出"特"、育优"产"，将石榴产业纳入"6+3"现代产业体系重点规划，用"小石榴"培育出一个"大产业"，建成了国内唯一的石榴国家林木种质资源库，同时枣庄也成为我国石榴集中连片种植面积最大、品种最多、产业链最完整的地区之一，并且是我国石榴盆景盆栽规模最大、水平最高的产地与集散地，创建了国家 4A 级"冠世榴园风景名胜区"，建设了大理峪石榴融创园、云深处飞行小镇等一批休闲度假项目，成为蜚声海内外的"中国名特优经济林石榴之乡"。目前，全市石榴种植面积达到 12 万亩，600 余万株，石榴品种（类型）50 多个，石榴产量超过 1.2 亿斤，石榴加工和销售企业发展到 70 余家，年带动从业人数 4 万人、旅游人数 80 万人次，石榴产业产值超 30 亿元，成为全省乃至全国石榴产业发展风向标和行业排头兵。"全国石榴看枣庄，枣庄石榴誉全球"的产业发展新高地正在加快崛起。

1. 延伸产业链、提升价值链，石榴资源优势逐渐转化为产业发展优势

从石榴树叶到石榴皮、石榴籽、石榴树根、石榴文化，从一产到二产、三产，枣庄充分挖掘石榴全身的"宝藏"，把资源优势转化为产业优势，带动群众共同致富。峄城区在此基础上，成功创建了多项农业科技和示范区，成为全国最大的石榴种苗产地和集散地。在传统石榴种植产业基础上延伸形成石榴盆景产业，建设石榴精品盆景园 20 余处，年产石榴盆景盆栽约 20 万盆，从业人员约 3500 人，年产值约 5 亿元，成为国内石榴盆景盆栽规模最大、水平最高的产地与集散地。此外，通过加工延伸产业链，开发了包括石榴汁、石榴酒、化妆品在内的 20 余种中高端产品，石榴饮料国内市场整体占有率达 60% 以上，成为国内最重要的石榴生产、销售、加工和科研基地，已然形成了"买全国、卖全

国"的石榴发展格局。通过与广东广药集团的合作，枣庄市还推动了"石榴+"系列健康产品的研发与生产，提升产品市场竞争力。此外，注重挖掘石榴的文化内涵，推动文化和旅游的融合发展，打造了以石榴为主题的多种旅游业态，成功创建了国家 4A 级风景名胜区"冠世榴园风景名胜区"。

图 6-15　石榴盆景（南开大学辛姝琪摄）

2. 筑牢种质资源振兴根基，石榴种质保存及创新利用全国领先

作为国内唯一的石榴种质资源库的枣庄市石榴国家林木种质资源库，占地 225 亩，保存了 432 份石榴种质，位居国内第一和世界第四。资源库的功能包括广泛收集、安全保存、科学评价、创新利用和全面服务，推动石榴种质资源的成果转化和科技文化的综合展示。资源库培育出国审良种"秋艳"和"桔艳""青丽"等 6 个省审良种，其中"秋艳"是国内唯一的国审良种，"峄州红"在 2019 北京世园会上获得石榴金奖，并被列为山东省首批优先推荐使用的林木良种。资源库先后被命名为多个科普教育基地，并与北京林业大学合作开展国内首次系统的石榴太空诱变育种研究。2021 年，枣庄石榴种子随神舟十二号飞船进行太空诱变育种，现已产生 500 余株石榴太空苗，标志着山东省石榴育种实现了从常规育种到太空育种的重大转变。

3. 石榴品牌优势凸显，品牌价值不断延伸

枣庄依托"国字号""省字号"石榴品牌优势，在央视投放"冠世榴园·生态枣庄"形象宣传广告，打响"冠世榴园·生态枣庄"形象品牌，"石榴盆景栽培技艺"入选山东省非物质文化遗产保护名录，"峄城石榴酒酿造技艺""榴芽茶制作技艺""石榴园的传说""石榴盆景栽培技艺""峄县石榴栽培技艺"等入选枣庄市非物质文化遗产保护名录。"峄城石榴"上榜首批"好品

山东"品牌，峄城区获评"中国最美乡村旅游目的地""中国最美绿色休闲旅游目的地""中国最佳绿色生态旅游名区"等称号。石榴文化节会、产业活动接连不断，世界石榴大会也落户枣庄，不断叫响"枣庄石榴"节会品牌。2023年9月，以"榴聚新动能 共谋新发展"为主题，枣庄市举行2023石榴产业发展大会，再次搭建一个与国内外石榴产区互利合作的桥梁、经贸文化交流的平台。枣庄还充分利用石榴融创园这一技能竞赛基地、研学实践培训基地和石榴盆景"产销一体"展博园，创新举办乡土特色品牌技能人才大赛，设置石榴盆景等竞赛项目。

（四）经验启示

枣庄市依托石榴资源优势，创新体制机制，按照"夯实产业基础、拉长产业链条、做好富民文章"的发展目标，突出产业效应，精心培育石榴特色产业；外延石榴文化，打造"榴园"特色乡镇；加速生态建设，建设美丽田园，形成经济效益、社会效益、生态效益"三位一体"发展新格局，促进石榴一、二、三产融合发展。

1. 加强规划引领，强化组织领导保障

枣庄市委、市政府高度重视石榴产业发展，将石榴产业上升为市级发展战略，纳入"6+3"现代产业体系重点规划，出台了《枣庄市石榴产业发展三年攻坚突破行动实施方案》，确立了"大规划、大产业、大市场、大品牌、大旅游、大统筹"的工作思路，着力打造"全国石榴看枣庄，枣庄石榴誉全球"的产业发展新高地。设立由市委、市政府分管领导同志牵头负责，各区（市）和市直相关部门负责人为成员的市石榴产业发展工作专班，明确工作职责，细化工作措施，凝聚工作合力。市、区多部门联动，多资源汇聚，不断提升石榴"种赏加销"全产业链核心竞争力。

2. 畅通要素流通渠道，强化政策激励保障

枣庄市从品种、品质、品牌上入手，全面提升石榴产业核心竞争力，通过"龙头企业＋基地＋农户"的模式，采用土地入股、合作发展、务工就业、生产托管、开办农家乐等举措，实现了"一地生五金"，即土地流转"获租金"、资金入股"变股金"、基地务工"挣薪金"、订单种植"得售金"、生态旅游"赢现金"，全方位提高群众收入。扎实做好国土空间规划与石榴产业区域发展规

划衔接，通过加快村庄规划编制、盘活农村存量用地等举措，促进土地要素流动，保障用地需求；与中国农科院、北京林业大学等科研机构签订人才合作协议，与枣庄学院共建"功能性石榴汁产学研用一体化协同创新中心"，为石榴产业高质量发展提供强有力的技术支撑。

3. 加大资金支持，强化金融资本保障

为了有效推动石榴产业的融合发展，政府采取积极措施，利用财政资金引导市场资本。为更好实现信贷政策、产业政策和财政政策之间的协调配合，在年度预算中，专门划拨资金用于石榴种植示范园建设和种质资源培育的奖补。枣庄农商银行推出了《金融服务石榴产业发展行动实施方案》，其中包括创新的"榴乡贷"信贷产品，聚焦石榴盆景、果汁、红酒等深加工产业。同时，枣庄市还致力于动员社会和金融资本投入石榴各项产业，完善运行体制和机制，解决融资主体和融资渠道的多样性、融资难度和成本问题，全面提升石榴产业的发展水平。

4. 加强石榴三产融合复合型人才建设，强化人力资源保障

为弥补人才队伍建设的短板，枣庄市出台复合型人才培养政策，将懂技术、会管理、能经营的新型农民作为重点培养对象，人社部门持续完善石榴产业乡土人才培养体系。2023 年，枣庄市人社局与市农业农村局联合创新开展新型职业农民评审，206 名农民获评新型职业农民。采用"竞赛＋电商"新模式，吸引一大批从事石榴果树栽培、品种培育、盆景造型的技能人才和电商主播参赛，15 名石榴产业技能人才获评技能大师、技能标兵和技术能手，为实现石榴产业规模化、标准化、专业化、品牌化注入人才力量，为推动乡村振兴提供智力支持和人才保障。2023 年以来，380 名石榴产业专职电商从业人员累计销售石榴盆景、石榴饮品、石榴文创产品 3 亿元以上。

CHAPTER 7

第七章
枣庄可持续发展愿景 Ⅲ：
和美乡村样板

乡村，作为人类文明的摇篮，在历史上曾占据主导地位，其影响力横跨数千年。随着现代化进程的开启，乡村的传统农耕文明延续受到一定程度的阻碍。然而，即便是在现代社会，乡村被视为一种风景画般的背景，或成为人们追忆怀旧的发源地，它仍旧不时地召唤我们，提醒并"督促"我们及早回归那融合了传统韵味与现代化特色的田园生活，并激发我们去探寻与自然相处共生的智慧。

"和美乡村样板区"的建设，就是围绕"生态宜居、绿色发展、乡村善治"主题，着重解决当前乡村面临的生产方式粗放、生态环境恶化、基础设施薄弱等问题，打造适宜人类未来栖居的休闲生活目的地，实现乡村生产美产业强、生态美环境优、生活美家园好"三生三美"的融合发展目标。枣庄市以可持续发展理念为导向，积极探索乡村社会经济发展的绿色转变以及要素资源价值的挖掘和可持续性提升，尤其是在特色产业发展，赋能乡村产业活力、唤醒老屋带动乡村休闲栖居，激活乡村经济动力、创新乡村治理，提升乡村法治素养等方面取得了良好的成效，为把枣庄市打造成为国内"和美乡村样板区"描述了和美前景。为此，通过对"和美乡村样板"的多目标指标进展进行评估，同时从"特色产业赋能"、"闲置小院复活"以及"社会治理创新"等方面进行案例分析，梳理出枣庄市"和美乡村"中的成效和典型做法。

一 "和美乡村样板"进展评估

为系统评估枣庄市"和美乡村样板区"建设取得的成效，需构建能够反映和美乡村发展质量的科学指标体系。基于遴选的、本地化后的枣庄市 SDGs 指标，筛选符合乡村情况的 SDGs 评价指标，使其能反映出该地区乡村的特点。根据"和美乡村样板区"建设的目标，将相关指标进行归类整合，形成符合枣庄乡村情况的定量评价框架。在评价框架建立的基础上，运用科学方法对各项指标进行测度，评判建设进展是否符合预期以及可能存在的短板，最终完成和美乡村建设效果的全面系统评估。

（一）评估指标构建

为了对枣庄市"和美乡村样板区"建设进行全面的评估，需要建立系统的评价指标体系。首先，从产业兴旺角度看，考察农业产值、农民人均收入、特色农业比重等指标，这些指标直接或间接反映乡村产业繁荣程度和农民收入水平。其次，从生态环境优美角度看，考察村容村貌建设、生活垃圾处理、空气质量等指标，反映生态环境建设与保护效果。再次，从基础设施完善角度看，考察交通、通信、供水、供电设施建设情况，反映基础设施改善效果。最后，从乡风文明角度看，考察治安状况、自治程度、法治环境等指标，反映乡村治理成效。

据此本章从产业兴旺、生态宜居、乡风文明三个方面，选取涉及 SDG1、SDG2、SDG3、SDG5、SDG6、SDG10、SDG12 及 SDG16 等的 21 个指标，构建枣庄市和美乡村评估指标体系。通过这一指标体系，可以对枣庄市在发展特色农业、提升农民收入、优化乡村环境、传承乡村文化等方面的进展进行全面评估。该评估结果可以为枣庄市进一步完善和美乡村建设规划和举措提供科学依据。

（二）结果与分析

和美乡村综合指数主要由乡村产业兴旺指数、乡村生态宜居指数和乡村乡风文明指数构成。乡村产业兴旺指数主要评判枣庄市在农业经济的生产效率、增长成效和收入水平变化等方面所取得的进展情况；乡村生态宜居指数用于评价枣庄乡村在资源综合利用的效率、环境污染防治和保护方面的成效；乡村乡风文明指数用于评估枣庄乡村在男女平等、对特殊群体人文关怀等社会公平性以及生产生活的安全环境打造方面取得的进展（见表 7-1）。

表 7-1　2015~2022 年枣庄和美乡村综合指数及其构成（2015 年 =100）

	2015 年	2016 年	2017 年	2018 年	2019 年	2020 年	2021 年	2022 年
和美乡村综合指数	100	101.85	105.04	105.48	107.79	112.68	117.01	119.53
乡村产业兴旺指数	100	102.97	106.42	104.64	113.06	120.17	127.20	131.87
乡村生态宜居指数	100	100.77	102.62	103.25	103.38	103.67	105.41	106.07
乡村乡风文明指数	100	102.13	106.72	108.99	108.33	116.80	121.82	124.64

据表 7-1 可知，枣庄市的和美乡村综合指数呈现平稳增长的趋势，从

2016 年的 101.85 增长到 2022 年的 119.53，表明经历了新冠疫情的冲击，枣庄市"和美乡村"的发展势头并没有受到太大影响，揭示了"和美乡村样板区"建设对于来自外界的冲击具有较强的承受和抵御能力并能保持良好的发展趋势。枣庄和美乡村综合指数的增长得益于其乡村产业兴旺指数、乡村生态宜居指数和乡村乡风文明指数的贡献，乡村产业兴旺指数从 2016 年的 102.97 增长到 2022 年的 131.87，增加 28.90，增长明显；乡村生态宜居指数从 2016 年的 100.77 增长到 2022 年的 106.07，增加 5.30，增长幅度不大；乡村乡风文明指数从 2016 年的 102.13 增长到 2022 年的 124.64，增加 22.51，增幅也相对较为显著。表明枣庄市乡村发展依然以经济增长为驱动力，环境和社会的驱动作用还有待进一步挖掘。

从图 7-1 可以看出，乡村产业兴旺指数对于和美乡村综合指数的贡献率由 2016 年的 47.14% 增长到 2022 年的 54.28%，乡村生态宜居指数的贡献率由 2016 年的 16.13% 下降到 2022 年的 10.15%，乡村乡风文明指数的贡献率从 2016 年的 36.72% 减少到 2022 年的 35.57%，这显示出农业经济发展依然主导推动着枣庄市"和美乡村样板区"建设，乡村生态宜居和乡村乡风文明在"和美乡村"建设中的促进作用出现下降的趋势。枣庄市和美乡村综合指数的贡献率变化揭示，在"和美乡村样板区"建设的动力转化机制上还有进一步提升的空间。

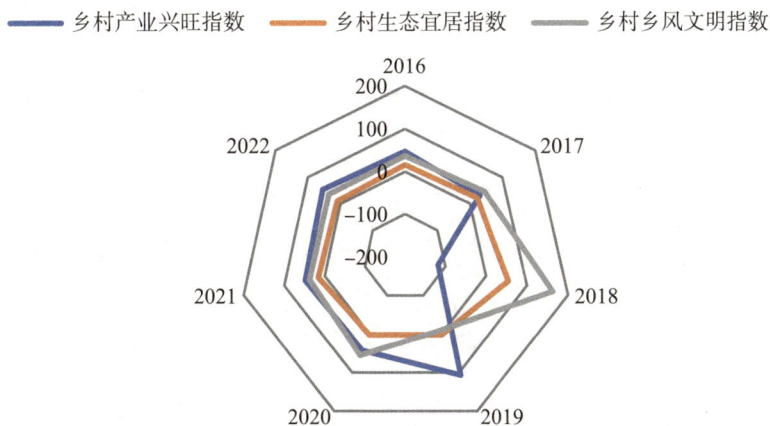

图 7-1　2016~2022 年枣庄市和美乡村综合指数各构成指数的贡献率变化

通过区域间横向对比分析，可以展示出枣庄市在"和美乡村样板区"建设方面取得的成就，尤其是能够从更深层面分析其内在的影响因素。考虑到数据的可得性，研究仅从枣庄市与山东省平均水平在"和美乡村样板区"建设方面的对比分析展开，以此衡量枣庄市在"和美乡村样板区"建设方面的进展情况。基于现有的枣庄市"和美乡村"指标评价框架，对山东省的数据进行采集，计算得出山东省和美乡村综合指数的评估结果（见图7-2）。

图 7-2　2015~2022 年枣庄市和美乡村综合指数评估结果与山东省平均水平的对比

图 7-2 显示，枣庄市与山东省平均水平的和美乡村综合指数评估值均呈现稳定的增长势头，分别从 2015 年的 72.12 和 61.84 增长到 2022 年的 86.20 和 83.60；同时，枣庄市自 2015 年以来和美乡村综合指数的评估值也一直领先于山东省平均水平，只不过，由于山东省平均水平的和美乡村综合指数评估值的增长幅度高于枣庄市，两者的年均增长速度分别为 4.4% 和 2.6%，因而，枣庄市对于山东省平均水平在和美乡村综合指数评估值上的领先优势在逐渐缩小，从 2015 年的 10.28 减少到 2022 年的 2.6，展示出枣庄市虽然在和美乡村建设方面取得了一定成就和进展，但其在增长上显现出的可持续发展动力仍有待进一步挖掘。

枣庄市与山东省平均水平在和美乡村建设上出现的差异性，其背后的原因和机理可以从乡村产业兴旺、乡村生态宜居以及乡村乡风文明三个方面进行剖析。与和美乡村综合指数评估值一样，枣庄市乡村产业兴旺指数评估值领先于山东省平均水平，同样地，枣庄市对山东省平均水平的这种领先程度也在不断缩减，从 2015 年的 10.66 下降到 2022 年的 3.34（见图 7-3）。

图 7-3　2015~2022 年枣庄市乡村产业兴旺指数评估结果与山东省平均水平的对比

从图 7-3 可以看出，2015~2022 年枣庄市乡村产业兴旺指数与山东省平均水平均保持着持续增长的态势，但枣庄市逐渐被山东省平均水平追上。这表明，枣庄市早期在传统农业经济发展上所具备的优势没有得到延续，而新的增长点尚未被激发或培育起来，导致其农业经济增长的速度低于同期的山东省其他大部分城市。考虑到枣庄市独特的自然条件和农业生产的历史传承，其在传统农业经济的潜力挖掘上已无太多余地，这意味着，对于枣庄市而言，农业经济的发展关键之处还在于进行发展模式和动力机制的双重转换。

从枣庄市乡村产业兴旺指数的指标构成来看，一方面反映的是农业经济的增长情况，另一方面体现了农业经济发展的成效情况。具体而言，枣庄市乡村产业兴旺指数能够领先于山东省平均水平，与其经济的发展成效有关（见图 7-4）。

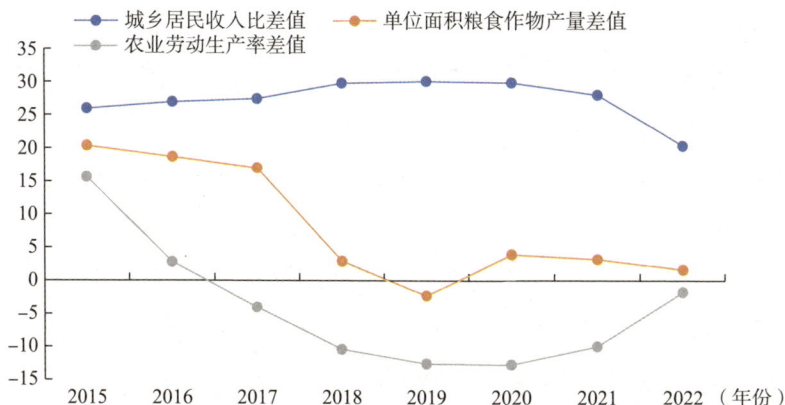

图 7-4　2015~2022 年枣庄市乡村产业兴旺指数部分
指标评估结果与山东省平均水平的差值

图 7-4 显示，枣庄市城乡居民收入比评估值和单位面积粮食作物产量评估值均高于山东省平均水平，其中城乡居民收入比评估值有较大的领先优势，并且这种领先优势在 2018 年达到顶点 29.99 后，有所回落，从 2015 年的 25.86 降至 2022 年的 20.29；而单位面积粮食作物产量评估值相对于山东省平均水平的领先优势逐年下降，从 2015 年的 20.28 降至 2022 年的 1.55；与这两个指标不同的是枣庄市农业劳动生产率在 2015 年、2016 年领先的情况下，于 2017 年被山东省平均水平赶超，只不过在 2020 年触底反弹，2022 年将差距缩小到 -1.75。这表明，枣庄市和美乡村建设取得成效有两个方面的原因。其一，就城乡居民收入比而言，枣庄市农业经济发展水平高于山东省其他大多数城市的乡村，农户收入的增速明显要高出很多，确保了城乡差距在较短的时间内缩小，当然这种收入上的城乡差距的缩减也与政府部门在乡村社会保障、乡村基础设施建设等方面加大投入力度是分不开的；其二，枣庄市农业经济发展水平较高，体现在农业生产上的高效率。枣庄市是典型的丘陵地区，山多地少，决定了其土地资源的高效利用。

从图 7-5 可以看出，枣庄耕地面积占山东省总耕地面积的 3%，与东营、威海、日照并列倒数第二，人均拥有耕地面积为 0.9 亩左右，低于山东省平均水平的 1.2 亩。山东省第二次土壤普查数据显示，枣庄市土壤分为五种类型，即棕壤、褐土、砂姜黑土、潮土和水稻土（见图 7-6）。从五类土壤的分布或属性而言，棕壤主要分布在丘陵山坡地段，肥力较低，陡坡是林、牧用地，缓坡适宜种植花生、地瓜、果树和杂粮；褐土分布在低山丘陵、山麓平原、山间盆地和河谷平原等地带，地势低缓，呈中性或微碱性，保水保肥，土层较肥沃，土壤生产性能较好，适宜种植各种作物，是小麦、玉米、高粱等粮食作物、棉花、烤烟、蔬菜等的主要种植用地；潮土分布在黄泛平原、山丘地区的河谷平原、滨湖洼地等地段，土壤质地适中，潜水埋藏浅，呈中性或微碱性，生产性良好，适宜种植各种作物；砂姜黑土主要分布在平原、滨湖的低洼地带，是洼地长期积水干涸后形成的土壤，表层有机质含量丰富，排水条件差，易干旱，适宜种植小麦、大豆、玉米、高粱、小麦、地瓜、花生等作物；水稻土主要分布在湖泊洼地、湖沼平原和沿黄涝洼地带，是经改良后形成的土壤，用于种植水稻。

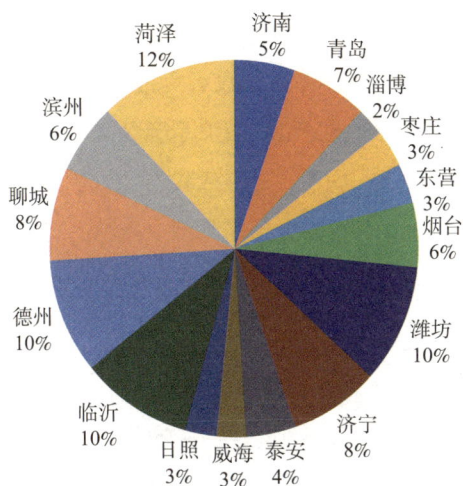

图 7-5　山东省各城市耕地面积的占比

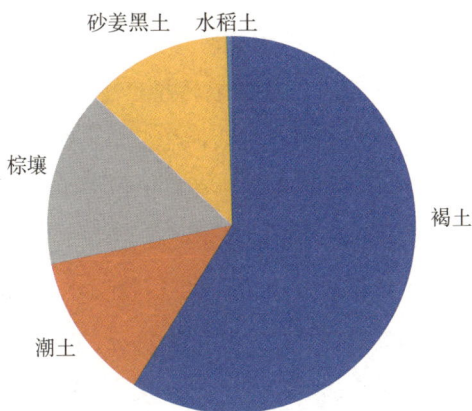

图 7-6　枣庄市土壤类型及构成

五种土壤类型中，枣庄的褐土面积为 20.48 万公顷，低于临沂的 60.57 万公顷、济南的 32.39 万公顷、淄博的 32.34 万公顷、济宁的 23.24 万公顷以及泰安的 21.96 万公顷；不过枣庄市褐土面积占五种土壤类型的比重近六成，为 58.9%，是枣庄市主要的农用土地。因此，枣庄市虽然耕地占山东省的总量比重较低，但就单位面积的粮食产量而言，2020 年枣庄市的单位粮食亩产达到 425.67 千克／亩，超过济南、青岛和临沂等城市，在山东省 16 个地市中排在第 8 位。

枣庄市在耕地有限的条件下取得较好的农业生产成就，与其重视农业现代化建设有关。"十三五"期间，枣庄市正式印发《枣庄市国家农村改革试验区建设五年推进计划（2016—2020 年）》，出台了《枣庄市"十三五"现代农业发展规划》和《枣庄市国家现代农业示范区建设五年提升计划（2016—2020 年）》，为枣庄市国家农村改革试验区和国家现代农业示范区的"两区建设"设定了具体的目标任务、路线图和时间表；同时，还重点实施了一系列农业重点工程、精品特色农业示范基地建设工程、特色农业示范基地以及精品特色农业标准示范园等建设工程。"十三五"期末，枣庄市先后建设省级现代农业产业园 3 个、国家级农业产业强镇 3 个、国家级重点龙头企业 3 家，国家级"一村一品"示范村镇 9 个、省级 13 个。枣庄市还创建乡村振兴齐鲁样板示范区 24 个，农业产业园 9 个，产业强镇 18 个。培育市级以上农业龙头企业 380 家、农民合作社示范社 555 家、家庭农场示范场 215 家、"三品一标" 350 个，创建省级农产品质量安全县 4 个，这些成就的获得，为枣庄的现代化农业创建了良好的发展前景。

当然，必须清醒地认识到，枣庄市农业经济发展还有待完善之处。2015 年和 2016 年枣庄的农业劳动生产率的评估值高于山东省平均水平，但从 2017 年开始，山东省农业劳动生产率的评估值就超越枣庄，在经历 2019 年、2020 年差距拉大之后，2022 年差距有所缩小。表明枣庄市传统的农业经济的发展潜力得到深度挖掘，未来的提升空间有限，需要推动以追求增速的传统农业经济发展模式向高质量的现代化乡村经济发展模式转变。

乡村生态宜居指数主要衡量乡村的生态资源耗损以及环境的污染情况。从评估结果来看，枣庄市的生态环境处于较好的状况，并且领先于山东省平均水平（见图 7-7）。

图 7-7 2015~2022 年枣庄市乡村生态宜居指数评估结果与山东省平均水平的对比

由图 7-7 可知，2015~2022 年枣庄市乡村生态宜居指数与山东省平均水平均保持着持续增长的态势，并且枣庄市保持着对山东省平均水平的领先优势，只不过这种领先优势有逐渐缩小的趋势。一方面，枣庄市在前期积累了较好的生态环境底蕴，并确保生态环境状况的改善仍然处于一种较为稳定和持续的增长态势；另一方面，山东省其他大部分城市的生态环境状况虽然与枣庄市有较大的差距，但从整体看，在持续的生态环境改善和保护力度方面要大于枣庄，导致山东省平均水平逐渐缩小与枣庄之间的差距。因此，对于枣庄市而言，持续关注生态环境保护并加大投入力度，是其确保领先优势的关键。

乡村生态宜居水平主要从乡村的生态环境状况来体现，其中，生态的好坏反映的是资源的可持续利用情况，环境质量的高与低则从生产生活过程中的污染物控制情形来呈现。因而，考虑到与山东省平均水平对比分析的需要以及数据的可获取性，选取了单位面积化肥和农药施用量、农田灌溉水有效利用系数以及秸秆综合利用率等指标进行对比分析。结果表明，除了单位面积化肥施用量低于山东省平均水平外，枣庄市单位面积农药施用量、农田灌溉水有效利用系数和秸秆综合利用率等都高于山东省平均水平（见图 7-8）。

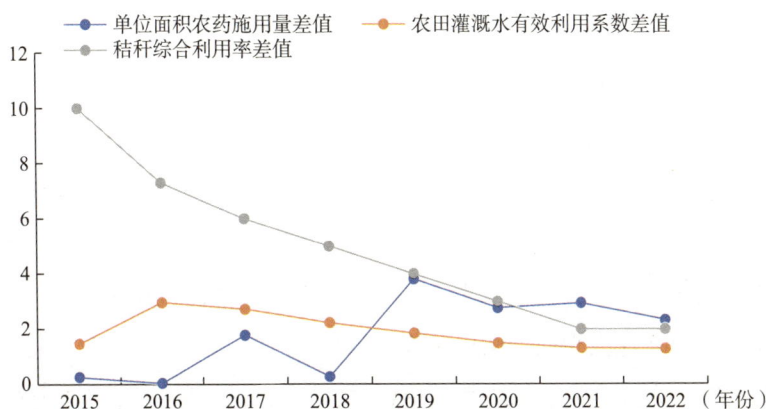

图 7-8　2015~2022 年枣庄市乡村生态宜居指数部分
指标评估结果与山东省平均水平的差值

图 7-8 显示，枣庄市农田灌溉水有效利用系数的评估值与山东省平均水平之间的差距保持在一个相对稳定的值，这揭示了枣庄市在农业用水方面注重水资源的利用效率和可持续性；单位面积农药施用量评估值对于山东省平均水平的领先优势由微弱向逐渐扩大的趋势演变，体现了枣庄市对乡村环境

污染问题的重视，其中包括土壤污染的治理等；另外，枣庄市秸秆综合利用率对于山东省平均水平的领先优势虽然有一定程度的下滑，但基本维持在一个相对稳定的差值上，表明保护并改善乡村生态环境质量已经成为枣庄市的一个工作重点。

乡村乡风文明主要从生产、生活的环境与条件、人文关怀以及生活的收入保障和法律保障等方面来表征（见图 7-9）。

图 7-9　2015~2022 年枣庄市乡村乡风文明指数评估结果与山东省平均水平的对比

由图 7-9 可知，枣庄市乡村乡风文明指数在 2015 年、2016 年和 2017 年保持着对山东省平均水平较大的领先优势，并且与山东省平均水平的乡村乡风文明指数均呈现增长趋势，只不过山东省平均水平的增速高于枣庄市，两者年平均增速分别为 6.79% 和 3.2%，致使两者间的差距在逐渐缩小。可以看出，枣庄市早期在乡村乡风文明方面取得较好的成效，与其注重生产、生活的环境保护以及建立相应的法律制度保障是分不开的；同时，在人文关怀和社会公平性方面诸如在男女平等、照顾社会上的弱势群体等方面均有突出的表现。但是也要看到枣庄市在保障农民生活水平方面还有所欠缺。因此，对于枣庄市而言，尽最大可能实现社会公平、缩小城乡之间差距是其在进入新的发展阶段仍需关注的重点。

乡村乡风文明水平可以从市人大代表中女性百分比、乡镇（街道）公共法律服务工作站覆盖率、亿元 GDP 生产安全事故死亡率、特殊教育学生入学率以及农村最低生活保障标准等指标得到呈现（见图 7-10、图 7-11）。

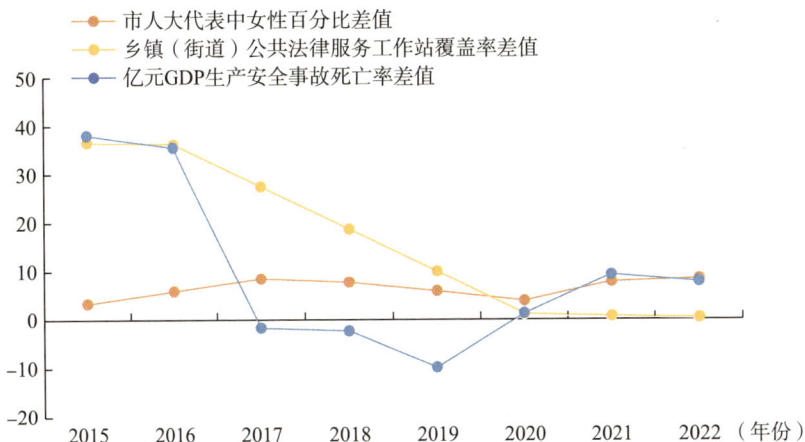

图 7-10 2015~2022 年枣庄市乡村乡风文明指数部分
指标评估结果与山东省平均水平的差值（a）

图 7-10 显示，无论是生产、生活环境方面如亿元 GDP 生产安全事故死亡率，还是男女平等所反映的社会公平性问题如市人大代表中女性百分比以及相应的乡镇（街道）公共法律服务工作站覆盖率等指标，均显示出枣庄与山东省平均水平相比有一定的优势，尽管部分年份低于山东省平均水平，如 2019 年的亿元 GDP 生产安全事故死亡率与山东省平均水平相比出现较大的差距，但整体上均高于山东省平均水平，表明枣庄的乡村社会具有很好的人文环境。需要指出的是，枣庄市尽管关注到对特殊群体的人文关怀以及加大力度缩小城乡差距，事实上在这些方面依然存在可提升的空间（见图 7-11）。

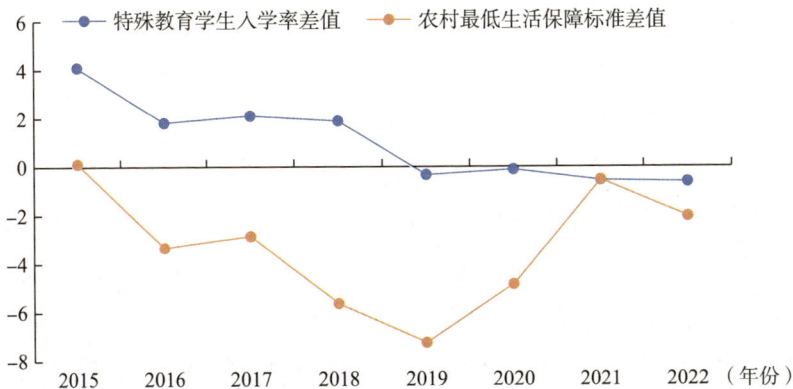

图 7-11 2015~2022 年枣庄市乡村乡风文明指数部分
指标评估结果与山东省平均水平的差值（b）

图 7-11 表明，2015~2018 年，枣庄市在对特殊人群的扶持和帮助上如特殊教育学生入学率取得了较好的成绩，其评估值也高于山东省平均水平；然而，2019~2022 年，却被山东省平均水平超越。此外，在农村的生活保障方面，枣庄的农村最低生活水平保障如农村最低生活保障标准低于山东省平均水平，这表明，枣庄市一方面仍需要更多地去关注对特殊人群的人文关怀和帮助，改善人文环境的同时，增强城市的软实力；另一方面，还需要加大投入力度提升农村最低生活保障水平，进一步提高弱势群体的生活质量，进而确保枣庄在乡村乡风文明建设方面取得更大的成效。

枣庄在和美乡村建设上取得了显著成效，并且依然保持着持续增长的态势。这表明，枣庄市在和美乡村建设上具备良好的发展基础，在生态条件与文化背景上优势尤其明显。首先，经过长期的农业生产生活实践，枣庄市乡村已经形成相对较为稳定的农业生产格局，其农业生产潜力得到深度挖掘，劳动生产效率处于高位；与此同时，枣庄独特的地理条件和资源特色，决定了其未来的乡村发展将有别于传统农业经济的增长模式，新的经济增长模式初现端倪；枣庄处于山东省的最南端，与江苏接壤，有"南方的北方，北方的南方"之称，既有南方的雨水和自然生态，又有北方的地理条件，具备较好的植被以及较完整的生物多样性，这一生态特征对于枣庄的和美乡村建设而言是重要的基础；更为重要的是，枣庄是中国考古发现距今最早的"北辛文化"发源地，是大汶口文化和龙山文化的源头，孕育了众多的思想家、教育家和军事家，其中包括墨子和鲁班。灿烂的文明起源、悠久的历史渊源以及深厚的文化积淀，为枣庄和美乡村建设积累下深厚的文化底蕴。

整体而言，枣庄市和美乡村建设取得的成效虽然与山东省平均水平之间保持着一定的优势，但这种优势有缩减的趋势，揭示了枣庄市在有限的耕地面积和相对较为局促的自然条件下开展的农业生产，潜力已得到充分挖掘，意味着传统的农业生产模式无法支撑起枣庄乡村未来的发展。此外，枣庄乡村的生态、文化价值没有得到充分的发现、发掘和兑现，致使枣庄的和美乡村建设尚未走上快速的和高质量的发展轨道，这也从侧面反映出枣庄市在和美乡村建设上尚缺乏与生态和文化之间的衔接，有待进一步的改进。因此，枣庄市在和美乡村建设的发展战略上需要做一些相应的调整和部署。具体而言，规模的、机械化的工业生产模式并不适用于枣庄的农业生产，追求质量和高附加值的绿色、有机农业是枣庄乡村经济发展的未来，这一定位与和美乡村建设的基本内涵是一致的，因此，枣庄在农业发展上要放弃唯 GDP 增长论，切实推动传统的农业经济向现代化的乡村经济转变。这种传统农业经济向现代化乡村经济的转变表现为，一方面，农业经济的未来走向将趋于弱化，只能起到一个辅助的作用；另一方面，相对于山东省大部分城市而言，枣庄市乡村具有更加优越的生态优势，是其开展和美乡村建设的重要保障。同时，枣庄市乡村还拥有丰富的历史文化遗产，也能够在其和美乡村建设中起到很好的支撑作用。因此，对于枣庄市来说，深度挖掘乡村经济中生态、文化等要素的经济价值，支撑起乡村社会的经济发展，是枣庄市乡村实现可持续发展的根本途径。

二　和美乡村之特色产业赋能

——"葡萄"串联起了洪门村可持续发展实践

枣庄市山亭区北庄镇洪门村葡萄种植历史悠久，"葡萄"是乡村特色产业和洪门村主要的经济来源，但收益仅能解决村民的温饱问题，村民的生活质量与幸福感仍需要提升。不仅如此，工业化还给洪门村带来了人口流失、葡萄产业发展受阻等一系列乡村发展问题。为了解决制约发展的问题，进一步推进宜居宜业和美乡村建设，洪门村立足"葡萄"这一优势产业，成立葡萄种植合作社，持续引入名优稀特品种，引进和推广先进的栽培管理技术；开展"洪门葡萄采摘节"等品牌化系列活动，建设立体生态庭院，整合村域内传统文化、田园风光、山水资源要素发展生态旅游业。近年来，通过一系列的实践，"家家种葡萄、户户绿满园"的洪门村形成了以葡萄种植等生态农业为主要产业，同步依托自然环境与文化资源禀赋发展采摘、旅游等，呈现了乡村产业特色、乡村宜居宜业、农民富裕富足的"和美乡村"景象。

（一）基本情况

洪门村三面环山、区位优越、历史悠久、景观丰富（见图 7-12），位于枣庄市山亭区南部，处于山亭区和市中区中间的位置，距离北庄镇政府驻地 9 千米、市中区 15 千米、滕州东站 45 千米，地理位置优越，交通便利；所处地形呈 Y 字形并处于中心交通枢纽的位置，东西两侧联系了周边其他村落；北依王山，东接东厢山，西邻西厢山，沧浪渊水自西经村前向东流过。洪门村始建于明代洪武年间，距今已有 600 余年的历史，全村现存古建筑以明清建筑为主，多为石头砌筑而成的民居，风貌独特，保存完好，道路台阶皆以山石铺就，古朴自然，具有显著的鲁南地区民居特色。直到 2000 年前，如今的洪门村都隶属于半湖乡，2001 年由于半湖乡合并至北庄镇，同时东黑峪、焦山、付楼等 6 个自然村居合成洪门一个行政村。[①]

图 7-12　洪门村概貌（北庄镇宣传报道站王玮玮摄）

洪门村自 20 世纪 90 年代起开始发展葡萄产业，其是乡村主要的经济收入来源，葡萄种植产业发展较好，但乡村单一的产业发展模式带来的问题也逐渐显现。一是洪门村有近 70% 的乡村人口外流，青壮年人口的外出务工导致乡村老龄化、空心化，继而出现乡村发展活力不足的问题；二是产业融合发展面临局限性，村内葡萄产业发展受限，仅依靠工业化的规模化思路无法实现乡村经济的进一步发展；三是乡村文化要素碎片化，具体体现在乡村公共建筑和公共空间等方面不够系统化。基于这些问题，如何通过进一步挖掘和分析乡村要素，探索其发展路径和模式，吸引劳动力返乡，进一步激活其动力成为需要解决问题的关键所在。

近年来，洪门村充分利用好基础条件——基于悠久的葡萄种植历史、文化底蕴深厚、区位优势显现等，立足于可持续发展和绿色发展等现代化发展理念，在做扎实"葡萄"产业及延伸发展相关产业外，进一步深挖和梳理乡村要素资

---

① 资料来源于洪门村的《第六批传统村落调查推荐表》和第六批传统村落申报材料（山东省枣庄市山亭区北庄镇洪门村）。

源，构建洪门村能够突出稀缺性要素的发展路径，探索推进生态农业、文旅产业等多条腿走路的融合发展模式（见图7-13）。

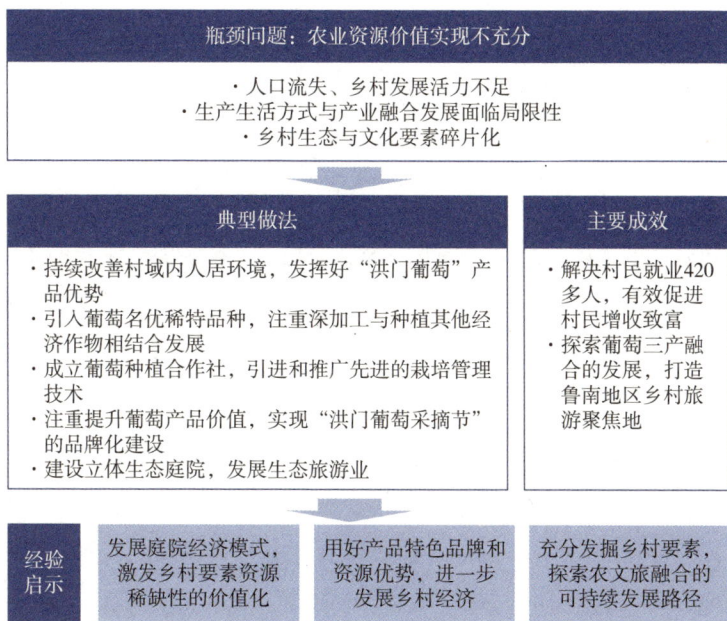

图 7-13 洪门村用"葡萄"串联起的乡村可持续发展模式

（二）具体做法

洪门村是一个典型的以农业种植为主的乡村，总耕地面积不足400亩，葡萄和花椒是目前最主要的经济作物，其他的农产品还有桑椹、生菜、豆瓣菜、油桃、樱桃、洋萝卜、杏子、四季豆、卷心菜等。洪门村家家户户都在庭院种葡萄，是葡萄种植专业村、生态庭院经济示范村，庭院经济开发率达98%以上，享有"葡萄世博园"的美称，村里现存最老的葡萄藤树龄已有100余年。近年来，洪门村逐步向着集农业生产、旅游观光、休闲度假、探索民俗风情及吃、住、游于一体的生态农业旅游的定位方向发展。具体来看，洪门村在基础优势上，不断引进先进的葡萄种植技术，丰富葡萄品种；通过发展各类葡萄采摘园、整体规划建设葡萄采摘、餐饮住宿、休闲垂钓等"洪门葡萄采摘节"品牌活动，吸引广大省内外游客来到这里摘、玩、吃、住，有效提升了农民收入，也同步带动了村集体经济的发展。

持续改善村域内人居环境，发挥好"洪门葡萄"产品优势。洪门村在房前屋后、村旁、路旁、荒山、河道等地持续开展造林工程，扩大村域内绿化面积，村内栽植各类绿化、经济林木 400 余亩，进一步改善了人居环境；村内家家户户栽植葡萄，分早、中、晚熟三大系列，种植面积达 360 亩，年产葡萄 210 万斤，每年收入可达到 120 万元左右。

引入葡萄名优稀特品种，注重深加工与种植其他经济作物相结合。洪门种植基地葡萄栽种面积已达到 2000 亩，拥有巨峰、提子、玫瑰等 40 多个品种，包括先后引入的"巨峰""美人指""红提"等 20 多个名优稀特品种，获得了"葡萄世博园"的美称；村里同步发展葡萄深加工、种植葡萄盆景等葡萄产业相关项目；以及依托山区优势积极引进和种植经济效益高的林果作物，拓展发展石榴、柿子、板栗、珍珠油杏等林果业，规模养殖户发展到 80 余户，有效增加了农民收入。

成立葡萄种植合作社，引进和推广先进的栽培管理技术。洪门村成立了葡萄种植合作社，邀请农技人员前来指导，推广先进栽培管理技术，实行有机种植，葡萄销往济南、泰安、临沂、徐州等地，70 户村民加入合作社，解决村民就业 420 多人，有效促进了当地村民增收致富。据了解，吸纳社员达 220 户，土地流转面积达到 1000 亩。

注重提升葡萄产品价值，实现"洪门葡萄采摘节"的品牌化建设。为了全力提升果品品质，洪门村在种植葡萄的过程中实施土壤监测，采取科学配方、因地施肥，目前已注册"红葡香"品牌商标，通过了"绿色品牌"认证。山亭区 2010 年 8 月举办首届葡萄采摘节，活动内容丰富，包括"葡萄园漫步——体味洪门生态村""葡萄园采摘——品尝生态绿色果品""葡萄园采风——举办主题摄影大赛"等内容，为期 7 天的活动累计接待游客 10000 余人次，葡萄及其他农产品销量超过 20 万斤，增加当地农民收入 60 余万元。每年 8 月洪门村要举办"洪门葡萄采摘节"，2023 年 8 月举办的第十四届"醉美洪门葡萄谷文化节"以"品洪门葡萄 赏田园北庄"为主题，面向游客开展了群众文化节演出、山东手造、非遗及北庄特色产品展销、推介，动手自酿葡萄酒、体会葡萄酒文化以及种植能手评比等四项丰富的主题活动。洪门村还结合自然生态环境和乡村文化，实践了农业观光、休闲采摘、农事体验等以农业旅游为主线的全域旅游可持续发展路径。

建设立体生态庭院，发展生态旅游业。洪门村立足于建设好立体生态庭院，发展特色生态旅游业，把养殖、沼气池、太阳能等配置利用纳入生态庭院开发建设中，在院内建沼气池、种植耐阴牧草，在房顶建太阳能，利用葡萄架下有效空间发展养殖，实现了牧草养殖、畜粪进池、沼气照明做饭、沼渣沼液施肥的良性循环，形成了独具特色的"葡萄＋沼气＋养殖"立体生态庭院经济模式，极大提高了生态家园的内涵和品位，刺激了生态旅游业的迅猛发展。为了更好地推进和发展乡村"旅游＋"，洪门村成立了"葡萄人家"旅游发展合作社，促进乡村旅游产业提升；投入精力实施乡村旅游开发建设，培植发展农业观光型、休闲度假型、民俗文化型和美味佳肴型等"农家乐"项目，规划发展各类葡萄采摘园 300 余处；引进资本进行整体规划建设，打造鲁南地区乡村旅游目的地，其中山东泉兴集团投资 2.6 亿元实施洪门农家乐旅游开发，结合葡萄采摘、餐饮住宿、休闲垂钓等，规划建设农家乐餐馆 10 余家，农家乐别墅楼 14 栋 26 户，规划建设民宿农家院落 7 家；结合农家乐、休闲采摘，对村内原有老宅、农家庭院进行民宿改造。

（三）发展成效

洪门村立足实际，依托葡萄种植优势，明确"发展庭院经济、建设生态家园"的目标，突出抓住发展农村经济、改善村容村貌、提升文明程度、提高农民素质和实行民主管理等关键环节，走出了一条有自身特色的乡村可持续发展之路。洪门村只拥有不足 400 亩的总耕地面积，葡萄种植面积却达到了 360 亩，庭院经济开发率达 98% 以上，拥有巨峰系、提子系、玫瑰系等 40 多个品种，包含巨峰、黑提、红提、马奶子、美人指等 20 多个名优稀特品种，分早、中、晚熟三大系列，年产葡萄 210 万斤，年收入能达 120 万元；此外，还成功注册了"红葡香"品牌商标，并通过了"绿色品牌"认证。目前，发展各类葡萄采摘园 300 余处，成立了葡萄种植合作社，邀请省市农技人员前来指导，推广先进栽培管理技术，实行有机种植。洪门葡萄销往济南、泰安、临沂、徐州等地，70 户村民加入合作社，解决村民就业 420 多人，有效促进当地村民增收致富。

近年来，洪门村依托独特的田园、水系、地貌、村庄等自然景观，建设了集葡萄文化广场、葡萄文化长廊等于一体的洪门绿道驿站。同时，洪门村成立葡萄种植合作社，结合葡萄采摘、餐饮住宿、休闲垂钓等进行整体规划建设，打造鲁南地区乡村旅游聚集地，探索葡萄三产融合的发展，规划建设各类葡萄采摘园 120 余处、农家乐餐馆 2 家、民宿农家院落 5 家，形成了以特色餐饮、生态观光、葡萄采摘、农家住宿等为主要内容的"一点一品、一家一味"的乡村旅游格局，在葡萄深加工、种植葡萄盆景等项目上也取得了一定的成效。据统计，洪门村实现年接待学习考察团 50 余批次，游客 20 余万人次，实现旅游综合收入 4600 余万元。洪门村集体经济收入、农民收入得到了持续稳定的增加。[①] 据了解，村集体年收入可达 30 万元，村民人均年收入达 19174 元。

乡村发展也获得了各层级的认可与荣誉，包括：该村多次被命名为"科普农业村""生态庭院经济示范村"等，被农业部（现农业农村部）命名为"生态家园、富民计划"示范村；2015 年 10 月被农业部授予"中国最美休闲乡村"等荣誉称号；2019 年 10 月 22 日被授予"山东省森林村居"称号；2023 年 3 月被列入第六批中国传统村落名录。

（四）经验启示

发展庭院经济模式，激发乡村要素资源稀缺性的价值化。"家家栽葡萄，户户绿满院"，每逢盛夏，整个村庄被葡萄覆盖，藤蔓如海，遮天蔽日。洪门村依托葡萄种植的资源优势，结合庭院种植景观，在葡萄种植的单一产业基础上，充分利用好乡村其他要素资源，以独特的葡萄美景、葡萄采摘、葡萄品尝等构建综合乡村景观，吸引消费者到村吃、住、游，促进乡村旅游产业发展。但是，一个乡村仅发展葡萄种植也是有规模限制的，靠单一的特色产品价值化无法实现乡村发展的可持续性。因此，洪门村还可以进一步挖掘乡村传统环境要素、文化要素等，通过将其与地理位置和乡村特征相结合，发掘洪门村的独特性和吸引力，尝试通过从其构成要素的稀缺性入手实现价值化，探索洪门的"旅游+"发展模式。

用好产品特色品牌和资源优势，进一步发展乡村经济。山亭区依托悠久的历史文化、丰富的文旅资源，高度重视文旅产业突破发展，把旅游业作为围绕"四新"主攻"四化"主战略的重要一环，以文旅融合为根本，以产业化、市场化为导向，一手抓流量、一手提质量，聚焦资源、客源、服务三大要素，着力打造一流山地旅游目的地和度假康养目的地。洪门葡萄文化节就是一个文旅融合、打造旅游品牌的成功实践。其结合北庄自然生态环境和乡村文化，全面发展全域旅

---

① 资料来源于山东省枣庄市山亭区北庄镇洪门村的第六批传统村落申报材料。

游，实施农业观光、休闲采摘、农事体验等以农业旅游为主线的可持续发展路径：洪门葡萄生态村通过农业结合旅游，带动周边旅游服务业，拓展镇域发展增长极；山亭区翼龙文旅针对全域旅游休闲举办了各种活动，对区域内各个景区进行了详细的介绍，希望能够带给游客沉浸山亭的养眼、养生、养神的旅游体验。

充分发掘乡村要素，探索农文旅融合的可持续发展路径。洪门村的要素资源涉及鲁南文化、历史遗址、非物质文化遗产、民俗乡趣以及生态环境、社会等方面的环境要素和文化要素等（见表7-2），不仅传达出了传统鲁南文化、民俗乡趣，还通过其特有的深厚的历史积淀的稀缺性为乡村未来探寻可持续发展路径的更多可能性。

表7-2　洪门村要素构成资源情况

	鲁南文化	历史遗址	非物质文化遗产	民俗乡趣	生态环境	社会
环境要素	传统民居 10号民居 19号民居 29号民居 石建筑	洪门灵泉寺古迹 黑峪古楼 洪门古墓群 洪门古树 黑峪古楼	—	乡趣体验 葡萄采摘 农家乐	生态种植（葡萄）多处井泉沟渠、堤坝桥涵、铺地石阶	文化墙 农家书屋
文化要素	鲁班文化 孝文化 红色历史	历史故事 民间传说	如意布锦 龙基石刻 手工柳编 根雕奇石	柳琴戏 鲁南花鼓	古树名木 古河道 古炮台	《洪门村村规民约》传统"美德故事"

三　和美乡村之闲置小院复活

——李庄"闲置小院复活"工程唤醒农村"沉睡"资源，助力乡村经济可持续发展

李庄地处枣庄市山亭区冯卯镇，位于岩马水库湖畔，是自然风景优美的环湖乡村，2015年之前一直面临劳动力的流失、大量房屋空置等发展后劲不足的问题。近年来，为了统筹生产、生态、生活一体布局，实现乡村生产美产业强、生态美环境优、生活美家园好"三生三美"融合发展，打造宜居宜业宜游的美丽乡村，李庄村探索和实践"闲置小院复活"工程，大力发展和建设乡村主题

民宿、民俗体验等乡村新业态，成为拥有种类丰富、多元共生的乡村旅游产品体系的乡村。2021年，李庄入选山东省乡村旅游重点村，活力李庄景区获批为国家3A级旅游景区，冯卯镇入选省级旅游民宿集聚区创建单位；2022年，李庄已经成功入选全国乡村旅游重点村。"活力李庄"也成为当地的一张新名片，并通过逐步开展民宿建设精品化、乡村旅游体系化等行动，将其建设成为山东省打造乡村振兴齐鲁样板的新标杆。

（一）基本情况

李庄村（当地人也称其为"小李庄"）是一个自然村，位于枣庄市山亭区冯卯镇境内，坐落在枣庄市最大水库、国家水利风景区——岩马湖西岸，村域面积760亩，其中耕地面积约500亩，后与其北边相邻的自然村合并成了一个行政村，即独古城村，其主要农产品有甜瓜、山药、绿叶菜、秋葵等。李庄村现有景观形成在20世纪五六十年代岩马水库工程建设完成之后：与岩马水库的水域相接，水域周边风景秀丽，是一个有着丰富的自然生态资源和独特的人文景观的环湖和美乡村。

图 7-14　李庄村"活力月季村"主题街巷（山亭区冯卯镇温庄村刘德坦摄）

2015年之前李庄村一片萧索，到处可见坑洼泥泞的土路、荒草丛生的院落、老旧破败的房屋……全村有220户人家，其中有半数以上村民常年外出务工，村里以老年人和幼童为主，多数房屋长期闲置，村庄"空心化"、农房"空户化"现象突出。为破解这些难题，冯卯镇进行了一系列探索与行动。其中，2018 年冯卯镇李庄村利用国家农村综合性改革试点试验政策资金实施"闲置小院复活"工程，有效破解了村中的闲置农房民院等闲置资产的再激活等问题。

李庄在冯卯镇政府的指导下由村级党组织领办合作社，以农村集体经济组织为平台，充分尊重村民意愿，通过征收、租赁、共享、入股四种方式，盘活村民房屋使用权；在"复活工程"中，闲置的房屋被交由合作社统一规划、定位功能，并充分融合当地特色的文化要素，将其打造成多处"一院一型、一院一品"的主题民宿、民宿体验业态小院，通过这些载体呈现不同的文化氛围、提供不同的体验，不仅实现了闲置房屋的价值挖掘、村民收入提升、集体收入积累的愿景，还使李庄走出了一条乡村产业振兴之路。

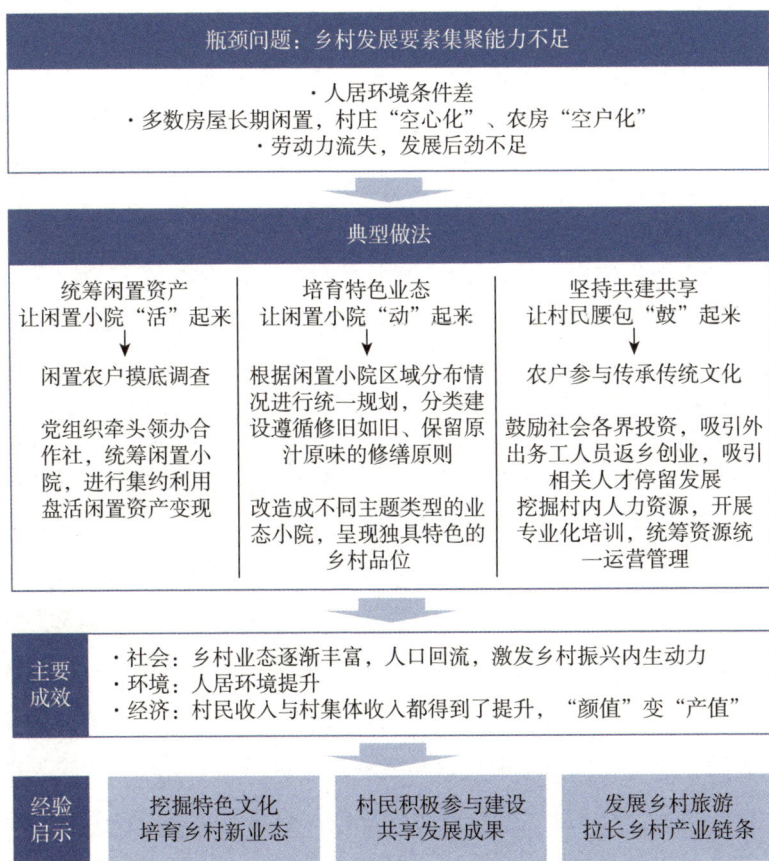

图 7-15 李庄"闲置小院复活"模式

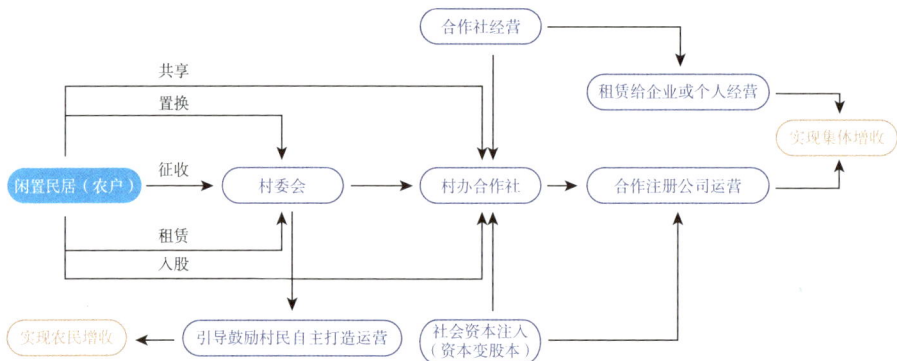

图 7-16 闲置小院"复活"工程路径

（二）具体做法

统筹闲置资产，让闲置小院"活"起来。 据了解，冯卯镇根据山东省委办公厅、省政府办公厅发布的《关于开展农村宅基地"三权分置"试点促进乡村振兴的实施意见》文件精神，通过"三步走"将李庄村的"闲置小院"统筹起来。一是开展闲置农房调查摸底工作。针对房屋空置的现状，冯卯镇组织人员下村入户进行调查摸底工作，统计长期闲置和短期闲置的农房民院数量及闲置宅基地的面积，按闲置原因进行分类。其中，李庄村共调查摸底了 152 户，其中长期居住使用的 65 户，短期居住使用的 15 户，闲置房屋 72 户，闲置率达到 47.37%。而闲置小院从闲置状态上分两种类型：一种是老百姓搬新房留下的老房子，年久失修变成了残墙断壁；另一种是村民常年在外打工留下的房子，村民一般只有逢年过节回家住几天，其余时间都是闲置状态。二是党组织牵头领办合作社。坚持党建引领，村级党组织领办农民专业合作社，以合作社为主体，流转"闲置小院"及村内其他空闲集体用地的使用权，将农村"闲置小院"统筹起来，进行集约利用。三是灵活确定流转方式。在充分尊重民意的前提下，对村内集体闲置用地以集体土地资源评估作价入股合作社。对群众闲置小院的使用权，按照房地一体原则，以征收、租赁、共享、入股四种方式进行流转。具体来说，群众有意愿将房屋出让给村级合作社的，村级合作社按照征收方式对房屋进行流转；群众约定期限将闲置小院给村级合作社使用的，村级合作社按照租赁方式对闲置小院进行流转；群众在保障自用的基础上，将闲置的房间给村级合作社使用的，村级合作社按照共享原则进行使用；群众长期将闲置小院给村级合作社使用的，按照入股合作社，确定股金和分红，进行使用。

培育特色业态，让闲置小院"动"起来。李庄村村级合作社根据闲置小院区域分布情况进行统一规划，分类建设。在建设中坚持规划引领、集约利用、功能定位、特色培育，将一个个闲置小院打造成别具一格的活力小院、魅力小院。在"闲置小院复活工程"建设中，李庄村坚持不搞大拆大建，尽力做到修旧如旧，保留原汁原味的修缮原则，把每个闲置小院都改造成不同主题类型的业态小院，呈现独具特色的乡村品位。这里有景观的看头、文化的说头、产品的卖头、再来的念头和农民的盼头……吸引着城里人到这里来，听故事、寻乡愁、放飞心灵、放松身心，闲置小院成为乡村旅游首选地、摄影目的地和网红打卡地。

表 7-3　闲置小院改造成果（部分）

名称	主要用途及发挥作用
李庄先锋驿站	利用老村部闲置场地进行建设，实现"小驿站、大服务"，成为党员活动中心、游客服务中心、农副产品展销中心和电商服务中心
李庄新风馆	李庄新风馆是村民自治的主场所，发挥乡贤作用，是红白理事会商议村内事务的地方，也是孩子们放学读书学习的地方，成为乡村小客厅
非遗传习所	保护和发掘当地传统手工艺，打造成手工艺品展示平台，让村民的手工艺有了体验和经营的空间
左邻右舍、乡里乡亲、玫瑰小院	特色民宿全屋智能化，实现网上预订，可满足游客基本的住宿需求，乐享乡村"慢生活"

坚持共建共享，让村民腰包"鼓"起来。乡村振兴只有共建共享，才有可持续的生机活力。李庄村坚持共建共享的原则，采取合作社统一管理运营小院的模式，充分挖掘村内人力资源，委托专业团队对其进行专业化培训，使村民获得一定的服务知识和技能。在"闲置小院复活工程"中，村民不仅可以加入闲置小院的改造计划，还可以参与到闲置小院的运营中，从而获得财产性、工资性双份收入。此外，合作社坚持分类设岗的原则，针对建档立卡贫困户做到因人设岗，提高贫困户工资性收入；针对业态小院管理，坚持因岗设人，绩效考核，兑现工资，做到人尽其才。

（三）发展成效

2021~2022 年，通过实施闲置小院复活工程，村民居住环境、基础设施条件也得到极大改善，发展主题民宿、民俗体验等乡村新"业态小院"，乡间整洁街巷两旁栽种了不少月季，"遇见花海"等以月季命名的街道，串联起十余个特色农家小院。

经济方面，村民从小院流转、小院业态经营等方面获取收益，通过合作社获取年终分红收益，通过销售农村手工艺品、土特产等旅游产品增加收入；村集体通过盘活闲置小院资源增加了村集体收益，实现了村集体经济收益从零到 10 万元的突破，村户年均收入可增加 1200 元左右，不到两年的时间，李庄村集体经营收入达 160 多万元，和美乡村颜值变产值。

社会方面，李庄建设了丰富多样的文明实践阵地，从去陋习、讲美德、减负担、减铺张等方面入手，树立文明新风，激发乡村振兴内生动力。例如，李庄先锋驿站发挥了党员为群众和游客服务、为农产品代言、展销乡村土特产等作用，民间曲艺传承人在李庄新风馆、李庄大席、葫芦小院等特色小院向游客讲述当地乡土文化，吸引社会爱心团体和乡贤广泛参与新时代文明实践活动。据了解，一个闲置小院"复活"能带动 20 人就业，并特地为部分有劳动能力的老年人提供了就业岗位。此外，原本外出打工的流失人口返乡趋势逐步明朗。

图 7-17　乡村闲置资产盘活前后对比（冯卯镇王东摄）

（四）经验启示

挖掘特色文化，培育乡村新业态。农村闲置小院是乡村资源的浪费，盘活农村闲置小院，通过发展乡村旅游来助力乡村振兴。而乡村旅游的持续性就在于乡村旅游产品浓厚的地域文化内涵。乡村旅游发展要挖掘乡村深层次的文化内涵，突出其地域特色和民俗特色，彰显乡村的文化气质和内涵。因此，李庄村在改造过程中，坚持特色打造，植入业态，赋予文化，让闲置小院有业态、有文化、有气息。在运营中，以专业运营团队的标准化引领，融合乡村特色化服务，展现出乡村业态小院的文化底蕴和体验价值。通过企业专业化运营，村民本土化、特色化服务，让小院留住乡村特色，让村民有工作、有收入、有奔头，村级集体经济有积累，实现乡村可持续发展。

村民积极参与建设，共享发展成果。引导村民参与乡村旅游的建设、规划和管理，调动其参与积极性和创造性。一是在业态小院的建设中，李庄通过资本化运作，使村民可通过土地、房屋等入股的方式参与到乡村旅游的开发建设中，与开发商成为利益共同体，既能起到监督作用，也能发挥村民的主人翁作用。二是在业态小院的运营中，李庄鼓励村民参与经营，引导乡村居民参与乡村旅游的接待和服务工作，不仅有助于提高主客交互质量，满足游客的多元化需求，还能增加村民收入。让群众在"闲置小院复活工程"实施中不仅有财产性收入，还有工资性收入，让群众得到实实在在的实惠、看到良好发展前景，吸引更多人返乡创业。

发展乡村旅游，拉长乡村产业链条。李庄以乡村旅游为抓手，通过盘活闲置资源打造第三产业，拉长产业链条，丰富乡村产业类型，发展民宿、采摘、农家乐、农产品加工等多种业态，形成集种植、生产、加工、销售、休闲、度假等于一体的乡村全产业链条，催生农村新业态，培育新的农村经营主体，促进一、二、三产融合发展，从而助力乡村的可持续发展。

四　和美乡村之社会治理创新

——杨楼村在能人带动社会治理效能提升方面的可持续发展实践

杨楼村是枣庄市滕州市张汪镇中部的一个行政村，2000年之前的杨楼村和其他众多乡村一样，以农业种植为主，也没有其他独具特色的产业，同时还面临村集体土地等遗留问题、村集体欠账等问题亟待解决。近些年，杨楼村村支书聚焦乡村问题，创新乡村治理体系，通过因地制宜做好"土地"文章、领办合作社为村集体创收、组织开展丰富多彩的乡村活动提升村民参与度与社会活跃度、发掘乡村文化要素提升乡村吸引力等方面的行动，逐步将杨楼村建设和发展成为一个社会稳定、凝聚力强的乡村，其呈现乡村社会可持续性的现象表征，对其他同类乡村探索通过社会治理实现可持续发展的系统解决方案具备参考性。

（一）基本情况

杨楼村位于山东省枣庄市滕州市张汪镇中部、薛河沿线，距离张汪镇政府驻地 2.2 千米，紧邻 104 国道，村口道路建设平整、公共交通便利，对于村民或者外地人来说，不管是回到乡村还是离开乡村都很便捷。从历史发展脉络来看，此区域几经战乱与战后重建，也发生过几次大的人口迁移，如今的杨楼村就是因明洪武二年（1369 年）杨氏迁此建村，因建有楼房，故取名杨楼。前坝陵桥遗址表明，早在 6000 多年前就有古薛先民定居于此，村域空间具有较为悠久的历史文化积淀。

图 7-18　杨楼村概貌及村中风貌
（中国可持续发展研究会贺瑜摄，2023 年 9 月）

杨楼村地处温带半湿润地区，大陆性季风气候特征明显，四季分明；同大多数以农业为主的北方地区的乡村一样，杨楼村以农业种植为主，近些年村里主要种植的农作物包括土豆、元宝枫等。杨楼村现共有 136 户 486 人，村中常住村民还剩 100 人左右，其他村民大多在外打工。与大多数同类乡村一样，20世纪 90 年代末的杨楼村一度面临土地问题、村集体欠账等乡村发展过程中的历史遗留问题以及在工业化发展背景下乡村劳动力外流导致逐步走向空心化问题，社会治理方面出现了不可持续的现象亟待解决。现任杨楼村村支书也正是在这个时候上任的，面对历史遗留的众多问题，他逐步厘清相关性并着手一一解决对应的问题。面对已存的问题，村支书通过梳理乡村要素、整合相关资源、探索解决方案，逐步实现乡村走向可持续发展之路。

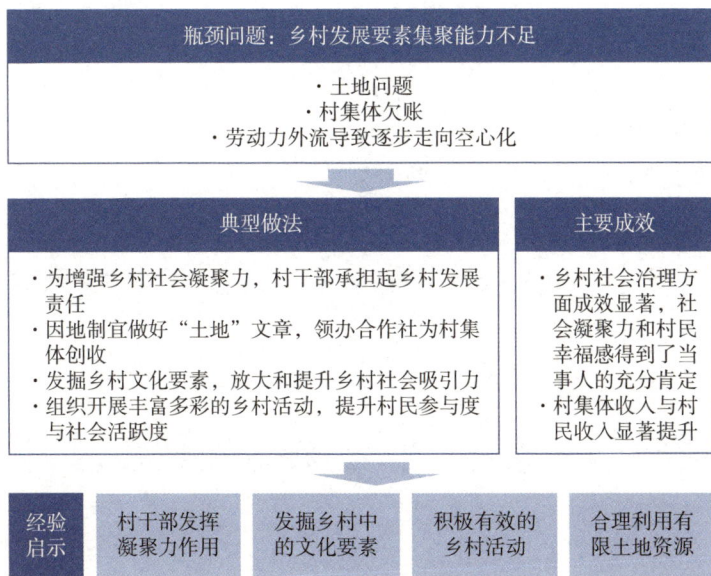

图 7-19　杨楼村社会治理模式

（二）具体做法

近年来，杨楼村通过建设生态宜居乡村、党支部领办合作社盘活土地资源、挖掘和培育乡村文化，推动其从传统农业村发展成为"村美民富产业兴"的现代示范村。通过对案例资料的整理与可持续发展影响要素分析（见表7-4），杨楼村在村支书的带领与推动下，不仅解决了多年遗留的问题，还通过进一步挖掘、利用好乡村文化遗产，拓展乡村活动，充分发挥乡村现有土地资源和劳动力的最大价值，为杨楼村的社会稳定性的实现营造了良好、持续的氛围。

表7-4　杨楼村可持续发展影响要素

视角 / 方面	要素	描述	备注
社会	人	村干部：村支书	凝聚力
		村规民约：邻里和睦，守望相助，互敬互爱，尊老爱幼	稳定性
	文化遗产 / 乡村文化	古薛文化馆	凝聚力、稳定性
		饺子民俗文化乡愁记忆馆	凝聚力
		薛河春柳琴剧社	活跃度
		曲艺、陶艺、根雕工艺等	活跃度
社会	乡村活动	连续多年组织举办新年趣味运动会	活跃度、满意度
		饺子文化节，推行饺子网络直播带货	活跃度
		"戏曲进乡村" 文艺演出	活跃度
	土地	土地流转（耕地）：马铃薯、元宝枫等	稳定性
		"三园" 共建：建设葡萄采摘园、百果品尝园、休闲垂钓园	活跃度、满意度
		广场建设：新时代文明实践广场、党建广场	凝聚力
		向日葵种植（景观、榨油）	活跃度

对上述要素展开进一步分析，可以看出，杨楼村具备稳定性特征；从"人""土地""文化遗产""乡村活动"等要素角度来看，乡村社会均展现出良好的凝聚力、活跃度和满意度。主要做法如下。

1. 为增强乡村社会凝聚力，村干部承担起乡村发展责任

杨楼村党支部书记、村委会主任杨学伟在近20年杨楼村人居环境改善、社会氛围营造、村民幸福感提升等实现过程中都发挥了积极作用。上任之初，针对一系列遗留问题以及亟待改善的乡村现状，杨书记遍访全村群众、召开多次村民大会，组织全村参与并开展了一系列行动——通过乡村环境整治提高村民生活水平，建设休闲垂钓园等提升村民生活幸福感。

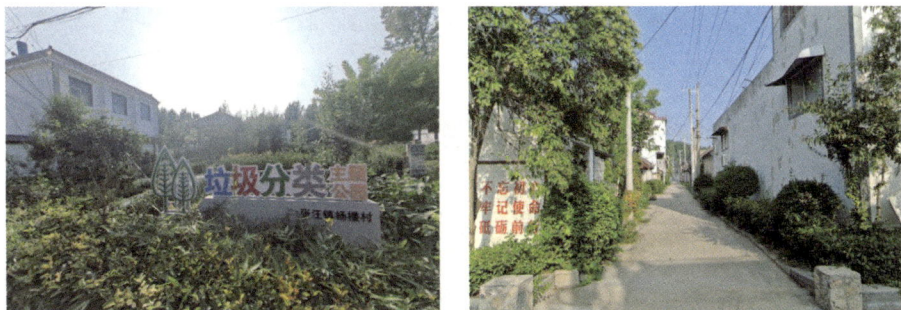

图 7-20　杨楼村人居环境氛围
（中国可持续发展研究会贺瑜摄，2023 年 9 月）

通过党支部领办"一村联三社"，村里农户还有 60% 从事渔网编织等，增收效果明显，实现了家家有产业；村附近有园地，主要种植葡萄、猕猴桃等；此外，还在村边探索并种植了集观光、榨油于一体的 8 亩向日葵。

杨书记也因多年的付出与显著的乡村建设成果而获得一系列的荣誉称号，包括 2019 年获表彰"枣庄市优秀共产党员"，2020 年获表彰全市"担当作为好书记"，2021 年被评为山东省"优秀共产党员"等。

2. 因地制宜做好"土地"文章，领办合作社为村集体创收

杨楼村由党支部领办了 3 个合作社，通过盘活村集体资产、"种植—渔网—劳务"三社共建来发展集体经济。在具体实践过程中，整建制土地流转，发展马铃薯、蔬菜、元宝枫种植等，社员每亩地增收 3000 元以上；村集体则通过盘活沟边路旁闲散地块，整理地畦、沟渠等，增加土地 68 亩，年实现村集体增收 20 余万元。通过合理利用和规划土地实现村集体、村民的增收，生活好起来之后，整个乡村社会也呈现正向可持续的发展趋势。

此外，渔网具加工已经成为张汪镇杨楼村的支柱产业。杨楼村是传统的渔网加工村，从 20 世纪五六十年代做纯人工编织的手抛网开始到如今加工和销售 10 多个品种的渔网渔具，逐渐发展成为可加工可定制的渔网专业编织村，村民如今在家门口就可以做手工活挣钱，来增加家庭收入。目前，村内已有 60 余家渔网渔具家庭作坊式加工农户，从业人员达 160 人以上，生产渔网年产量 300 万条，主要销往江苏、安徽、山东等 10 多个省。下一步，杨楼村将积极通过资源整合、平台搭建等促进渔网具产业的升级，规划建设链条式、专业化、行业集聚的产业示范园区，将带动网络销售、物流等关联产业的聚合扎根，形成"基

地＋电商＋物流"的产业格局，有效延伸产业链条，降低产业销售成本，提高生产效率和市场效益。

3. 发掘乡村文化要素，放大和提升乡村社会吸引力

杨楼村通过改造和利用好村中闲置资源，在村广场建成了村级古薛文化馆和饺子民俗文化乡愁记忆馆、新时代文明实践站以及新时代文明实践广场；并以村广场为活动中心，通过村中这些公共场所的建立，来将无形的乡村文化通过有形的方式以及村民参与活动的方式凝聚起来。接下来，杨楼村还打算在此基础上进一步发展饮食方面的乡村经济，如依托饺子民俗文化乡愁记忆馆打造饺子主题农家乐，以租赁等形式打造成水饺主题农家乐，并计划发展"水饺带货"，逐步向乡村旅游的方向转型；村中在元宝枫种植的既有基础上同步养殖走地鸡，为乡村筹备发展的农家乐供应新鲜、有机食材做好了基础保障。

古薛文化馆以解读古薛历史为主线，展馆集文物展陈、历史名人介绍、文化研究、休闲教育等功能于一体，也通过展陈《张汪镇志》等史志材料来进一步对外宣介；此外，还在馆内同时开设了非遗传承人工作坊，对竹木玩具、北辛土陶、木版年画、面塑、剪纸等进行集中展示和销售。古薛文化馆的建成，成为杨楼村文化凝聚的集中展现，是外来游客以及外地人快速了解杨楼村历史的展示窗口。

饺子民俗文化乡愁记忆馆是以杨楼村党建文化为依托进行建设的，其挖掘出了杨楼村"中华水饺文化诞生地"这一文化品牌，并用鲁南民居及饺子雕塑的形式，在展馆中呈现了水饺发展两千多年的历史知识，使游客及周边地区的人对杨楼村的认知和印象的构建进一步具象化和深刻化。据了解，杨楼村下一步将在此基础上继续发掘千年历史饺子文化创意，发展饺子美食品牌，并通过策划一系列饺子文化节、网络直播等方式开展饺子带货等活动，为乡村的可持续发展带来了更多的可能性和方向（见图7-21）。

杨楼村新时代文明实践站及新时代文明实践广场等的建设，为杨楼村开展乡村活动、文艺展演活动等提供了更好的基础设施及条件，同时也为张汪镇薛河春柳琴剧社、古薛戏曲票友协会的成立和开展提供了活动场地（见图7-22）。这些乡村基础设施的建设，不仅大大活跃了本村和周边村群众的闲暇生活，营造了浓厚的文化氛围，让群众能够在家门口就感受到精神生活的"富足"供养，还拉近了邻里亲朋之间的距离，有力推动了地方群众提高幸福指数的实现，同

时营造了良好的乡村文化氛围。

图7-21　杨楼村饺子民俗文化乡愁记忆馆
（中国可持续发展研究会贺瑜摄，2023年3月）

图7-22　杨楼村新时代文明实践站（左）和新时代文明实践广场（右）
（中国可持续发展研究会贺瑜摄，2023年9月）

4. 组织开展丰富多彩的乡村活动，提升村民参与度与社会活跃度

人居环境共建和维护方面，积极开展"垃圾分类我先行"宣传活动。走进杨楼村，随处可见村内绘制的垃圾分类文化墙和垃圾分类公示栏等，同时最大限度发挥村内微信群、村广播等多种宣传途径的作用，围绕垃圾分类知识、政策宣传等开展相关活动，将垃圾分类知识的宣传做到了多角度、全方位。除了"说到"，更要"做到"，村里积极组织开展各类培训活动，通过教学、游戏互动等方式让群众直观了解、直接体验；把垃圾分类写入村规民约，倡导村民从日常生活入手，从小事做起，持续提升垃圾分类参与率、支持率；创新探索"垃圾分类＋美丽庭院"工作模式，村民自觉践行垃圾分类处理来维护庭院的干净美丽。

乡村文化活动开展方面，经常邀请滕州市柳琴剧团开展"戏曲进乡村"文艺演出。杨楼村在村内成立薛河春柳琴剧社、古薛戏曲票友协会，在村广场搭建生活大舞台，为表演者提供了良好的表演环境与友好的社会氛围。自2019年开始，就有戏团自发组织到村里唱柳琴戏，在村里广场上自练自唱，为村里吸引了不小的人流量，小小的广场上每天可以有好几百人一起听戏闲暇小憩；特别是每逢五一、七一、十一、过年等节假日，活动和节目表演也会相应地更加丰富和隆重。也正因如此，村里时常可以感受到戏曲的文化艺术氛围，杨楼村以及周边村老百姓精神文明和文化生活需求也得到了充分的满足。

乡村社会氛围调动方面，系列化组织开展春节趣味运动会、文艺会演等丰富的村级活动。杨楼村通过组织开展趣味运动会、文艺会演等乡村文化活动调动社会氛围，每年春节前，村委会都会组织召开新年趣味运动会、组织主题文艺会演，为村民送年货、送春联，还会根据村里池塘养鱼情况为每家每户分鱼、分肉、分鸡等，村民在生活幸福感的获得上不言自明，乡村朝气蓬勃、团结友爱、昂扬向上的精神风貌也通过各项活动得到了充分展现。

（三）发展成效

杨楼村在乡村社会治理方面的工作成效显著，社会凝聚力和村民幸福感得到了当事人的充分肯定。村集体的收入在乡村治理成效的影响下也发生了显著的变化（见图7-23）。2012年之前村集体经济为零，到2013年开始尝试土地流转之后集体收入了12.6万元、2015年15.8万元，2018年收入17.9万元，主要包括承包经营土地等收入，2022年实际收入24.0万元；2023年预计实际收入可以突破30.0万元。村民人均收入也变化可喜。2016年前后开始出现明显变化，2015年前后人均收入在7800元左右，2022年前后人均收入在2万元左右。此外，村里活跃度和村民满意度还体现在组织有序、富有温度的活动上，如每年春节村委会组织为全村村民送鸡、鱼等年货，让村民充分享受乡村发展带来的红利。

从乡村建设成果和获得荣誉来看，杨楼村入选2019年枣庄市四德村居、2019年度山东省森林村居名单、2020年枣庄市"十佳宜居乡村"、2020年度新增省级文明村镇、山东省（第二批）乡村振兴示范村（社区）等。

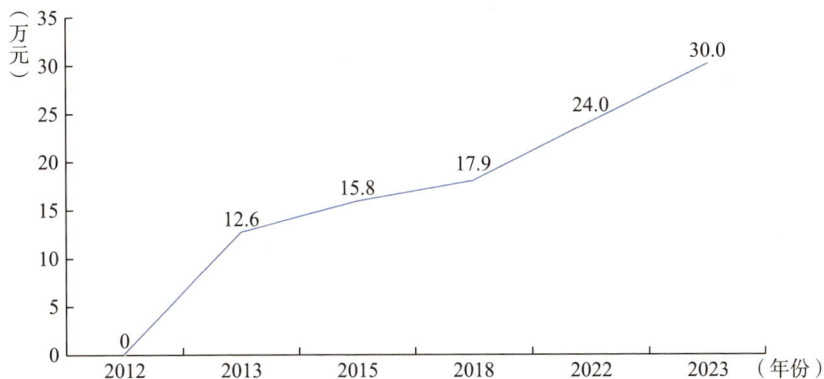

图 7-23　杨楼村近年来村集体收入变化情况

资料来源：课题组实地调研访谈，2023 年 9 月。

（四）经验启示

通过对案例资料的整理与要素分析，杨楼村在村支书的带领与推动下，解决了多年遗留的问题，充分发挥了乡村现有土地资源和劳动力的最大价值，进一步拓展乡村活动，挖掘、利用好文化积淀，为乡村社会的稳定与其可持续性的实现营造可能性的氛围。一是村干部发挥的凝聚力作用，对于自治与他治并重的乡村社会来说具有重要作用；二是挖掘乡村中的文化要素，包括历史环境要素、非遗文化传承等在内的广义的文化积淀是乡村社会凝聚力的根本；三是积极有效的乡村活动提升了社会活跃度与村民满意度，以杨楼村为例，其通过开展文化活动来调动本村村民的积极性，吸引其他村民及周边游客，这种动态活力的注入与维持，不仅实现了乡村社会的稳定，还是其可持续性的体现；四是对乡村有限的土地资源进行合理的利用，能够最大限度地实现村集体增收，为乡村社会的可持续性赋能。

CHAPTER 8

第八章
总结与展望

一 总体结论

枣庄市拥有国家可持续发展实验区、国家农业可持续发展试验示范区、国家农村改革试验区和国家现代农业示范区，作为全国唯一"四区"同建城市，成为山东省农业创新发展的典范，具有较好的可持续发展实践探索基础。2022年7月10日，国务院批复同意枣庄市以"创新引领乡村可持续发展"为主题建设创新示范区，为处于转型发展新阶段的枣庄找到了新的航向。但由于经济发展体量较小、经济发展水平相对滞后（2023年人均GDP为55974元，仅为全国平均水平的61.9%、山东省平均水平的61.7%；人均可支配收入为31477元，约为全国平均水平的85.3%、山东省平均水平的83.8%），且人口较为密集、人均资源相对短缺（人口密度为839人/平方千米，远高于全国平均水平的147人/平方千米、山东省平均水平的643人/平方千米；人均水资源、人均耕地等主要自然资源均远低于全国和山东省平均水平），枣庄市实现可持续发展的难度系数相对较高。近年来，特别是"十四五"以来，枣庄市以创建"创新引领乡村可持续发展"为主题的创新示范区为引领，积极融入国家和全省绿色低碳高质量发展先行区建设，协同推动资源型城市绿色低碳高质量发展和乡村可持续发展，因地制宜挖掘乡村特色资源禀赋，聚力推动产业升级，做大现代产业集群，全市经济运行更稳、发展势头更强、质量效益更优、增长后劲更足，呈现稳中向好的发展态势；持续加强环境治理，建设生态宜居城市，充分挖掘生态环境、山水风光、人文古迹资源，与当地特色历史文化故事有机结合，带动乡村文化振兴和乡风文明提升；着力增进民生福祉，共享转型发展成果，奋力谱写了新时代乡村可持续发展的"枣庄篇章"。

（一）高效推进了创新示范区建设

聚焦"农业资源价值实现不充分、乡村发展要素集聚能力不足"两大瓶颈问题，围绕"全要素资源发掘、全功能主体组建、全方位市场开发"探索实践乡村可持续发展新路径。2022年全市绿色防控覆盖率为60.9%，农作物秸秆综合利用率为97%，主要农作物良种覆盖率在98%以上，科技对农业增长的贡献率为66.3%；突出数字驱动，推进乡村"5G全覆盖""千兆到农户""数字进农场"，成功创建国家级电子商务进农村综合示范县；突出绿色转型，重点建设

"中国北方锂电之都"，全域推进"屋顶分布式光伏开发试点"，打造绿色安全新能源典范城市；突出改革赋能，创新开展"生态资源价值评估"和"农村土地经营权＋农业生产设施"抵押，建设区域性生态产品交易市场、低碳产品认证中心，推进绿色资源增值。枣庄创新示范区建设"五大重点行动"落实有力，"三区示范"扎实有效，城乡共建、财富共创、生态共美、民生共享、社会共治的乡村可持续发展"枣庄画卷"初步展现。

1. 制定有力的专项支持政策

2022年12月8日，山东省人民政府办公厅印发《关于支持枣庄市建设国家可持续发展议程创新示范区的若干政策》（鲁政办字〔2022〕157号），从科技创新发展、乡村振兴发展、城乡融合发展、绿色低碳发展、可持续发展投入、体制机制创新等六个方面制定十五条专项支持政策。作为对口支持单位，山东省科技厅率先发布省重大科技创新工程"国家可持续发展议程创新示范区——创新引领乡村可持续发展科技示范工程"，以定向项目支持创新示范区建设，安排部署每年不低于1亿元的科技资金。在市级层面上，枣庄国家可持续发展议程创新示范区建设工作领导小组办公室牵头制定了落实政策责任分工明细，将省政府支持政策细化分解成80条，推进省政府支持政策落实落地。经市委编办研究，组织成立枣庄市可持续发展议程创新示范区服务中心，为市科技局所属副处级公益一类事业单位。

2. 推动城乡经济动能持续增强

针对传统能源产业占比较高的状况，致力于推动产业结构向"新"突破，质量效益向"优"进阶，坚持存量膨胀和增量崛起并重，加力提速资源型城市绿色低碳高质量发展。2022年，全市生产总值实现2039.04亿元，较列入国家资源枯竭型城市转型试点市之前的2008年翻了近一番；三次产业比例调整为2022年的9.5∶39.4∶51.1，第三产业占比较2008年提高了22.7个百分点；突出绿色低碳高质量发展，加快构建"6+3"现代产业体系，全力擦亮"中国北方锂电之都"城市名片，精密部件、医药健康等4个产业入选省"十强"产业"雁阵形"集群；"四新"经济增加值达617.38亿元，比上年增长11.9%，"四新"经济增加值总量占GDP比重达到30.3%，比上年提高1.7个百分点。枣庄市积极培育高质高效农业、新型商贸物流业、特色文旅康养业，筑牢乡村经济发展的产业根基，2022年打造20个示范镇、特色镇，扩大乡村经济发展的示范成效；围绕乡村振兴重点产业，积极支持农民发展专业合作社、家庭农场、专业大户等农业新型经营主体，创新"两权"抵押贷款、农业订单融资贷款等服务模式和产品，截至 2022 年底，全市涉农贷款余额达 843.11 亿元，同比增长 18.6%。

3. 推进城乡深度融合发展

深入践行以人民为中心的发展思想，坚持资源优先配置、资金优先落实、政策优先安排，持续缩小区域之间、城乡之间、群体之间的收入差距，乡村振兴扎实推进。积极推进城市集中供热管网向农村社区延伸，全市累计完成农村清洁取暖建设 35.5 万户，农村平原地区清洁取暖率达到 68.5%。新建改造燃气供热管网 170.8 千米，新增集中供热面积 322 万平方米，城市燃气供热服务功能明显提升。更新改造居民用户燃气橡胶软管 62.6 万户，安装餐饮场所燃气泄漏报警装置约 1.1 万家；建成燃气管网监测预警平台，枣庄市成为全省第二个实施燃气管网微泄漏监测的城市。全面推进"双千兆"网络覆盖。积极组织申报 5G 基站行政村电信普遍服务，全市累计建成 5G 基站 5629 个，实现城市地区和重点镇区 5G 网络全覆盖，全市完成 1300 余个行政村的 5G 网络覆盖，覆盖率达到 60% 以上。立足各镇资源禀赋，集中打造主导产业，10 个示范镇共培育优势特色产业集群 18 个，产业集群实现营收 926.48 亿元，比上年增加 87.75 亿元，增长 10.5%。新增高质高效农业产业链企业 61 家，累计发展到 332 家；新获批创建国家农业产业强镇 1 个、省级 6 个，山亭区（山亭火樱桃）成功创建第五批省级特色农产品优势区，滕州市获批国家农业现代化示范区，台儿庄区获批省级现代农业产业园。

4. 全面提速城乡生态建设

坚持系统治理，致力于推动生态环境持续改善。统筹山水林田湖一体化治理，以最大决心修复历史遗留生态问题，推动经济社会发展全面绿色转型，进一步提升人民群众的绿色获得感、生态幸福感。扎实开展"山水林田大会战"中期攻坚，创建省级美丽幸福示范河湖 13 条，植树造林 1.6 万亩，整治河道 103 千米，修复湿地 2155 亩，绘就"青山拥城、绿道环城、翠湖润城"的生态画卷。大力推行"工程造林＋乡村绿化队＋村护林队＋生态公益岗"模式，组织实施荒山披绿工程，2022 年，市财政按新造林每亩 800 元、疏林地补植造林每亩 500元的标准予以补助。全市共完成荒山绿化彩化 7769 亩，组建造林专业队 24 支890 人、乡村绿化队伍 30 支 870 人、村护林队 49 支 224 人，有 1152 名生态公益岗人员参与造林及后期管护，巩固荒山绿化成果。实施低碳引领示范，加快生态资源化利用、减污降碳等关键技术应用，促进能耗"双控"向碳排放总量和强度"双控"转变。开展生态产品价值实现机制试点，探索排污权交易、绿色生态资源价值转化路径，打造区域性生态产品交易市场、低碳产品认证中心、零碳产品交易平台和数字化绿色交易平台，推进绿色资源增值。2022年全市空气优良天数达到245天，较2018年增加63天；$PM_{2.5}$、PM_{10}年平均浓度为41微克/立方米、76微克/立方米，比上年改善8.9%、8.4%。9个省控以上河流断面全部达到优良水体标准，是山东省唯一水体优良比例达100%的市，获得2022年度国务院河湖长制督查激励，先后创成国家森林城市、国家园林城市、国家绿色出行城市、全国废旧物资循环利用体系建设重点城市等一批"国字号"招牌。

5.科技支撑创新驱动成效明显

坚持高位推动、精准施策、协同发力，加快形成以创新为主要引领支撑的经济体系和发展模式。一是加强创新平台建设。成功创建全省唯一的"国家可持续发展议程创新示范区"，威智医药获批国家级企业技术中心，中建材科创院无机功能材料与智能制造、锂电新能源入选省级创新创业共同体，山东产业技术研究院枣庄分院、济南大学枣庄产业技术研究院先后落地，累计新增省级小型微型企业创业创新示范基地4家、省级"一企一技术"研发中心13家、省级以上科技创新平台31家。二是提升企业创新能力。2022年底，全市高新技术企业达到465家、国家级科技型中小企业达到835家，较2020年分别增加245家、529家；全市高技术产业产值占规模以上工业总产值的比重达47%，较2020年提高8.8个百分点。三是打造人才集聚高地。深化"人才＋项目"招才引智模式，加快人才飞地及离岸创新基地建设，每年柔性引进"两院"院士、泰山学者等高层次人才100人以上。截至2022年底，累计柔性引进高层次人才629人，人才总量达到74.6万人，较"十三五"末增加18.8%。

（二）持续提升了 SDG 指数得分

报告研究构建了由16项目标（枣庄市不涉及SDG14水下生物）和96项指标组成的枣庄市SDGs进展评估本地化指标体系，对标联合国可持续发展目标（SDGs）指标，采用国际通用的SDG指数和指示板评估方法开展枣庄市2015~2022年SDGs进展评估。结果表明：枣庄市SDG指数得分近七年连续增加，呈现明显改善的态势，由 2015 年的 57.54 逐步提升至 2022 年的 74.10，高于同期全国和山东省平均水平（按照本报告确定的评价指标和评价方法进行计算，2022 年全国、山东省 SDG 指数分别为 70.12、72.51）。从当前经济发展水平来看，枣庄市的人均 GDP、人均可支配收入都明显低于全国和山东省平均水平，这正说明枣庄市在社会发展和生态建设方面的成效在一定程度上抵消了经济发展不足的问题。同时由于当前枣庄市保持了快速稳定的经济发展态势，经济的增速和转型的效率明显较高，而生态环境质量和生态系统服务功能仍在不断改善，不断缩小的城乡居民人均收入差距也印证了当前枣庄市经济发展的共同富裕特征（2022 年枣庄市的城乡人均收入比为 1.91，同期山东省为 2.17、全国为 2.45），经过持续努力，枣庄市的 SDGs 得分将会有进一步提升。根据现有数据分析的变化趋势来看，其向好发展的增速暂未达到 2030 年实现可持续发展目标的所需增速，整体被评定为"适度改善"，仍需要通过创新改革的方式加速 SDGs 的进展。

从目标得分来看，在参评的 16 项 SDGs 中，SDG1、SDG2、SDG3、SDG4、SDG6、SDG10、SDG12、SDG13、SDG16 九项目标表现较好，评级为绿色，其中 SDG16 表现尤为突出（得分为 100），说明该目标已经基本实现了《2030 年议程》目标要求；SDG7、SDG9、SDG15、SDG17 四项目标表现欠佳，评价为橙色，仍存在提升空间，SDG15 是得分最低的目标，亟须进一步推动生态环境质量改善和服务功能提升、协同推进高水平保护与绿色转型高质量发展；剩余三项目标全部为黄色，说明基本符合《2030 年议程》目标改善要求，但仍存在一定差距。从发展趋势来看，SDG1、SDG2、SDG9 和 SDG10 四项目标进步显著，实现 2030 年目标面临的挑战较少；SDG7、SDG15 两项目标则呈现波动式下降趋势，实现 2030 年目标面临严峻挑战，生态改善和绿色低碳发展方面仍需要向国内外先进城市看齐。总体上看，可持续发展行动对枣庄市可持续发展水平带动提升效果明显，但创新驱动社会经济发展和智慧化数字化基础设施建设方面仍需进一步改善，协同推进 SDGs 与绿色转型高质量发展。

在参评的 96 项指标中，评级为绿色的指标有 54 个，占参评指标的 56.25%；评级为黄色的指标有 11 个，占参评指标的 11.46%；评级为橙色的指标有 18 个，占参评指标的 18.75%；评级为红色的指标有 13 个，占参评指标的 13.54%。其中，评级为红色的指标包括：农业劳动生产率、文化产业增加值占 GDP 比重、非化石能源占一次能源消费比重、节能环保支出占财政支出比例、人均GDP、城镇非私营单位就业人员月平均工资、每万人研究与试验发展（R&D）人员全时当量、每万人口发明专利拥有量、PM_{10}年均浓度、臭氧日最大8小时平均浓度值、自然保护地与重点生态功能区面积比值、森林覆盖率、国际友好城市数量，这13项指标距离《2030年议程》指标要求还有明显差距，是未来应重点关注的指标。在这13项指标中，受制于产业结构偏重、能源结构偏煤、自然地理条件、结构性污染问题突出等现实问题，PM_{10}年均浓度、臭氧日最大8小时平均浓度值、自然保护地与重点生态功能区面积比值、森林覆盖率4项指标成为枣庄市在环境治理中的短板问题，枣庄市应当持续优化产业结构，以更高标准深入打好污染防治攻坚战，处理处置整个生命周期过程中的环境污染和生态破坏问题，改善和保护生态环境，努力克服先天短板。在这13项指标中，森林覆盖率、节能环保支出占财政支出比例2项指标得分呈现下降趋势，农业劳动生产率、城镇非私营单位就业人员月平均工资、每万人研究与试验发展（R&D）人员全时当量、PM_{10}年均浓度、臭氧日最大8小时平均浓度值、自然保护地与重点生态功能区面积比值、国际友好城市数量7项指标呈现停滞状态，尚未走上持续改善的正轨，是制约未来枣庄市可持续发展的关键指标（见表8-1）。

表8-1　枣庄市需要重点关注的目标和指标

目标	评估指标	2015年	2016年	2017年	2018年	2019年	2020年	2021年	2022年	趋势属性
SDG2	农业劳动生产率	13.29	14.68	11.96	9.41	11.56	15.87	21.67	14.68	→
	农村居民人均可支配收入	2.23	7.76	14.22	20.88	28.79	34.11	44.62	51.98	↑
SDG3	每千人口执业（助理）医师人数	0.00	0.00	0.00	10.07	21.98	32.84	36.34	39.78	↗
	适龄儿童免疫规划疫苗接种率	3.20	5.80	16.70	35.40	40.30	38.10	18.40	39.20	↑
	每千人口医疗卫生机构床位数	0.73	14.52	31.17	38.43	43.13	56.41	66.67	75.09	↑
SDG4	小学生师比	32.19	35.91	41.64	47.66	50.14	54.92	61.80	63.04	↑
	文化产业增加值占GDP比重	4.01	5.43	7.24	9.04	11.24	14.47	23.77	27.65	↑

目标	评估指标	2015年	2016年	2017年	2018年	2019年	2020年	2021年	2022年	趋势属性
SDG5	市人大代表和市政协委员中女性百分比 *	50.53	53.59	55.82	60.27	60.31	56.62	60.45	60.88	↗
	女性占公务员的百分比	40.29	41.89	44.30	44.82	45.23	45.94	47.68	51.15	↗
	乡村人口性别比	77.03	77.19	77.44	76.52	77.06	77.37	76.92	77.19	→
SDG7	可再生能源发电量占全部发电量的百分比	11.32	13.90	16.40	19.14	21.32	24.64	32.76	39.96	↑
	非化石能源占一次能源消费比重	1.65	1.65	1.65	1.65	1.65	2.08	10.25	11.50	↑
	单位 GDP 能耗下降率	65.82	38.13	53.11	35.37	33.68	42.59	50.08	47.39	↓
	节能环保支出占财政支出比例	71.13	87.71	42.20	22.82	26.74	21.79	0.50	0.00	↓
	新增新能源汽车占新增汽车的百分比	3.74	5.21	7.21	11.25	6.11	7.83	18.34	33.30	↑
SDG8	人均 GDP*	0.64	2.61	6.41	8.84	0.00	0.00	0.00	0.87	↓
	城镇恩格尔系数	68.27	68.53	70.24	70.33	70.22	68.91	68.97	69.04	→
	全员劳动生产率	17.13	18.59	20.42	25.89	30.40	38.81	43.37	51.98	↑
	在岗职工平均工资	26.55	30.46	34.80	39.60	46.61	51.01	58.46	62.31	↑
	城镇居民人均可支配收入	18.52	22.65	27.42	31.90	36.27	38.57	44.48	48.54	↑
	城镇非私营单位就业人员月平均工资	0.00	0.00	0.00	0.54	6.37	11.80	14.96	20.62	→
	第三产业生产总值占地区生产总值的百分比	9.13	25.69	30.62	34.20	42.26	57.02	53.89	61.95	↑

目标	评估指标	2015年	2016年	2017年	2018年	2019年	2020年	2021年	2022年	趋势属性
SDG9	研究与发展（R&D）经费支出占地区生产总值的比重	84.32	77.30	68.65	54.59	48.92	40.54	42.97	31.51	↓
	每万人研究与试验发展（R&D）人员全时当量 *	4.58	4.62	7.81	5.37	2.56	4.88	4.26	4.06	→
	每万人口发明专利拥有量 *	1.25	1.60	2.10	2.67	2.90	5.35	6.19	7.21	↗
	技术市场成交合同金额占地区GDP比重	0.83	1.77	2.45	6.29	9.45	35.03	38.81	46.85	↑
SDG11	城市空气质量优良天数比例	17.66	29.53	48.16	45.41	34.51	51.97	53.67	55.77	↑
	$PM_{2.5}$ 年均浓度 *	42.66	50.35	64.34	67.83	65.03	68.53	75.52	78.32	↑
	PM_{10} 年均浓度	0.00	0.00	0.00	0.00	0.00	0.00	0.00	0.00	→
	臭氧日最大8小时平均浓度值 *	0.00	0.00	0.00	0.00	0.00	0.00	0.00	0.00	→
	建成区人均公园绿地面积	26.87	30.41	28.82	27.52	23.60	31.34	30.22	30.88	→
	建成区绿化覆盖率	50.49	50.49	48.28	49.98	51.63	54.68	61.04	58.57	→
SDG12	单位面积农用化肥使用量	35.80	36.43	38.92	40.62	37.25	31.57	34.76	33.79	↓
	单位面积农药使用量	64.88	65.43	69.46	71.06	68.52	66.07	78.01	76.71	↗
SDG15	自然保护地与重点生态功能区面积比值	0.00	0.00	0.00	0.00	0.00	0.00	0.00	0.00	→
	森林覆盖率 *	44.01	44.53	33.09	33.09	33.09	31.56	10.79	14.93	↓

目标	评估指标	2015年	2016年	2017年	2018年	2019年	2020年	2021年	2022年	趋势属性
SDG17	地区税收占财政预算的比例	80.44	56.93	66.70	73.63	79.34	77.75	83.62	57.03	↓
	进出口总额占GDP的百分比	4.95	7.32	7.82	7.86	11.78	23.81	25.34	34.38	↑
	国际友好城市数量	13.04	13.04	13.04	13.04	13.04	13.04	13.04	13.04	→

基于参与评估的 16 项目标和 96 项指标，报告针对枣庄市绿色转型先行、城乡融合示范、和美乡村样板三大可持续发展愿景的内涵，分别建立绿色转型综合指数、城乡融合综合指数、和美乡村综合指数。枣庄市"绿色转型"的评估值在 2015~2017 年高于山东省平均水平，到 2018 年被山东省平均水平反超，并且与山东省平均水平之间的差距逐渐拉大。从案例分析的情况来看，枣庄市的绿色转型表现为三个方面。一是功能的"转变"，即传统农业经济由凸显农业资源的生产功能向消费功能的发展模式根本转变。二是生态价值向经济价值的转变。枣庄市山亭区通过全域旅游发展，特别是乡村旅游的推广和生态资源的开发，营造出"山亭大公园"概念，既增强了地区的旅游吸引力，又带动了经济增长和消费提振。三是传统工业经济向高新技术经济的转变。枣庄市通过政策制定、资金投入和人才引进，积极推动传统煤电产业向高端化、绿色化、智能化的锂电产业转型。枣庄市的城乡融合成绩显著，优于山东省平均水平，主要体现在经济发展均等化、民生福祉改善和基础设施建设等方面取得的成效。需要指出的是，经济发展均等化指数的显著增长，显示了枣庄城乡之间经济差距的快速缩小。案例分析方面，通过完善基础设施、平衡城乡服务水平、激活地方特色工艺等多项措施，台儿庄区成功地将旅游产业与城乡发展紧密结合在一起，既提升了居民的生活质量和收入水平，又为城乡融合提供了新的动力和模式。枣庄市在城乡融合发展中的另一个关键做法是发展特色农业产业，特别是石榴产业的推广，有效提升了农业的附加值，丰富了农业产业链，增加了农民的收入，为城乡融合开辟了新的途径。特色小镇建设则是枣庄市在城乡融合中的另一重要方面。通过打造具有地域特色和文化底蕴的小镇，如乡村旅游、

生态旅游、文化体验等，枣庄市成功地将传统与现代、农业与旅游、生态与发展相结合，为城乡一体化发展提供了鲜活案例。枣庄市在和美乡村建设方面取得了显著的成就，并且保持着对山东省平均水平的领先优势，但同时也暴露出一些不足之处。具体而言，枣庄市有限的耕地和相对较为局促的自然条件，制约枣庄市传统农业生产活动的拓展空间；尽管枣庄市资源效率和生产效率很高，但其在农业生产潜力已充分挖掘出来的情况下，仍需要进一步探索新的乡村经济增长点。此外，从案例分析的情况来看，枣庄市乡村中生态要素、文化要素的价值逐渐显露出来，例如，洪门村通过葡萄产业的发展带动整个村落的休闲、观光发展，李庄借助老屋唤醒启动村庄的游憩、栖居，杨楼村发挥治理作用聚集发展合力等，开启枣庄乡村新的经济增长模式。

二 主要挑战

枣庄市地处苏鲁豫皖四省交汇处，为山东南部黄淮农业区，是中国南北方的过渡带，南北经济与文化融通融合。枣庄乡村经济发展历史悠久，但乡村经济、乡村文化优势及丰富的农业资源尚未有效转化为发展优势，正处在转变发展方式、优化经济结构、转换增长动力的攻坚期。

城乡融合发展程度仍有较大提升空间。枣庄市发展格局为城市组团式发展，布局分散、规模较小，城乡发展不平衡不充分的问题比较突出，城区集聚、经济发展及对人口的吸纳、承载能力有待进一步增强。受境内低山丘陵等多样地形地貌地理空间影响，以及长期存在的区域分割和体制机制弊端，一、二、三产融合发展深度不够，农业生产效率有较大提升空间，农业新经济发展不够充分，规模小、占比低。城乡融合发展布局及资源要素配置方面缺乏整体规划，城乡交通设施及其他基本基础设施对城乡融合发展支撑不足，融通效应不显著，枣庄市城乡融合发展任重道远。

新动能培育任务繁重。传统资源型产业占比偏高，全市纳税 50 强企业中，传统资源型企业占一半以上。产业层次偏低，高新技术企业数量偏少，尽管近年来全市高新技术企业数量增长较快，但总量仅占全省的 1.9%。随着国内外经济形势的变化，枣庄传统产业动能逐渐减弱，新动能培育不足，发展不充分。一产就业人员比例为 27.3%，高于一产产值占比，发展质量不高，效率提升空间较大。战略性新兴产业新动能没有及时跟进，城乡新动能培育任务十分艰巨，质量与效益有待进一步提高。重点领域改革难度加大，民营企业活力不足，要素市场发育不充分，市场配置资源的潜力有待进一步释放，政府服务水平有待进一步提高。开放型经济发展优势挖掘不够，对外合作水平低，进出口拉动作用有限，全面开放的广度、深度有待进一步拓展。

农业资源价值实现存在多重障碍。枣庄市拥有灿烂悠久的农耕文明，农业资源丰富，但农业资源价值没有得到充分实现。高端、优质、具有品牌价值的农产品占比偏低，品牌价值没有得到充分挖掘；新型经营主体发展水平和支撑力不足，家庭农场、农民合作社、专业大户、农业产业化龙头企业等新型农业经营主体发展水平较低，突出表现为规模大、科技含量高、加工能力强的新型经营主体少；农产品加工链条延伸与完善程度有待提高，农产品加工业带动能力与农产品流通辐射力不强，农业上下游产业衔接不紧密，产业链和产出效益等方面与农业现代化的要求还有较大差距；农业多功能价值拓展与挖掘途径单一、速度慢，除了传统的生产、经济功能外，对农业的社会、生态、文化等多重功能的挖掘、延展不够。进一步拓展开发农业景观资源、旅游休憩资源、科学研究资源从而丰富农业价值体现的能力欠缺。

乡村发展要素亟须整合提升。乡村接受城市产业辐射能力较弱，枣庄城镇功能薄弱，产业配套基础设施建设不完善，职业技术人才匮乏，不足以支撑城市产业转移辐射的需求。城乡产业融合发展不足；乡村要素投入不足，要素流动制约因素多，城乡发展特别是乡村发展的生产要素长期投入不足，城乡资本、土地、劳动力等生产要素双向流动和平等交换制约因素多，限制要素流动和有效利用的体制机制尚未打破，制约城乡融合发展；乡村基础设施和公共服务建设欠账多、短板突出，医疗、教育、卫生等基本公共服务向农村延伸不深，乡村青年教师比例偏低。如何更好地通过城乡融合赋能推动乡村产业振兴，已经成为一项重要的时代课题。当前，枣庄市亟须通过科技创新与政策创新来改造传统农业、以城市的工业发展来延长和带动乡村的农业链条、以信息互联来丰富和发展农业业态，推动形成以现代农业为基础，以农村一、二、三产融合发展为导向，以新产业、新业态为重要补充的乡村经济形态，通过城乡融合发展，缩小城乡差距，实现乡村劳动力、生态等优势要素和城市资本、技术、数据和公共服务等稀缺要素的双向自由流动，激活"人、地、钱"乡村发展要素，点燃乡村可持续发展"主引擎"。

生态环境保护任重道远。长期以来枣庄产业结构以煤化工等重化工高污染产业为主，采煤造成基础设施破坏，洗煤、焦化等产业"三废"处理技术水平不高，环境保护和生态建设基础设施功能薄弱，生态环境质量稳中向好的基础还不牢固，结构性污染突出、生态环境持续改善压力巨大、生态保护与修复任务艰巨。大规模、低效率的煤炭消费和水泥加工导致大气污染物和温室气体排放量居高不下，二氧化硫、氮氧化物等大气污染物排放总量始终在全省前列，PM$_{2.5}$浓度仍未达到国家二级标准、在山东省16市中排名靠后；臭氧污染问题已经显现，复合污染问题日益凸显，PM$_{2.5}$与O$_3$协同控制亟须加强。枣庄是南水北调工程东线工程途经山东省的第一站，工程要求污染物零排放，环保压力大。未来一段时期，枣庄市产业结构偏重、能源结构偏煤、资源利用效率不高的状况实现根本改变还需要一个过程，能源消费总量仍将保持刚性增长，煤炭在能源保供中还需发挥兜底作用，污染物和二氧化碳减排任重道远，生态环境监管力量与繁重的监管任务不匹配，治理体系和治理能力急需加强。

创新对经济发展支撑作用仍需加强。科技创新基础和成果转化能力较弱，技术研发和储备不足。国家级、省级技术创新平台较少，研发创新投入不足，高层次人才匮乏，研究与试验发展（R&D）经费仅占GDP总量的1.71%，远低于全省（2.49%）和全国平均水平（2.64%）。产学研协同创新模式相对单一，重大科技成果落地承载力弱、转化率低。企业自主创新不足、能力亟待提高，龙头骨干企业数量少、竞争力弱，尚未形成有效的带动效应，管理和政策创新的潜力没有释放出来，创新驱动的引擎作用尚未得到充分发挥。

三 新形势新机遇

进入21世纪以来，人类正面临从未有过的挑战。西方发达国家正经历着工业化、现代化完成之后的发展转型期，经济复苏步伐放缓。中国过去的100年里经历了从长期的衰落到新中国的成立、从物质产品极度匮乏到经济繁荣，目前正经历从经济繁荣到民族复兴的关键时期。中国发展离不开世界，世界发展也需要中国。全球面临百年未有之大变局，推进全球治理变革、实现全球发展转型成为一项既复杂又紧迫的艰巨任务。2015年9月，联合国可持续发展峰会通过《2030 年议程》，这是联合国继制定《21 世纪议程》和《千年发展目标》之后在可持续发展领域确定的又一全球性重要行动。2016 年 9 月，国务院发布《中国落实 2030 年可持续发展议程国别方案》，全面启动可持续发展议程落实工作。2020 年，党中央作出碳达峰碳中和的重大战略决策并纳入生态文明建设整体布局。2021 年 9 月，中国提出"全球发展倡议"，推动可持续发展议程加快落实。2023 年 12 月，中共中央、国务院发布《关于全面推进美丽中国建设的意见》，开启全面推进美丽中国建设新篇章。

（一）全球 SDGs 进展严重偏离轨道，迫切需要变革创新

自 2015 年以来，世界在多项可持续发展目标上取得了显著进展，但与最初几年相比，全球面临的环境更具挑战性，实现可持续发展目标的进展正在大幅落后。

2023 年 7 月，联合国发布的报告显示，专家评估的约 140 个具体目标中，近一半的目标偏离轨道。发展中国家可用于实现发展议程的资金远远不够，气候变化速度比我们应对行动的速度要快，威胁着所有国家的生存，必须从危机中吸取教训，扭转局面，为实现可持续发展目标的关键转变而采取有效的执行机制和国家举措，尽快将可持续发展目标拉回正轨。世界能否进行必要的变革以履行到 2030 年实现可持续发展目标的承诺——对我们所有人都有影响，人类必须从危机中吸取教训，扭转局面，为实现可持续发展目标的关键转变而采取有效的执行机制和国家举措。

2023 年 9 月，联合国可持续发展目标峰会通过了一项具有前瞻性的政治宣言，重申对《2030 年议程》中"不让任何一个人掉队"的核心变革目标的承诺，明确支持联合国秘书长古特雷斯提出的每年至少 5000 亿美元的可持续发展目标刺激方案，以及有效的债务减免机制。宣言还呼吁改变多边开发银行的商业模式，以更可负担的利率为发展中国家提供私人资金，并支持改革被古特雷斯称为"过时、失调和不公平"的国际金融架构。各国政府和各利益攸关方应树立紧迫感并加强合作，完善改革措施，立即行动起来，加速推进《2030 年议程》的落实工作，加大可持续发展方面的投资力度，采取有效措施减少贫困和不平等，实现强劲和包容性的经济增长，同时保护生态环境。2021 年 9 月，联合国秘书长古特雷斯在《我们的共同议程》中首次提出"未来峰会：多边解决

方案，创造美好明天"。第一届联合国未来峰会将于 2024 年 9 月 22~23 日举行，在可持续发展目标峰会的基础上，峰会将督促达成一项以行动为导向的《未来契约》，加快可持续发展目标的进展。许多现有协定和承诺已经为我们确定了"做什么"，从《联合国宪章》开始，包括《世界人权宣言》《2030 年议程》《巴黎协定》《亚的斯亚贝巴行动议程》等，而联合国未来峰会将着眼于加强"怎么做"——我们如何更好地合作以实现上述渴望和目标？主要就重申《联合国宪章》、重振多边主义、推动履行现有承诺、商定应对新挑战的解决方案、恢复信任等五个关键目标展开，期望以多边解决办法铸就人类更美好的明天。

（二）国内外环境迎来新变化

《2030 年议程》是当前国际社会对发展问题的最广泛共识，是人类愿景的最清晰蓝图。2019 年 6 月，在圣彼得堡国际经济论坛全会上，习近平主席发表题为《坚持可持续发展　共创繁荣美好世界》的致辞，深刻阐释可持续发展的重要意义，指出"可持续发展是破解当前全球性问题的'金钥匙'，同构建人类命运共同体目标相近、理念相通，都将造福全人类、惠及全世界"，明确"可持续发展是各方的最大利益契合点和最佳合作切入点"。2021 年 9 月，习近平主席在第 76 届联合国大会一般性辩论上提出"全球发展倡议"，旨在重振《2030 年议程》，推动全球发展迈向平衡协调包容新阶段。[①] 2022 年 6 月，习近平主席在全球发展高层对话会上呼吁共建团结、平等、均衡、普惠的全球发展伙伴关系，为建设全球发展共同体贡献中国智慧和中国方案。落实全球发展倡议，构建全球发展伙伴关系，共建全球发展共同体，为实现可持续发展目标的关键转变而采取有效的执行机制和行动。

从国际看，当今世界正经历百年未有之大变局。国际经济、科技、文化、安全、政治等格局发生深刻调整，中美关系成为影响我国发展的不确定性因素，新冠疫情带来的经济低迷可能持续较长时间，贸易保护主义抬头，供应链出现区域化、本地化和碎片化趋势。和平与发展仍是时代主题，区域全面经济伙伴关系协定（RCEP）有力推动东亚区域贸易投资自由化、便利化进程。新一轮科技革命和产业变革蓬勃兴起，5G、人工智能、先进制造、量子科技等加速发

---

① 《习近平主持全球发展高层对话并发表重要讲话》，《人民日报》2022 年 6 月 25 日，第 1 版。

展，产业数字化、网络化、智能化加速推进，新生产要素及组合应用引发生产方式重大变革，对经济发展、科技创新、社会治理产生重大影响，这为枣庄市培育壮大新经济、加快以智能制造带动传统产业转型升级，提升产业核心竞争力、推动产业迈向中高端，实现跨越发展提供了新机遇。

从国内看，我国进入高质量发展新阶段。当前和今后一个时期，我国发展仍然处于重要战略机遇期，但机遇和挑战都有新的发展变化。"十四五"时期，我国开启全面建设社会主义现代化国家新征程，进入高质量发展新阶段，经济社会发展的目标要求、重点任务和主要动力等发生重要变化，更加注重科技创新驱动，更加注重实体经济，更加注重人的全面发展。社会结构、社会关系、社会行为方式、社会心理等发生深刻变化，社会主要矛盾转化为人民日益增长的美好生活需要和不平衡不充分的发展之间的矛盾。为保持经济行稳致远和高质量发展，国家出台一系列重大战略，着力挖掘国内超大规模市场优势，努力加强产业链、供应链安全体系建设，构建以国内大循环为主体、国内国际双循环相互促进的新发展格局。黄河流域生态保护和高质量发展、大运河文化带、淮河生态经济带等国家重大战略实施，为枣庄推动资源型城市转型、拓展开放发展新空间提供了有效支撑。

从全省看，山东开启现代化强省建设新征程。"十四五"时期，山东省聚焦"走在前列、全面开创"核心目标，推进黄河流域生态保护和高质量发展，实施八大发展战略，加快山东自贸试验区、上合示范区"两区"建设，全面开创新时代现代化强省建设新局面。围绕打造具有全球影响力的山东半岛城市群，构建"一群两心三圈"的区域发展格局，推进省会、胶东、鲁南三大经济圈区域一体化发展，着力加强制度创新、优化制度供给，深入推进开发区、营商环境、国有企业、"亩产效益"等综合改革，努力激发经济和社会发展新活力，拓展改革开放新空间。2020年5月，山东省委、省政府出台《关于加快鲁南经济圈一体化发展的指导意见》，培育全省高质量发展新引擎，为枣庄市融入全省区域产业分工协作体系，加快高质量发展提供了新动力。

从枣庄看，作为全国资源型城市转型试点市，又被赋予了建设国家可持续发展议程创新示范区重大任务，同步集成黄河流域生态保护和高质量发展、淮河生态经济带建设、新一轮鲁西崛起行动等战略机遇，随着山东绿色低碳高质量发展先行区建设加力提速，必将为加快老工业基地转型崛起注入强劲动能。

2023 年 9 月 24 日，习近平总书记到枣庄视察指导，就培育壮大石榴产业、促进农业增效和农民增收作出重要指示，为枣庄市深入挖掘石榴资源禀赋、加快推动乡村振兴指明了方向。[①]

（三）乡村振兴战略为创新示范区建设赋予了新使命

乡村是具有自然、社会、经济特征的地域综合体，兼具生产、生活、生态、文化等多重功能，与城镇互促互进、共生共存，共同构成人类活动的主要空间。乡村发展是世界各国发展中不可回避的重要内容，伴随着工业化、城市化进程，世界各国包括欧美国家在乡村发展中曾经出现各种问题，呈现城乡不平衡、乡村衰落等共性特征，在快速工业化、城镇化进程中出现的乡村衰退问题已成为全球性趋势。乡村兴则国家兴，乡村衰则国家衰。据世界银行的统计数据，世界乡村人口占总人口的比重由 1960 年的 66% 下降到 2022 年的 43%。而在中国，乡村人口的流失更加严重，从 1960 年的 84% 下滑到 2022 年的 36%。乡村人口急剧下跌、人才外流、城乡贫富差距扩大、教育和就业机会不平等、包括医疗卫生在内的公共服务资源短缺、乡村传统文化、伦理和秩序失守是乡村衰退背后所牵动的重大社会问题。我国人民日益增长的美好生活需要和不平衡不充分的发展之间的矛盾在乡村更为突出。在全面建成小康社会的基础上，全面建成社会主义现代化强国，最艰巨最繁重的任务在农村，最广泛最深厚的基础在农村，最大的潜力和后劲也在农村。"双碳"的主战场在城市也在农村，乡村振兴是实现"双碳"目标的重要路径。实施乡村振兴战略，是解决新时代我国社会主要矛盾、实现第二个百年奋斗目标和中华民族伟大复兴中国梦的必然要求，具有重大现实意义和深远历史意义。党的十九大提出实施乡村振兴战略，这是以习近平同志为核心的党中央着眼党和国家事业全局，深刻把握现代化建设规律和城乡关系变化特征作出的重大决策部署。《中共中央　国务院关于全面推进乡村振兴加快农业农村现代化的意见》指出，民族要复兴，乡村必振兴。要坚持把解决好"三农"问题作为全党工作重中之重，把全面推进乡村振兴作为实现中华民族伟大复兴的一项重大任务，举全党全社会之力加快农业农村现代化，让广大农民过上更加美好的生活。推进乡村振兴战

---

① 蒋秀慧、张孝平：《枣庄：火红的石榴 火红的生活》，《支部生活》2023 年第 11 期。

略，要大力推进农村现代化，大力实施乡村建设行动。加快构建现代乡村产业体系，依托乡村特色优势资源，打造农业全产业链，促进乡村一、二、三产融合发展是此项工作的切入点。

工业文明的优势是标准化、规模化，发展特别快。工业的标准化能快速地复制，攻城拔寨，形成比较优势，但其代价是对资源与环境的无度占用。吞噬过多的资源，最终会导致消化不良，即生产过剩，消费不足。一旦环境发生变化，如果没有缓冲地带，将出现毁灭性的灾难。所以，我们在发展城市文明的同时，也需要借助工业技术与积累反哺农业，重建乡村，让绿水青山变成金山银山，确保社会经济的可持续性。在乡村振兴战略和国土空间规划成为中国乡村地区规划的"双维度"背景下，当前乡村社会具有三生空间融合、系统复合再生、参与主体多元以及村治秩序重构的四个特点。未来乡村的可持续发展更应关注多元主体的共生共治的诉求，通过乡村生态资源价值的开发以及一、二、三产的融合发展畅通城市与乡村发展要素。乡村振兴战略为新时代"三农"工作指明了方向。习近平总书记在参加十三届全国人大一次会议山东代表团审议时，明确要求山东"打造乡村振兴的齐鲁样板"。[①] 2024年中央一号文件提出推进乡村全面振兴"路线图"，把推进乡村全面振兴作为新时代新征程"三农"工作的总抓手，以确保国家粮食安全、确保不发生规模性返贫为底线，以提升乡村产业发展水平、提升乡村建设水平、提升乡村治理水平为重点，强化科技和改革双轮驱动，强化农民增收举措，打好乡村全面振兴漂亮仗，绘就宜居宜业和美乡村新画卷，以加快农业农村现代化，更好推进中国式现代化建设。

枣庄市地处鲁中南，属低山丘陵地区，是古代科技名人"科圣"墨子、"工匠祖师"鲁班、"造车鼻祖"奚仲的故里。近年来，枣庄市大力弘扬"班墨奚"匠心文化，埋头苦干求发展，扎实践行"绿水青山就是金山银山"的发展理念，大力推动乡村生态振兴，努力建设宜居宜业和美乡村；现代农业发展不断提升，农业产学研合作亮点纷呈，农村综合治理能力稳步提高，农民收入水平稳步提升；在国家可持续发展实验区、国家农业可持续发展试验示范区、国家农村改革试验区和国家现代农业示范区基础上，成功创建国家可持续发展议程创新示范区，成为山东农业创新发展的典范。深入学习贯彻落实好习近平总书记的重

---

① 陈文：《深入打造乡村振兴齐鲁样板》，《联合日报》2023年4月12日。

要指示，协调推进乡村振兴战略和新型城镇化战略，以工促农、以城带乡、高水平建设以"创新引领乡村可持续发展"为主题的创新示范区，打造绿色转型先行区、城乡融合示范区、和美乡村样板区，为乡村可持续发展探索新路径、积累新经验、创造新模式，为全球乡村可持续发展贡献枣庄智慧和方案，是新发展阶段枣庄市探索乡村可持续发展"金钥匙"的历史使命。

（四）美丽中国为创新示范区建设带来了新机遇

"两山"理论、生态文明、命运共同体、"金钥匙"等一系列重要论述正是面对新时期复杂的国际环境，习近平新时代中国特色社会主义思想的重要组成部分。坚持为人民谋幸福、为民族谋复兴、为世界谋大同的新发展观，将人民期盼、民族向往、国家追求、世界责任融为一体，美丽中国为关乎人类未来发展的全球性问题给出了中国方案，凝聚了中国价值和中国精神。美丽中国，是生态之美、生活之美、生产之美、社会之美、时代之美的总称，反映了中国对未来发展的基本方向和基本要求，是全面建设社会主义现代化国家的重要目标。党的十八大报告首次提出建设美丽中国的执政理念，并把生态文明建设放在了突出地位。党的十八大以来，以习近平同志为核心的党中央把生态文明和美丽中国建设作为统筹推进"五位一体"总体布局和协调推进"四个全面"战略布局的重要内容，2015 年 10 月召开的党的十八届五中全会上，将"美丽中国"纳入"十三五"规划；2017 年 10 月 18 日，习近平总书记在党的十九大报告中指出：加快生态文明体制改革，建设美丽中国。[1] 当前，我国经济社会发展已进入加快绿色化、低碳化的高质量发展阶段，生态文明建设仍处于压力叠加、负重前行的关键期，努力建设"美丽中国"，是推进生态文明建设的实质和本质特征，也是对中国式现代化建设提出的基本要求。2023 年 7 月召开的全国生态环境保护大会上，习近平总书记系统部署了全面推进美丽中国建设的战略任务和重大举措。[2] 美丽中国与强调经济、社会和环境协调发展的《2030 年议程》在内涵上高度契合，目标上总体一致。美丽中国既体现了中国自身发展的时代需

---

① 习近平：《决胜全面建成小康社会 夺取新时代中国特色社会主义伟大胜利——在中国共产党第十九次全国代表大会上的报告》，北京：人民出版社，2017，第 50 页。

② 孙金龙：《以美丽中国建设全面推进人与自然和谐共生的现代化》，《中华环境》2024 年第 5 期。

求，也是对全球面临百年未有之大变局形势下共同发展的战略构想，是对可持续发展理念的重大创新。

创新示范区作为全面落实创新驱动发展战略、实现经济社会全面转型的综合性示范区，比单纯注重创新驱动经济发展的国家自主创新示范区、国家高新区、国家经济技术开发区等其他区域性创新高地的意义更加重大，对国家发展全局的影响和美丽中国建设的全面推广更加深远。创新示范区工作启动6年来，我国把创新示范区建设作为实施创新驱动发展战略和可持续发展战略的重要抓手，建立健全工作机制，以城市为载体，按照一城一主题的要求国务院先后三批次批复建设了11个创新示范区，汇聚各方力量和资源有效推动了创新示范区的建设和发展，在推进机制、建设内容等方面彰显了创新示范区的建设特色和经验，在国际社会形成了较大影响力。党的二十大擘画了以中国式现代化全面推进中华民族伟大复兴的宏伟蓝图，2023年7月召开的全国生态环境保护大会确定的"六项重大任务"进一步明确了当前和今后一个时期美丽中国建设的重点任务，是对党的二十大重大部署的深化和实化。创新示范区建设需要围绕促进人与自然和谐共生的中国式现代化和建设美丽中国的本质要求，进一步完善指导创新示范区建设的理论体系，丰富地方可持续发展的具体实践，增强内生动力，把党中央、国务院的决策部署落在实处，着力打造美丽蓝天、美丽河湖、美丽海湾、美丽山川，加快建设美丽中国先行示范区。

四　对策建议

为更好地落实《2030年议程》和推进实现可持续发展目标，创新示范区应充分结合"十四五"规划的实施，在既有的发展基础上，全面对接国际国内新形势和新发展格局，畅通国内大循环、促进国内国际双循环、推进政策创新、塑造发展新优势、推动经济体系优化升级，全面深化改革，推动SDGs与枣庄市社会经济发展行动相融合，推进农业农村现代化，探索构建高水平社会主义市场经济体制，建设乡村可持续发展典范。以创新示范区SDGs进展评估为导向，加快推进治理体系和治理能力现代化，构建与当地社会经济发展水平和资源环境禀赋条件相适应的体制机制，稳步推进《2030年议程》的落实和高质量发展战略的实施。

（一）补齐补强可持续发展短板指标

结合乡村振兴、美丽中国战略、"十四五"规划和 2035 年远景目标等组织修订《枣庄市可持续发展规划》及阶段建设目标任务，加快补齐补强短板指标，有效推动体面工作和经济增长（SDG8）以及产业、创新和基础设施（SDG9）重点目标和指标的完善提升。一是推动数据之治，加快制定本土化、可量化、可监测的 SDGs 目标指标及智慧化评估决策体系。在全球发展倡议框架下深化国际数据合作，以"数据之治"助力落实联合国《2030 年议程》，携手构建开放共赢的数据领域国际合作格局，为可持续发展提供新的动力和活力。强化对创新驱动、气候变化、生态环境质量、生物多样性等领域的统计监测，制定与《开普敦可持续发展目标数据全球行动计划》相一致的数据管理方法，推动数据和统计系统响应社会需求，并通过数据创新与合作、挖掘数据价值、提高数据公信力、构建良好数据生态、扩大数据的覆盖面，提高数据的颗粒度，使得数据能够被更加充分地使用，实现枣庄市 SDGs 进展的动态评估，通过科学评估 SDGs 实施进展为落实《2030 年议程》提供更加科学有效的政策指导，建立面向 SDGs 的行动方案，来满足各方面的可持续发展政策更新和决策服务需求。二是切实提高经济高质量发展水平，在确保充分就业的基础上，不断提高劳动生产率和人民群众收入水平，在物质、文化、生活等方面更好地满足人民对美好生活的需要，全面提高人民群众获得感、幸福感、安全感。三是在更高起点、更高层次、更高目标上不断优化创新发展的管理机制，强化企业创新主体地位，形成并不断优化政府引导、企业和社会资本为主体、金融机构深入参与的创新资金"多元投入"机制，促进和加快创新成果产业化步伐，优化"大众创业、万众创新"格局，全面强化示范区创新驱动可持续发展能力。

（二）高水平打造可复制可推广的枣庄可持续发展现实样板

围绕全国更好落实 SDGs，枣庄市应进一步汇聚全国和全省创新资源，创新要素市场化配置机制，高水平推进创新示范区建设发展步伐，引领我国乡村可持续发展行动。运用系统理论，从相互联系和相互促进的视角，分析政府、企业、高校和科研院所、公众之间紧密联系和广泛互动的内在逻辑，进一步完善示范区推进机制，推动形成创新示范区发展的内生动力。坚持把绿色低碳发展作为解决生态环境问题的治本之策，突出"美"为核心导向，将系统解决生态环境问题同满足人民群众对优美生态环境的需要、推动生态产品价值实现有机结合起来，创新生态产品价值实现机制、构建市场导向的绿色技术创新体系，多要素打造山清水秀天朗的美丽生态环境，多维度构建三生融合相宜的美丽国土空间，探索生产空间集约高效、生活空间宜居舒适、生态空间山清水秀的三生融合美丽空间，以高品质生态环境支撑高质量发展。坚持问题导向，把握可持续发展国际新机遇，以高效有力措施加速推进创新示范区建设，探索乡村可持续发展特色和阶段要求的可复制、可推广的可持续发展系统方案。以能引起社会各界关注的"兴奋点"为抓手，完善多利益攸关方共同参与机制，促进国内外创新资源向创新示范区快速汇聚，高质量推进创新示范区建设目标和任务，向世界提供可持续发展中国经验、中国方案。

（三）完善示范区考核评估机制

紧密对接《2030 年议程》，参照 SDGs 指数的成熟做法，探索城市层面可持续发展目标本地化评估模式，动态发布并向联合国提交自愿性地方审查报告，向全球展示枣庄市可持续发展行动和成效。一是充分对接创新示范区评估结果和典型问题，推进示范区 SDGs 进展年度评估，推动枣庄市与全球 SDGs 进展评估相衔接，探索 SDGs 中国本地化目标指标体系，形成科学有效的数据支撑体系，探索完善的指标数据监测体系和统计路径，实施 SDGs 进展动态评估和示范区可持续发展建设成效的动态考核。二是加快推动地方可持续发展能力建设，优化提升国家可持续发展议程创新示范区建设工作领导小组指导和专家参与机制，加强示范区交流对接和干部交流，强化可持续发展意识，注重将可持续发展理念融入示范区国土空间规划、五年规划和建设发展行动全过程，引导示范区立足社会经济发展水平和资源环境禀赋条件，探索具有枣庄特色的高质量发展路径。

（四）探索优势目标指标的示范推广路径

进一步做好示范区建设成效总结，特别是以国际化的语言凝练示范区建设过程中依靠创新破解可持续发展瓶颈问题、加快落实 SDGs 的成功经验模式，通过灵活多样的方式对同类地区示范推广。以创新示范区为阵地，向国内外同类地区分享经验，发挥示范带动作用，开启新一轮共享全球化的"金钥匙"，深化国际协调与合作，推动形成从"负担分担"转向"机遇分享"、从"零和博弈"走向"互利共赢"的可持续发展新形势，推进示范区开展可持续发展双边合作，高端切入全球产业链供应链价值链创新链，促进互利共赢、共同发展。一是加强可持续发展典型经验的交流分享。示范区应加强组织领导，搞好协同配合，认真总结在破解可持续发展瓶颈问题方面形成的典型模式，为全球乡村可持续发展提供枣庄经验，讲好发展故事和系统方案。二是研究梳理每项可持续发展经验的推广方式，找准各自工作的结合点，因地制宜、分类施策，结合全面示范区创建的推进阶段，做实做细各个环节的工作，同时要强化对改革亮点的典型宣传，营造良好氛围，确保可持续发展的经验"移植"成功，发挥效益，加快在国内同类型地区形成示范效应。三是坚持创新推进，全面落实主责主抓要求，勇挑重担、敢啃"硬骨头"，创新完善示范区工作运行机制，同时要积极谋划开展新一轮经验总结提炼，不断形成和推出可复制可推广的经验，充分展示枣庄可持续发展成绩。

（五）加深全社会对可持续发展目标的认识

作为推动可持续发展的基础，加深全体社会成员对可持续发展目标的认识和了解是落实《2030 年议程》必不可少的第一步。从枣庄市及各区（市）、乡镇人民政府，到民间团体组织和公民个人，社会各界都应了解可持续发展目标的变革潜力，并积极参与可持续发展目标的规划、实施、监测和报告，形成以可持续发展目标为发展框架的共同文化。鼓励国际和地区组织、国内外非政府组织、私营部门等参与，充分发挥它们在推动落实《2030 年议程》上的优势，为示范区建设提供支撑。结合示范区建设，推动设立跨地区、跨学科、跨专业和跨行业的可持续发展专家队伍，通过定期对话交流、会议研讨等不同形式，加强沟通交流，积极引进学习国内外先进经验。结合绿色"一带一路"倡议和相关国际公约及共识，建立可持续发展全球伙伴关系，打造机制化合作交流平台，进行全球性、国家间、各省市和地方层面的 SDGs 进展交流，跟踪各层面 SDGs 具体目标和指标落实情况，提供关于可持续发展的科学和政策的专家建议。推动《2030 年议程》及可持续发展目标融入示范区生态文明、美丽城市、乡村振兴和绿色转型高质量发展的创新实践，推动示范区更好落实《2030 年议程》，开展高质量发展的行动、故事、经验、成果进行总结和交流。

参考文献

柯兵、孙新章:《城市层面落实联合国 2030 年可持续发展议程的中国探索:
国家可持续发展议程创新示范区》,《中国人口·资源与环境》2023 年第
7 期。

李明、朱婷婷:《滕州入选 2022 年国家农业现代化示范区创建名单》,枣庄新闻
网,2022。

联合国大会:《统计委员会涉及〈2030 年可持续发展议程〉的工作》,2017。

联合国经济及社会理事会:《2023 年可持续发展目标报告:特别版》,2023。

联合国经济及社会理事会:《可持续发展目标各项指标机构间专家组的报告:秘
书长的说明(2016—2023)》,2023。

联合国人居署、国际展览局、上海市人民政府:《上海手册:21 世纪城市可持续
发展指南·2022 年度报告》,上海:上海科学技术出版社,2022。

廖子昱:《乡村建筑研究设计》,硕士学位论文,天津大学,2019。

刘守珍:《区域科技创新与可持续发展耦合关系研究》,硕士学位论文,曲阜师
范大学,2019。

刘照胜、徐庚:《新常态下山东省国家可持续发展实验区建设研究》,《山东社会
科学》2015 年第 9 期。

农业农村部发展规划司:《山东省枣庄市推进生态循环农业园区建设》,2021。

山东航宇数字勘测有限公司:《枣庄市 2022 年林草湿生态综合监测评价工作汇
报》,2022。

山东省人民政府办公厅:《关于支持枣庄市建设国家可持续发展议程创新示范区
的若干政策》,2022。

山东省人民政府官网:《部门解读|〈山东省人民政府办公厅印发关于支持枣庄
市建设国家可持续发展议程创新示范区的若干政策的通知〉》,2022。

山东省自然资源厅:《山东省自然资源领域生态产品价值实现实践典型案例(第

二批）》，2023。

邵超峰、陈思含、高俊丽等：《基于 SDGs 的中国可持续发展评价指标体系设
　　计》，《中国人口·资源与环境》2021 年第 4 期。

邵超峰、周海林、董战峰等：《全球可持续发展目标本地化实践及进展评估》，
　　北京：中国环境出版集团，2022。

邵超峰主编《郴州市可持续发展报告（2023）》，北京：社会科学文献出版社，
　　2023。

王巍波、张涛、杨慧等：《枣庄史志》（第 3 辑），枣庄市地方史志办公室，2017。

王巍波、张涛、张远辉等：《枣庄史志》（第 2 辑），枣庄市地方史志办公室，
　　2015。

魏绵军、满阳：《山东枣庄山亭区洪门村葡萄藤上结出乡村振兴果》，《中国食品
　　报》2022 年 8 月 19 日，第 8 版。

枣庄市地方史志编纂委员会：《枣庄市志》，北京：中华书局，2022。

枣庄市发展和改革委员会：《枣庄市开发区发展规划（2021—2025 年）》，2021。

枣庄市发展和改革委员会：《枣庄市全面推进水资源节约集约利用实施方案》，
　　2022。

枣庄市能源：《枣庄市能源发展“十四五”规划》，2021。

枣庄市农业农村局：《创新成就发展 枣庄市中区成功引进“中国兽药谷”项目》，
　　http://snyncj.zaozhuang.gov.cn/xwzx/gzdt/202110/t20211013_1309913.html。

枣庄市农业农村局：《打造高标准农业科技示范基地 加快农业科技成果转化落
　　地》，2022。

山东省人民政府、枣庄市人民政府：《山东省枣庄市可持续发展规划（2019—
　　2030）》，2019。

枣庄市人民政府：《枣庄市“十四五”生态环境保护规划》，2021。

枣庄市人民政府：《枣庄市“十四五”新型城镇化和城乡融合发展规划》，2022。

枣庄市人民政府：《枣庄市城市排水“两个清零、一个提标”工作方案》，2022。

枣庄市人民政府：《枣庄市国家可持续发展议程创新示范区建设实施方案
　　（2022—2024 年）》，2022。

枣庄市人民政府：《枣庄市国民经济和社会发展第十四个五年规划和 2035 年远
　　景目标纲要》，2021。

枣庄市人民政府:《枣庄市深化新旧动能转换推动绿色低碳高质量发展三年行动计划（2023—2025年）》，2023。

枣庄市人民政府:《枣庄市文化产业发展规划（2018—2022年）》，2019。

枣庄市人民政府:《枣庄市新旧动能转换现代高效农业专项规划（2018—2022年）》，2018。

枣庄市生态环境局:《枣庄市环境质量报告（二〇二二年简本）》，2023。

枣庄市统计局:《2012年枣庄市国民经济和社会发展统计公报》，2013。

枣庄市统计局:《2015年枣庄市国民经济和社会发展统计公报》，2016。

枣庄市统计局:《2021年枣庄市国民经济和社会发展统计公报》，2022。

枣庄市统计局:《2022年枣庄市国民经济和社会发展统计公报》，2023。

枣庄市统计局:《枣庄统计年鉴(2022)》，北京：中国统计出版社，2022。

枣庄市卫生健康委员会:《枣庄市"十四五"卫生与健康规划》，2021。

枣庄市文化和旅游局:《打造中华优秀传统文化"两创"新标杆 助推文旅融合高质量发展》，2023。

枣庄市自然资源和规划局:《枣庄市国土空间总体规划（2021—2035年）说明》，2023。

张晓阳:《山东省国家级可持续发展实验区创新能力评价》，硕士学位论文，山东师范大学，2019。

中共山东省委、山东省人民政府:《中共山东省委 山东省人民政府关于印发〈山东省乡村振兴战略规划（2018—2022年）〉和5个工作方案的通知》，2018。

中共枣庄市委、枣庄市人民政府:《关于开展"工业强市、产业兴市"三年攻坚突破行动的实施意见》，2021。

中共中央:《中共中央关于制定国民经济和社会发展第十四个五年规划和二〇三五年远景目标的建议》，2020。

中国国际发展知识中心:《地球大数据支撑可持续发展目标报告（2023）》，北京：科学出版社，2023。

中国国际发展知识中心:《中国落实2030年可持续发展议程进展报告（2023）》，2023。

朱婧、孙新章、何正:《SDGs框架下中国可持续发展评价指标研究》，《中国人口·资源与环境》2018 年第 12 期。

朱旭峰、李楠:《中国可持续发展目标的地方评价和展望研究报告》，北京：清华全球可持续发展研究院、世界自然基金会，2018。

《张汪镇志》编纂委员会:《张汪镇志》，济南：黄河出版社，2013。

Department for Environment, Rural Affairs, *The UK Government Sustainable Development Strategy*（The Stationery Office, 2005）.

FAO, International Fund for Agricultural Development, UNICEF, et al., *The State of Food Security and Nutrition in the World 2023*（The United Nations, 2023）.

FAO, *Progress Report on Food and Agriculture-related SDG Indicators for 2023*（Food and Agriculture Organization of the United Nations, 2023）.

Federal Government of Germany, *German Sustainable Development Strategy*, 2021.

Independent Group of Scientists Appointed by the Secretary-General, *Global Sustainable Development Report 2023: Times of Crisis, Times of Change: Science for Accelerating Transformations to Sustainable Development*（New York: United Nations, 2023）.

Lafortune, G., Zoeteman, K., Fuller, G. et al.,*The 2019 SDG Index and Dashboards Report for European Cities (Prototype Version)*［Sustainable Development Solutions Network (SDSN) and the Brabant Center for Sustainable Development (Telos), 2019］.

Liu, J. G. and Diamond, J., "China's Environment in a Globalizing World," *Nature*, 2005: 435.

Lynch, A., LoPresti, A., and Fox, C., *The 2019 US Cities Sustainable Development Report* (New York: Sustainable Development Solutions Network , 2019).

OECD, *The Short and Winding Road to 2030: Measuring Distance to the SDG Targets* (Paris: OECD, 2022).

Office for National Statistics, *Sustainable Development Goals Data Update,* UK: December 2021.

Sachs, J., Kroll, C., Lafortune, G. et al., *Sustainable Development Report 2022* (Cambridge University Press, 2022).

Tokyo Metropolitan Government, *Tokyo Sustainability Action 2023* (Tokyo Metropolitan Government, 2023).

UN, *Transforming Our World: The 2030 Agenda for Sustainable Development*(New York: United Nations, 2014).

UNDESA, "SDG Indicators Metadata Repository," https://unstats. un. org/sdgs/ metadata/.

UNDP, Oxford University Poverty and Human Development Initiative, *Multidimensional Poverty Index*(United Nations Development Programme, 2022).

UNDP, Word Bank, *Transitioning from the MDGs to the SDGs* (UNDP, 2016).

United Nations, *Transforming our World: The 2030 Agenda for Sustainable Development* (New York: United Nations, 2015).

United Nations, *Transforming Our World: The 2030 Agenda for Sustainable Development* (New York: United Nations, 2014).

附　录

一　对接可持续发展目标枣庄市创新示范区建设推进行动与政策

SDGs	枣庄行动与政策
1 无贫穷	· 落实精准扶贫，通过产业扶贫、消费扶贫等方式推进脱贫攻坚工作，实现当前标准下的全面脱贫。 · 教育局、人社局、卫健委、住建局等多部门通过采取投资建设、政策补贴等举措保障贫困人口在教育、就业、医疗、住房等生活方面的权利，社会保障体系逐步完善贫困人口基本实现基本医保、大病保险和医疗救助三重保障全覆盖。 · 制定《枣庄市脱贫攻坚责任制实施细则》，压实区（市）、镇（街）、村及行业部门脱贫攻坚责任。探索建立了一套务实管用的工作机制，保障了脱贫攻坚长效发展。 · 贯彻落实《关于实现巩固拓展脱贫攻坚成果同乡村振兴有效衔接的实施意见》，制定了《加快推进乡村振兴示范镇、特色镇高质量发展的实施意见》引领有序高效衔接，而且形成了龙头带动、全域提升、全面推进、高质量发展的良好势头。 · 印发《全市农村低保专项治理巩固提升行动方案》，稳定政策，脱贫成果得以巩固提升。 · 健全防止返贫致贫动态监测帮扶机制。出台《关于进一步规范即时帮扶工作的通知》，建立完善了"三四五三三"的防返贫动态监测帮扶机制。 · 制定《患病贫困人口分类救治方案》《健康扶贫"八个一"工程实施方案》《传染病、地方病、慢性病防控扶贫工作方案》等20余个配套文件，及时进行督导检查、跟踪问效，有力推动了健康扶贫各项政策措施的落实落地
2 零饥饿	· 为印发《关于做好2023年粮食质量安全风险监测通知》，强化全市粮食质量安全监管。 · 全面实施了农业产业强链行动，围绕本市农业资源禀赋和优势特色，按照"一村一品、一县域一特色"的发展思路，重点打造了滕州马铃薯、峄城石榴、城头豆制品加工、中国兽药谷等优势突出、特色鲜明、上中下游相互承接的产业集群。 · 积极践行黄河流域生态保护和高质量发展战略，实施农业农村领域"四减四增"三年行动。 · 创新实施"山水林田大会战"，实施荒山披绿、河道治理、产业增绿、城区绣绿、镇村兴绿、绿道提升、湿地复绿、防火护绿、山体修复、沃田高产等"十大工程"，精心组织、创新机制、系统治理、成片打造，实现良好开局。 · 深入开展农业废弃物综合利用，推进农作物秸秆"五料化"利用，是全省两个废弃农膜回收贮运整建制试点市之一

SDGs	枣庄行动与政策
3 良好 健康与福祉	· 启动母婴安全行动计划和妇幼健康促进行动，切实加强生育全程医疗保健服务，深入实施"妇幼健康促进行动"，加强妇幼健康服务体系建设。 · 开展区（市）、镇（街）、村（社区）医保经办服务"三级联创"，通过创新基层医保服务方式、优化基层医保服务能力、提升基层医保服务能力"三项举措"。 · 制定《枣庄市基本医保全民参保集中宣传月活动实施方案》，进一步推进医保健全覆盖全民，统筹城乡多层次医疗保险体系，不断增强基本医疗保障能力，巩固全民参保成果，通过"点、线、面"相结合的方式，全方位做好基本医保全民参保集中宣传月活动。 · 发布《枣庄市"十四五"卫生与健康规划》，以"健康枣庄"建设为统领，全面提高卫生健康供给质量和服务水平。 · 发布《关于推动基层卫生健康事业高质量发展的意见》，扎实开展"优质服务基层行"活动，全面加强基层医疗卫生机构标准化建设。 · 印发《枣庄市居民健康知识读本》，颁布《市民卫生健康公约》，广泛普及疾病防治知识，科学倡导健康文明生活方式，努力从源头上遏制因病致贫、因病返贫
4 优质教育	· 研究制定了"教育十件惠民实事"，全力办好人民满意的枣庄教育。 · 研究制定《枣庄市"十四五"学前教育发展提升行动计划》，推动学前教育普及普惠安全优质发展。 · 巩固落实《巩固拓展教育脱贫攻坚成果同乡村振兴有效衔接实施方案》，巩固拓展教育脱贫攻坚成果同乡村振兴有效衔接实施方案任务分工。 · 改善乡村学校办学条件，启动乡村中小学校（幼儿园）办学条件改善项目，加大城乡教师交流力度，提升农村教师素质水平
5 性别平等	· 枣庄市妇女第十次代表大会胜利召开，全面规划了未来全市妇女工作的宏伟蓝图，吹响了引领全市妇女奋进新征程的冲锋号。 · 在全市范围内实施基层优秀妇女人才提升培训"百千"计划。 · 以"妇女微家"建设为切入点，不断扩大"四新"领域妇联组织覆盖面。 · 大力推进"网上妇联"建设，实现线上线下"妇女之家"有机融合。 · 举办女干部培训班和全市基层妇联执委培训班，建设高素质专业化妇联干部队伍
6 清洁饮水和 卫生设施	· 在全省率先印发实施《枣庄市现代水网建设规划》，规划了"一带两区、四纵七横、一湖八库"市级水网总体格局。 · 开展南四湖流域综合整治。编制并实施《枣庄市2022年度南四湖流域水污染综合整治工作计划》，严格执行《南四湖流域水污染物综合排放标准》，加大工矿企业硫酸盐、全盐量治理力度，确保工矿企业达标排放。 · 规范有力管理水资源。完成《城市饮用水水源保护划分方案》调整，并实施城市饮用水源规范化整治工作。开展岩马水库饮用水源地保护区划定。

SDGs	枣庄行动与政策
	· 成立农村供水保障工作专班，建立工作推进机制，显著提高农村供水保障水平。 · 城乡供水一体化加快推进。扎实推进峄城区城乡供水一体化项目，薛城区铁西水厂及管网配套工程，山亭区探索"大厂小站，高池细管"山丘区供水模式，工程总投资 12.8 亿元，居山东省首位，提升城乡供水保障能力。推动出台《枣庄市城市供水办法》，为进一步规范管理，保障城市供水安全，维护供水、用水双方的合法权益提供遵循。 · 深入落实河湖长制。组建副县级河湖管理保护中心。创新实行"一河（湖）一考""一区（市）一考""一部门一考"，常态化开展河湖"清四乱"行动，巩固黑臭水体长治久清长效机制，城市黑臭水体实现动态清零。水生态环境治理成效明显。 · 公布《枣庄市城市排水"两个清零、一个提标"工作方案》。 · 制定出台《枣庄市饮用水水源保护条例》，加强饮用水水源保护区建设。 · 制定出台《关于印发枣庄市水污染防治工作方案的通知》，要求实施全过程水污染防治，加强湿地保护和恢复。 · 制定《枣庄市控制单元水质达标实施方案》，围绕"改善环境质量、确保环境安全、促进科学发展"三条主线，系统推进全市水污染防治工作。 · 将河流断面水质达标工作列入年度区（市）政府环保目标责任书，要求区（市）政府强化措施，认真落实，确保河流断面水质达标。 · 制定《枣庄市集中式饮用水水源地突发环境事件应急预案》《枣庄市环境保护局饮用水水源地突发环境事件应急预案》，不断完善灵敏高效的预警应急机制
7 经济适用的清洁能源	· 出台《枣庄市锂电产业发展促进条例》，系全国首部锂电产业专项法规，为枣庄打造"中国北方锂电之都"，锂电产业健康快速发展提供了法治保障。 · 印发《枣庄市碳达峰工作方案》，是枣庄市实现碳达峰目标的路线图、施工图、任务书。 · 发布《枣庄市"十四五"新能源发展规划》，围绕太阳能、风力、生物质能、抽水蓄能等新能源和锂电产业，立足枣庄市新能源及上下游产业发展现状，科学谋划"十四五"新能源开发利用与产业发展
8 体面工作和经济增长	· 在深入实施"工业强市、产业兴市"三年攻坚突破行动的基础上，研究制定《关于实施工业倍增计划（2023—2026 年）的意见》，启动实施工业倍增计划，聚焦"强工兴产、转型突围"目标大抓产业、主攻工业、突破园区、育强企业，着力培育壮大"6 + 3"现代产业体系，从 2023 年开始，力争用四年左右的时间实现工业倍增，乘势而上推动老工业基地转型突围、再创辉煌。 · 印发《关于聚力"强工兴产、转型突围"促进高质量充分就业的实施意见》，围绕聚焦"强工兴产、转型突围"，从 4 个方面提出 19 项稳定和扩大就业政策措施，全力促发展惠民生，努力为全市经济高质量发展提

SDGs	枣庄行动与政策
	供人力资源支撑，推动实现高质量发展和高水平就业双赢。 · 出台《关于助推新旧动能转换做好就业创业工作的意见》《关于进一步稳定和促进就业的实施意见》《枣庄市创业带动就业扶持资金管理暂行办法》《枣庄市就业补助资金管理暂行办法》等就业创业政策，出台市人才新政配套细则《枣庄市人才购房补助发放办法（试行）》《枣庄市人才购房补助发放办法》《枣庄市大学毕业生就业创业补贴发放办法（试行）》《枣庄市市直事业单位急需紧缺人才引进办法》等，落实好相关补贴政策，促进大学生就业创业。 · 出台《关于印发〈枣庄市市级人力资源服务业发展扶持资金管理办法（试行）〉的通知》，发挥市场力量，鼓励人力资源服务机构引才。 · 出台《枣庄市高层次人才服务绿色通道暂行规定》《枣庄市高层次人才子女就学办法（试行）》《枣庄市高层次专业技术人才职称评审暂行办法》，为高层次人才在枣庄创新创业提供优惠政策和便利服务
9 产业、创新和基础设施	· 制定出台《全市创新能力提升工程实施方案》，推动各级各部门以创新手段解决发展难题、破除制度堵点、落实各项任务，为纵深推进"工业强市、产业兴市"战略提供不竭动力。 · 出台《枣庄市科技创新平台体系建设指导意见》，优化科技创新平台体系，进一步明确科技创新平台开展基础研究、关键核心技术研发、科技成果转化及产业化、创新创业服务功能定位，持续加强科技创新平台体系建设。 · 牵头起草了《枣庄市规上工业企业帮包工作方案》，建立市、区（市）两级领导干部分级帮包规上工业企业机制。 · 牵头起草《关于建立全市规上工业企业对标"登高"行动监测服务机制的通知》，积极协调解决企业诉求和困难问题
10 减少不平等	· 围绕《关于进一步深化户籍管理制度改革促进城乡融合区域协调发展的实施意见》，围绕统筹城乡融合、促进区域协调发展等不断提出新要求、作出新部署。 · 提升完善救助机制。制定《枣庄市残疾儿童康复救助实施细则》，完善工作机制，强化服务保障。优化救助流程，建立残疾儿童康复救助申请、审核、评估、建档、跟踪回访等工作机制，确保救助过程规范、及时、有效。 · 发布《枣庄市城乡环境整治工作方案》，全面开展城乡环境综合整治
11 可持续城市和社区	· 出台《枣庄市海绵城市建设专项规划（2021—2035年）》，有力推动城市建设高质量发展。 · 构建便捷高效综合交通体系。高标准编制《枣庄市综合立体交通网发展规划（2021—2035年）》《枣庄市"十四五"综合交通运输发展规划》

SDGs	枣庄行动与政策
	《枣庄港总体规划》，促进区域一体化发展，打造发达的快速网、完善的干线网、广泛的基础网。 · 发布《枣庄市"无废城市"建设实施方案（2022—2025年）》，统筹城市发展与固体废物管理，推行绿色生产生活方式，促进城市全面绿色转型。 · 出台《枣庄市城镇居住区社区养老服务设施规划、建设、移交和使用管理办法》，明确了社区养老服务设施同步规划、同步建设、同步验收、同步交付使用的"四同步"工作机制。 · 出台《枣庄市市级养老服务专项资金补助项目实施方案》，加大对医养结合机构护理型床位建设、运营的扶持补助力度
12 负责任 消费和生产	· 发布《枣庄市新一轮"四减四增"三年行动方案（2021—2023年）》，积极推动减污降碳协同增效，全市产业结构持续优化，能源结构加速调整，运输方式有效改善，农业生产集约安全，绿色发展水平不断提高。 · 印发《枣庄市生活垃圾分类管理办法》，对生活垃圾源头减量、分类投放、分类收集、分类运输、分类处理及监督管理等工作作出明确规定，为枣庄市生活垃圾分类工作提供了法治保障。 · 对全市"两高"项目建立"存量、在建、拟建"三张清单，建立《枣庄市两高行业企业名录》和《枣庄市"两高"项目台账》，实施动态管理。 · 发布《枣庄市"三线一单"生态环境分区管控方案》，加强生态文明建设和生态环境保护工作。 · 编制《枣庄市畜禽养殖污染防治规划（2022—2025年）》，建立健全畜禽养殖污染防治监督检查机制。持续加强秸秆全年禁烧
13 气候行动	· 制定《枣庄市"十四五"节能减排实施方案》，将省下达枣庄市"十四五"能耗强度下降任务分解到各区（市）、枣庄高新区。 · 编制《枣庄市"十四五"空气质量改善规划》，开展枣庄市大气环境质量优化提升综合解决方案研究。 · 印发实施《枣庄市非道路移动机械污染排放管控工作方案》，持续开展非道路移动机械编码登记、定位管控。 · 强化工业源废气深度治理。开展重点行业企业环保绩效评价，提高工业企业环境管理水平
15 陆地生物	· 发布《关于切实加强森林资源保护发展的意见》，加强森林资源保护发展，打造生态共美的绿色家园。 · 加强生态保护监管。编制完成《枣庄市生物多样性保护规划（2022—2035年）》，继续开展"绿盾"自然保护地强化监督。 · 深入落实《枣庄市环城绿道管理条例》《枣庄市古树名木保护条例》，用好"林长＋检察长＋警长"工作机制。

SDGs	枣庄行动与政策
	· 根据《枣庄市山体保护条例》和《枣庄市山体保护名录》，推进《枣庄市山体保护和修复治理专项行动》，编制《枣庄市山体保护专项规划（2021—2025年）》，深入贯彻"绿水青山就是金山银山"的发展理念，加强山体保护工作。 · 出台《枣庄市湿地公园建设管理办法》，印发《台儿庄区湿地保护管理工作职责（试行）》，保护和恢复湿地，改善湿地生态环境
16 和平、正义与强大机构	· 出台《关于加强新时代廉洁文化建设的实施方案》等政策，打造"清廉枣庄"。 · 编制《枣庄市国家智能社会治理实验基地建设实施方案（2021-2025）》，印发《关于加快推进枣庄市国家智能社会治理实验综合基地建设的实施意见》《2023年国家智能社会治理实验综合基地建设工作要点》，建设国家智能社会智能治理实验综合基地，为国家治理体系和治理能力现代化建设贡献"枣庄智慧"。 · 颁布实施《枣庄市网格化服务管理条例》，为网格化服务管理活动提供法律遵循；制定《枣庄市数字乡村发展水平评价指标（试行）》《枣庄市数字乡村试点评价指标（试行）》，作为全市数字乡村发展水平、数字乡村建设成效的考核评价规范
17 促进目标实现的伙伴关系	· 枣庄市紧跟技术潮流，以创新驱动为引领，积极打造三个"五朵云"（云头、云计算、云服务、云安全、云应用）枣庄模式，积极探索打造对外开放新高地的路径。 · 出台《关于深化对外开放推进枣庄高质量发展的建议案》，为全市转型高质量发展提供了决策

二 枣庄市 SDGs 进展评估指标体系

目标	具体目标	全球指标框架中的对应指标	评估指标	单位
SDG1	1.1 到 2030 年，在全球所有人口中消除极端贫困，极端贫困目前的衡量标准是每人每日生活费不足 1.25 美元	1.1.1 低于国际贫穷线人口的比例，按性别、年龄、就业状况、地理位置（城市/农村）分列	贫困发生率 *	%
		—	农村恩格尔系数	%
	1.3 执行适合本国国情的全民社会保障制度和措施，包括最低标准，到 2030 年在较大程度上覆盖穷人和弱势群体	1.3.1 社会保护最低标准/系统覆盖的人口比例，按性别分列并区分儿童、失业者、老年人、残疾人、孕妇、新生儿、工伤受害者、穷人和弱势者	城镇最低生活保障标准	元/月
			农村最低生活保障标准	元/月

目标	具体目标	全球指标框架中的对应指标	评估指标	单位
SDG2	2.1 到 2030 年，消除饥饿，确保所有人，特别是穷人和弱势群体，包括婴儿，全年都有安全、营养和充足的食物	2.1.2 根据粮食无保障情况表，中度或严重的粮食无保障人口发生率	每公顷面积粮食产量 *	公斤／公顷
		—	人均粮食综合生产能力	吨／人
	2.3 到 2030 年，实现农业生产力翻倍和小规模粮食生产者，特别是妇女、土著居民、农户、牧民和渔民的收入翻番，具体做法包括确保平等获得土地、其他生产资源和要素、知识、金融服务、市场以及增值和非农就业机会	2.3.1 按农业／畜牧／林业企业规模分类的每个劳动单位的生产量	农业劳动生产率	万元／人
		2.3.2 按性别和土著地位分类的小型粮食生产者的平均收入	农村居民人均可支配收入	元／年
	2.4 到 2030 年，确保建立可持续粮食生产体系并执行具有抗灾能力的农作方法，以提高生产力和产量，帮助维护生态系统，加强适应气候变化、极端天气、干旱、洪涝和其他灾害的能力，逐步改善土地和土壤质量	—	秸秆综合利用率	%
		—	畜禽粪污综合利用率	%
		—	农田灌溉水有效利用系数 #	—
		—	高标准农田占比	%
SDG3	3.1 到 2030 年，全球孕产妇每 10 万例活产的死亡率降至 70 人以下	3.1.1 孕产妇死亡率	孕产妇死亡率 *	每 10 万活产
	3.2 到 2030 年，消除新生儿和 5 岁以下儿童可预防的死亡，各国争取将新生儿每 1 000 例活产的死亡率至少降至 12 例，5 岁以下儿童每 1 000 例活产的死亡率至少降至 25 例	3.2.2 新生儿死亡率	婴儿死亡率 *	每千人
	3.3 到 2030 年，消除艾滋病、结核病、疟疾和被忽视的热带疾病等流行病，抗击肝炎、水传播疾病和其他传染病	—	法定传染病发生率	人／10 万人

目标	具体目标	全球指标框架中的对应指标	评估指标	单位
SDG3	3.6 到 2020 年，全球道路交通事故造成的死伤人数减半	3.6.1 因道路交通伤所致死亡率	因道路交通伤所致死亡率 *	每 10 万人
	3.8 实现全民健康保障，包括提供经济风险保护，人人享有优质的基本保健服务，人人获得安全、有效、优质和负担得起的基本药品和疫苗	3.8.1 基本保健服务的覆盖面（定义为以跟踪措施向普通和最弱势群体提供包括生殖健康、孕产妇健康、新生儿和儿童健康、传染性疾病、非传染性疾病和服务能力和机会的基本服务平均覆盖范围）	每千人口医疗卫生机构床位数	人 / 千人
		—	人均预期寿命 *	年
		—	城镇居民基本养老参保率	%
	—	—	城乡居民基本医疗保险参保率	%
	3.c 大幅加强发展中国家，尤其是最不发达国家和小岛屿发展中国家的卫生筹资，增加其卫生工作者的招聘、培养、培训和留用	3.c.1 卫生工作者的密度和分布情况	每千人口执业（助理）医师人数	人 / 千人
	3.b 支持研发主要影响发展中国家的传染和非传染性疾病的疫苗和药品，根据《〈关于与贸易有关的知识产权协议〉与公共健康的多哈宣言》的规定，提供负担得起的基本药品和疫苗，《多哈宣言》确认发展中国家有权充分利用《与贸易有关的知识产权协议》中关于采用变通办法保护公众健康，尤其是让所有人获得药品的条款	3.b.1 能够享用其国家方案内的所有疫苗的目标人口比例	适龄儿童免疫规划疫苗接种率	%
SDG4	4.1 到 2030 年，确保所有男女童完成免费、公平和优质的中小学教育，并取得相关和有效的学习成果	4.1.1 (a) 在 2/3 年级、(b) 小学结束时、(c) 初中结束时获得起码的 (一) 阅读和 (二) 数学能力的儿童和青年的比例，按性别分列	学龄人口入学率 *	%

目标	具体目标	全球指标框架中的对应指标	评估指标	单位
		—	小学生师比	无量纲
		—	初中生师比	无量纲
		—	义务教育巩固率	%
	4.2 到 2030 年，确保所有男女童获得优质儿童早期发展、看护和学前教育，为他们接受初级教育做好准备	4.2.2 有组织学习（小学入学正规年龄的一年前）的参与率，按性别分列	农村学前三年入园率	%
SDG4	4.5 到 2030 年，消除教育中的性别差距，确保残疾人、土著居民和处境脆弱儿童等弱势群体平等获得各级教育和职业培训	4.5.1 所有可以分类的教育指标的均等指数（女/男、城市/农村、财富五分位最低/最高，以及具备有关数据的其他方面，如残疾状况、土著人民和受冲突影响等）	特殊教育学生入学率	%
	4.7 到 2030 年，确保所有从事学习的人都掌握可持续发展所需的知识和技能，具体做法包括开展可持续发展、可持续生活方式、人权和性别平等方面的教育、弘扬和平和非暴力文化、提升全球公民意识，以及肯定文化多样性和文化对可持续发展的贡献	4.7.1 (一) 全球公民教育和(二) 可持续发展教育，包括两性平等和人权，在多大程度上在（a）国家教育政策、（b）课程、(c) 教师培训和（d）学生评估方面进入主流	文化产业增加值占 GDP 比重	%
SDG5	5.5 确保妇女全面有效参与各级政治、经济和公共生活的决策，并享有进入以上各级决策领导层的平等机会	5.5.1 妇女在（a）国家议会和（b）地方政府席位中所占比例	市人大代表和市政协委员中女性百分比 *	%
			女性占公务员的百分比	%
		—	小学女童入学率	%
		—	乡村人口性别比	%
SDG6	6.1 到 2030 年，人人普遍和公平获得安全和负担得起的饮用水	6.1.1 使用得到安全管理的饮用水服务的人口比例	城市集中式饮用水水源地水质达标率	%
			农村饮用水安全保障率	%

目标	具体目标	全球指标框架中的对应指标	评估指标	单位
SDG6	6.2 到 2030 年，人人享有适当和公平的环境卫生和个人卫生，杜绝露天排便，特别注意满足妇女、女童和弱势群体在此方面的需求	6.2.1 使用（a）得到安全管理的环境卫生设施服务和（b）提供肥皂和水的洗手设施的人口所占的比例	农村卫生厕所普及率	%
	6.3 到 2030 年，通过以下方式改善水质：减少污染，消除倾倒废物现象，把危险化学品和材料的排放减少到最低限度，将未经处理废水比例减半，大幅增加全球废物回收和安全再利用	6.3.1 安全处理废水的比例	城镇污水处理率*	%
		6.3.2 环境水质良好的水体比例	地表水质量达到或好于 III 类水体比例	%
	6.4 到 2030 年，所有行业大幅提高用水效率，确保可持续取用和供应淡水，以解决缺水问题，大幅减少缺水人数	6.4.2 用水紧张程度：淡水汲取量占可用淡水资源的比例	万元国内生产总值用水量	立方米/万元
			水资源开发利用率	%
SDG7	7.1 到 2030 年，确保人人都能获得负担得起的、可靠的现代能源服务	7.1.1 能获得电力的人口比例	用电覆盖率*	%
		7.1.2 主要依靠清洁燃料和技术的人口比例	燃气普及率*	%
	7.2 到 2030 年，大幅增加可再生能源在全球能源结构中的比例	7.2.1 可再生能源在最终能源消费总量中的份额	可再生能源发电量占全部发电量的百分比	%
			非化石能源占一次能源消费比重	%
	7.3 到 2030 年，全球能效改善率提高一倍	7.3.1 以一次能源和国内生产总值计量的能源密集度	万元 GDP 能耗	吨标准煤/万元
			单位 GDP 能耗下降率	%
	7.a 到 2030 年，加强国际合作，促进获取清洁能源的研究和技术，包括可再生能源、能效，以及先进和更清洁的化石燃料技术，并促进对能源基础设施和清洁能源技术的投资	—	节能环保支出占财政支出比例	%
		—	新增新能源汽车占新增汽车的百分比	%

目标	具体目标	全球指标框架中的对应指标	评估指标	单位
SDG8	8.1 根据各国国情维持人均经济增长，特别是将最不发达国家国内生产总值年增长率至少维持在 7%	8.1.1 实际人均国内生产总值年增长率	人均 GDP*	元
			GDP 年均增长幅度 *	%
	8.2 通过多样化经营、技术升级和创新，包括重点发展高附加值和劳动密集型行业，实现更高水平的经济生产力	8.2.1 就业人员实际人均国内生产总值年增长率	全员劳动生产率	%
		—	城镇恩格尔系数	—
	8.5 到 2030 年，所有男女，包括青年和残疾人实现充分和生产性就业，有体面工作，并做到同工同酬	8.5.1 雇员平均每小时收入，按性别、职业、年龄和残疾人分列	在岗职工平均工资	元 / 年
			城镇居民人均可支配收入	元 / 年
		8.5.2 失业率，按性别、年龄和残疾人分列	城镇登记失业率 *	%
		—	城镇非私营单位就业人员月平均工资	元 / 月
	8.8 保护劳工权利，推动为所有工人，包括移民工人，特别是女性移民和没有稳定工作的人创造安全和有保障的工作环境	8.8.1 致命和非致命工伤事故频率，按性别和移民身份分列	每十万人安全生产事故死亡人数 *	人 /10 万人
	8.9 到 2030 年，制定和执行推广可持续旅游的政策，以创造就业机会，促进地方文化和产品	—	第三产业生产总值占地区生产总值的百分比	%
SDG9	9.5 在所有国家，特别是发展中国家，加强科学研究，提升工业部门的技术能力，包括到 2030 年，鼓励创新，大幅增加每 100 万人口中的研发人员数量，并增加公共和私人研发支出	9.5.1 研究和开发支出占国内生产总值的比例	研究与发展（R&D）经费支出占地区生产总值的比重	%
		9.5.2 每百万居民中的研究员（全时当量）人数	每万人研究与试验发展（R&D）人员全时当量 *	人 / 万人

目标	具体目标	全球指标框架中的对应指标	评估指标	单位
SDG9		—	每万人口发明专利拥有量 *	件/万人
		—	技术市场成交合同金额占地区GDP比重	%
		—	每十万人拥有高新技术企业数	个/十万
	9.b 支持发展中国家的国内技术开发、研究与创新，包括提供有利的政策环境，以实现工业多样化，增加商品附加值	—	规上高技术产业产值占规上工业总产值比例	%
		—	现代服务业增加值占GDP比重	%
		—	规模以上工业增加值增长率	%
SDG10	10.2 到2030年，增强所有人的权能，促进他们融入社会、经济和政治生活，而不论其年龄、性别、残疾与否、种族、民族、出身、宗教信仰、经济地位或其他任何区别	10.2.1 收入低于收入中位数50%的人口所占比例，按性别、年龄和残疾人分列	城乡居民收入水平对比（农村居民=1.）	—
			恩格尔系数比值	%
SDG11	11.1 到2030年，确保人人获得适当、安全和负担得起的住房和基本服务，并改造贫民窟	11.1.1 居住在贫民窟和非正规住区内或者住房不足的城市人口比例	城镇居民人均居住面积	平方米
	11.2 到2030年，向所有人提供安全、负担得起的、易于利用、可持续的交通运输系统，改善道路安全，特别是扩大公共交通，要特别关注处境脆弱者、妇女、儿童、残疾人和老年人的需要	11.2.1 可便利使用公共交通的人口比例，按年龄、性别和残疾人分列	公路密度 *	千米/百平方千米
	11.3 到2030年，在所有国家加强包容和可持续的城市建设，加强参与性、综合性、可持续的人类住区规划和管理能力	—	单位GDP建设用地占用面积	公顷/亿元

目标	具体目标	全球指标框架中的对应指标	评估指标	单位
SDG11	11.6 到 2030 年，减少城市的人均负面环境影响，包括特别关注空气质量，以及城市废物管理等	11.6.2　城市细颗粒物（例如 $PM_{2.5}$ 和 PM_{10}）年度均值（按人口权重计算）	城市空气质量优良天数比例	%
			PM2.5 年均浓度 *	微克 / 立方米
			PM10 年均浓度	微克 / 立方米
			臭氧日最大 8 小时平均浓度值 *	ppm
		—	污染地块安全利用率	%
	11.7 到 2030 年，向所有人，特别是妇女、儿童、老年人和残疾人，普遍提供安全、包容、无障碍、绿色的公共空间	11.7.1　城市建设区中供所有人使用的开放公共空间的平均比例，按性别、年龄和残疾人分列	建成区人均公园绿地面积	平方米
			建成区绿化覆盖率	%
	11.b	—	建成区达到海绵城市指标要求的面积占比 #	%
SDG12	12.2 到 2030 年，实现自然资源的可持续管理和高效利用	12.2.2　国内物质消费、人均国内物质消费和单位国内生产总值的国内物质消费	单位面积农用化肥使用量	千克 / 公顷
			单位面积农药使用量	千克 / 公顷
	12.5 到 2030 年，通过预防、减排、回收和再利用，大幅减少废物的产生	12.5.1　国家回收利用率、物资回收吨数	农村生活垃圾无害化处理率	%
			工业危险废物安全处置率	%
			工业固体废弃物综合利用率 *	%
		—	再生水利用率	%
SDG13	13.1 加强各国抵御和适应气候相关的灾害和自然灾害的能力	13.1.1 每 10 万人当中因灾害死亡、失踪和直接受影响的人数	每 10 万人当中因灾害死亡、失踪和直接受影响的人数 *	人 /10 万人

目标	具体目标	全球指标框架中的对应指标	评估指标	单位
	13.3 提高在减缓、适应、减少影响和早期预警方面的教育、提高认识以及人类和机构能力	—	面向中小学生开展气候变化减缓、适应、减少影响和早期预警等方面的教育和宣传活动覆盖率	%
SDG15	15.1 到 2020 年，根据国际协议规定的义务，保护、恢复和可持续利用陆地和内陆的淡水生态系统及其服务，特别是森林、湿地、山麓和旱地	15.1.1 森林面积占陆地总面积的比例	森林覆盖率*	%
		15.1.2 保护区内陆地和淡水生物多样性的重要场地所占比例，按生态系统类型分列	自然保护地与重点生态功能区面积比值	%
	—	—	生态文明建设群众满意度	—
SDG16	—		刑事案件发案率	件/万人
	16.3 在国家和国际层面促进法治，确保所有人都有平等诉诸司法的机会	—	乡镇（街道）公共法律服务工作站覆盖率	%
	16.6 在各级建立有效、负责和透明的机构	16.6.1 政府基本支出占初始核定预算的比例，按部门（或预算账簿代号或类似分类码）分列	城乡基本公共服务支出占财政支出比例	%
SDG17	17.1 通过向发展中国家提供国际支持等方式，以改善国内征税和提高财政收入的能力，加强筹集国内资源	17.1.2 由国内税收供资的国内预算比例	地区税收占财政预算的比例（税收总额/财政预算×100%）	%
	17.11 大幅增加发展中国家的出口，尤其是到 2020 年使最不发达国家在全球出口中的比例翻番	—	进出口总额占GDP的百分比	%
	—	—	国际友好城市数量	个

三 枣庄市可持续发展相关荣誉称号一览表

年份	荣誉称号	颁发机构
2009	全国健身秧歌城市	国家体育总局社体中心
2011	国家可持续发展实验区（山亭区）	科学技术部
2011	国家农村改革试验区	农业部
2012	全国双拥模范城	全国双拥工作领导小组、民政部、中国人民解放军总政治部
2014	包括中河台儿庄段在内的中国大运河被列入《世界遗产名录》，成为中国第46项世界遗产，枣庄市实现世界遗产零的突破	联合国教科文组织
2014	国家森林城市	国家林业和草原局
2015	国家现代农业示范区	农业部
2017	国家农业绿色发展先行区	农业部
2017	第一批国家农业可持续发展试验示范区	农业部
2017	国家园林城市	住房和城乡建设部
2018	2018畅游中国100城	中国西北旅游营销大会
2019	国家卫生城市（区）	全国爱卫会
2019	关注森林活动20周年突出贡献单位	全国政协人口资源环境委员会、全国绿化委员会、国家林业和草原局等单位
2019	"2019年中国百强城市排行榜"发布，枣庄排名第97	人民日报文化传媒等单位
2020	"中国城市科技创新发展指数2019"发布，枣庄排名第149	首都科技发展战略研究院和中国社会科学院城市与竞争力研究中心
2020	深化农村公路管理养护体制改革试点地区	交通运输部、财政部
2020	全国双拥模范城（县）名单	全国双拥工作领导小组、退役军人事务部、中央军委政治工作部
2020	"无偿献血先进省（市）奖"	国家卫生健康委等
2021	第十批（2020年度）国家节水型城市	住房和城乡建设部、国家发展和改革委员会
2021	国家智能社会治理实验基地综合基地	中央网信办等八部门
2021	2021国家卫生城市	国家卫生健康委
2022	国家可持续发展议程创新示范区	国务院

年份	荣誉称号	颁发机构
2022	滕州中小数控机床产业集群入选国家首批次中小企业产业集群	工信部
2022	废旧物资循环利用体系建设重点城市名单	国家发展改革委、商务部、财政部等单位
2022	全国法治政府建设示范市（县、区）名单	司法部
2023	山东王晁煤电集团有限公司入选2022年度全国慈善会榜样宣传活动入围名单	中华慈善总会
2023	枣庄市河长制湖长制工作获国务院真抓实干督查激励	国务院办公厅
2023	枣庄市"整市创建先行区"获评"好"等次	农业农村部
2023	枣庄市北方地区冬季清洁取暖项目绩效评价A等	财政部
2023	烟台、威海、临沂、枣庄、淄博市红十字会在全国参评的320家地级市红十字会中排名并列第一	中国红十字会总会
2023	枣庄市代表山东省参与2022年度国家基本公共卫生服务项目绩效测评，获第3名	国家卫健委
2023	枣庄市民营科技园入选全国工业领域电力需求侧管理第七批示范园区，全国仅3家	工业和信息化部
2023	枣庄市妇幼保健院获A+等次	国家卫健委
2023	枣庄鲁15井在地下流体测项获评"二等"，全省唯一	中国地震局
2023	滕州市被全国农技中心评为2022年农业农村部优秀农情基点县	全国农技中心
2023	滕州市在全国青年发展型县域试点中期评估中获评A档（优秀）	团中央
2023	滕州市作为全国第二轮改革试点地区，在县域共青团基层组织改革中期评估中评估"优秀"	团中央
2023	薛城区2023年全国科普日活动周营镇专场获评优秀	中国科协

年份	荣誉称号	颁发机构
2023	山亭经济开发区入选国家级绿色工业园区公示名单	工信部
2023	滕州市入选全国工业、创新双百强榜单	中国信息通信研究院
2023	薛城区同时入选2023年度全国投资潜力百强区、科技创新百强区、绿色发展百强区榜单	中国中小城市发展指数研究课题组、国信中小城市指数研究院
2023	滕州市入选第三批国家农产品质量安全县（市）名单	农业农村部
2023	枣庄市9个镇入选2023年全国千强镇榜单	中国中小城市发展指数研究课题组、国信中小城市指数研究院
2023	台儿庄古城入选"中国AAAAA级影响力百强景区"名单	迈点研究院
2023	台儿庄闸水文站成功入选全国第一批百年水文站，山东省唯一，全国共22处	水利部
2023	枣庄市山亭区城头镇西城头村入选2023年中国美丽休闲乡村公示名单	农业农村部
2023	枣庄市实验小学入选首批全国健康学校建设单位名单	教育部办公厅
2023	枣庄市公安局薛城分局凤鸣湖派出所入选全国第三批100个"枫桥式公安派出所"名单	公安部
2023	枣庄市第三中学、市中区东湖小学、枣庄市实验小学、枣庄市薛城区舜耕中学等4所学校入选中小学国防教育示范学校名单	教育部、中央军委政治工作部
2023	枣庄市薛城区周营镇入选2023年农业产业强镇创建名单	农业农村部办公厅 财政部办公厅
2023	枣庄市山亭区西集镇伏里村、凫城镇千佛崖村、凫城镇王家湾村、北庄镇洪门村入选第六批列入中国传统村落名录的村落名单	住房和城乡建设部等部门
2023	枣庄市北一（山东）工业科技股份有限公司、山东腾达紧固科技股份有限公司入选国家级智能制造优秀场景名单	工信部
2023	枣庄市薛城区常庄街道常兴社区文明实践巾帼志愿阳光站入选全国文明实践巾帼志愿阳光站	全国妇联

年份	荣誉称号	颁发机构
2023	滕州市入选"2023年中国县域旅游发展潜力百强县市"名单	竞争力智库、北京中新城市规划设计研究院
2023	枣庄市入选2022年中国外贸百强城市榜单	《中国海关》杂志
2023	枣庄市薛城区周营马铃薯、台儿庄区张山子甜桃、涧头集长茄入选全国名特优新农产品名录	农业农村部
2023	枣庄市薛城区邹坞镇入选第三批全国乡村治理示范乡镇名单、枣庄市滕州市南沙河镇北池村入选第三批全国乡村治理示范村名单	农业农村部 中央宣传部 司法部
2023	枣庄市峄城区入选2023年度全国"平安农机"示范县（区）名单	农业农村部农业机械化管理司 应急管理部安全生产综合协调司
2023	枣庄市、滕州市入选第四批全国社会信用体系建设示范区	国家发展改革委办公厅 中国人民银行办公厅
2023	枣庄市成功创建国家级千兆城市	工信部
2023	枣庄市成功创建国家公交都市建设示范城市	交通运输部
2023	枣庄市政务服务中心入选2023年度国家知识产权信息公共服务网点公示名单	国家知识产权局办公室
2023	枣庄市峄城区底阁镇望夫台村、枣庄市山亭区冯卯镇万庄村、枣庄市滕州市龙泉街道滨江社区等3个社区上榜2023年全国示范性老年友好型社区	国家卫健委、全国老龄办
2023	山亭区入选2023年国家传统村落集中连片保护利用示范区名单	住房和城乡建设部办公厅 财政部办公厅
2023	薛城区获评国家生态文明建设示范区	生态环境部
2023	市中区入选全国县域节水型社会达标县（区）名单	水利部
2023	滕州市成功创建国家创新型县（市）	科技部
2023	滕州市入选全国未成年人保护示范县（市）名单	国务院未成年人保护工作领导小组办公室

年份	荣誉称号	颁发机构
2023	枣庄市获"全国工商联社情民意信息基地"称号	中华全国工商业联合会
2023	枣庄市滕州市龙阳镇（马铃薯）入选第十二批全国"一村一品"示范村镇名单，枣庄市山亭区城头镇（豆制品）、枣庄市滕州市龙阳镇（马铃薯）入选 2022 年全国乡村特色产业产值超十亿元镇名单	农业农村部
2023	枣庄市台儿庄区、滕州市全国深化农村集体经营性建设用地入市试点	自然资源部办公厅
2023	枣庄市滕州市全国供销合作社"绿色农资"升级行动试点	中华全国供销合作总社
2023	枣庄市滕州市全国县域自然灾害综合风险普查成果应用试点	国务院
2023	枣庄市台儿庄区张山子镇黄邱村红色美丽村庄试点	中组部、财政部
2023	枣庄市 15 分钟便民生活圈试点城市	商务部等 13 部门
2023	枣庄市山亭区集体资产权属归位试点	农业农村部政策与改革司
2023	枣庄市山亭区村集体经济组织与村民委员会账务分设试点	农业农村部政策与改革司
2023	枣庄市作为全国退役军人事务员培训评价试点城市	退役军人事务部办公厅
2023	枣庄市"我陪群众走流程""政务服务体验员"试点	国务院办公厅
2023	枣庄市住房城乡建设领域民事纠纷在线诉调对接工作国家试点范畴城市	山东省住房和城乡建设厅 山东省高级人民法院
2023	枣庄港薛城港区薛城作业区泊位改造提升试点	交通运输部办公厅
2023	枣庄市全国新业态新模式从业人员技能培训工作重点联系城市	人社部
2023	枣庄市薛城区亲和源森林康养基地作为国家级森林康养试点建设基地	中国林业产业联合会

四 报告编制主要支持单位

序号	支持单位
1	山东省科学技术厅
2	中共枣庄市委办公室
3	中共枣庄市委组织部
4	中共枣庄市委统战部
5	中共枣庄市委政研室（改革办）
6	中共枣庄市委党史研究院（市地方史志研究院）
7	枣庄市科学技术协会
8	枣庄市人大常委会办公室
9	枣庄市政府办公室
10	枣庄市政协办公室
11	枣庄市中级人民法院
12	枣庄市发展改革委
13	枣庄市教育局
14	枣庄市科学技术局
15	枣庄市工业和信息化局
16	枣庄市公安局
17	枣庄市民政局
18	枣庄市财政局
19	枣庄市人力资源和社会保障局
20	枣庄市生态环境局
21	枣庄市自然资源和规划局
22	枣庄市住房和城乡建设局
23	枣庄市交通运输局
24	枣庄市城乡水务局
25	枣庄市农业农村局
26	枣庄市商务局

序号	支持单位
27	枣庄市文化和旅游局
28	枣庄市卫生健康委
29	枣庄市应急管理局
30	枣庄市市场监管局
31	枣庄市统计局
32	枣庄市医疗保障局
33	枣庄市地方金融监督管理局
34	枣庄市能源局
35	枣庄市城市管理局
36	枣庄市林业和绿化局
37	枣庄市政府决策研究中心
38	枣庄市人民银行
39	枣庄海关
40	国家统计局枣庄调查队
41	滕州市科学技术局
42	薛城区科学技术局
43	山亭区科学技术局
44	市中区科学技术局
45	峄城区科学技术局
46	台儿庄区科学技术局
47	枣庄高新区科学技术局
48	中国人口·资源与环境编辑部

图书在版编目(CIP)数据

枣庄市可持续发展报告. 2023 / 邵超峰主编. --
北京：社会科学文献出版社，2024. 7. -- ISBN 978-7
-5228-3956-1

Ⅰ. F127.523

中国国家版本馆 CIP 数据核字第 20246RZ754 号

枣庄市可持续发展报告（2023）

主　　编 / 邵超峰

出 版 人 / 冀祥德
责任编辑 / 谢蕊芬
文稿编辑 / 张真真
责任印制 / 王京美

出　　版 / 社会科学文献出版社·群学分社（010）59367002
　　　　　　地址：北京市北三环中路甲 29 号院华龙大厦　邮编：100029
　　　　　　网址：www.ssap.com.cn
发　　行 / 社会科学文献出版社（010）59367028
印　　装 / 三河市东方印刷有限公司

规　　格 / 开　本：787mm×1092mm　1/16
　　　　　　印　张：23.5　字　数：380 千字
版　　次 / 2024 年 7 月第 1 版　2024 年 7 月第 1 次印刷
书　　号 / ISBN 978-7-5228-3956-1
定　　价 / 198.00 元

读者服务电话：4008918866